처음
시작하는

현대소설 교육론

창비교육총서 5

처음 시작하는
현대소설 교육론

초판 1쇄 발행 • 2019년 8월 16일
초판 2쇄 발행 • 2020년 4월 6일

지은이 • 김근호 김성진 김혜영 문영진 안재란 우신영 이인화 임경순 정래필 정진석 조현일 최인자 한태구
엮은이 • 문영진 김혜영 조현일 김성진
펴낸이 • 강일우
편집 • 김현정 박문수
디자인 • 최윤창 씨디자인
조판 • 이주니
펴낸곳 • (주)창비교육
등록 • 2014년 6월 20일 제2014-000183호
주소 • 04004 서울특별시 마포구 월드컵로12길 7
전화 • 1833-7247
팩스 • 영업 070-4838-4938 / 편집 02-6949-0953
홈페이지 • www.changbiedu.com
전자우편 • textbook@changbi.com

ISBN 979-11-89228-52-1 94370

창비교육총서 5

처음 시작하는 현대소설 교육론

문영진
김혜영
조현일
김성진
엮음

창비교육

머리말

현대소설 교육, 나와 세계를 풍요롭게 하는 대화

1

현대소설은 다양한 상황에 놓여 있는 인물의 내면과 행동을 제시하여 개인과 공동체를 규정하는 가치, 질서에 대해 질문하고 새로운 관계의 가능성을 모색하는 장르이다. 이에 현대소설 읽기는 인간이 처한 삶의 조건과 인간 경험에 폭넓게 공감하고 이해하는 계기가 될 수 있다. 그런데 현대소설은 전달하고자 하는 바를 있는 그대로 제시하지 않고 여러 형식적 장치를 통해 숨겨 두기 때문에 소설을 읽는 독자에 따라 다층적인 해석이 가능한 장르이기도 하다. 마치 밤하늘에 떠 있는 수많은 별들 속에서 별자리를 찾는 것과 같이, 별들이 누군가에게 발견되어 '전갈자리', '물고기자리'와 같은 이름을 부여받듯이 현대소설 역시 독자의 개입과 탐색과 발견이 매우 중요한 역할을 한다. 그런 점에서 현대소설 교육의 목적은 학습자 스스로 소설 속에 숨겨져 있는 별자리를 발견하고, 그 별자리에 적절한 이름을 붙이는 해석 능력을 갖추도록 하는 일이라고 말할 수 있다. 이 책은 현대소설을 가르치며 직면하게 되는 여러 가지 문제들, 예를 들어 주요 용어의 개념, 성격, 적용 방법, 확장 가능성 등을 비교적 쉽고 간결하게 설명하여 현대소설 교육을 시작하는 여행자의 길잡이가 되고자 하였다. 이 책을 기획하는 과정에서 중점을 둔 부분은 다음과 같다.

첫째, 국어과 교육과정이나 교과서의 내용을 현대소설을 중심으로 정리하여, 현대소설 중심의 교육과정 및 교과서라는 밑그림 속에서 현대소설 교육의 거시적인 그림을 그리고자 하였다. 현대소설 교육의 기반이라고 볼 수 있는 교육과정 및 교과서의 변천 과정과 현황에 대한 내용을 전반부에 배치하여 현대소설에 대한 교육적 안목이 현대소설의 교수·학습 방법이나 구성 요소, 미학적 방법을 이해하는 토대로 작용하도록 계획하였다.

둘째, 현대소설이라는 장르적 조건을 중심으로 현대소설 교육의 내용과 방법을 설계하였다. 교육에서 중요한 것은 무엇을 어떻게 가르칠 것인가, 곧 교육 내용과 방법을 어떻게 선정할 것인가의 문제이다. 이 책에서는 사회·문화적 환경이나 교육적 환경의 변화 외에도 현대소설의 장르적 조건을 중심으로 현대소설의 교육 내용과 방법을 이끌어 내려고 노력하였다. 이는 보편적인 교육 내용과 방법을 현대소설에 적용하는 방식에서 벗어나려는 시도에 해당한다. 이 책은 '왜 이 내용인가', '왜 이 방법이어야 하는가'에 대해 적극적으로 질문하고 성찰한 결과물이다.

셋째, 현대소설 교육의 내용과 방법을 제시하는 동시에 구체적인 작품을 사례로 제시하여 이론과 그 적용 가능성에 초점을 두었다. 현대소설을 해석할 때 겪게 되는 어려움 가운데 하나가 구성 요소나 미학적 방법 중심의 분석이 작품 전체에 대한 유의미한 해석으로 이어지게 만드는 일이다. 이 책에서는 현대소설의 부분과 부분을 연결하고 각각에 의미를 부여하는 장치들이 어떻게 작동하는지를 제시하여 분석과 해석이 서로 연계되도록 구성하였다.

2

이러한 기획하에 이 책은 크게 5부로 구성하였다. 1부에서는 현대소설 교육과 관련된 내용을 정리하였다. 현대소설 교육의 목적, 교육과정이나 교과서에서 다루는 현대소설 교육의 내용과 구체적인 작품, 학습 활동들, 현대소설 교육과 관련된 쟁점 등을 포괄적으로 살핌으로써 현대소설 교육의 전반적인 흐름과 방향을 이해할 수 있도록 하였다.

2부에서는 현대소설 교육에서 활용할 수 있는 교수·학습 방법을 제시하였다. 일반적으로 국어과 교육에서의 교수·학습 방법은 국어과 교육의 다양한 영역을 포괄하는 차원에서 제시되는 경향이 있다. 포괄적인 교수·학습 방법을 개별 영역이나 장르에 적용할 경우, 해당 장르의 개별적이고 특수한 지점들을 포착하지 못하는 경우가 많았다. 이 책에서는 현대소설이라는 구체적인 장르를 효율적으로 가르치기 위한 교수·학습 방법을 탐색하였고, 그 가능성을 소설의 맥락, 상호 텍스트성을 고려한 해석이나 질문하기, 공감하기, 비평적 읽기, 해석 텍스트 쓰기의 교수·학습 방법 등에서 찾았다.

3부와 4부는 학교 현장에서 실질적으로 이루어지는 현대소설 관련 개념과 용어를 정리하고 점검할 필요성에 따라 구성하였다. 현대소설 해석과 관련된 개념과 용어들을 정립하고, 그것들이 활용되는 범주들을 체계화하는 일은 현대소설 교육에서 매우 중요한 부분이다. 3부에서는 교육과정과 교과서에서 다루는 현대소설의 주요 구성 요소를 점검하였다. 이 책에서 간추린 현대소설의 구성 요소는 인물, 플롯과 사건, 배경과 시공간, 서술 담론과 시점, 초점화와 서술, 문체, 주제이다. 현대소설의 주요 구성 요소를 소설론의 시각과 교육적 시각에서 다각적으로 조명하여 이들 구성 요소에 대한 이해를 다지고 확장할 수 있도록 하였다. 이와 함께 이들 구성 요소에 대한 논의에서 쟁점이 될 만한 것을 제시하여 확정된 지식 차원의 전달이 아니라 독자 스스로 자신의 개념을 채워서 정리할 수 있도록 하였다.

4부에서는 현대소설의 미학적 방법에 대해 논의하였다. 이러한 미학적 방법은 현대소설을 다층적으로 이해할 수 있도록 하고 현대소설이 현실과 맺고 있는 밀접한 관계를 살펴볼 수 있는 지점이 되기도 한다. 이 책에서는 풍자, 아이러니, 환상 등 현대소설을 이해하는 데 필요한 미학적 방법과 함께 현대소설에서 미학적 방법을 중시하는 모더니즘의 경향도 다루었다. 3부와 4부에서도 구체적인 현대소설 작품을 제시하여 미학적 방법을 적용하여 해석하는 능력을 신장할 수 있도록 하였다.

5부는 현대소설 교육의 확장을 다루었다. 다각적으로 변화하는 사회·문화적 환경과 교육 환경 안에서 현대소설이 놓여 있는 위상을 점검하고, 앞으로의 변화에 현대소설이 어떻게 대응해야 하는가를 생각해 보도록 관련된 주제를 제시하였다. 다매체·다문화 시대에 현대소설 교육의 위상을 점검하고, 청소년 소설이라는 미시 장르를 통해 학습자 중심의 소설교육 방안을 모색하였으며, 현대소설을 경험 서사라는 층위에서 접근하는 방법도 고려해 보았다. 그리고 현대소설 교육의 표현 측면에서 현대소설 교육의 창작 교육 방법을 제시하였고, 토론식 수업을 통해 현대소설 읽기의 결과를 공유·소통할 수 있는 방안을 논의하였다.

3

이 책의 기획에서 출판에 이르기까지 참으로 오랜 시간이 흘렀다. 서울, 대전, 익산을 오가며 긴 시간 벌인 논쟁들은 기존의 연구 성과를 정리하면서도 새로운 현대소설 교육의 길을 탐색하고자 한 이 책의 토대를 단단히 하는 데 도움이 되었다. 현대소설 교육에 대한 종합적인 논의를 위해 다양한 분야에서 필자를 섭외하는 과정에서 흔쾌히 원고 청탁을 수락해 주신 필자들께 고마운 마음을 전한다. 다만 현대소설 교육에 대한 필자들의 안목을 존중함에도 이 책의 기획 의도에 맞게 조율하는 과정에서 그분들의 생각을 그대로 반영하지 못한 점 죄송스럽게 생각한다. 이 책의 필자로 참여하여 많은 관심과 애정을 보여 주었지만 결과적으로 글이 실리지 못한 분들께는 송구한 마음을 전한다. 오랫동안 이 책이 나오기를 기다려 준 창비교육과 김현정 선생님의 독려가 없었으면 이 책은 빛을 보지 못했을 것 같다. 첫 출발부터 함께했던, 이제는 고인이 되신 김이구 선생님에게도 감사드린다. 이 책이 현대소설을 사랑하고, 현대소설 교육을 고민하는 모든 분들과 함께할 수 있기를 바란다.

2019년 8월

엮은이

차례

1부
현대소설 교육의 현황과 과제

2부
교수·학습 방법에 대한 탐색

일러두기

1. 현대소설 작품과 여러 글의 인용은 원문을 따름을 원칙으로 하되, 이 책을 활용하는 이들을 위하여 분명한 오기나 비문 등을 수정하여 제시하였다.
2. 한국어 어문 규범을 따름을 원칙으로 하되, 일부 띄어쓰기와 외국 인명은 통용되는 표기로 적었다.

1부

현대소설 교육의 현황과 과제

현대소설 교육의 목적

° 김혜영

1——현대소설의 장르적 성격

소설을 왜 가르쳐야 할까? 학생들은 왜 소설을 읽어야 할까? 이 질문에 대한 답은 문학이 인간의 삶을 총체적으로 이해하고 상상력을 높여 주며 언어 능력을 신장시키고 주체 형성을 가능하게 한다는 문학 교육의 목적과 크게 다르지 않으리라 생각한다. 그런데 '소설 교육을 왜 해야 하는가'라고 되물었을 때, 이 질문은 '소설'이라는 장르적 접근의 특수성을 기반으로 한 상태에서 교육의 지향점이 무엇인가에 답하도록 요구한다. 이 질문에 답하기 위해 소설은 인간의 삶을 어떠한 방식으로 보여 주는지, 소설을 통해 신장시킬 수 있는 상상력과 언어 능력은 무엇인지, 그리고 소설은 어떠한 과정을 통해 주체를 형성할 수 있는지를 고려할 필요가 있다.

소설은 기본적으로 허구적 서사 양식이라는 성격을 지닌다. 우리가 살고 있는 세상을 정의하는 방법에는 여러 가지가 있겠지만, 그 가운데 세상을 사물의 세계와 사건의 세계로 나누는 방식은 서사의 성격을 이해하는 데 도움을 준다. 우리 주변에 있는 인간, 동물, 꽃, 바람, 책상, 유리창 등이 사물이라면, 사물과 사물이 만나 일어나는 일, 이를테면 바람이 불어 유리창이 깨지거나 깨진 유리창을 밟아 민수의 발에 상처가 나는 일 등은 사건의 세계에 속한다. 사건은 특정한 형태 없이 순간적으로 발생하며, 무슨 일이 일어났는지의 상황을 보여 준다. 민수가 발을 다쳤다는 사건은 그 자체만으로 민수의 상황을 설명해 주지만, 이 사건이 발생하게 된 원인이나 그 사건으로 인해 발생하는 결과와 연결될 때 사건의 의미가 전체적으로 드러나게 된다.

이와 같이 사건을 선후 관계로 연결한 것을 '서사'라고 한다. 사건은 대부분 인간의 행동에서 발생한다. 따라서 사건을 시간적 혹은 인과적 관계로 연결한 서사는 인간의 행동과 삶을 이해하는 데 가장 적합한 양식이라고 할 수 있다. 소설은 인간의 행동을 설명하고 재현하는 서사 양식을 바탕으로 하지만, 재현하는 서사가 허구이기 때문에 형식적 측면에서 다양한 미적 장치를 배치할 수 있으며, 작품과 독자 사이에도 현실적인 이해관계에서 벗어난 새로운 관계 형성이 가능하다. 특정한 목적 없이 작품 자체에서 감동이나 재미를 얻으려는 독자의 태도를 미적 태도라고 한다면, 소설은 독자가 현실의 문제를 새로운 시각에서 바라보는 계기를 만들어 준다.

현대소설은 허구적 서사 양식을 계승하면서도 이전 소설과는 다른 면모를 보여 준다. 와트(I. Watt, 2009)는 18세기 영국 사실주의 소설이 형성된 배경에는 시민 사회의 성립, 신문·잡지의 발간, 상인들을 중심으로 한 부르주아 계층의 성장, 합리주의적 정신과 실생활에 대한 관심 등의 조건이 작용한다고 본다. 봉건적 계급 사회에서 자본주의적 현대 사회로의 이행이라는 시대적 배경, 공동체에서 분리된 개인의 탄생, 영웅의 행적에서 일상적인 생활에 대한 관심 등이 현대소설의 성립 조건이라고 하겠다. 예를 들어 현대 사회에 존재하는 다양한 계층 사이의 갈등 관계에서 인간 소외, 물신주의, 가치 부재 현상을 짚어 내고, 이러한 사회 변화 속에서 인간은 어떠한 존재이며, 어떠한 존재로 살아가야 하는지를 탐색하는 모습은 현대소설이 자본주의 경제 체제라는 사회적 변화가 가져온 인간관계의 변화에 주목하고 있음을 보여 준다. 현대소설은 문제적 개인을 주인공으로 하여 기대와 경험의 차이를 본질로 하는 서사라는 루카치(G. Lukács, 2007)의 지적은 현대소설이 기존의 질서나 가치에 의문을 제기하면서 현실의 새로운 배치를 주장하고 주관성의 자유와 그 한계에 대한 자각을 보여 주는 장르라는 인식의 다른 표현이다. 그렇다면 현대소설을 가르쳐야 하는 목적은 어디에 두어야 할까. 먼저 학교 교육에서 내세우는 소설 교육의 목표와 목적을 살펴보자.

2——소설 교육의 목표와 목적

학교 교육의 토대가 되는 국어과 교육과정에서 소설 교육은 문학 교육에 포함되어 다루어져 왔기 때문에 독자적인 목표를 찾아보기 어렵다. 문학 교육에서는 시, 소설, 희곡, 수필 등 문학 장르를 아우르면서 문학 일반의 목표를 제시해 왔다. 중학교 국어과 교육과정을 중심으로 살펴보면, 제1차 교육과정기부터 제3차 교육과정기까지는 문학 교육의 목표라고 뚜렷하게 변별되는 목표가 제시되지 않는다. 제4차 교육과정기부터 표현·이해, 언어, 문학의 세 영역으로 나뉘면서 문학 교육의 목표도 "문학이 문화유산임을 알고, 문학에 관한 체계적인 지식을 가지고 작품의 가치를 평가하며, 인간의 내면세계를 이해하게 한다."라고 진술되어 있다. 문학적 지식을 기반으로 하여 문학 작품을 해석하고 가치를 평가하는 능력을 기르고, 이를 통해 인간의 내면세계를 이해하는 데 도달하는 것을 목표로 삼고 있음을 알 수 있다.

제5차 교육과정기와 제6차 교육과정기에는 "문학에 관한 일반적인 지식을 바탕으로 작품을 바르게 이해, 감상하며, 인간의 삶을 총체적으로 이해하게 한다."가 문학 교육의 목표가 된다. 제4차 교육과정기에 비해 문학 작품에 대한 이해와 감상 능력에 초점을 맞추고 있으며, 인간의 삶에 대한 총체적 이해라는 목적도 분명히 밝히고 있다. 제7차, 2007 개정, 2009 개정, 2015 개정 교육과정기에는 영역별 목표 진술이 아니라 지식, 기능, 태도 등의 목표 진술을 하고 있어 문학 교육의 목표가 별도로 제시되지는 않지만 '문학에 대한 지식, 비판적 이해와 창의적 표현'을 문학 교육의 목표로 볼 수 있다. 2009 개정 교육과정기에는 영역 성취 기준으로 "문학의 다양한 특성에 대한 이해를 바탕으로, 다양한 관점과 방법으로 작품을 해석하고 평가하며 자신의 일상적인 삶을 작품으로 표현한다."를 제시하는데, 작품의 해석 및 평가와 일상적 삶의 표현에 초점을 두고 있다는 점에서 문학 작품의 '이해와 표현'이 문학 교육의 목표가 됨을 알 수 있다.

문학 교육의 목표는 그대로 소설 교육을 통해 도달해야 하는 목표가 될 수 있다. 하지만 실제 소설 교육에서 중요하게 생각해 온 교육의 목표가 무엇인지 파악하려면 교육과정에 제시된 소설 교육의 내용을 살펴볼 필요가 있다. 소설 교육의 내용은 소설 교육을 통해 학생들이 무엇을 배워야 하는지를 보여 주는 자료이지만 한편으로는 소설 교육이 왜 필요한지를 말해 주는 것이기도 하기 때문이다. 제1차 국어과 교육과정기부터 2015 개정 국어과 교육과정기까지 소설 교육의 내용을 살펴보면 인물, 배경, 사건, 플롯, 갈등, 시점, 사회·문화적 배경, 작가의 의도 등을 이해하는 데 초점을 맞추고 있으며, 여기에 글쓰기가 추가로 다루어지고 있다. 전체적으로 소설 교육의 내용이 구성 요소를 중심으로 작품을 해석하는 데 집중되어 있음을 알 수 있다. 이러한 교육 내용을 통해 소설 교육의 목표를 추정해 본다면 '소설 작품의 해석 능력 신장' 또는 '소설 작품의 이해와 표현 능력 신장' 정도가 되지 않을까 한다. 그렇다면 소설 교육의 목표는 중학교 문학 교육의 목표를 작품의 감상력과 이해력 신장, 문학의 기본적인 지식을 익히고 문학 작품을 비판적·창의적으로 수용하고 생산하는 데 두고 있는 현상의 연장선상에 있는 것으로 보인다.

고등학교 '문학' 과목 교육과정에는 문학 교육의 목표가 비교적 명시적으로 제시되어 있다. 그 가운데 문학 교육을 통해 도달 가능한 능력, 가치, 태도에 해당하는 것을 추리면, 제1차 교육과정에서는 문학을 창작·감상하는 힘을 기르고 국어 이상을 높이기, 제2차 교육과정에서는 감상 태도와 자기 표현력의 신장, 제3차 교육과정에서는 예술적 가치 평가, 인간의 내면세계의 이해, 인간의 보편적 갈등과 정서 이해, 제4차 교육과정에서는 예술적 가치 평가, 인간의 보편적 갈등과 정서 이해를 문학 교육의 목표로 삼는다. 제5차 교육과정에서는 미적 감수성을 기르기, 제6차 교육과정에서는 미적 감수성과 문학적 상상력의 신장, 제7차 교육과정에서는 문학적 감수성, 상상력의 신장, 자아실현, 세계 이해, 문학의 가치를 삶과 통합하는 태도에 두고 있으며, 2007 개정 교육과정에서는 언어에 대한 통찰력, 창의적 사고와 소통 능력, 문학의 가치와 아름다움의 향유, 인간과 세계 이해, 2009 개정 교육과정에서는 언어에 대한 통찰력, 창의적 사고와 소통 능력, 문학의 가치와 아름다움의 향유, 심미적 안목 신장, 인간과 세계 이해, 문학의 수용과 생산 능력, 2015 개정 교육과정에서는 창의적·심미적·성찰적으로 사고하고 소통하는 능력, 인간과 세계를 총체적으로 이해하고 공동체의 문화 발전에 기여하는 태도를 기르는 것을 문학 교육의 목표로 보고 있다.

이처럼 '문학' 과목 교육과정의 목표로 제시된 능력, 가치, 태도는 문학 교육 관련 이론서에서 제안하는 것과 크게 다르지 않다. 문학 교육 관련 이론서에서 제안하는 문학 교육의 목표는 상상력의 세련, 삶의 총체적 체험, 문학적 문화의 고양(구인환 외, 2012: 73~107면), 언어 능력의 신장, 개인의 정신적 성장, 개인적 주체성 확립, 문화 계승과 창조 능력 증진, 전인적 인간성 함양(김대행 외, 2000: 38~67면) 등이다. 상상력의 세련, 삶의 총체적 체험, 주체성 확립, 문화 계승과 창조 능력과 같은 목표와 문학 작품의 이해와 표현 능력 신장이라는 목표는 층위가 맞지 않는데, 그런 점에서 삶의 총체적 체험, 상상력의 세련, 주체성 확립, 문화 계승과 창조 능력 등은 문학 작품의 이해와 표현을 통해 도달하게 되는 문학 교육의 목적으로 보는 편이 적절해 보인다. 즉, 현대소설 교육의 목표가 문학 작품의 이해와 표현 능력을 갖추는 것이라면, 이러한 목표를 통해 도달하고자 하는 현대소설 교육의 목적은 삶의 총체적 체험, 상상력의 세련, 주체성 확립, 문화 계승과 창조 능력 등이 되는 셈이다.

이러한 문학 교육의 목적은 문학 교육을 통해 구현될 수 있는 학습자의 역량이 무엇인지를 보여 주지만 삶의 총체성이란 무엇을 말하는지, 문학 교육을 통해 기를 수 있는 상상력과 주체성, 문화 능력이란 무엇을 가리키는지를 구체적으로 제시하지 않는다면 문학 작품을 통해 도달할 수 있다고 가정된 효용에서 크게 벗어나기 어렵다. 문학 교육을 통해 도달할 수 있는 모든 것을 포괄하는 거대 담론적인 목적 속에는 문학 교육적 실천의 양상이 어떠한 방식이든 그것과 무관하게 문학 작품을 읽는 것만으로도 언제나 그 목적에 도달하게끔 되어 있기 때문이다. 오히려 각 문학 장르에서 출발하여 장르의 특성을 통해 구현할 수 있는 문학 교육의 목적이 무엇인지 구안하는 작업이 활성화되고 그 결과가 축적될 때 문학 교육의 목적이 실천 가능한 지점으로 자리 잡을 수 있지 않을까 생각한다.

3——현대소설 교육의 목적

현대소설을 왜 가르쳐야 하는가는 왜 다른 장르나 매체가 아니라 현대소설인가 하는 문제, 즉 고전 소설, 역사, 신문 기사, 다큐멘터리, 영화, 만화가 아닌 현대소설에서 배워야 할 것이 무엇인가를 탐색하는 질문이다. 그런 점에서 현대소설이 그 자체로 교육적 가치가 있다는 전제를 내려놓고, 현대소설이 다른 장르나 매체로 대체 가능한 것이 될 수 없음을 보여 주는 지점이 현대소설 교육의 출발점이 될 것이다. 왜 학교 교육에서 현대소설을 다루어야 하는지, 현대소설을 통해 학습자들은 어떠한 삶에 대한 인식과 안목을 얻을 수 있는지를 조명하기 위해서는 현대소설이라는 장르를 구성하는 속성이 무엇인지에서 출발하되, 이를 다시 삶의 다양한 요구와 연결하는 수렴과 확장의 방식이 필요하다.

현대소설은 인간의 삶에 대한 관심이라는 측면에서는 철학이나 역사학과 기반을 공유한다. 그러나 철학이 '인간이란 어떠한 존재이다' 혹은 '사유란 무엇이다'와 같이 규정적인 판단 속에서 인간의 모습을 찾고, 역사학이 어떤 사건의 원인과 그 영향 속에서, 곧 외적 사건들 사이의 인과 관계 속에서 사건의 의미를 설명하는 방식과는 일정 부분 차이가 있다. 현대소설은 일찍이 아리스토텔레스(Aristoteles)가 언급한 '인간 행동의 모방'이라는 미메시스적인 성격을 계승하면서, 근대적 사회를 배경으로 살아가는 개인의 일상적인 삶을 조명함으로써 관습, 규범, 가치 등이 형성하는 보편적인 의미나 질서에 대해 문제를 제기하는 장르이다. 구체적으로 말하면, 현대소설은 특정 상황에 놓인 인간의 모습을 통해, 그리고 어떠한 사건을 그것을 경험한 인물의 시각으로 제시함으로써 삶의 진실이란 대상이나 현상 속에서 새롭게 발견해야 하는 것임을 보여준다.

이러한 장르적 성격에서 현대소설 교육의 목적을 이끌어 내면 다음과 같다. 첫째, 현대소설 교육은 인간을 그가 처한 다양한 상황과의 관계에서 파악하도록 하여 인간의 삶을 총체적으로 이해하게 하고, 삶에 대한 안목을 기르게 한다. 둘째, 사건을 지각하고 사유하는 주관적 의식의 확장을 통해 학습자가 자신의 경험을 새롭게 바라보고 해석할 수 있도록 하여 주체적이고 자유로운 삶을 영위할 수 있게 한다. 셋째, 관습적인 서사가 가질 수 있는 편견에 주목하고, 학습자가 자기 삶의 서사를 능동적으로 만들어 가도록 한다.

1) 인간 이해를 통해 삶의 안목 고양

문학 교육의 가장 기본적이면서 핵심적인 목표는 인간을 이해하고 삶에 대한 안목을 고양시키는 일일 것이다. 그렇다면 현대소설에서는 어떠한 인간의 모습을 보여 주며, 그러한 인간의 모습을 보면서 어떻게 인간을 이해하는 길로 나아갈 수 있을까. 현대소설은 구체적인 상황 속에서 살아가는 인간의 모습을 재현한다. 여기에서 상황이란 시공간적 배경과 같은 객관적인 정보가 아니라 특정 인물을 중심으로 형성되는 다양한 삶의 조건을 말한다. 개인을 둘러싼 상황은 역사적·사회적·문화적 배경, 직장·학교·가정과 같은 공동체, 개인의 기억·욕망·기대 등이 상호 작용하면서 만들어진다. 각 개인이 속한 계층·지역·성차·세대 등에 차이가 있고, 개인이 느끼고 사유하는 방식 또한 다양하기 때문에 동일한 조건이라 하더라도 개인에게 부과되는 상황의 무게는 다를 수밖에 없다.

우리는 그 상황을 통해 한 개인을 이해하는 과정에서 인간이란 '착하다, 이기적이다, 무능력하다' 등과 같은 단일하면서 단정적인 규정 속에 포괄될 수 없는 존재임을 알게 된다. 인간을 둘러싸고 있는 존재론적 여건을 고려할 때 인간이란 진실과 거짓, 선과 악, 미와 추 같은 가치 범주로 명쾌하게 규정하기 어려운 존재이다. 그런 점에서 상황을 고려한다는 것은 인간이 맺고 있는 다양한 관계와 그에 대한 인간의 태도를 고려하여 인간의 복합적인 특성에 주목하는 행위라고 볼 수 있다. 현대소설의 경우, 인물이 처한 내면적이고 외적인 조건을 제시하므로 인물이 자신 또는 타자와 현실에 대해 어떠한 관계를 형성하며, 어떠한 관계를 지향하는지를 총체적으로 보여 준다. 현대소설에서 모순적 상황에 처한 인물, '그럼에도' 선택하고, 행동하며, 살아가는 인물이 자주 등장하는 것도 이 때문이다.

현대소설 교육은 인물을 그가 처한 상황에서 바라보고 이해함으로써 인간에 대한 이해를 넓고 깊게 만들어 주며, 이를 통해 삶에 대한 안목을 지닌 학습자로 나아가는 계기를 마련해 준다. 인물이 처한 상황에 대한 이해는 인간 행동의 원인을 어느 하나로 환원하는 자동화된 인과적 사유에서 벗어나, 인간을 둘러싸고 있는 존재 여건을 세심히 고려하는 종합적 시각으로 우리를 이끈다. 이와 함께 상황 속에서 인물을 이해하는 방식은 자연스럽게 인물의 입장에 서 보는 경험을 제공해 주기도 한다. 현대소설 교육은 인물의 입장에 서 보는 경험을 통해 인물(타자)에 대한 이해를 심화·확장하는 데 도움을 줄 수 있다. 우리가 타자에게 공감한다고 할 때, 공감을 가능하게 하는 기반은 타자가 속한 상황을 종합적으로 구성하고 그 상황 속에 타자가 아닌 자신을 위치시키는 행위에서 출발한다. 타자의 상황 속에 자신을 위치시킬 때, 타자가 되어 보는 경험과 타자에 대한 이해가 가능해진다. 이러한 과정은 누스바움(M. C. Nussbaum, 2013: 32~33면)이 말하는 '타인의 삶을 산다는 것이 어떤 것인지 상상할 수 있는 능력'의 토대가 된다. 누스바움은 이렇게 타인의 삶을 상상하는 능력이 공동체적 삶의 기반이 되는 공적 사유로 나아가는 계기를 마련할 수 있다는 점에서 중요한 능력이 된다고 본다.

2) 세부 경험에 대한 관심과 경험 해석 능력의 신장

현대소설은 영화, 드라마와 마찬가지로 일상을 살아가는 사람들의 모습을 보여 주지만 그것들과는 달리 언어 매체의 속성으로 대상의 세부적인 부분까지 기술하는 장점이 있다. 현대소설에서는 일상적 경험에서는 스치고 지나칠 수 있는 사소한 인간의 행동이나 사물의 모습 등과 같은 세부적인 것을 포착할 뿐만 아니라 그에 대한 느낌이나 사유를 제시한다. 특히 과거형을 취하면서도 현재 지각하고 행동하는 것을 지금 일어나는 상황으로 재현하는 현대소설의 서술 방식은 서술자가 대상을 보고 무엇을 느끼며, 그것을 어떻게 사유하는지 상세하게 설명해 준다는 특징을 지닌다.

이처럼 인물이 대상과 마주친 상황을 상세하게 기술하고, 그러한 상황에서 인물이 느끼는 감정과 사건에 대한 인물의 사유를 구체적으로 제시하는 방식은 현대소설이 다른 서사 장르에 비해 일상적 경험의 의미를 탐구하는 쪽에 비중을 두고 있음을 말해 준다. 현대소설에서는 사건을 선후 관계로 배치하여 삶의 의미를 포착하면서도 세부적으로는 인물과 대상의 만남, 인물의 경험이 갖는 의미에 대한 탐색을 놓치지 않는다. 여기에서 대상이란 인물을 둘러싸고 있는 사건과 사물 모두를 포함한다. 우리는 자신을 둘러싼 대상들을 끊임없이 지각하지만 이러한 지각의 대부분은 대상에 대한 익숙함에서 비롯되는, 피상적이고 상투적인 지각에 머물러 있다. 현대소설은 이처럼 스쳐 지나가는 대상들에 대한 느낌이나 사유를 구체적으로 기술함으로써 대상 자체와 대상에 대한 경험의 의미에 주목한다.

인간의 삶에서 사건은 그것을 해결하느냐 해결하지 못하느냐, 그 사건의 원인은 무엇이고, 이후 어떤 결과를 만들어 내는가의 측면에서 접근하는 방식으로는 규명하기 어려운 의미를 담고 있다. 사건은 그것에 직면한 인간에게 무언가를 인식하고 선택하기를 요구하는, 반복 불가능한 질문의 형태로 존재하기 때문이다. 이와 같이 사건을 질문의 형태로 바라볼 때 사건에서 다른 사건으로, 행동에서 다른 행동으로 곧장 이행하는 자동화된 시스템에서 벗어나 사건과 사건에 대한 경험의 의미에 더욱 관심을 갖게 된다.

현대소설의 기본적인 서사 구조는 대상-지각-사유라고 볼 수 있다. 특정 상황에서 발생하는 사건이나 사물의 세부적 모습과 그에 대한 느낌이나 사유, 행동을 포착하여 설명하는 서술 방식으로 인해 현대소설에서는 부분적이고 주변적이며 사소한 일상과 그 안에서 일어나는 인간의 행동이나 사유의 의미에 비중을 둔다. 이와 같이 경험에 대한 해석을 보여 주는 방식은 인간을 둘러싸고 있는 대상과의 관계를 회복하여 삶의 새로운 흐름을 만들어 낼 수 있는 지혜를 제공해 준다. 벤야민(W. Benjamin)에 따르면, 현대인은 이야기를 통해 경험을 나누면서 조언을 얻는 방식이 아니라 정보를 소통하는 방식에 익숙하다고 한다. 현대 사회의 산물인 현대소설 역시 고독한 개인을 대상으로 타인과 공유할 수 없는 고유한 것을 극단으로 끌고 감으로써 조언을 줄 수 없다는 것이다. 현대소설이 개인의 고유성에서 출발하기 때문에 공동체적 삶의 지혜를 전달하기는 어렵지만 대상을 바라보거나 경험을 해석하는 시각에는 다양한 방식이 존재한다는 점을 보여 줌으로써 이전과는 다른 성격의 지혜를 전달해 준다고 말할 수 있다.

현대소설 교육을 통해 학습자는 자신을 둘러싸고 있는 대상에 대한 지각 방식을 새롭게 하여 감수성을 확장하고, 자신의 경험을 달리 바라보는 새로운 시각을 가질 수 있다. 또한 일상 속에서 발생하는 사건이란 서로 유사한 것의 반복처럼 보일지라도 반복 불가능한 유일한 것이라는 점에서 출발하여, 주변에서 발생하는 크고 작은 사건을 해결해야 할 대상으로 바라보는 방식에서 벗어나 사건이 제기하는 문제가 무엇인지, 그러한 문제에 대해 자신은 어떠한 방식으로 응답해야 하는지 진지하게 고민함으로써 삶의 진실을 탐색해 나가는 주체로 성장하게 할 수 있다.

3) 관례적인 서사 비판 능력과 서사적 상상력의 신장

우리가 경험을 이해하는 방식이 서사이므로 서사는 우리의 일상에 다양한 방식으로 편재한다고 볼 수 있다. 특히 서사는 인간의 마음을 형성하는 역할을 한다는 점에서 중요한 의미를 지닌다. 인간은 이미 만들어진 삶의 조건 속에서 태어나고 살아가며, 그러한 삶의 조건은 특정 가치나 규범에 의해 구성된다. 그런데 가치나 규범은 일반적으로 서사의 형태로 전승되며 내면화된다는 점에서 인간의 마음 역시 관습적인 서사의 영향을 받게 된다. 문제는 이러한 관습적인 서사가 일정한 조건하에서 자동적으로 작동하는 경향을 띠게 됨으로써 서사적 상상력 자체가 하나의 편견으로 작용할 수 있다는 점이다. 도식화된 인과성 모델은 사건의 의미를 분명하게 설명하는 계기가 되기도 하지만 사건의 원인과 결과를 타성적으로 만들어 내기 때문에 사건의 독자적인 의미를 진지하게 사유하지 못할 수 있다.

삶의 조건으로 작용하는 특정 가치나 규범은 삶의 지평을 중심과 주변, 안과 밖으로 구분하는 선택과 배제의 시스템에 의해 작동된다. 이러한 선택과 배제의 기제는 일상 속에 매우 자연스러운 방식으로 침투해 있기 때문에 선택과 배제를 결정하는 주체가 누구인지, 누구를 위한 규범이고 가치인지를 묻고 탐색하지 않는다면 정해진 규범이나 가치가 요구하는 삶의 방식에서 벗어나기 어렵다. 현대소설은 현대 사회를 살아가는 인간의 모습을 통해 일상을 지배하는 가치에 의문을 던진다. 그러한 의문은 '어떻게 살 것인가'의 문제와 연동되면서 관계, 소통, 생명 존중, 공존 등과 같은 새로운 가치를 탐색하거나 '인간이란 어떠한 존재인가'를 중심으로 인간 존재 자체를 대상으로 삼고 인간이라는 존재의 모순과 한계를 조명하기도 한다. 이처럼 인간 존재에 대한 성찰이 가능한 이유는 현대소설에서 문제가 해결해야 할 대상이 아니라 사유의 대상으로 자리 잡고 있기 때문이다. 현대소설에서는 문제의 지형을 확대하여 총체적으로 사유함으로써 기존의 가치나 규범을 성찰의 대상으로 삼고, 관습적 서사가 특정 집단이나 개인을 규정하고 판단하는 방식에 관심을 기울인다.

일반적으로 현대소설 교육에서는 서사를 이해하고 서사를 만들어 내는 서사적 상상력을 갖춘 학습자 기르기를 제안한다. 서사적 상상력은 기본적으로 사건을 중심으로 그 이전과 이후, '왜'와 '그래서'를 떠올릴 수 있는 능력이다. 인물이 왜 그러한 행동을 했는지 여러 변인을 고려해 보고, 그 행동이 가져올 수 있는 다양한 결과를 추정해 보는 능력이 서사적 상상력의 조건이라고 하겠다. 현대소설 교육에서 소설에 담긴 인물의 심리나 행동, 사건의 의미, 인물을 둘러싼 상황의 이해 등과 같은 서사의 맥락을 읽어 내는 측면과 함께 개인의 삶에 자리 잡은 익숙한 서사가 특정 집단이나 개인에게는 편견일 수 있음을 인식하여, 관습적으로 작동하는 서사를 비판적으로 읽어 내고 새로운 서사를 만들어 내는 능력을 포함할 필요가 있다. 이러한 방식의 현대소설 교육은 학습자가 관습적으로 작동하는 서사적 상상력에 의문을 품고 그러한 상상력의 기원을 탐색하면서 창조적인 상상력을 발휘하는 방향으로 나아가는 계기가 될 수 있다.

4——문학 교육의 위상

지금까지 문학 교육의 목적과 관련된 논의가 무엇을 어떻게 교육할 것인가와 같은 실용성을 중심으로 진행되다 보니, 교육에서 고려해야 할 본질적인 문제에 대한 성찰이 부족하였던 것은 아닌가 싶다. '왜' 이러한 교육이 필요한가에서 출발할 때 학습자가 처한 상황과 문학 교육의 방향과 방법이 고려되면서, 분명한 인간관과 실현 가능한 문학 교육의 목적이 구성될 수 있을 것이다. 이와 함께 학습자가 중심이 되는 문학 교육을 위해 문학에 대한 관점도 전환할 필요가 있다. 문학 교육의 궁극적인 목적은 학습자가 문학을 통해 더 나은 삶, 더 행복한 삶을 누리도록 하는 데 있다. 스펠마이어(K. Spellmeyer, 2008: 25~26면, 325~326면)는 시를 안다는 것은 그 시를 통해 세상을 안다는 것이며, 그렇게 되면 세상은 전체로서, 그리고 자기 인식, 기억, 영향 등의 한 부분으로서 농밀하게 존재하게 된다고 하였다. 이러한 경험은 인식자의 고립감을 해소해 준다는 점에서 특수한 방식의 진리로 여겨진다. 문학 교육에서도 학습자가 세상의 감추어진 기호를 읽어 내고, 세상과 교감하며, 삶의 진실을 발견하는 안목을 갖도록 하는 데 초점을 두어야 한다고 생각한다.

이에 근거할 때, 문학 교육은 우수한 결과물로서의 문학 작품을 가르친다는 것보다는 문학 작품과의 상호 작용이라는 측면에 초점을 맞출 필요가 있다. 문학 작품과의 상호 작용에서 출발할 경우 상황, 주체, 동기, 사물 또는 사건 등이 중심이 된다. 특정한 사회·문화적 상황이나 개인적 상황에서 주체가 어떠한 사물 또는 사건과 만났으며, 그로부터 무엇을 느끼고 사유하였는지에 관심을 두는 것은 작가와 독자가 서로 소통적 관계 속에 놓이게 되면서 인간의 삶에 대한 이해로 나아가는 계기를 만들어 줄 수 있다. 그뿐만 아니라 학습자를 자신의 느낌과 사유를 표현하고 자신이 처한 상황 속에서 만나는 사물이나 사건을 읽어 내는 주체로 자리매김할 수 있으며, 관습적인 서사가 지닌 편견에 저항하고 새로운 서사를 만들어 내는 서사적 상상력을 갖춘 주체로 성장해 나가게 만들 수 있다.

문학 작품을 통해 학습자가 어떻게 세상을 다르게 보고 삶을 다르게 살 수 있는지 보여 줄 수 없다면 문학 교육의 위상도 위태로울 수밖에 없다. 언어적 감수성과 문학적 감수성이 문학 교육의 대상이기는 하지만, 그 감수성이 억압받고 소외된 타자에 대한 관심으로, 사실을 왜곡하는 부당함에 대한 저항으로, 자기 자신에 대한 새로운 이해로 환원되지 않는다면 그것의 용도는 무엇인지에 대해서도 고민이 필요하다. 문학 작품은 단지 언어의 문제에 국한되는 것이 아니다. 곧 학습자의 삶과 연계해야 하는데, 문학 작품의 언어가 지닌 환기력은 개별적이고 특수한 조건을 보편적인 삶의 문제로, 문학 작품 속의 경험을 학습자의 경험으로 전환할 수 있다는 점에서 유의미하다고 하겠다.

핵심어

인간 이해, 삶의 안목, 경험 해석, 서사적 상상력, 감수성

| 참고 문헌 |

구인환 외(2012), 『문학 교육론』(제6판), 삼지원.

김대행 외(2000), 『문학 교육 원론』, 서울대학교 출판부.

누스바움(Nussbaum, M. C., 2013), 『시적 정의 — 문학적 상상력과 공적인 삶』, 박용준 역, 궁리.

루카치(Lukács, G., 2007), 『소설의 이론』, 김경식 역, 문예출판사.

스펠마이어(Spellmeyer, K., 2008), 『인문학의 즐거움 — 21세기 인문학의 재창조를 위하여』, 정연희 역, Human & Books.

와트(Watt, I., 2009), 『소설의 발생』, 강유나·고경하 공역, 강.

| 더 읽을 거리 |

김동환(2018), 『소설 교육의 맥락』, 월인.

김성진(2004), 『문학 교육론의 쟁점과 전망』, 삼지원.

우한용 외(2001), 『서사 교육론』, 동아시아.

정재찬(2003), 『문학 교육의 사회학을 위하여』, 역락.

정진석(2014), 『소설의 윤리와 소설 교육』, 사회평론.

한국문학교육학회 엮음(2010), 『정전』, 역락.

____________________(2010), 『텍스트 읽기』, 역락.

____________________(2010), 『문학 능력』, 역락.

현대소설 교육의 내용 선정 방식[1]

° 김혜영

1——교육 내용의 선정과 적정성의 기준

2015 개정 국어과 교육과정이 고시됨에 따라 국어과 교육은 새로운 변화의 국면을 맞게 되었다. 교육과정을 개정할 때마다 전제되는 문제는 교육과정을 왜 개정해야 하는가이다. 2015 개정 국어과 교육과정에서는 개정의 필요성을 국가적·사회적 측면, 학습자의 측면, 국어 교과의 측면으로 나누어 살피고 있다. 국가적·사회적 측면에서는 창의·융합형 인재를 양성하기 위해 핵심 역량 중심의 교육과정이 필요하다는 점을 제시하고 있고, 학습자의 측면에서는 학생 중심이면서 학습자의 부담을 덜어 주고 연계성이 강화된 교육과정에 대한 요구를 포함시키고 있다. 국어 교과의 측면에서는 학습자의 체험이 중시되고 중복을 피하며 연계성 및 정보성, 소통성이 강화된 교육과정을 제시하는데(김창원 외, 2015: 3~8면) 이는 학습자 중심의 요구와 크게 다르지 않다.

지금까지 국어과 교육과정에서는 교육과정 개정의 필요성을 외적 요인과 내적 요인으로 나누어 제시해 왔다. 지식의 급격한 팽창, 산업화·정보화·국

1 이 장은 김혜영(2016)을 토대로 재서술하였다.

제화로 인한 사회 여건의 변화, 진로 교육·녹색 교육·인성 교육과 같은 교육 방향의 변화 등이 외적 요인이라면, 학습자 발달 수준에 따른 학습량의 적정성, 교육 목표 및 교육 내용(성취 기준) 선정의 준거, 학년(군) 간 연계성의 강화 등은 내적 요인에 해당한다. 외적 요인이 교과의 편제, 수업 시수 등과 같은 교육과정의 체제 형성에 작용해 왔다면, 실질적으로 국어과 교육과정의 교육 내용에 영향을 미쳐 온 것은 내적 요인이다. 그 가운데 학습량의 적정성은 국어과 교육과정 개정 시기마다 교육 내용의 선정과 배제의 준거가 되어 왔다. 학습량의 적정성이란 학생들이 학습할 내용이 학습 시간, 학습자의 수준 등에 비추어 적당한 양인지를 판단하는 기준으로, 이를 결정하는 데에는 교육 내용의 양과 함께 질적 측면, 다시 말해 교육 내용의 수준도 의미 있게 작용한다.[2]

국어과 교육과정의 경우, 학습량의 적정화에 대한 요구는 제1차 교육과정기부터 시작된다. 제1차 교육과정에서는 '본 과정 제정의 기본 태도'라는 항목에서 "교육 과정의 내용은 극히 필요 적절한 것에 그쳐, 그 수와 양을 최소한도로 제한하여야 한다. 따라서, 엄선된 최소량의 것으로 하여 학습의 부담을 경감하며, 그 중복, 혼란, 과중을 막도록 하였다."라는 기준을 제시하였다. 제2차 국어과 교육과정에서도 "지도 내용이나 목표는 학생의 능력을 고려하여 중복을 피하고 더욱 구체화하여 도달점을 명백히 하였다."라고 해서 중복된 내용을 피한다는 내용 선정의 방침을 제시하였다. 학습량의 최소화 및 중복 제시를 피하고자 하는 원칙은 이후의 교육과정에서도 준수해야 할 기준이 된다.

그렇다면 학습량의 적정화가 필요한 이유는 무엇일까. 우선 학습 부담을 줄인다는 명목이 학습량 축소의 가장 중요한 요인이다. 이와 함께 소수의 핵심적인 내용을 심층적으로 가르친다는 취지도 학습량 축소의 중요한 이유가 되어 왔다. 학습자 활동 중심의 수업이 학습 전이를 높이고 심층적인 학습을 유도할 수 있다는 점이 학습량 적정화의 핵심적인 논거이다(김창원 외, 2015: 5면). 이

2 학습량의 적정성과 교육 내용의 적정성은 같은 의미로 사용되며, 일반적으로 교육 내용의 양과 수준을 조정한다는 의미로 사용된다. 교육 내용 적정화의 개념에 대한 상이한 접근에 대해서는 이양락 외(2004: 12면)를 참고.

처럼 학습량의 문제는 중복된 교육 내용 없이 최적화, 최소화된 교육 내용으로 수준 높은 수업을 실현하려는 이상과 결부되어 있다. 제1차 국어과 교육과정기부터 2015 개정 국어과 교육과정기까지 중학교 '문학' 영역에서 소설 교육과 관련된 내용을 중심으로 교육 내용의 변화 과정 및 그러한 변화에 적정성의 조건이 어떠한 방식으로 작용하였는지 살펴보자.

2——소설 교육 내용의 변천 과정

1) 제1차~제2차 교육과정기

일반적으로 교육과정을 개정할 때에는 이전 교육과정의 내용을 기반으로 하여 유지, 삭제, 보완, 추가 등의 방법을 택하게 된다. 제1차 국어과 교육과정기는 '지도 내용의 범주'를 '1. 기초적인 언어 능력, 2. 언어 사용의 기술, 3. 언어문화의 체험과 창조'로 나누고, '언어문화의 체험과 창조' 항목에서 문학 장르별로 교육 내용을 제시하고 있어 문학 관련 교육 내용 수가 많은 편이다. 반면에 제2차 교육과정기는 지도 내용이나 목표를 제시할 때 '학생의 능력을 고려하여 중복을 피하고 더욱 구체화하여 도달점을 명백히 한다'는 취지하에 교육 내용의 수를 축소한 경우에 해당한다. 먼저 소설 장르의 교육 내용을 중심으로 제1차~제2차 교육과정기의 교육 내용을 비교해 보자.

제1차~제2차 교육과정기 소설 교육 내용 비교

제1차	제2차
㉠ 이야기나 소설의 줄거리를 잡는다. ㉡ 긴 소설을 짧게 요약하여 본다. ㉢ 이야기나 소설에 작자의 견해가 어떻게 나타났는가를 생각하며 읽는다.	ⓐ 이야기나 소설의 단락을 알고 줄거리를 바로잡을 수 있도록 한다. ⓑ 시적 표현을 감상하고, 긴 소설을 짧게 요약할 수 있도록 한다.

제1차 교육과정기의 소설 교육 내용은 줄거리 요약하기와 작가의 견해를

파악하는 데 초점이 맞추어져 있다. 특히 ㉠, ㉡과 같이 줄거리 요약이라는 유사한 교육 내용이 중복되고 이러한 교육 내용이 제2차 교육과정기까지 유지된 것을 보면, 제1차와 제2차 교육과정기의 소설 교육에서는 작품 내용을 전체적으로 파악하는 능력을 강조하였음을 알 수 있다.

제2차 교육과정기는 제1차 교육과정기의 교육 내용 24개를 12개로 축소한 시기이다. 제2차 교육과정기의 소설 교육 내용을 보면 제1차 교육과정기의 ㉢이 삭제되었고, ⓑ는 소설과 시를 통합한 교육 내용에 해당한다. 교육 내용을 삭제·통합하게 된 배경을 설명하고 있지 않기 때문에 특정 교육 내용이 삭제·통합된 이유를 명확히 알 수 없다. 다만 작가의 세계관, 의도, 견해와 관련된 교육 내용이 제4차 교육과정기와 제7차 교육과정기 이후 중학교 '문학' 영역에 다시 등장하는 것에 비추어 볼 때, '작가의 견해를 파악하는 활동'을 삭제한 이유가 문학 교육의 내용으로 부적합했기 때문이라고 보기는 어렵다.

또한 하나의 교육 내용 안에 시적 표현의 감상 활동과 긴 소설을 짧게 요약하는, 서로 이질적인 활동이 묶여 있다는 것은 교육 내용의 통합이 효율성보다는 수를 줄이기 위한 방편에서 선택된 것임을 알 수 있다. 제2차 교육과정기는 교육 내용의 축소를 중복 피하기에 두고 있지만 축소된 교육 내용이 중복을 피하는 방향인지에 대해서는 의문을 갖게 된다. 제2차 교육과정기의 장르 통합 방식은 교육 내용의 수를 줄여 주기는 하지만 실제 수업에서 학습 부담을 덜어준다고 보기 어렵고, 교육 내용의 초점이 명확하지 않아 오히려 학습의 혼란을 가져올 수 있다. 제3차 교육과정기에는 언어 기능별로 교육 내용을 분류하여 문학 관련 교육 내용이 제시되어 있지 않기 때문에 논의에 포함시키지 않고, 제4차~제5차 교육과정기의 교육 내용을 분석해 본다.

2) 제4차~제5차 교육과정기

제4차~제5차 교육과정기 소설 교육 내용 비교

제4차(1~3학년)	제5차(1~3학년)
㉠-1 역사나 실화 등을 허구화한 소설을 통하여 이야깃거리	ⓐ-1 소설은 기본적으로 사람의 삶에 대

와 소설적 구성이 다름을 안다. ㉡-1 낭만적 소설이나 모험적 소설을 즐기며, 거기에 등장하는 인물들의 유형을 파악한다. ㉢-1 소설에서 시간적, 공간적 배경을 파악한다. ㉣-1 소설에서 작자와 작중 화자를 구별하여 이해한다. ㉤-2 사실적 소설을 즐기며, 거기에 등장하는 인물의 유형을 파악한다. ㉥-2 소설의 시간적, 공간적 배경은 작품에 있어서 큰 구실을 한다는 것을 안다. ㉦-3 소설에서 인물의 성격을 드러내는 방식이 여러 가지임을 작품을 통하여 안다. ㉧-3 소설의 배경은 물리적 환경으로서의 역할뿐만 아니라 상징적 의미로서의 역할도 할 수 있음을 안다. ㉨-3 어떤 사실이나 생각에 대하여 작자의 생각과 주인공의 생각이 반드시 같은 것은 아님을 안다. ㉩-3 소설이 누구의 눈을 통하여 진술되고 있는지 안다.	한 허구적 이야기임을 이해하기 ⓑ-1 소설에 나오는 인물들을 통하여 삶의 모습을 이해하기 ⓒ-2 여러 소설을 읽어 보고, 각 작품의 구성상의 특징을 살피기 ⓓ-2 소설의 배경을 살펴보고, 배경이 사건의 전개나 주제와 어떻게 연관되는지 살피기 ⓔ-3 소설을 읽고, 시점에 따른 각 작품의 구성 효과를 살피기 ⓕ-3 소설의 내용과 주제를 살피고, 서술 양식에 따라 소설의 종류를 구별하기

제4차 교육과정기는 소설 교육 내용에서 큰 변화를 가져온 시기이다. 가장 두드러진 특징은 소설의 구성 요소를 중심으로 한 교육 내용이 소개되었다는 점이다. 소설의 구성 요소 중심의 교육 내용은 제6차 교육과정기까지 이어지며, 제7차 교육과정기 이후 교육과정에서는 그 성격이 약화되었지만 교과서 학습 활동에서는 여전히 구성 요소 중심의 활동이 중심을 이루고 있다. 구성 요소 중심의 접근에 따른 소설 교육의 내용은 소설 장르 지식을 체계적으로 이해하고 이를 해석에 적용하는 방식이 된다. 이에 따라 소설 작품을 해석하는 방식도 개인의 취향에 따른 판단에서 객관적 준거에 따른 분석적 접근으로 변화하게 된다.

제4차 교육과정기에는 교육 내용이 구성 요소 중심으로 바뀌면서 교육 내용의 학년 간 계열화를 고려하는 경향이 두드러진다. 계열화란 선정된 내용을 교육 내용의 수준, 학습자의 발달 단계를 고려하여 배치하는 것을 말한다. 제4차 교육과정기의 교육 내용을 보면, 1학년에서 '시공간적 배경의 파악'을 학습하였다면, 2학년에서는 '시공간적 배경의 역할'을, 3학년에서는 '시공간적 배경의 상징적 의미'를 파악하도록 배치하고 있다. 이러한 배치는 시공간적 배경을 기본 내용으로 하면서 내용을 심화하는 계열화 원리가 적용된 사례에 해당한다. 선정된 교육 내용을 계열화하는 것은 동일한 내용을 반복·심화하는 활동을 통해 교육의 목표에 효율적으로 도달할 수 있다고 보기 때문이다.

하지만 계열화 과정에서 이루어지는 반복은 동일한 내용의 중복으로 받아들여질 소지가 있다.

제5차 교육과정기도 학년제를 채택하고 있기 때문에 학년 간 계열화에 대한 고려가 필요한 시기이지만, 허구, 인물, 구성, 배경, 시점 등의 구성 요소를 최소한도로 배치하여 기본적으로는 장르 중심의 교육 내용을 구성하면서 계열화에 의한 심화 방식은 배제하고 있다. 교육 내용을 살펴보면, 제4차 교육과정기에 보여 준 단계적 심화 대신 '배경에 대한 이해 – 사건 전개 – 주제', '시점 – 구성 효과', '서술 양상 – 소설의 종류'와 같이 하나의 교육 내용에 서로 다른 구성 요소를 연계하여 제시하는 방식을 택하고 있다. 이처럼 소설의 각 구성 요소를 연계하는 방식은 소설 교육의 핵심을 내용, 형식, 양식, 표현 효과 등을 통합적으로 이해하도록 하는 데 초점을 맞추어 소설 작품에 대한 단편적이고 고립된 이해 방식에서 벗어나는 계기를 마련해 준다. 제4차 교육과정기가 계열화를 통해 교육 내용을 심화해 나간 것이라면, 제5차 교육과정기는 구성 요소 간의 연계를 통해 구성 요소 중심의 학습이 나아갈 방향을 제시한 것이라고 볼 수 있다.

3) 제6차~제7차 교육과정기

제6차~제7차 교육과정기 '문학' 영역 교육 내용 비교

제6차(1~3학년)	제7차(1~3학년)
㉠-1 소설은 기본적으로 인간의 삶에 대한 허구적 이야기임을 이해하고, 소설에서 배경으로 형상화된 시간과 공간을 파악한다. ㉡-1 소설에 나오는 인물의 성격을 파악하고, 인물들이 보여 주는 인간의 다양한 삶의 모습을 이야기한다. ㉢-2 소설에 형상화된 시간이나 공간이 사건의 전개나 주제와 어떻게 연관되었는지를 말한다. ㉣-2 소설에서 사건이나 문제가 어떤 과정을 거쳐 해결되었는지를 토의한다.	ⓐ-1 소통 행위로서의 문학의 특성을 안다. ⓑ-1 문학과 일상 언어의 관계를 이해한다. ⓒ-1 작품이 지닌 아름다움과 가치를 파악한다. ⓓ-1 작품 속에 드러난 갈등의 해결 과정과 인물의 심리 상태와의 관계를 파악한다. ⓔ-1 작품 속에 드러난 역사적 현실 상황을 이해한다. ⓕ-1 작품에 드러난 사회·문화적 상황에서의 인물의 행동을 파악한다. ⓖ-1 작품의 사회적·문화적·역사적 상황에 나타난 그 시대의 가치를 이해하려는 태도를 지닌다. ⓗ-2 작품은 사회적, 문화적, 역사적 상황을 바탕으로 창조된 세계임을 이해한다. ⓘ-2 작가가 독자의 언어적 반응을 불러일으키기 위해 사용한 언어적 표현의 특징과 효과를 파악한다. ⓙ-2 작품이 누구의 눈을 통하여 전달되고 있는지를 파악한다. ⓚ-2 다양한 시각과 방법으로 작품을 해석하고 평가한다. ⓛ-2 작품에 드러난 작가의 세계관과 그 시대의 사회·문화적 상황을 관련지어 이해한다. ⓜ-2 여러 갈래의 글을 쓴다. ⓝ-2 작품에 드러난 우리 민족의 전통이나 사상을 비판적으로 수용하는 태도를 지닌다.

㉤–3 소설 속의 인물의 성격이나 행동 등이 누구의 눈을 통하여 이야기되고 있는지를 말하여 보고 작품의 구성에 미치는 효과를 파악한다. ㉥–3 여러 소설에 나오는 인물들의 성격에 대하여 이야기해 보고, 인물들과 주제의 영향 관계를 파악한다.	ⓝ–2 작품에 드러난 우리 민족의 전통이나 사상을 비판적으로 수용하는 태도를 지닌다. ⓞ–3 한국 문학의 개념과 특질을 안다. ⓟ–3 한국 문학의 역사적 전개 과정을 이해한다. ⓠ–3 작품에 쓰인 여러 가지 표현 방식을 이해한다. ⓡ–3 작품에 드러난 작가의 개성을 이해한다. ⓢ–3 작품에 드러난 사회·문화적 상황과 작품 창작 동기를 관련지어 이해한다. ⓣ–3 한국 문학의 대표적인 작품을 찾아 읽고, 자신의 생각과 느낌을 글로 쓴다.

제5차 교육과정기에서 허구, 인물, 구성, 배경, 시점 등의 구성 요소를 최소한으로 배치하면서 학년 간 계열화를 생략하였다면, 제6차 교육과정기는 ㉡, ㉥의 인물 중심의 교육 내용과 ㉠, ㉢의 시공간적 배경 중심의 교육 내용을 배치하여 학년 간 계열화의 양상을 보여 준다. 이와 함께 '시공간적 배경 – 사건 전개와 주제', '서술자 – 작품의 구성', '인물의 성격 – 주제' 등으로 구성 요소 간의 연계성을 고려하고 있다. 제7차 교육과정기는 교육 내용의 성격 측면에서 이전과는 뚜렷한 차이를 보인다. 가장 두드러진 특징은 제6차 교육과정기까지 유지되던 시, 소설, 희곡, 수필과 같은 장르적 표지가 사라졌다는 점이다. 즉, 제6차 교육과정기까지 사용하던 장르명을 '작품'으로 대체한 것이다. 이로써 장르적 특성이 드러난 교육 내용 대신 특정 장르를 겨냥하지 않은 범장르적 교육 내용이 대부분을 차지하게 된다. 범장르적 교육 내용이 이후 2015 개정 국어과 교육과정까지 이어진다는 점에서 제7차 교육과정기에서 교육 내용이 전환된 의미는 크다고 하겠다.

그렇다면 제7차 교육과정기에 들어서면서 이러한 전환을 가져오게 된 사정은 무엇일까. 제7차 국어과 교육과정 해설서에는 범장르적 전환에 대한 직접적인 언급이 없기 때문에 몇 가지 자료를 통해 이유를 추정해 볼 수밖에 없다. 제7차 국어과 교육과정기에서는 '문학적 국어 사용 능력의 향상'을 내세우면서, "문학 영역의 교수·학습이 문학 또는 개별 문학 작품에 대한 해설과 기성의 문학적 해석을 단순 수용하도록 하는 데 중점이 있지 않고, 학습자의 적극적이고도 능동적인 작품의 해석과 비평 활동을 강조하여 문학적 목적으로 국어를 사용하는 능력을 질적으로 향상시켜 주어야 함"을 강조하고 있다. 또한 이러한 방향이 제4차 교육과정기부터 '문학' 영역을 설정하여 지도해 왔지만 작품의 깊이 있는 이해 능력 향상보다는 문학 지식 또는 문학과 관련된 지식 전달이 주된 학습 활동이었던 관행을 개선하고자 하는 의도와 관련된 것임을 명시하고 있다. 곧 구성 요소 중심의 분석적 접근이 구성 요소에 대한 이해에만 초점을 맞춤으로써 학습 단절을 가져온다는 문제점을 개선하고, 문학 작품 중심에서 학습자 중심으로의 교육에 대한 요구를 수용하는 차원에서 범장르적 전환이 이루어졌다고 볼 수 있다.

이전 교육과정의 소설 교육 내용이 장르에 기반하여 구체적으로 무엇을 어떻게 한다는 취지를 드러낸 것과는 달리, 제7차 교육과정기 이후의 범장르적 교육 내용은 '문학' 혹은 '작품'이라는 모호한 대상을 근거로 삼음으로써 이에 따른 교육 내용 역시 추상적인 경향을 띤다. 제7차 교육과정기의 ⓑ, ⓒ와 같은 사례가 대표적인 경우이다. 문학과 일상 언어의 관계를 파악하는 ⓑ의 교육 내용은 문학 언어와 일상 언어가 다른 것은 아니지만 문학 언어는 일상 언어의 창조적 사용과 관련된다는 점을 이해하는 활동이다. 그런데 이러한 문학 언어의 특성은 지식으로 전달할 수는 있어도 구체적인 학습 활동으로 풀어내기에는 애매한 교육 내용이다. 문학 언어의 실체는 문학 장르 안에서만 확인할 수 있기 때문이다. 이 교육 내용은 제5차~제6차 교육과정기에는 시 장르의 특성을 파악하는 데 초점이 맞추어졌기 때문에 어느 정도 일상 언어와의 관계를 유표화할 수 있었지만 제7차 교육과정기에 문학 일반으로 전환하면서 논의의 초점이 모호해진 경우에 해당한다. 작품이 지닌 아름다움과 가치를 파악하는 ⓒ의 활동 역시 아름다움이 무엇이고, 이를 파악하려면 어떤 활동이 필요한지 짐작하기 어렵다. 이 교육 내용은 학습자 스스로 작품 속에서 아름다움과 가치를 파악하는 활동처럼 보이지만 실제 제시하는 학습 요소는 '문학의 갈래 알기, 작품의 구성 요소 파악하기, 작품을 갈래의 특성에 따라 수용하기'로 되어 있다. 이 경우 갈래별 특성에 따른 수용과 문학의 아름다움과 가치를 직접 연관짓기에는 무리가 있다고 본다.

4) 제7차 교육과정기 이후

제7차 교육과정기 이후의 '문학' 영역 교육 내용 비교

2007 개정(1~3학년)	2009 개정(1~3학년)	2015 개정 (1~3학년)
㉠-1 문학 작품에 드러난 인물의 심리 상태와 갈등의 해결 과정을 파악한다. ㉡-1 문학 작품의 전체적인 정서와 분위기를 파악한다. ㉢-1 역사적 상황이 문학 작품에 어떻게 나타나는지 이해한다. ㉣-1 시어와 일상어의 관계에 대한 이해를 바탕으로 노랫말을 쓴다. ㉤-2 문학 작품의 아름다움과 가치를 파악한다. ㉥-2 다양한 시각과 방법으로 문학 작품을 해석하고 평가한다. ㉦-2 문학 작품의 세계가 누구의 눈을 통해 전달되는지를 파악한다. ㉧-2 문학 작품에 나오는 인물의 행동을 사회·문화적 상황과 관련지어 파악한다. ㉨-2 자신이 상상한 세계를 문학 작품으로 표현한다. ㉩-3 한국 문학의 대표적인 고전 작품을 찾아 읽고 그 가치와 중요성을 이해한다. ㉪-3 문학 작품에 나타난 사회·문화적 상황과 관련지어 창작 동기와 의도를 파악한다. ㉫-3 문학 작품에 대한 다양한 해석을 비교한다. ㉬-3 문학 작품 해석의 근거에 유의하여 비평문을 읽는다. ㉭-3 일상의 가치 있는 체험을 문학 작품으로 표현한다.	ⓐ 비유, 운율, 상징 등의 표현 방식을 바탕으로 작품을 이해하고 표현한다. ⓑ 갈등의 진행과 해결 과정을 파악하며 작품을 이해한다. ⓒ 다양한 관점과 방법으로 작품을 해석한다. ⓓ 표현에 드러나는 작가의 태도에 주목하며 작품을 이해하고 표현한다. ⓔ 작품의 세계가 누구의 눈을 통해 전달되는지 파악하며 작품을 수용한다. ⓕ 사회·문화·역사적 상황을 바탕으로 작품의 의미를 파악한다. ⓖ 작품의 창작 의도와 소통 맥락을 고려하며 작품을 수용한다. ⓗ 자신의 주체적인 관점에서 작품을 평가한다. ⓘ 자신의 일상에서 의미 있는 경험을 찾아 다양한 작품으로 표현한다. ⓙ 문학이 인간의 삶에 어떤 가치를 지니는지 이해한다.	① 문학은 심미적 체험을 바탕으로 한 다양한 소통 활동임을 알고 문학 활동을 한다. ② 비유와 상징의 표현 효과를 바탕으로 작품을 수용하고 생산한다. ③ 갈등의 진행과 해결 과정에 유의하며 작품을 감상한다. ④ 작품에서 보는 이나 말하는 이의 관점에 주목하여 작품을 수용한다. ⑤ 작품이 창작된 사회·문화적 배경을 바탕으로 작품을 이해한다. ⑥ 과거의 삶이 반영된 작품을 오늘날의 삶에 비추어 감상한다. ⑦ 근거의 차이에 따른 다양한 해석을 비교하며 작품을 감상한다. ⑧ 재구성된 작품을 원작과 비교하고, 변화 양상을 파악하며 감상한다. ⑨ 자신의 가치 있는 경험을 개성적인 발상과 표현으로 형상화한다. ⑩ 인간의 성장을 다룬 작품을 읽으며 삶을 성찰하는 태도를 지닌다.

2007 개정, 2009 개정 국어과 교육과정에서도 제7차 교육과정기의 특징 중 하나인 교육 내용의 추상성으로 인한 모호함이 발견된다. 2007 개정 교육과정기의 경우, ㉡에서 '전체적인 정서, 분위기'가 지시하는 대상이 불분명하다. 시, 소설, 희곡, 수필 등 모든 장르에서 정서를 찾을 수 있는 것인지, 작품의 정서는 화자의 정서인지 아니면 인물의 정서인지, 정서와 분위기는 어떻게 다른지 명확하게 설명하고 있지 않기 때문이다. 이러한 모호함은 '노랫말 쓰기' 활동과 '시어와 일상어의 관계'라는 두 가지 층위가 중첩된 ㉣에서도 나타난다. 이 교육 내용은 시어와 일상어의 관계를 이해하는 데 있지만 여기에 '노랫말 쓰기' 활동이 부가되면서 본래의 취지를 모호하게 만들고 있다. 2009 개정 교육과정에서도 ⓒ의 다양한 관점으로 작품을 해석한다는 활동 역시 한 사람이 다양한 관점을 가져야 한다는 말인지, 아니면 각각의 학습자들의 해석 결과는

다양할 수 있다는 것인지 명확하지 않으며, ⓗ의 '주체적 평가'도 어떠한 수준의 평가를 의미하는지 불분명하다.

2015 개정 교육과정기는 2009 개정 교육과정기에서 문제가 된 ⓒ, ⓗ가 삭제되면서 교육 내용이 이전 교육과정기에서 비해 명료해진 측면이 있다. 하지만 제7차 교육과정기와 2007 개정 교육과정기에서 상대적으로 큰 비중을 차지하였던 작가의 의도/태도와 관련된 교육 내용인 ⓓ, ⓖ가 모두 삭제되고, ①, ⑥, ⑦, ⑧, ⑩의 교육 내용이 추가된다. 교육 내용이 추가되거나 삭제될 때에는 사회 변화나 교육 방향의 변화와 같은 이념적 요구가 있었거나 내용의 중복, 오류, 모호함과 같은 실제적 문제가 발생하였거나 하는 등의 타당한 취지를 짐작할 수 있어야 하는데, 이 경우에는 그러한 취지를 파악하기 어렵다. 특히 ⑥, ⑦은 성취 기준이라기보다는 문학 교육의 전제가 되어야 할 활동으로서의 성격이 강하다.

3——교육 내용의 변화에 따른 문제들

지금까지 제1차 국어과 교육과정기부터 2015 개정 국어과 교육과정기까지 중학교 '문학' 영역을 대상으로 교육 내용의 변화 양상을 추적해 보았다. 일차적으로는 학습량의 적정화 방침에 따라 교육 내용을 축소하는 상황이 교육 내용의 성격에도 영향을 미치고 있다고 보고, 연속된 교육과정기를 비교해 봄으로써 교육 내용의 변화 양상을 고찰하였다. 제2차 교육과정기의 경우, 삭제 또는 통합하는 방식으로 교육 내용을 축소하고 있지만 삭제의 근거는 찾을 수 없는 데다가 서로 다른 장르와 내용을 통합하고 있어 교육 내용의 축소가 실제 수업 상황에서 학습 부담을 덜어 주는 방향으로 이루어졌다고 보기는 어려웠다. 제5차 교육과정기는 제4차 교육과정기의 계열화 방식을 중복으로 규정하고 구성 요소 중심으로 통합하는 사례를 보여 주었으며, 제7차 교육과정기는 이전 교육과정기가 장르 중심으로 교육 내용을 선정하던 방식에서 벗어나 범장르적 통합을 제시하였다.

제7차 교육과정기 이후 교육 내용의 중복이나 추상화 현상이 두드러지게 나타나는데 이는 범장르적 전환과 무관하지 않다. 제7차 교육과정기 이후 같은 학년 안에서 교육 내용의 중복이 빈번히 나타나는 이유를 파악하기 위해 제6차 교육과정기와 제7차 교육과정기 교육 내용의 핵심어를 비교해 볼 필요가 있다. 제7차 교육과정기 교육 내용의 핵심어 가운데 제6차 교육과정기를 계승한 것과 새롭게 추가된 것을 비교해 보면, 제7차 교육과정기 이후 교육 내용의 중복과 추상화 현상이 나타나는 이유를 짐작해 볼 수 있을 것이다.

제6차~제7차 교육과정기 '문학' 영역 교육 내용의 핵심어 비교

유지	추가
갈등, 심리, 인물, 표현, 일상어, 문학어(시어)	소통 행위, 아름다움, 가치, 역사적 현실 상황, 사회·문화적 상황, 사회적·문화적·역사적 상황, 시대의 가치, 독자의 반응, 언어적 표현, 다양한 시각과 방법, 작품의 해석과 평가, 작가의 세계관, 민족의 전통과 사상, 비판적 수용, 한국 문학의 개념과 특징, 한국 문학의 역사적 전개 방식, 여러 가지 표현 방식, 작가의 개성, 창작 동기

핵심어를 비교해 보면 제7차 교육과정기의 교육 내용은 제6차 교육과정기를 계승하기보다는 전면적인 개정에 해당함을 알 수 있다. 제7차 교육과정기에는 새로운 핵심어가 다수 등장하는데, 이러한 핵심어들은 작가, 작품, 맥락, 독자의 관계를 중시하는 소통적 관점과 연관되어 있다는 점이 특징적이다. 제7차 교육과정기가 소통적 관점을 취하고 있다는 것은 전체 교육 내용 가운데 사회적·문화적·역사적 상황과 관련되거나 작가의 개성, 세계관, 창작 동기 등 작가와 관련된 교육 내용의 비중이 높다는 점에서 확인할 수 있다. 그리고 "다양한 시각과 방법으로 작품을 해석하고 평가한다."와 같은 학습자의 해석 능력을 대상으로 하는 교육 내용 역시 기본적으로는 소통적 관점에서 나온 것이라고 생각된다.

이처럼 장르적 속성과 관련된 내용을 배제하고 그 자리를 범장르적 내용으로 채운 제7차 교육과정기의 교육 내용이 같은 학년 안에서 유사한 내용이 중

복되어 제시되는 것은 작가 – 작품 – 맥락 – 독자와 같은 소통론적 틀이 실질적으로 내용을 선정하는 기준이 되면서 빚어진 현상이다. 소통적인 관점에 따른 내용 선정의 범주는 교육 내용의 실체를 분류하는 정교한 틀을 제공하지 못하므로 균형 잡힌 교육 내용을 생성하기 어렵다. 교육 내용의 중복은 교육과정 개정 때마다 교육 내용이 과다하다는 인상을 주어 삭제의 빌미가 되기도 한다. 교육 내용이 줄면 학습자의 부담도 줄어들고, 훨씬 수준 높고 심화된 수업이 가능하다고 보지만 학습 부담에 영향을 미치는 요인이 학습량에만 있는 것은 아니기 때문에 교육 내용의 축소가 학습의 질적 수준 향상으로 이어진다고 보기는 어렵다. 학습 활동의 양이 많거나 수준이 높을 때, 그리고 학습 활동에 대한 안내가 충분히 이루어지지 않을 경우에도 학습자들은 부담을 갖게 된다. 학습량을 축소한다고 하더라도 학습에 영향을 미치는 다른 요인이 조율되지 않는다면 학습 부담이 덜어지지 않을 수도 있다.

제7차 교육과정기 이후, 교과서에서 학습자에게 부담이 되는 활동을 배제하는 방식으로 '학습 활동'이 편성되는 경향이 두드러지는데 여기에 교육 내용의 수를 줄이는 방향의 교육과정 개정이 병행되면서 오히려 학습 수준이 저하될 가능성이 잠재한다는 점도 고려할 필요가 있다. 교육 내용을 선정할 때 학습의 전이가 가능한지, 학습의 질적 수준을 개선할 수 있는 모색이 가능한지를 참작해야 일정 수준의 함량을 갖춘 교육 내용이 제공될 수 있다고 본다. 따라서 교육과정 설계 과정에서 학습량의 적정화 문제를 해결하기 위해서는 학습량, 교육 내용의 함량, 학습자의 조건, 학습 활동의 구성 방식 등의 연계 조건에 대해 중층적인 시각을 가져야 한다.

핵심어

학습량, 적정화, 범장르적 교육 내용, 소통론적 관점, 중복, 추상화 현상

| 참고 문헌 |

교육과학기술부(2009), 『국어과 교육과정』, 교육과학기술부 고시 제2011-361호(별책 5).

교육부(1992), 『중학교 교육과정』, 교육부 고시 제1992-11호.

______(1997), 『중학교 교육과정』, 교육부 고시 제1997-15호.

______(1997), 『교육부 고시 제 1997-15호에 따른 중학교 국어, 도덕, 사회 해설서』

______(2015), 『국어과 교육과정』, 교육부 고시 제 2015-74호(별책 5).

교육인적자원부(2007), 『중학교 교육과정』, 교육인적자원부 고시 제2007-79호.

김창원 외(2015), 『국어과 교육과정: 2015 개정 교과 교육과정 시안 개발 연구 Ⅱ』, 한국교육과정평가원 연구 보고 CRC 2015-25-3.

김혜영(2016), 「문학 교육 과정 교육 내용의 변화 양상 고찰: 중학교 '문학' 영역을 중심으로」, 『국어 교육학 연구』 제51집, 국어교육학회.

문교부(1955), 『중학교 교육과정』, 문교부령 제45호 별책.

______(1963), 『중학교 교육과정 해설서』, 문교부령 제120호.

______(1981), 『중학교 교육과정』, 문교부 고시 제442호.

______(1987), 『중학교 교육과정』, 문교부 고시 제87-7호.

이양락 외(2004), 『제7차 국민 공통 기본 교육과정의 교과 교육 내용 적정성 분석 및 평가: 종합』, 한국교육과정평가원 연구 보고 RRC 2004-1-1.

| 더 읽을 거리 |

김창원(2011), 『문학 교육론 — 제도화와 탈제도화』, 한국문화사.

박인기(1996), 『문학 교육과정의 구조와 이론』, 서울대학교 출판부.

선주원(2008), 『청소년 문학 교육론』, 역락.

우신영(2015), 「현대소설 해석 교육 연구 — 독자군별 해석 텍스트의 분석을 중심으로」, 서울대학교 박사 학위 논문.

우한용 외(1997), 『문학 교육과정론』, 삼지원.

________(2009), 『실용과 실천의 문학 교육』, 새문사.

정재찬(2004), 『문학 교육의 현상과 인식』, 역락.

교과서와 현대소설의 제재[1]

° 김혜영

1——국어 교과서와 제재

일반적으로 교육과정에는 교육의 방향과 내용이 개괄적이고 추상적인 형태로 제시되기 때문에 교육과정을 학교 현장에서 직접 활용하기는 어렵다. 따라서 교육과정을 학교 현장에 적용하기 위해서는 교육과정의 내용이 실제적인 교수·학습 상황에 맞게 구체화되어야 한다. 교과서는 교육과정의 내용을 실천적 방향에서 해석하고 구체적인 제재나 활동으로 가시화하여 보여 줌으로써 교수·학습 상황을 수월하게 해 주는 자료라고 말할 수 있다. 우리의 경우 교과서에 대한 심의가 국가 중심으로 이루어지다 보니 교사, 학습자, 학부모, 교육 관계자 사이에서 교과서에 대한 신뢰도가 높은 편이며, 해당 공동체 안에서 대부분의 수업이 교과서 중심으로 이루어지는 현상을 자연스럽게 받아들인다. 그러나 교육과정을 충실히 반영하고, 최선의 교육 자료와 학습 활동이 선정되었다 하더라도 교과서가 교수·학습의 대상일 수는 없다. 교과서 '를' 가르치지 말고 교과서 '로' 가르쳐야 한다는 식으로 교과서의 상대적인 위상을

1 이 장은 김혜영(2016)을 토대로 재서술하였다.

강조해 온 것도 학교 교육 현장에서 교과서에 대한 의존도가 높은 것을 경계하는 의미가 있다고 하겠다.

교과서 구성에서 핵심적인 작업은 적절한 제재를 선정하는 일이다. 다른 국어 자료들도 그러하지만 특히 문학 작품을 교과서 제재로 선정할 때, 적절한 제재의 기준을 어디에 두어야 하느냐가 논란의 대상이 되어 왔다. 일차적으로 학습 목표에 도달하기에 적합한 문학 작품을 선정해야 한다는 점에는 이의가 없는 듯하다. 그런데 문학 제재의 경우, 학습 목표 외에도 문학 작품 자체가 지닌 심미적 가치와 교육적 가치가 제재 선정의 중요한 요건이 된다. 문학 작품은 교과서의 제재이기 이전에 문학 장 — 문학이라는 학문적 체계, 문학 작품이 생산되고 소비되는 소통 체계로서의 문단, 출판, 유통 등 — 안에 존재하기 때문에 한 편의 작품에는 다양한 가치 평가가 개입되어 있다. 문학 장에서의 가치 평가는 작품의 심미적 측면에 초점을 맞추는 경향이 있어 인식이나 윤리적 측면을 중시하는 교육 논리와 마찰을 빚기도 한다. 이런 연유로 교과서 제재로서 적합한 문학 작품은 어떠한 조건을 갖추어야 하는가의 문제가 제기될 때면 통시적·공시적 차원에서 언어문화 공동체의 사상과 정서, 심미성의 기준을 소환하고 여기에 교육의 목적이나 취지의 적합성을 교차시켜 제재의 적절성을 판별해 왔다.

문학 제재 가운데 현대소설은 주제 혹은 내용의 교육적 가치를 놓고 심미적 가치가 대비되는 양상을 보여 준다. 현대소설은 장르 성격상 당대 현실의 모습을 있는 그대로 재현하거나 반영하려는 정신을 기반으로 형성되었기 때문에 교환 가치에 의해 추동되는 훼손된 현실의 문제를 다루지 않을 수 없다. 현대소설이 비속한 인물이나 비윤리적인 사건을 통해 부정적인 현실의 모습을 보여 주는 것도 이러한 장르적 성격 때문이다. 현대소설이 교과서에 실리는 과정에서 겪게 되는 다양한 심급의 검열을 고려할 때, 교과서에 실린 현대소설 제재는 장르 자체의 미적 가치와 교육 대상으로서의 소설 제재가 직면하게 되는 교육적 가치 사이의 길항 작용에서 나온 타협의 산물임을 짐작할 수 있다. 그런 의미에서 교과서에 실린 현대소설 제재를 통해 이러한 타협의 성격과 의미를 분석해 본다면, 문학 교육이 당면한 문제와 우리 시대의 교육 문화의 지형도를 파악할 수 있으리라 생각한다.

2——현대소설 제재의 특징

현대소설 제재의 특징을 분석하려면 제1차 국어과 교육과정기부터 현행 2015 개정 국어과 교육과정기까지 교과서에 실린 현대소설 제재를 통시적으로 개괄할 필요가 있다. 현대소설 제재의 특징을 파악하기 위해 교과서에 실린 현대소설 제재 가운데 교육과정이 여러 차례 바뀌는 동안에도 지속적으로 실린 작품은 무엇인지, 현행 교과서에 실린 제재는 무엇이고, 이 가운데 반복되는 작품은 무엇인지 살펴본다. 지금까지 중학교 『국어』 교과서에 수록된 현대소설 제재는 다음과 같다. 2007 개정 국어과 교육과정, 2009 개정 국어과 교육과정, 2015 개정 국어과 교육과정을 반영한 교과서의 경우에는 수록 빈도가 높은 작품만을 제시하였다.

중학교 『국어』 교과서에 실린 현대소설 제재

시기	수록 작품
제1차	이효석 「사냥」, 계용묵 「심월」, 최상덕 「전선의 아침」, 유진오 「창랑정기」
제2차	이효석 「사냥」, 황순원 「소나기」
제3차	이효석 「사냥」, 이주홍 「메아리」, 김동인 「조국」, 「무지개」, 오영수 「요람기」, 최찬식 「외숙모님의 연설」, 황순원 「소나기」
제4차	오영수 「요람기」, 이주홍 「메아리」, 김동인 「조국」, 전광용 「고향의 꿈」, 최찬식 『추월색』, 황순원 「소나기」, 이범선 「학마을 사람들」
제5차	오영수 「요람기」, 황순원 「소나기」, 이범선 「학마을 사람들」, 주요섭 「사랑손님과 어머니」, 심훈 『상록수』
제6차	오영수 「요람기」, 채만식 「왕치와 소새와 개미와」, 황순원 「소나기」, 이범선 「학마을 사람들」, 주요섭 「사랑손님과 어머니」, 심훈 『상록수』

제7차	박완서 「옥상의 민들레꽃」, 이은성 『소설 동의보감』, 황순원 「소나기」, 하근찬 「흰 종이 수염」, 구인환 「숨 쉬는 영정」, 주요섭 「사랑손님과 어머니」, 오정희 「소음 공해」, 윤흥길 「기억 속의 들꽃」, 현진건 「운수 좋은 날」, 양귀자 「원미동 사람들」
2007 개정	황순원 「소나기」, 「학」, 김유정 「동백꽃」, 하근찬 「수난이대」, 박완서 「자전거 도둑」, 주요섭 「사랑손님과 어머니」, 현덕 「나비를 잡는 아버지」
2009 개정	하근찬 「수난이대」, 김유정 「동백꽃」, 박완서 「자전거 도둑」, 주요섭 「사랑손님과 어머니」, 오정희 「소음 공해」, 황순원 「소나기」, 현덕 「하늘은 맑건만」, 양귀자 「원미동 사람들」
2015 개정	현덕 「하늘은 맑건만」, 박완서 「자전거 도둑」, 황순원 「소나기」, 주요섭 「사랑손님과 어머니」, 김유정 「동백꽃」, 현진건 「운수 좋은 날」, 윤흥길 「기억 속의 들꽃」, 하근찬 「수난이대」, 전광용 「꺼삐딴 리」

1) 문학사적 평가를 받은 작품인가

중학교 교과서에 선정된 현대소설 제재가 문학사적 평가를 받은 작품인지 파악하기 위해 문학사나 전집 수록 현황을 파악해 볼 수 있다. 문학사적 평가를 받았다는 것은 오랜 시간을 두고 작가 혹은 작품에 대한 논의가 이루어졌으며, 그 결과 일정 수준의 문학적/문학사적 가치를 인정받았다는 것을 의미한다는 점에서 교과서 제재의 수준을 보장하는 기준이 될 수 있다. 문학사적 평가는 문학성이나 가치의 지속성 측면에서 어느 정도 검증된 평가 방식이므로 제재 선정의 조건이 될 수 있었다고 본다. 중학교 교과서에 제시된 작품 가운데 현대 문학사에 언급된 작가와 작품은 다음과 같다.

교과서에 제시된 작품 가운데 현대 문학사에 언급된 작가와 작품

출처[2]	작가와 작품
백철	심훈 『상록수』, 유진오, 이효석, 채만식, 김유정 「동백꽃」, 황순원
박영희	최찬식 『추월색』, 김동인 「붉은 산」, 이효석, 현진건, 유진오
조연현	최찬식 『추월색』, 김동인 「붉은 산」, 「무지개」, 현진건 「빈처」, 주요섭 「사랑손님과 어머니」
김윤식·김현	채만식, 김동인, 김유정 「동백꽃」, 현진건 「운수 좋은 날」, 하근찬, 황순원, 오영수

2 백철, 『조선 신문학 사조사: 현대편』, 백양당, 1949; 박영희, 「한국 현대 문학사」, 『사상계』 제57, 58, 62, 64, 66~69호, 1958~1959; 조연현, 『한국 현대 문학사』, 성문각, 1969; 김윤식·김현, 『한국 문학사』, 민음사, 1973; 김윤식·정호웅, 『한국 소설사』, 예하, 1993.

김윤식·정호웅	유진오 「창랑정기」, 김동인, 황순원, 최찬식 『추월색』, 오영수, 이범선, 심훈 『상록수』, 윤흥길, 현진건 「운수 좋은 날」, 하근찬 「수난이대」, 「흰 종이 수염」, 이효석 「메밀꽃 필 무렵」, 김유정, 박완서, 오정희

위 자료를 보면, 제1차부터 2015 개정에 이르기까지 교과서에 작품이 실린 작가는 어느 정도 문학사적 인정을 받았음을 알 수 있다. 최찬식의 『추월색』, 심훈의 『상록수』, 김동인의 「붉은 산」, 현진건의 「운수 좋은 날」, 하근찬의 「수난이대」, 「흰 종이 수염」, 이효석의 「메밀꽃 필 무렵」, 김유정의 「동백꽃」 등과 같은 작품은 작가의 대표작으로 문학사적 평가를 받았으며, 이효석의 「사냥」, 오영수의 「요람기」, 김동인의 「무지개」, 채만식의 「왕치와 소새와 개미와」, 윤흥길의 「기억 속의 들꽃」, 박완서의 「자전거 도둑」, 오정희의 「소음공해」 등과 같이 문학사적 평가를 받은 작가이지만 작품 자체는 알려지지 않은 경우도 있다. 이는 교과서에 실린 문학 작품이 문학사에서 언급하고 있는 대표작을 선정하는 것과는 다른 맥락에서 선정되고 있다는 점을 보여 준다.

한국 문학 전집에 수록된 양상[3]

전집명	출판사	발행 연도	전집에 포함된 작가명
현대 조선 문학 전집	조광사	1938	김동인, 김유정, 유진오, 이효석, 주요섭, 채만식, 현진건
조선 대표 작가 선집	서울타임스	1946	김동인, 김유정, 유진오, 이효석, 채만식, 현진건
조선 문학 전집	한성도서	1948	김동인, 심훈, 현진건
한국 문학 전집	민중서관	1958	김동인, 김유정, 심훈, 이효석, 유진오, 주요섭, 황순원
한국 문학	삼중당문고	1978	김유정, 심훈, 이효석, 주요섭, 현진건, 황순원
소설 문학 대계	동아출판사	1995	김동인, 김유정, 박완서, 심훈, 양귀자, 오영수, 오정희, 유진오, 윤흥길, 이범선, 이효석, 전광용, 주요섭, 채만식, 하근찬, 현덕, 현진건, 황순원

3 이 표는 강진호(2003)가 밝힌 자료를 정리한 것이다. 삼중당문고에 관한 부분은 문영진(2006)의 논문을 참고하였다.

전집에서 다루고 있는 작가 역시 문학사에서 살펴본 바와 크게 다르지 않다. 거의 모든 전집에 빠지지 않는 작가로 현진건, 이효석이 있고, 김동인, 김유정, 주요섭, 유진오 등도 안정된 평가를 받는 작가라고 할 수 있다. 동아출판사의 『소설 문학 대계』에는 교과서에 실린 작가 상당수가 포함되어 있다. 작가를 중심으로 본다면, 『국어』 교과서에서 다루고 있는 작가와 문학 전집 사이의 밀접한 연관성을 확인해 볼 수 있다.

2) 소재, 주제적인 측면 — 어떤 내용인가

현대소설 제재를 선정하는 과정에는 교육 제도와 관련된 다양한 변인이 작용하며, 특히 실제 교육 현실을 고려한 문제들이 직접적인 영향을 미친다. 그러한 실질적인 문제 가운데 하나가 교과서에 실린 작품의 선정을 제한하는 조건에 관한 것이다. 2009 개정 국어과 중학교 교육과정에서는 '국어 자료의 예'를 제시하고 있는데, 문학 작품의 경우는 다음과 같다.

㉠ 인물의 내면세계, 사고방식, 느낌과 정서 등이 잘 드러난 작품
㉡ 바람직하고 가치 있는 삶에 대한 탐구와 성찰을 담고 있는 작품
㉢ 보편적인 정서와 다양한 경험이 잘 드러난 한국·외국 작품
㉣ 사회·문화·역사적 상황이 잘 드러난 작품
㉤ 한국의 대표적인 문학 작품
㉥ 비평적 안목이 뛰어난 비평문
㉦ 삶에 대한 고민이나 성찰을 담고 있는 다양한 매체 자료

이 가운데 현대소설 제재 선정에서 고려해 볼 수 있는 항목은 ㉠~㉤이다. 이는 대부분의 현대소설 제재가 갖추고 있는 조건이라는 점에서 '국어 자료의 예'는 현대소설 제재의 기본적 요건을 제시한 셈이다. 정작 현대소설의 제재 선정에서 제약이 되는 요건은 교과서 검정 기준에서 제시하는 다음의 항목들이다.

㉠ 대한민국의 자유 민주의 기본 질서와 이에 입각한 평화 통일 정책을 부정하거나 왜곡 비방하는 내용이 있는가?

㉡ 성별, 종교 또는 사회적 신분에 의하여 정치적, 경제적, 사회적, 문화적 생활의 모든 영역에 있어서 차별을 조장하는 내용이 있는가?

㉢ 정치적, 파당적, 개인적 편견을 전파하거나 특정 종교 교육을 위한 방편으로 이용된 내용이 있는가?

현대소설은 자유 민주 질서의 침해, 성별·종교·사회적 신분에 의한 차별, 정치적·파당적·개인적 편견 등을 드러내고, 문제 삼으며, 비판하는 지점에서 출발하는 장르이다. 문제는 이러한 이데올로기의 문제점을 비판하기 위해서는 차별이나 편견을 소설의 소재로 삼지 않을 수 없는데 이를 소재로 삼았다는 것만으로 특정 이데올로기를 드러내는 것으로 받아들여질 수 있다는 점이다. 이 밖에 성적인 측면이 부각된 작품, 비속어나 은어 등이 사용된 작품, 폭력적인 장면이 포함된 작품도 제약이 있어서 현대소설의 제재 선정에서 제한을 받고 있다. 교과서 제재를 선정하는 과정에서 제약이 되는 것을 제거하는 네거티브적 방식을 순화 메커니즘이라고 부를 수 있다. 순화 메커니즘이란 학습자가 문학 작품을 수용하는 과정에서 발생할 수 있는 위험 요소를 부각하는 가상 시나리오를 매개로 삼아, 부정적인 요소를 하나씩 제거하는 방식으로 작용한다. 다음 자료는 제1차 국어과 교육과정기부터 2015 개정 교육과정기까지 중학교 『국어』 교과서에 실린 제재 가운데 지속적으로 반복되어 실린 작품 목록이다.

중학교 『국어』 교과서에 실린 현대소설 제재

수록 작품	제1차	제2차	제3차	제4차	제5차	제6차	제7차	2007 개정	2009 개정	2015 개정
「사냥」	○	○	○							
「학마을 사람들」				○	○	○				
「사랑손님과 어머니」					○	○	○	○	○	○

「요람기」			○	○	○	○				
『상록수』					○	○				
「소나기」		○	○	○	○	○	○	○	○	○
「동백꽃」								○	○	○
「자전거 도둑」								○	○	○
「수난이대」								○	○	○
「원미동 사람들」					○	○		○	○	

이효석의 「사냥」, 이범선의 「학마을 사람들」이 세 차례, 오영수의 「요람기」가 네 차례(제7차 교육과정에서는 보충 심화에 실렸다), 주요섭의 「사랑손님과 어머니」가 다섯 차례, 황순원의 「소나기」가 여덟 차례 교과서 제재로 선택되었음을 확인할 수 있다. 특징적인 점은 특정 작품이 연속적으로 실리는 경우가 많다는 사실이다. 이 작품들은 대부분 순수주의 경향을 지닌 것으로 평가받고 있다. 하근찬의 「수난이대」, 양귀자의 「원미동 사람들」이 현실에 대한 인식을 보여 주는 작품이라는 것을 제외하면 나머지 작품은 거의 유사한 경향을 지닌다. 이 작품들의 경향을 정리하면 아래와 같다.

① 소년·소녀 주인공: 「사냥」, 「요람기」, 「사랑손님과 어머니」, 「소나기」, 「동백꽃」, 「자전거 도둑」

② 고향 혹은 농촌(시골) 생활: 「사냥」, 『상록수』, 「요람기」, 「학마을 사람들」, 「소나기」, 「동백꽃」

이 소설들은 시간적으로는 유년기, 공간적으로는 고향 혹은 농촌을 배경으로 하여 순수성과 원초성이 보존되는 시공간을 선택하고 있다. 그리고 인간과 인간의 관계를 다루면서도 현실적인 측면을 부각하여 갈등을 첨예화하지 않고 자연적 배경이나 자연의 상징에 기대어 관계에서 발생하는 갈등을 무화하는 방법을 택한다. 자연이 인간의 삶을 설명하고 인간의 삶에 정당성을 부여하는 작용을 함으로써 일제의 강점이나 전쟁과 같은 현실적 사건들은 모두 운명적인 것으로 작용하게 된다. 인간은 자연의 한 부분이라는 사상, 곧 인간과 자연의 결속성이 강조되면서 부분과 전체의 구조가 유사한 계열체를 생성한다. 개인, 가족, 친족, 고향, 민족, 국가 등은 계열체적 관계 속에서 위치를 바꿔 가며 부분과 전체의 의미망을 형성한다. 전체 안에서 부분은 모두 동질적인 존재로서, 원초적으로는 인간과 인간, 인간과 자연이 미분화된 세계, 곧 인류의 유년기라고 할 수 있는 이 원초적 무의식의 세계 속에 이 소설들이 자리 잡고 있다. 순수하고 서정적인 세계는 이러한 원형적 공간의 재현과 연결된다. 원형적 공간의 재현이 지속적으로 이루어진다는 것은 이러한 지향성을 유발하는 어떤 독특한 정서가 존재하며, 그러한 정서를 지속적으로 재생산하는 메커니즘이 개입하고 있다는 관점에서 이해할 필요가 있다. 이러한 의미에서 문학 정전 작품이 보여 주는 순수주의는 그 자체가 어떠한 이념을 지향하고 있다기보다는 순화 메커니즘을 통해 살아남은 작품들이 표상하는 가치로 바라보는 것이 타당해 보인다.

순수주의 계열의 작품에서는 현실과의 직접적인 대면을 피하고 감정이나 정서를 간접화하며, 학습자들과 비슷한 연령층의 생활이나 민족과 같은 당위의 이념적 대상을 소재로 삼아 추상화되고 이상화된 세계를 제시한다. 이러한 순화 메커니즘은 순수주의 문학만이 아니라 교과서에 실린 다른 작품에도 동일하게 작용하고 있다. 심훈의 『상록수』와 같이 민족주의적·계몽주의적 경향을 뚜렷하게 보이는 작품이 순수 문학과 이질감 없이 공존할 수 있는 이유는 순수주의 자체가 어떠한 '주의'를 내세우는 체계가 아니라 소재나 현실에 대한 태도, 정신을 나타내는 개념으로 작용한다는 점과 연관된다.

3——현대소설 제재 선정과 관련하여 생각해 볼 문제들

교과서에 실린 작품 가운데에는 학습자의 수용 상황, 특히 학습 주기를 고려해 볼 때 학습자가 반복해서 학습하게 될 작품이 있을 수 있다. 특정 작품이 중학교 『국어』, 고등학교 『국어 Ⅰ』, 『국어 Ⅱ』, 『문학』 교과서에 동시에 실림으로써 학습자가 일정 기간 반복하여 특정 작품을 학습할 가능성이 있다는 것이다. 교과서가 국정에서 검인정으로 바뀌면서 동일한 현대소설 제재를 반복하여 학습할 가능성이 높아진 셈이다. 다음 표는 제7차 국어과 교육과정기부터 현행 국어과 교육과정기까지 중학교 『국어』, 고등학교 『국어』(『국어 Ⅰ』, 『국어 Ⅱ』), 『문학』 교과서에 반복하여 실린 작품을 정리한 것이다.

시기	작가와 작품	중학교 『국어』	고등학교 『국어』	『문학』
제7차	김유정 「동백꽃」	○		○
	윤흥길 「장마」		○	○
2007 개정	김유정 「동백꽃」	○	○	○
	김유정 「봄·봄」	○	○	○
	김유정 「만무방」	○	○	○
	하근찬 「수난이대」	○	○	○
	황순원 「소나기」	○	○	○
	이태준 「돌다리」	○	○	○
	이효석 「메밀꽃 필 무렵」	○	○	○
	윤흥길 「장마」	○	○	○
	박완서 『그 많던 싱아는 누가 다 먹었을까』	○	○	○
	주요섭 「사랑손님과 어머니」	○	○	○
	조세희 「난장이가 쏘아 올린 작은 공」	○	○	○
	채만식 『태평천하』	○	○	○
	최명희 『혼불』	○	○	○
	박경리 『토지』	○	○	○
2009 개정	김유정 「봄·봄」	○	○	○
	이효석 「메밀꽃 필 무렵」	○	○	○

2015 개정	이문구 「유자소전」		○	○
	이태준 「달밤」		○	○
	윤흥길 「완장」		○	○
	성석제 「내가 그린 히말라야시다 그림」	○		○
	성석제 「황만근은 이렇게 말했다」		○	○

교과서에 선정된 작품 중에는 저학년에서 다룬 작품이 고학년에서도 언급되는 경우가 있는데 이는 어떤 소설 제재가 해당 학년에 적합한지 판단하는 공식적인 기준이 없기 때문에 발생하는 현상으로 보인다. 위 자료를 보면, 교과서 제재 선정에서 주인공, 소재, 서술자의 발화 양식 등에 근거한 판단과 작품 자체에 대한 맥락에 근거한 판단이 교차되고 있음을 알 수 있다. 소설 작품의 해석이 인물의 성격, 소재, 서술자의 시점 등을 파악하는 차원에서부터 작가, 사회·문화적 상황, 문단적 조건 등을 끌어들여 다양한 해석을 유도하는 차원까지 그 스펙트럼이 넓다는 점을 고려할 때, 중학교와 고등학교에서 배우는 소설 제재가 동일할 가능성을 피할 수는 없어 보인다. 이러한 유동성이 한편으로는 소설의 신축성과 유연성을 증명해 주는 표지이기도 하지만, 다른 한편으로는 중복 게재의 문제를 야기하기도 한다.

같은 작품에서 유사한 내용을 반복하여 학습하는 것이 문제가 될 수는 없다. 반복은 어떤 의미에서든 교육에서 기본이 되는 활동일 수 있기 때문이다. 중요한 것은 같은 작품을 반복해서 읽는 행위가 아니라 특정 작품을 특정의 용도 혹은 기능의 대상으로 수용하는 활동이다. 이러한 활동이 문제가 되는 이유는 특정 작품을 일정한 방향으로 읽도록 고정화하기 때문이다. 대표적인 경우는 주요섭의 「사랑손님과 어머니」, 김유정의 「동백꽃」을 서술자의 시점과 연관시키는 방식을 들 수 있다. 두 소설이 서술자의 전형적인 특징을 보여 주며 문학성 또한 갖추고 있다는 점을 인정한다 하더라도 이러한 경향이 고착화되는 현상에 대해서는 고려할 필요가 있다.

이를 보완하는 방법으로 생각해 볼 수 있는 것은 '국어 자료의 예'이다. 현행 교육과정에서 제시하는 '국어 자료의 예'는 현대소설 제재의 선정 범주를 제한하는 역할을 하지 못한다. 2009 개정 국어과 교육과정에서 제시하는 '국어 자료의 예'는 제재가 기본적으로 갖추어야 할 요건을 제시하고 있다는 점에서 제재 선정의 조건이 되기 어렵다고 본다. 중학교 '국어 자료의 예'는 고등학교 '국어Ⅰ', '국어Ⅱ', '문학' 과목에 해당하는 '국어 자료의 예'로 보아도 무리가 없는데, '국어 자료의 예'에서 언급하는 내용은 교과서 제재로 선정되는 문학 작품이 갖추어야 할 최소한의 요건에 해당하기 때문이다. '국어 자료의 예'가 제재 선정의 방침이 되려면 학년군 학습자의 수준이나 성향을 고려하여 제재 선정의 방향을 제시해 주어야 한다. 또한 학습자의 발달 단계에 적합한 작품 목록이 확보된다면 특정 제재로 집중되는 현상을 피할 수 있을 것이다.

핵심어

교육적 가치, 심미적 가치, 문학사적 평가, 순화 메커니즘

| 참고 문헌 |

강진호(2003), 「한국 문학 전집의 흐름과 특성」, 『돈암 어문학』 제16집, 돈암어문학회.
김윤식·김현(1973), 『한국 문학사』, 민음사.
김윤식·정호웅(1993), 『한국 소설사』, 예하.
김혜영(2016), 「교과서 현대소설 제재의 교육 내용 연구」, 『우리말 교육 현장 연구』 제10집, 우리말교육현장학회.
문영진(2006), 「김동인 소설의 정전화에 관한 몇 가지 문제에 대하여 — '회고'에서 교육장으로의 진입까지」, 『대동 문화 연구』 제 53집, 성균관대학교 대동문화연구원.
박영희(1958~1959), 「한국 현대 문학사」, 『사상계』 제 57, 58, 62, 64, 66~69호.
백철(1949), 『조선 신문학 사조사: 현대편』, 백양당.
조연현(1969), 『한국 현대 문학사』, 성문각.

| 더 읽을 거리 |

김동환(2018), 『소설 교육의 방법적 모색』, 월인.
김창원(2011), 『문학 교육론 — 제도화와 탈제도화』, 한국문화사.
우한용(1997), 『문학 교육과 문화론』, 서울대학교 출판부.
우한용 외(1997), 『문학 교육과정론』, 삼지원.
한국문학교육학회 엮음(2010), 『정전』, 역락.
____________________(2010), 『텍스트 읽기』, 역락.
____________________(2010), 『문학 능력』, 역락.

현대소설 교육의 쟁점

° 김혜영

1——현대소설 교육이 놓인 자리

국어 교육학의 학문적 체계는 국어과 교육 전반을 아우르는 목표, 내용, 방법, 평가의 틀을 마련하는 측면과 듣기·말하기, 읽기, 쓰기, 문학, 문법 영역을 중심으로 세부적인 목표, 내용, 방법, 평가의 기준을 마련하는 측면에서 동시에 이루어졌다고 볼 수 있다. 이 중 문학 영역은 국어과 교육의 하위 영역으로서의 위상을 견지하면서 문학 교육학이라는 이론적 기반 구축과 교육과정 설계 및 교과서 구성과 같은 실천적 문제를 고민해 왔으며, 다른 한편으로는 고전/현대, 시/소설 등 장르 중심으로 교육 내용과 방법을 모색해 왔다. 이처럼 문학 교육에 대한 논의가 교육 이론을 설계하고, 바람직하다고 여겨지는 교육 패러다임과 교육 내용 및 방법을 제안하는 데 맞추어지다 보니 교육 이론적 차원에서 쟁점화된 문제는 많지 않은 편이다. 오히려 교육 현장의 실태를 진단하고 해결 방안을 모색하는 과정에서 문학 교육의 쟁점이 될 만한 문제들이 제기되는 경향이 있으며, 이러한 현상은 현대소설 교육에서도 마찬가지이다.

교육 현장에서 이루어지는 현대소설 교육의 중심은 교육과정에 있다고 할 것이다. 교육과정은 교육 이론과 교육 현장의 요구를 수렴하여 교육 목표와 내용, 교수·학습 방법, 평가 방안 등을 제시하거나 교과서의 제재 선정, 학습 활동의 준거 등을 제공함으로써 학교 현장에서 이루어지는 교육에 실질적인 영향을 미치기 때문이다. 이와 함께 교과서의 중요성도 간과할 수 없는데, 교과서는 교육과정의 추상적인 내용을 구체적인 자료와 학습 활동으로 실현해 보일 뿐만 아니라 실질적인 학교 교육의 표준으로 자리 잡고 있다는 점에서 그러하다. 현대소설 교육에서 가르쳐야 할 내용을 제시하고 있는 교육과정과 교육과정의 내용을 학습자의 관심이나 수준에 맞게 상세화하여 제시하고 있는 교과서는 현대소설 교육이 이루어지는 현실을 가장 구체적으로 보여 준다.

현대소설 교육과 관련하여 지속적으로 제기되는 문제는 교육의 내용, 곧 현대소설에서 무엇을 가르칠 것인가이다. 어떠한 교육 내용을 선정하느냐에 따라 교육의 방향이 달라질 수 있기 때문에 현대소설 교육 내용을 선정하는 것은 교육과정의 설계에서 가장 핵심적이면서 논쟁적인 부분이다. 분석 중심 교육과 통합 중심 교육, 텍스트 중심 교육과 학습자 중심 교육, 창작 중심 교육과 표현 중심 교육 등의 쟁점과 이에 대한 논의는 교육 내용의 선정이 현대소설 교육의 지향점과 관련되어 있음을 보여 준다.

현대소설에서 무엇을 가르칠 것인가의 문제는 교과서 구성에서 제재 선정의 문제로 연결된다. 제재 선정과 관련해서는 정전 중심/학습자의 흥미 중심, 단편 중심/장편 중심, 부분 수록/전 작품 수록 등과 같은 사안이 논의되고 있다. 그리고 서정 장르보다는 서사 장르에서, 고전 소설보다는 현대소설에서 제재 선정의 제약이 더 크게 작용하기 때문에 교과서 제재 선정의 문제는 현대소설 교육에서 쟁점이 되는 부분이다. 이러한 쟁점들은 현대소설 교육이 직면한 문제적 상황이 무엇인지를 여실히 보여 준다. 이에 대한 깊이 있는 논의를 통해 현대소설 교육이 직면한 문제점들을 입체적으로 파악한다면 현대소설 교육의 바람직한 방향을 마련할 수 있으리라 생각한다.

2——교육 내용 관련 쟁점들

1) 분석 중심과 통합 중심

제1차 국어과 교육과정부터 2015 개정 국어과 교육과정에 이르기까지 현대소설 교육의 주요 내용은 인물, 사건, 소재, 갈등(구성), 서술자, 사회·문화적 배경, 주제 등이었다. 2011 개정 국어과 교육과정에 들어와서 반어, 풍자와 같은 기법이 추가되었지만 소설의 구성 요소 중심의 교육이 오랜 기간 소설 교육을 이끌어 온 셈이다. 이처럼 교육과정이 수차례 변천했음에도 지속적으로 구성 요소 중심의 소설 교육이 이루어진 것으로 보아, 소설의 구성 요소가 소설 교육의 내용이 되어야 한다는 점, 그 구성 요소는 인물, 사건, 소재, 갈등, 서술자, 사회·문화적 배경, 주제 등이어야 한다는 점에 대해서는 암묵적 합의가 이루어졌다고 보아야 할 것이다. 구성 요소 중심의 교육은 분석의 준거를 소설 작품 안에서 찾게 함으로써 객관성을 담지하고, 학습한 내용이 자연스럽게 평가와 연결되는 바람직한 교육적 회로를 형성할 수 있다는 장점이 있다.

그런데 구성 요소 중심의 소설 교육은 소설 작품 속에서 구성 요소의 성격과 기능을 분석하는 데 초점을 맞추기 때문에 소설 작품에 대한 이해가 분절될 가능성이 높고, 분절된 이해의 결과가 해석을 대신하게 됨으로써 소설 작품에 대한 이해가 단편적인 것에 머무를 수 있다. 그러므로 구성 요소 중심의 분석이 문학을 해석하는 능력을 신장하는 데 기여하는지에 대해서는 좀 더 깊이 있는 논의가 필요하다. 실제 학습자의 해석문을 분석한 우신영(2015: 43~62면)의 논문에 기대면, 학습자들은 지속적으로 구성 요소 중심의 문학 교육을 받아 왔음에도 해석문의 내용은 인물의 행위 동기나 심리, 작가의 의도를 추측하는 경향이 두드러진 반면에 서술자, 시공간, 모티프, 반복적 패턴, 서술 전략 등에 대한 탐구는 빈약한 경향을 나타낸다.[1] 이는 구성 요소 분석 중심의 교육이 학습자의 실제적인 문학 감상이나 해석으로 이어지지 못하고 있음을 보여 준다.

1 이러한 경향은 양정실(2006)의 논문에서 사례로 들고 있는 학습자의 해석문에서도 찾아볼 수 있다.

분석 중심의 소설 교육이 작품 전체에 대한 이해와 연결되도록 하기 위해서는 통합적 시각이 요구된다. 분석 능력이 전체를 부분으로 나누고 그 부분의 의미를 파악하는 능력이라면, 통합적 시각은 각 활동의 연관성을 보는 전체적인 시각으로, 각 활동의 목적과 필요성을 고려하는 태도를 말한다. 활동의 목적과 필요성을 염두에 두면 분석적 접근으로 인해 단절된 활동들의 연관성을 발견하게 되고, 이 연관성을 중심으로 활동을 융합하거나, 연속적으로 혹은 계열적으로 배열함으로써 활동의 효율성을 도모할 수 있다. 현행 『국어』 교과서의 소설 제재 '학습 활동'은 구성, 인물, 소재, 배경 등을 묻는 질문을 반복하고 있지만, 쉽고 단순한 활동에서 고차원적 사고를 요하는 활동으로 나아가는 학년 간의 계열성을 찾아보기 어렵다. 이러한 사실은 소설의 구성 요소에 대한 학습이 관습적으로 이루어지고 있음을 보여 준다.

구성, 인물, 소재, 배경 등에 대한 반복 학습보다 인물의 대화와 행동, 인물에 대한 서술을 통해 인물의 특성을 파악하였다면, 그다음 단계는 각 활동을 통합하여 인물의 특성이 구성이나 갈등 해결에 미치는 영향을 파악하고 시대적 배경에 따라 갈등에 대처하는 인물의 반응이 어떻게 달라지는지 비교하는 활동이나 시대적 배경이 다름에도 구성이나 인물의 행동 방식이 유사한 사례를 비교해 보는 활동 등으로 활동 간의 계열성을 고려하여 교과서를 기획한다면 내용 간의 통합성이 마련될 수 있을 것으로 보인다. 이 활동의 목적은 무엇인가, 학습자에게 이 활동이 왜 필요한가라는 질문 안에서 어떤 능력이나 기능의 신장, 안목의 고양과 같은 목표와 필요성이 설정될 때, 하위 활동들의 선택, 배치, 결합의 문제가 결정되고 어떠한 계열화 단계가 필요한지 방법을 찾을 수 있다. 무엇을 배우느냐보다 중요한 것은 그 무엇을 어떤 목적으로 배우느냐이다. 학습한 내용이 활동의 목적이나 필요성과 연관될 때 비로소 교육적 지향과 의미를 갖게 되기 때문이다.

2) 텍스트 중심과 학습자 중심

텍스트 중심의 교육이 학습자의 느낌이나 생각을 표현할 수 있는 기회를 제공하지 못한다는 지적이 제기되면서 학습자 중심의 교육, 즉 학습자의 주체적 해석 능력 신장에 주목해야 한다는 목소리가 높아지고 있다. 텍스트 중심의 교육에서는 문학 작품을 해석하고 해석에 필요한 지식을 배우는 데 초점을 둔다. 이에 따라 문학 작품의 문학사적 가치, 교육적 가치 등이 교육의 조건으로 전제되며, 문학 작품의 내용을 이해하는 방향으로 교육 내용이 구성되는 경향이 있다. 이와는 달리 학습자 중심의 교육은 학습자가 문학 작품에 대한 해석을 통해 삶의 의미를 발견하고 자신의 삶을 이해하고 해석하는 방향으로 나아가도록 하는 것을 목표로 삼는다. 곧 문학 작품에 대한 해석이 학습자 자신의 반응이나 의견을 충분히 표현할 수 있는 자리가 된다.

학습자의 주체적 해석 능력은 일차적으로 문학 작품에 대한 학습자의 다양한 반응과 의견을 이끌어 내는 데 초점을 두지만, 여기에서 나아가 학습자가 자신의 관점에서 삶을 이해하고 해석함으로써 인간과 세계에 대한 의미를 발견하도록 하는 데 궁극적인 목적이 있다. 리쾨르(P. Ricœur, 2002: 132면)에 따르면, 텍스트를 이해한다는 것은 텍스트 앞에서 자신을 이해하는 것이다. 이는 텍스트에 자신을 드러내고 텍스트로부터 더 넓은 자신, 세계의 명제에 가장 적합한 방식으로 응답하는 실존의 명제인 자신을 받아들이는 것에서 가능하다. 텍스트를 읽고 텍스트와 자기 자신에 대해 이야기하는 행위를 통해 자신을 이야기하는 주체, 행위하는 주체, 윤리적 주체로 알게 된다는 것이다. 이에 대해 브루너(J. S. Bruner, 2005: 94면)는 이야기를 구성하거나 이야기하는 기술은 우리가 마주칠 가능한 세계에서 우리의 삶과 우리 자신을 위한 하나의 입장이나 위치를 구성하는 데 중요하게 작용한다고 본다.

소설 작품은 인간의 삶을 다루기 때문에 인간이란 무엇인가, 특정한 행동을 하는 것은 어떤 의미인가, 갈등은 왜 생기는가, 같은 상황에 처해 있음에도 서로 다른 반응을 보이는 것은 무엇 때문인가 등과 같은 문제들을 제기한다. 이는 곧 학습자들이 자신의 삶에서 직면하는 문제이기도 하다. 학습자는 소설 작품을 통해 자신과는 다른 가치를 경험함으로써 인간에 대한 이해를 심화할 수 있다. 이처럼 현대소설 교육이 인간에 대한 이해를 도와줄 수 있는 것은 무엇보다도 특정 맥락 속에 처한 인간의 모습을 가장 구체적으로 표현하기 때문이다. 맥락은 사회·문화적인 조건과 특정 개인의 요구, 욕망이 만나 형성되는 것으로, 인간과 그를 둘러싼 배경이 상호 소통적 관계를 이루며 분리 불가능함을 보여 준다. 다시 말해 맥락은 주체와 대상, 객체, 세계가 별개의 존재가 아니라 서로 영향 관계에 있는 삶의 조건을 드러내 준다. 맥락을 통해 현대소설을 분석하면 인간의 행동이나 사유의 복잡한 측면을 드러낼 수 있고, 세계와의 상호 작용의 구체적인 측면을 보여 줄 수 있으며, 사건을 사유할 수 있다. 또한 맥락에 대한 인식이 인물마다 서로 다를 수 있다는 가능성을 통해 타자에 대한 이해의 물꼬를 틀 수 있다. 주체적 해석 능력은 소설 작품 속의 여러 문제에 대한 학습자의 생각을 끌어냄으로써 소설 읽기를 삶의 지혜라는 실천적 지식으로 변환할 수 있다.

3) 창작 중심과 표현 중심

국어 교육에서는 다른 사람의 말과 글을 정확하게 이해하고 자신의 느낌이나 생각을 효율적으로 표현할 수 있는 주체 형성을 교육의 목표로 삼는다. 이는 현대소설 교육에서도 마찬가지이다. 현대소설 교육에서도 '문학 작품의 수용과 생산 능력의 신장'[2]을 목표로 삼음으로써 국어 교육의 연장선상에서 이해와 표현 교육의 중요성을 강조한다. 수용과 생산 능력의 주체는 학습자이므로, 학습자가 능동적이고 주체적으로 문학 텍스트를 이해하고 표현할 수 있도록 하는 데 문학 교육의 목표가 있다. 그런데 지금까지의 현대소설 교육은 소설 텍스트를 이해하는 데 초점이 맞추어진 측면이 있다. 이를 보완하는 차원에서 제7차 국어과 교육과정부터 적극적으로 창작 교육의 중요성을 강조한 바 있다.

그런데 창작 교육이 현대소설 교육의 표현 교육을 대변하면서 창작 외 표현 교육의 다양한 스펙트럼이 퇴색해 가고 있다. 특히 창작에 대한 부담으로 창

2 교육과학기술부 고시 제 2012-14호에 따른 국어과 교육과정.

작 교육이 위축되면서 표현 교육의 범위도 자연스럽게 축소되는 경향을 보인다. 이 지점에서 소설 교육에서 표현 교육의 의미를 점검할 필요가 있다. 표현 능력은 한편으로는 창작 교육의 취지에 따라 장르적인 체계에 맞게 표현하는 능력을 뜻하지만, 다른 한편으로는 자신의 느낌과 생각을 논리적인 근거를 가지고 표현하는 능력을 의미하기도 한다. 창작 중심의 표현 교육이 직면한 교육 현실을 고려할 때 전자에 초점을 맞추었던 표현 능력의 방향을 후자로 전환하는 작업이 필요할 듯싶다. 학습자가 자신의 반응을 표현하고, 반응의 근거를 소설 텍스트에서 찾아 설명하는 활동이 소설 텍스트의 이해와 표현 교육에서 가장 기본이 되어야 한다고 보기 때문이다.

내가 무엇을 좋아하고, 그것을 왜 좋아하는지를 아는 것은 미적 인식의 출발점이기도 하다. 곧 소설 텍스트를 읽고 자신의 느낌이나 생각을 표현하는 과정은 문학 텍스트에 대한 해석을 구체화하는 일이면서 동시에 창작으로 나아가는 토대가 될 수 있다. 김창원(2011: 144~145면)은 문학 교육의 도달점을 바람직한 주체 형성으로 삼고, 여기에는 인간을 무엇으로 보느냐가 중요하게 작용한다고 본다. 즉, 인간을 '용기'로 보는 관점에서는 문화 전수, 작가나 작품 중심의 문학 교육을 지향하는 반면에 인간을 '씨앗'으로 보는 관점에서는 학습자의 활동을 중심으로 한 자아 계발에 초점을 둔다고 한다. 자신의 반응이나 생각을 표현하는 글쓰기는 자아의 계발과 밀접한 관련을 맺는다. 이러한 글쓰기는 문학이 인간의 도덕적 삶을 변화시키고 감정 이입을 통해 대리 경험을 전개하며 자신과 타인을 새로운 시각에서 인식하게 하고 정서를 함양하게 만든다는 그리블(J. Gribble, 1987)의 관점에서 그리 멀리 있지 않다. 표현 교육은 자신의 반응이나 생각을 드러내는 것에서부터 발표, 토론, 감상문 쓰기, 비평문 쓰기와 같은 다양한 층위로 열릴 수 있다.

장르 문법에 따른 창작 교육도 지금과는 다른 접근이 필요하다. 지금까지의 창작 교육에서는 창작 능력은 몇 가지 창작 방법과 학습자의 의미 있는 경험이 결합한다면 수행 가능하다는 관점을 전제해 왔다. 여기에는 문학 작품에 대한 이해가 암묵적으로 창작의 기반이 된다는 가정이 깔려 있다. 그런데 이와 같은 창작 교육의 전제에는 학습자의 경험이 배제된 면이 있다. 학습자가 살고 있는 실제 현실에 대한 감각이 창작의 기반이 됨에도 현행 창작 교육에서는 이를 충분히 반영하고 있지 못하다. 살아가면서 겪는 다양한 경험의 세계와 그 경험에 대한 느낌이나 생각을 표현하는 활동에서 창작 교육이 출발할 때 비로소 학습자의 일상 속에 창작하는 생활이 자리 잡을 수 있다. 따라서 창작 교육은 학습자 주변의 현상과 사물에 대한 의미를 발견하고 이를 언어로 표현하게 하는 것에서 출발하여 이러한 체험이 서사 세계의 구성으로 나아가게끔 계획할 필요가 있다.

3——교과서 제재 선정 관련 쟁점들

교과서 제재를 선정할 때 무엇을 고려해야 하고, 수록 방식은 어떠해야 하는가는 현대소설 교육에서 지속적으로 쟁점이 된 문제이다. 그 가운데 가장 첨예한 것은 교과서 수록 제재는 정전(正典)이어야 하는가의 문제이다. 일반적으로 정전이라고 하면 어떤 작가나 텍스트가 다른 것들보다 더 보존할 가치가 있다고 생각하는 선택의 원칙을 말한다(길로이, 1994: 303면). 교과서에 실린 소설 텍스트들이 여러 차례 개정 과정을 거쳐 오면서 시대적·교육적·학문적 조건에 따라 추가 선택과 삭제가 반복되어 왔다는 점을 고려할 때, 교과서 정전은 선별 원리로서의 정전과 지속 결과로서의 정전으로 나누어 볼 수 있다.

선별 원리로서의 정전이란 정전을 선별하는 데 작용하는 기준에 의해 선별된 작품을 가리킨다. 제1차 교육과정기 교과서부터 현행 교과서까지 교과서에 실린 제재들이 어떠한 원리에 의해 선정되었는지를 파악하면 선별 원리로서의 정전을 이해할 수 있다. 선별 원리로서의 정전에서는 문학사적 평가, 문학 전집 또는 선집 수록 여부를 교과서 제재 선정의 기준으로 삼는다. 여기에는 문학사적 평가나 전집 수록 여부가 작품에 대한 평가의 안정성을 보장해 주기 때문에 해석의 안정성으로 이어질 수 있다는 관점이 반영되어 있다. 이처럼 작가나 해석의 안정성을 중시하는 입장에서는 최근 발표된 작품을 제재로 선정하기 어렵다. 하지만 문학사적 평가가 안정된 작품의 경우, 학습자와 30년 이상의 세대 차가 발생하여 학습자의 흥미를 끌기 어렵다는 문제가 제기된다.

결과로서의 정전은 교과서에 지속적으로 반복되어 수록된 작품으로, 또 다른 정전의 양상을 살펴볼 수 있게 한다. 결과로서의 정전을 파악하기 위해서는 해당 교육과정기의 교과서에 실린 작품만이 아니라 교육과정이 바뀌어 오는 동안 지속적으로 반복되어 실린 작품은 무엇인지, 그리고 동일한 교육과정기에 속해 있다 하더라도 중학교와 고등학교 교과서에 지속적으로 반복되는 작품은 무엇인지를 고려할 필요가 있다. 지속적으로 반복되어 온 작품을 살펴보면 소년·소녀를 주인공으로 하면서 이데올로기와 무관한 현실을 다루고 있는 경우가 많다. 곧 소설의 장르적 속성이라 할 수 있는 현실에 대한 인식을 드러내기보다는 순박하고 순수한 인정의 세계를 그려 내는 작품에 초점을 맞추고 있다는 점이 특징적이다.

현대소설은 당대의 문제의식을 가장 치열하게 반영하는 장르이다. 삶의 현실을 반영하고 있기 때문에 학습자들에게 동시대 현실을 바라보는 구체적이면서 다양한 시각을 확보하게 만들 수 있을 뿐만 아니라 문제의식이 형상화되는 과정에 주목함으로써 소설의 형식적 측면이 갖는 심미적 역할에 대한 감각적 민감성을 높일 수도 있다. 물론 당대의 문제의식이 꼭 동시대의 것이어야 하는 것은 아니지만, 1930~1970년대에 편중된 작품 선정은 제재와 학습자 간의 괴리를 심화할 수 있다. 소설 작품의 배경이 되는 현실이 당대적 것이 아니라 일제 시대, 6·25 전후, 1970년대 상황 등과 같이 학습자가 처한 사회·문화적 상황과 거리감이 큰 작품들이 소설 제재로 선정됨으로써 당대 현실에 대한 문제 제기라는 현대소설의 장르적 성격을 실감 나게 이해하기 어려운 상태이다.

상황이 이렇다 보니 학습자들은 당대 문화에 대한 이해를 소설 작품에서가 아니라 드라마, 영화, 만화 등을 통해 접하게 된다. 동시대의 문제의식을 공유하는 것이 문화적 토양을 형성하는 데 매우 중요한 부분이고, 영상 문화에서 보여 주는 현실에 대한 감각과는 달리 문자 언어의 서술 방식을 통해 전달되는 사유의 확장이 존재한다면 좀 더 적극적으로 당대 소설 작품을 수용하는 방식을 고려할 필요가 있다. 동시대 현실에서 발생하는 문제를 소재로 삼는 최근 소설 작품을 다룰 경우 현실 문제를 판단하고 평가해야 한다는 부담이 있지만, 소설 교육이 단지 소설의 기법을 파악하기 위한 것이 아니라 소설 작품에서 현실의 문제를 고민하는 법을 배우기 위한 것임을 생각한다면 최근 작품에 적극적인 관심을 가져야 한다고 본다.

또한 제재가 되는 작품으로 학습자의 정서적 공감을 고려하여 소년·소녀 주인공 소설을 선정하고 있지만, 소설의 시공간적 배경이 당대 현실과 거리가 멀 경우 소년·소녀가 처한 시대적 상황이나 문제의식에 학습자가 충분히 공감하기 어려워 본래의 취지를 살리지 못할 수 있다. 특히 소년·소녀 주인공의 성장 과정, 소년·소녀가 사회에 진입하는 과정을 다루는 소설에서 사회를 소년·소녀의 순수한 세계와 대립되는 부정적 세계로 설정하면서 순수함이라는 도덕적 가치에 정향되어 있는 것도 문제라고 본다. 다양한 가치의 충돌과 중첩 속에서 살아가야 하는 학습자에게 이분법적 가치가 분명한 소설을 제공하는 한계에 대해서도 고민해 볼 필요가 있다.

독일의 경우, 5학년에서 10학년으로 이어지는 중등 1단계에서 문제 지향적 청소년 문학을 문학 교육의 주요 대상으로 선정하는데, 사실주의적 경향의 문제 지향적 문학 작품을 통해 개인적 문제나 사회 현실 문제에 대한 성찰의 단초를 제공하고, 이 문제를 극복할 가능성과 방향을 제시해 준다고 한다. 그리고 정체성 추구, 자아 발견, 직업 선택, 부모의 이혼, 가출, 학교 내 친구 관계, 따돌림, 사춘기, 성(性), 첫사랑, 폭력, 장애, 죽음과 자살 등 개인적 문제에서부터 나치, 유태인 탄압, 핵과 환경, 전쟁과 전쟁고아, 과거의 역사, 정치적 사건, 제3세계, 알코올과 마약, 복제 인간, 국외자와 소수자, 외국인에 대한 적대감, 섹스와 임신, 낙태, 에이즈 등 사회 문제에 이르기까지 청소년 문학이라고 해서 주제에 제한을 두지 않는다고 한다(김정용, 2011: 73~74면). 소설 교육의 방향은 제재가 되는 소설 작품을 넘어서서 설정하기 어렵다는 점에서 교과서 제재 선정에 가해지는 규제에 대한 성찰적 시각이 요구된다.

4——쟁점을 확장해 나가기

지금까지 현대소설 교육의 쟁점을 교육 내용의 측면과 제재 선정의 측면에서 살펴보았다. 쟁점이란 다양한 시각의 교섭을 통해 형성된다. 그런 만큼 쟁점을 활성화하는 작업은 현대소설 교육의 학문적 체계를 더욱 견고하게 만들 뿐만 아니라 문학 교육의 이론적 틀을 구성하고 교육 방법을 구체화하는 데에도 도움을 줄 수 있다. 이를 위해 현대소설 교육에서 해결해야 할 사안들을 논의의 장으로 끌고 들어와 좀 더 적극적으로 쟁점을 형성해 나가는 것도 바람직해 보인다.

현대소설 교육과 관련한 쟁점은 크게 두 가지로 나누어 생각해 볼 수 있다. 하나는 현대소설이라는 장르적 속성과 관련된 쟁점이고, 다른 하나는 현대소설 교육의 목적과 내용에 대한 고민에서 출발하는 쟁점이다.

먼저 현대소설이라는 장르적 속성과 관련해서는 무엇을 현대소설이라는 장르적 속성으로 보아야 하는가의 문제, 장르적 속성을 어떻게 일상적 삶으로 확장해 나갈 것인가의 문제, 현대소설이 다른 장르나 매체와 소통하는 문제, 그리고 현대소설을 통해 가능한 상상력과 사고력을 정립하는 문제 등으로 범주화할 필요가 있다. 이러한 논의를 활성화하는 과정에서 현대소설 교육의 목적과 교육 내용을 체계화할 수 있다.

무엇을 현대소설 교육의 목적과 내용으로 삼아야 하는가에 대한 논의에서는 문학의 위상이 변화된 미래 사회에서 현대소설 교육이 필요한 이유와 교육의 결과로서 기대할 수 있는 인간상이나 역량 등에 대해 지속적으로 논쟁하고 쟁점을 만들어 나가는 과정이 필요하다. 이처럼 현대소설 교육의 목적을 모색해 나가는 동시에 현대소설 교육에서 가르쳐야 할 내용에 대해서도 부단히 고민하는 활동이 축적된다면 문학 교육이나 국어 교육의 학문적 체계를 견고하게 하는 데에도 기틀을 제공할 수 있을 것이다.

예를 들어 현대소설의 목적을 의미의 형성 과정에 초점을 두는 문화론적 관점에 둘 경우, 현대소설 자체가 특정한 시대적 조건을 배경으로 작가가 만들어

낸 의미 형성의 결과물일 뿐만 아니라, 소설의 내용 역시 특정한 사회·문화적 맥락 안에서의 인물의 체험 세계를 보여 준다는 점에서 인물이 어떻게 의미 형성을 하는지 살펴볼 수 있는 자료가 된다. 나아가 현대소설에서 의미를 형성하는 방식에 대한 탐색이 학습자로 하여금 자신이 속한 공동체의 의미 부여 방식에 주목하게 만든다는 측면에 초점을 맞추고, 학습자 스스로 의미를 부여하는 방식에 대해 성찰하게 할 때 의미 형성을 중심으로 이론과 실천을 연결하는 계기를 마련할 수 있다. 이러한 문화론적 관점을 현대소설을 바라보는 다른 관점들과 소통하고 교섭한다면 교육의 내용을 더욱 풍부하게 만들 수 있다. 현대소설의 장르적 성격을 규정하는 측면이나 현대소설 교육의 목적과 내용을 구안하는 측면에서 좀 더 유연한 시각을 취한다면 다양한 쟁점이 활성화될 수 있다고 본다.

핵심어

분석 중심, 통합 중심, 텍스트 중심, 학습자 중심, 창작 중심, 표현 중심

| 참고 문헌 |

교육과학기술부(2012), 『국어과 교육과정』, 교육과학기술부 고시 제 2012-14호(별책 5).

그리블(Gribble, J., 1987), 『문학 교육론』, 나병철 역, 문예출판사.

길로이(Gilroy, J., 1994), 「정전」, 박찬부 역, 『문학 연구를 위한 비평 용어』, 프랭크 렌트리키아·토머스 매클로플린 공편, 정정호 외 역, 한신문화사.

김정용(2011), 『독일 아동·청소년 문학과 문학 교육』, 지식을만드는지식.

김창원(2011), 『문학 교육론 — 제도화와 탈제도화』, 한국문화사.

리쾨르(Ricœur, P., 2002), 『텍스트에서 행동으로』, 박병수·남기영 편역, 아카넷.

브루너(Bruner, J. S., 2005), 『교육의 문화』, 강현석·이자현 공역, 교육과학사.

양정실(2006), 「해석 텍스트 쓰기의 서사 교육 방법 연구」, 서울대학교 박사 학위 논문.

우신영(2015), 「현대소설 해석 교육 연구 — 독자군별 해석 텍스트의 분석을 중심으로」, 서울대학교 박사 학위 논문.

| 더 읽을 거리 |

구인환 외(2012), 『문학 교육론』(제6판), 삼지원.

김대행 외(2000), 『문학 교육 원론』, 서울대학교 출판부.

우한용 외(2001), 『서사 교육론』, 동아시아.

한국문학교육학회 엮음(2010), 『정전』, 역락.

__________________(2010), 『텍스트 읽기』, 역락.

__________________(2010), 『문학 능력』, 역락.

2부

교수·학습 방법에 대한 탐색

해석

° 우신영

1——현대소설 해석의 성격

한 편의 소설을 '해석'한다는 것은 무엇일까? 그것은 한 편의 소설을 감상하거나 향유하거나 혹은 비평하는 것과 얼마나 같고도 다른 작업일까? 그리고 그러한 '해석'을 통해 한 편의 소설과 독자는 서로 어떻게 성장하는 것일까? 황순원의 소설 「소나기」를 읽고 텍스트의 세계에 흠뻑 빠져 보고 주인공 소년·소녀의 청신한 모습에 매료되었다가 소설의 비극적 결말에 이르러 마침내 눈시울을 붉힌 한 독자가 있다고 가정해 보자. 그렇다면 이 독자가 「소나기」라는 소설과 만나 생성한 것은 심미적이면서도 생리적인 한 반응에 가깝다고 할 수 있다.

하지만 일정한 시간이 흐른 뒤 이 독자가 눈물을 멈추고 그러한 눈물을 촉발한 텍스트의 부분을 다시 짚어 보면 어떠할까? 나아가 해당 부분과 소설 전체의 관계를 질문하면서 점차 작품의 전체적 의미에 육박해 들어가고자 한다면 그것은 일차적 반응을 넘어 그 반응을 논리화해 가는 해석의 과정이라 할 수 있을 것이다. 즉, 소설 텍스트에 대한 심리적 반응은 소설을 해석하기 위한 전제 조건이며, 해석은 그러한 반응을 논리화하고 공론화하면서 조정해 가는 역동적 행위이다.

"윤 초시 댁두 말이 아니여. 그 많던 전답을 다 팔아 버리구, 대대루 살아오던 집마저 남의 손에 넘기더니, 또 악상까지 당하는 걸 보면……."

남폿불 밑에서 바느질감을 안고 있던 어머니가,

"증손이라곤 기집애 그 애 하나뿐이었지요?"

"그렇지. 사내애 둘 있던 건 어려서 잃구……."

"어쩌믄 그렇게 자식 복이 없을까."

"글쎄 말이지. 이번 앤 꽤 여러 날 앓는 걸 약두 변변히 못 써 봤다더군. 지금 같애서는 윤 초시네두 대가 끊긴 셈이지. ……그런데 참 이번 기집애는 어린것이 여간 잔망스럽지가 않어. 글쎄 죽기 전에 이런 말을 했다지 않어? 자기가 죽거든 자기 입던 옷을 꼭 그대루 입혀서 묻어 달라구……."

— 황순원, 「소나기」

인용된 부분은 소년과 소녀의 짧은 관계가 급하게 종결되며 독자에게 강한 충격과 여운을 선사하는 소설의 결말이다. 이 부분을 읽으며 충격이나 여운을 느끼는 데에서 그치는 독자도 있고, 그러한 반응에서 출발하여 다음과 같은 질문들을 던지고 풀어 가려는 독자도 있다.[1]

㉠ 소녀의 유언은 무슨 의도일까?

㉡ 분홍 스웨터는 무엇을 상징하는 것일까?

㉢ 이런 방식으로 종결되는 이 소설의 의미는 무엇인가?

㉣ 이 소설은 왜 단편 소설의 형식을 취하고 있을까?

㉤ 이 소설의 문장들은 왜 대체로 길이가 짧을까?

㉥ 이 소설의 시점과 복선 등은 어떤 기능을 하는가?

1 소설 속 세계를 실제 현실처럼 간주하는 독자가 '서사적 독자'라면, 소설이 구체적 인간에 의해 구성된 것임을 인식하고 그 구성 방식을 분석하고자 하는 독자는 '작가적 독자'라 할 수 있다(정진석, 2014: 393면).

ⓢ 작가가 이 소설을 쓴 의도는 무엇이며, 이 소설은 작가의 다른 작품과 어떤 관련이 있을까?

ⓞ 작품 속 시공간과 이 작품이 생산된 시공간, 이 작품을 수용한 '나'의 시공간 사이에는 어떤 관계가 있을까?

ⓩ 이 소설은 문학사적으로 어떤 평가를 받아 왔으며, 나는 그러한 평가에 동의하는가?

㉠~㉢의 질문은 주로 소설의 의미, 즉 주제에 대한 해석적 과제이고, ㉣~㉥의 질문은 소설의 문학적 구조화 방식에 대한 해석적 과제이다. ㉦~㉨의 질문은 「소나기」를 둘러싼 맥락 — 가령 생산 맥락, 문학사적 맥락, 상호 텍스트적 맥락, 수용 맥락 등 — 을 참조하여 해석을 진행해 가기 위해 필요한 것들이다. 에코(U. Eco, 2009)는 문학 해석의 범주를 의미론적 해석(semantic interpretation), 수사학적 해석(idiolectal interpretation), 맥락적 해석(contextual interpretation) 등의 3차원 모델로 정리한 바 있다. 이를 적용하자면 ㉠~㉢의 질문은 의미론적 해석을 추동하고, ㉣~㉥의 질문은 수사학적 해석을 추동하며, ㉦~㉨의 질문은 맥락적 해석을 추동한다고 볼 수 있다. 즉, 문학을 좀 더 잘 해석하기 위해서는 해당 작품의 주제적 의미와 문학적 구조, 그리고 그 작품을 둘러싼 다양한 맥락을 질문하고 상호 조회해야 한다.

소설의 의미, 수사, 맥락에 대한 질문들을 왕복해 가면서 소설 텍스트와 자신의 관계를 풍요롭게 해 가는 과정이 소설 해석의 특성이다. 그러한 점에서 해석은 단순히 힘겨운 인지적 과제가 아니라 해석자와 텍스트가 벌이는 일종의 놀이에 가깝다. 해석은 하나의 정확한 의미를 도출해 내기 위한 시험이 아니다. 오히려 타당하고 풍요로운 의미를 구성해 가기 위한 블록 놀이에 비유할 수 있다. 그러다 보니 해석자가 보유한 기존의 해석적 자원[2], 즉 블록이 많으면 더 다양하고 창의적이며 주체적인 블록 작품이 생산될 가능성이 높아지는 것

2 사회·문화적 모델에서는 독자가 사회·문화적 실천으로 획득한 해석적 자원을 레퍼토리라는 개념으로 설명한다(최인자, 2008: 435면).

은 당연하다.

소설을 해석한다는 것은 소설이라는 텍스트의 안내를 따라 해당 텍스트의 의미와 문학적 구조, 맥락을 질문하고 그 질문에 대한 답이 최대치의 타당성과 개연성에 수렴해 가도록 하는 복합적이고 중층적인 과정이다. 이러한 복합성과 중층성은 해석의 대상인 소설 텍스트의 장르적 성격으로 인해 더욱 강해진다. 소설이 지닌 담론적 중층성은 해석적 과제 역시 중층적으로 만들기 때문이다. 가령 채만식의 『탁류』를 해석하기 위해서는 이 소설의 스토리 차원, 담론 차원, 맥락 차원을 종합적으로 검토해야 한다. 정초봉이라는 한 청초한 여인의 삶이 전락해 가는 과정을 전형적인 여성 수난담의 형태로 그려 가는 스토리에만 착목해서는 작품의 의미를 온전히 이해하기 어렵다. 만약 스토리 차원만 본다면 이 소설은 전락해 가는 여인의 일생을 통속적으로 그려 낸 작품으로만 치부될 수도 있다.

그러나 그러한 판단을 유보해 두고 스토리를 전달하는 서술자의 태도와 전략을 살피고, 텍스트 내부 세계와 외부 세계를 넘나들면서 정초봉의 삶과 금강의 흐름, 한국 근대사의 질곡 사이의 상동성을 발견해 가는 과정을 경험한다면 소설의 의미 주제는 다르게 도출될 수 있다. 현대소설 해석에서는 스토리와 담론의 관계를 따지는 한편, 관계가 지시하는 텍스트 외부 세계의 맥락 역시 고려해야 한다. 이러한 소설의 장르적 성격은 단선적 해석을 제출하는 것을 유예하고 좀 더 다층적인 사유 실험의 장을 열어 준다(우신영, 2010: 252면).

2——현대소설 해석 교육의 과제

1) 반응에서 해석으로

문학 교육에서 학습자가 한 편의 소설 텍스트와 대결하면서 해석을 완결하는 경험을 갖는 일은 드물다. 로젠블랫(L. M. Rosenblatt, 2008)의 독자 반응 이론이 문학 교육에 큰 영향을 행사한 이래 학습자의 반응이 중요하게 취급되어 왔다. 하지만 여전히 학습자들은 텍스트에 대한 반응을 산출하도록 요구받을 뿐, 해석을 생산해 내는 주체로 여겨지지 않았다. 해석은 전문 해석자의 작업이라는 것을 교수자도 학습자도 암묵적으로 인정해 온 것이다. 많은 학습자가 교과서나 참고서의 해석을 접한 뒤 자신의 초기 반응을 매우 쉽게 철회하는 경향을 보인다(우신영, 2015: 1면). 이처럼 텍스트에 대한 반응과 해석이 유리되어 있다는 것을 현대소설 해석 교육의 첫 번째 과제로 지적할 수 있다.

반응과 해석이 유리되어 있다 보니 소설 해석은 마치 실제 학습자들이 수행할 수 없는 작업처럼 다루어져 왔다. 국가 수준 학업 성취도 평가의 교과별 성취 특성 분석 결과 역시 이를 방증한다. 분석 결과에 따르면, 일부 우수 집단만이 해석과 관련된 문학의 성취 기준에 숙달해 있으며, 나머지 집단은 그렇지 못하다(김동영 외, 2013: 6면). 이를 통해 학습자들이 실제로 소설을 해석하는 경험을 누리지 못하고, 자신의 반응을 해석의 수준으로 조정해 가는 방법을 안내받지 못한 결과 해석 능력을 갖추지 못하고 있음을 알 수 있다. 이 지점에서 해석의 방법적 지식과 평가 준거를 마련해야 한다는 해석 교육의 두 번째 과제가 발생한다.

2) 해석의 방법적 지식과 평가 준거 마련

문학 해석 교육과 관련된 논의에서는 해석의 방법론보다는 해석의 본질이나 성격 — 해석의 다양성, 창의성, 주체성 등 — 에 주목해 왔다. 이러한 경향성의 이면에는 일반적인 읽기 이론과 달리 '소설'이라는 문학 텍스트에 대해서는 해석 방법론이 정립되기 힘들다는 전제가 깔려 있다. 물론 소설에 대한 타당한 해석을 보장하는 방법적 지식을 일반화하기는 어렵다. 그러나 소설 해석을 더욱 타당하고 개연성 있게 만들 수 있는 방법적 지식을 도출하고 활용하는 것은 가능하다. 그 까닭은 다음과 같다.

첫째, 해석의 상대적 타당성을 인정할 때 비로소 해석 교육의 가능성이 열리기 때문이다. 실제로 한 편의 소설에 대한 다기(多岐)한 해석 모두가 동일한 정도의 공준과 합의를 받는 것은 아니다. 특정한 해석은 다른 해석에 비해 상대적 타당성을 인정받기도 하고, 해석 논쟁의 결과 도태되거나 조정되기도 한다. 완전히 타당한 해석은 있을 수 있지만 시간의 흐름과 해석 공동체의 집단 지성을 통해 더 타당한 해석에 점근선적으로 도달할 수 있는 것이다.[3]

둘째, 해석의 타당화 과정에서 일련의 방법적 지식이 도출될 수 있다. 해석 교육은 학습자에게 실질적인 비계와 지침, 평가 준거 등을 제공할 필요가 있다. 해석의 자유를 강조하느라 해석의 타당성 문제를 상대적으로 소홀히 하다 보니 해석의 방법론 논의가 드물어졌고, 해석의 수행과 평가 역시 줄어들었다. 하멜과 프레데리크(L. Hamel & M. S. Frederik, 1998)는 숙련되지 않은 독자들에게 전문 독자들이 활용하던 해석 활동과 관습과 방법을 교수학적으로 변환하여 제공하였다. 그 결과 학습자들은 텍스트를 좀 더 능동적으로 조종하면서 소설 해석이라는 장(field)에서 "독립적인 주자로서 1루에 서게" 되었다.[4]

3——현대소설 해석 교육의 방향

1) 소설 텍스트의 타자성 경청

소설과의 만남은 실제 인격적 주체들과의 만남과는 다른 허구적 만남이기 때문에 독자에게 독특한 의무와 윤리를 요구한다. 최인자(2009: 300면)에 따르면, 독자는 소설을 통해 작중 인물을 비롯한 다양한 인격적 주체들과 만나게 되며 그 과정에서 일종의 응답 책임성을 부여받게 된다. 자신이 읽은 텍스트를 존중하고 텍스트의 목소리들을 경청하며 진정성 있게 응답해야 한다는 것이다. 이는 리쾨르(P. Ricœur, 1998)가 텍스트의 의도를 경청할 것을 강조하면서 주

3 "실재란 알 수 없는 물자체라거나 직접 알 수 있는 일련의 사건이나 사실이 아니라, 오로지 주체가 진실의 순간을 염원하고 접근하는 점근선적(漸近線的, asymptotic) 현상이다." F. Jameson(1979); 김수경(2009), 44면에서 재인용.

4 문학 해석의 초심자들이 "독립적인 주자로서 1루에 서게 하기 위한 방법"이 주어져야 하며 이는 "숙련된 독자들이 알고 있는 비밀스러운 것들의 목록, 하지만 아직 결코 말해진 적 없는 것"의 제공을 통해 가능하다. M. Meek, S. Armstrong, V. Austerfield, J. Graham and E. Plackett(1983); L. Hamel & M. S. Frederick(1998), pp. 358–359.

장한 '해석의 윤리'와도 맞닿아 있다. 그렇다면 이러한 경청은 어떤 방법으로 가능할까.

첫째, 소설 해석과 그 해석이 근거한 장소의 관계를 증명할 수 있어야 한다. 에코(2009: 146~147면)는 텍스트에 근거하지 않은 해석은 진짜 해석이 아니라 사용일 뿐이라고 일축한 바 있다. 한 독자가 주요섭의 「사랑손님과 어머니」를 읽고 이 소설의 주제가 '유교적 관습에 대한 비판'이라는 해석 가설을 수립하였다고 가정해 보자. 이러한 해석 가설을 확정하기 위해서는 구체적으로 텍스트의 어느 부분들이 그러한 해석 가설을 뒷받침하는지, 그렇다면 그 해석 가설이 텍스트 전체를 관통하는 과정에서도 여전히 타당한 것으로 '견뎌 낼' 수 있는지를 입증해야 한다.

둘째, '인위적 순진함'의 태도를 유지하면서 해석을 손쉽게 종결하는 것을 유보해야 한다. 이를 위해서는 텍스트가 지닌 고유한 질적 의미가 나의 해석에 의해 구성될 수 있음을 전제해야 한다. 소설 해석은 상당한 인지적·정서적 집중을 요하는 과제이기 때문에 독자는 자신이 초반에 내린 해석 가설을 최종적인 것으로 손쉽게 확정하거나 기존의 합의된 해석을 따르는 것으로 해석 활동을 종료하기 쉽다.

「사랑손님과 어머니」의 경우 오랜 시간에 걸쳐 교육 정전으로 다루어져 오면서 이미 '지고지순한 사랑'이라는 주제로 해석되어 왔다. 따라서 학습자들은 텍스트의 중층 구조를 촘촘히 따지기보다는 합의된 해석을 수용하고, 그러한 해석에 조응하는 부분을 중심으로 소설을 읽는 경향이 있다. 읽기에서 해석이 도출되는 것이 아니라, 해석이 읽기를 규정해 버리는 것이다. 이를 막기 위해서는 텍스트의 중층 구조를 꼼꼼히 따질 필요가 있다. '경청'의 해석을 통해서 한 편의 소설 안에 존재하는 다양한 목소리들을 발견할 수 있다. 어떤 경우에는 한 편의 소설 안에 존재하는 분열된 목소리들의 공존까지 찾아낼 수 있게 해 준다. 단일한 주제를 손쉽게 해석해 내려는 태도를 유보하고 인위적 순진함을 유지하면서 텍스트에 집중한다면 복합적인 주제 혹은 분열된 의미 주제를 구성할 수 있게 된다.

2) 문학 토론과 해석 갈등의 경험

문학 토론은 화법 교육과 문학 교육 양쪽에서 중요시되어 온 교육 방법의 하나로, “문학 텍스트를 읽은 독자들이 자신의 해석을 공동체 구성원과 공유하며 타자 해석과의 경쟁, 협상, 조정 등을 통해 자신의 해석을 심화, 확장시키는 동시에 해석 공동체의 지평을 확장하는 과정”이다(이인화, 2013가: 254면). 소설 해석을 위한 방법으로서 문학 토론에 본격적으로 주목한 것은 이인화(2013나)의 논의인데, 이 연구에서는 전문가의 문학 토론을 분석하여 학습자의 해석 소통에 유의미한 교육 방법을 도출하고 있다. 해석 교육이 해석 결과의 전수 과정이 아니라 해석과 해석의 경쟁, 협상, 조정 과정임을 선명히 한 것이다. 이러한 문학 토론 과정을 통해 소설 해석은 본연의 다양성을 확보하는 동시에 객관성과 주관성 사이의 균형을 잡을 수 있다.

문학 토론의 역동성을 위해서는 해석의 갈등이 장려되어야 한다. 해석상의 난제를 뜻하는 ‘아포리아(aporia)’는 해석의 갈등을 추동하는 분기점인 동시에 타당한 해석을 위한 출발점이다(김정우, 2006: 27면). 따라서 해석의 갈등은 소거되어야 할 것이 아니라 오히려 장려되어야 할 것이다. 리쾨르(2012: 109면)는 대상에 대한 절대적 앎이 불가능함을 인정하고 잠정적 진리치에 육박하기 위한 해석의 과정이 진정한 텍스트 이해/자기 이해를 이끈다고 본다. 해석사의 과정 내내 해석의 갈등은 온전히 종식될 수 없으며, 역으로 그러한 종결 불가능성이 해석사의 깊이와 넓이를 만들어 낸다. 그러므로 해석의 갈등은 해석 소통을 방해하는 소음이 아니라 양질의 해석 소통을 가능하게 하는 필요 요건이라 할 수 있다. 해석의 갈등은 텍스트와 해석 주체 자신에 대한 이해에 기여하므로 학습자의 성장을 목적으로 하는 문학 교실에서 더욱 의미 있는 개념이다. 문학 교실에는 교사라는 해석 활동의 지지자, 촉진자, 조력자와 함께 동료 학습자라는 미시적 해석 공동체가 함께 존재한다. 그리하여 문학 교실은 더욱 생산적인 해석 갈등의 장이 될 수 있다.

3) 메타 해석을 통한 자기 해석

독자가 소설의 의미와 치열하게 대결한다고 해서 해석이 완결되는 것은 아니다. 문학 교실 안에서 해석 활동이 교육적 의의를 다하기 위해서는 소설에 대한 해석에 그치지 않고 학습자 자신에 대한 해석에까지 나아가야 한다. 그럴 때 비로소 소설 해석은 학습자의 성장을 위한 문학 활동이 된다. 궁극적으로 모든 이해는 자기 이해이며, 모든 해석은 자기 해석의 성격을 지닌다(이재호, 2008: 178면). 해석 활동은 해석자 자신의 위치를 되묻는 일종의 '곱의 사고'를 요구한다. 그래서 제임슨(F. Jameson, 1982: 306~307면)은 모든 해석은 메타적 성격을 지닌다고 주장한다. 해석은 의식적이든 무의식적이든 해석자 자신의 존재 조건에 대한 정보와 논평을 포함할 수밖에 없다는 것이다. 이러한 존재 조건에는 해석자의 개인적 조건은 물론이고 개인을 둘러싼 사회·문화적 조건 역시 포함된다. 해석자의 성적, 민족적, 사회적, 경제적, 문학적 조건과 상황들이 소설 해석의 자원으로 소용되는 것이다. 따라서 해석자는 해석 활동을 통해 역으로 자신의 존재 조건을 성찰할 수 있다.

"그래 그 아그도 어떻게 아직 그날 밤 일을 잊지 않고 있더냐?"

"그래요. 그리고 그날 밤 어머님은 저 사람이 집을 못 들어가고 서성대고 있으니까 아직도 그 집이 아직 안 팔린 것처럼 저 사람을 안으로 데려다가 저녁까지 한 끼 지어 먹이셨다면서요?"

"그럼 됐구나. 그렇게 죄다 알고 있는 일을 뭐 하러 한사코 나한테 되뇌게 하려느냐."

"저 사람은 벌써 잊어 가고 있거든요. 저 사람한테선 진짜 얘기를 들을 수도 없고요. 사람이 모질어 저 사람은 그런 일 일부러 잊어요. 그래 이번엔 어머님한테서 진짜 이야길 듣고 싶은 거예요. 저 사람 얘기 말고 어머님의 그날 밤 진짜 심경을 말씀이에요."

"심정이나 마나 저하고 별다른 대목이 있었을라더냐. 사세부득해서 팔았다곤 하지만 아직은 그래도 내 발길이 끊이지 않은 집인데, 그 집을 놔두고 그 아그가 그래 발길을 주춤주춤 어정대고 서 있더구나…….”

아내의 성화를 견디다 못해 노인은 결국 마지못한 어조로 그날 밤 일을 얼핏 돌이키고 들었다.

— 이청준, 「눈길」

만약 어떤 학습자가 이청준의 소설 「눈길」을 읽다가 인용한 부분에 대해 다음과 같은 해석을 내놓았다고 가정해 보자.

가상의 학습자 A의 해석

나는 이 소설이 표층적으로는 어머니 세대와 아들 세대 간의 화해를 다루고 있다고 본다. 하지만 내가 더 주목하는 이 소설의 심층적 주제는 바로 모성으로의 복귀를 통한 남성의 회복이며, 이 과정에서 남성의 아내인 며느리가 모자간의 갈등을 봉합하는 기능으로만 소비되고 있는 것이 불만족스러웠다. 특히 작품 전반에 걸쳐 20세기 한국의 중년 남성이 가진 고향(그리고 고향을 상징하는 어머니 및 유년기)에 대한 애증이 지배적으로 드러나서, 이러한 작품이 문학 교과서에서 자주 가르쳐지는 이유가 혹시 그러한 기성세대의 취향과 세계관이 반영된 것은 아닐지 의문을 품게 되었다.

가상의 학습자 A는 소설의 표층적 의미와 심층적 의미를 나누어 해석하면서 흔히 ‘어머니의 위대한 모성에 대한 깨달음’으로 정리되는 이 소설의 일반적 해석에 반기를 든다. 나아가 이러한 작품이 널리 읽히고 가르쳐지는 이유를 한국 사회의 기성세대가 지닌 사고 체계와 세계관에 부합하기 때문은 아닌지 의문을 던지며, 작품뿐만 아니라 작품의 소통 맥락에 대한 비판적 해석까지 수행하고 있다. 만약 이러한 해석이 ‘현재의 한국 사회를 살아가는 10대 여학생’이 제출한 것이라면, 이 해석의 결과와 해석자의 개인적, 사회·문화적 조건 간에는 긴밀한 교섭 관계가 성립된 것이라 볼 수 있다. 그 결과 이 학습자의 해석 텍스트는 아래와 같은 전문 비평가의 텍스트와는 상이한 경향성을 띠게 된 것이다.

> 고향의 노모는 자신과 가족의 모든 불행을 스스로의 부덕과 허물로 돌려 부끄러워한다. 그 부끄러움은 심지어 천재지변이 일어난 경우에도 생겨나는데, 그것은 "그저 소박한 자기 원망이나 체념이 아니라 밝은 빛을 두려워하고 그 빛 앞에 나서기를 부끄러워하는 일종의 원죄 의식"이다. 그 원죄 의식으로서의 부끄러움은 불가항력적인 힘 앞에서 무력하게 수락하고 체념하는 데서 생겨나는 한(恨)과 비슷한 것이면서 또 구별되는 것인데, 스스로의 부덕과 허물로 돌리는 지극한 겸손 속에 "인간으로서의 품격을 지켜 나가는" 힘이 담겨 있기 때문이다. 이를 새삼스럽게 발견하고 깊은 공감과 위안을 얻는 소설 속 인물들의 심저에 가로놓인 것은 그런 고향을 떠나, 더 멀어지려 애썼던 지난 삶에 대한 반성이고 고향에 대한 죄의식이다.(김윤식·정호웅, 1993: 404면)

위 글을 쓴 전문 비평가는 '귀향의 형식과 원죄 의식'이라는 명제로 이청준 문학을 설명하면서 그러한 명제를 도출하기 위한 작품으로서 「눈길」의 위상에 초점을 맞춘다. 즉, 노모의 부끄러움을 "일종의 원죄 의식"으로 보며, 그것이 형성된 맥락을 비판적으로 고찰하기보다는 그 안에서 "인간으로서의 품격"을 발견하는 데 주력한다. 그러므로 노모의 인간성은 필연적으로 아들을 반성하게 한다. 아들의 반성을 이끌어 낸 며느리의 캐릭터나 기능에 대한 설명은 생략되어 있다.

해석에는 해석자의 조건, 맥락, 정체성 등이 복합적으로 개재될 수밖에 없다. 해석자에게 딸린 조건들이 소설 해석의 출발점과 도착점을 어느 정도 선규정하는 것이다. 따라서 소설 해석 교육에서는 의도적으로 해석자의 성찰과 자기 해석을 독려할 필요가 있다. 이러한 관점이 엿보이는 선행 연구 중의 하나가 양정실(2007: 333면)의 논의이다. 이 연구는 해석을 통해 학습자의 현실 인식이 드러나는 과정을 살피고 있는데, 연구 성과를 확장해 보면 우리는 여기서 학습자가 해석을 통해 해석에 개재된 자신의 현실과 현실 인식을 성찰할 가능성을 도출할 수 있다.

이상 소설 해석 교육의 방법을 소설 텍스트의 타자성 경청, 문학 토론과 해석 갈등의 경험, 메타 해석을 통한 자기 해석 등을 중심으로 살펴보았다. 한 편의 소설을 해석한다는 것은 해당 소설의 목소리를 귀 기울여 듣고 따지며 자신의 목소리로 재발화하는 과정이다. 나아가 소설을 통해 해석 공동체와 갈등하고 소통하면서 최종적으로는 독자 자신을 해석하는 데에까지 나아가는 결정적인 문학 활동이다. 따라서 학습자에게 더 많은 소설 해석과 해석 소통, 자기 해석의 경험을 안내할 수 있는 소설 해석 교육 방법론이 계속해서 구체화될 필요가 있다.

핵심어

해석의 방법, 해석의 타당화, 해석의 윤리, 해석의 갈등, 메타 해석, 자기 해석

| 참고 문헌 |

김동영 외(2013),『국가 수준 학업 성취도 평가의 교과별 성취 특성 분석 및 활용 방안』, 한국교육과정평가원 연구 자료 ORM 2013-57-12.

김수경(2009),「프레드릭 제임슨의 서사 이론에 대한 연구」, 서울대학교 석사 학위 논문.

김윤식·정호웅(1993),『한국 소설사』, 예하.

김정우(2006),『시 해석 교육론』, 태학사.

로젠블랫(Rosenblatt, L. M, 2008),『독자, 텍스트, 시 — 문학 작품의 상호 교통 이론』, 김혜리·엄해영 공역, 한국문화사.

리쾨르(Ricœur, P., 1998),『해석 이론』, 김윤성·조현범 공역, 서광사.

______(2012),『해석의 갈등』, 양명수 역, 한길사.

양정실(2007),「현실 인식의 해석 관여 현상에 대하여:「삼포 가는 길」에 대한 고등학생의 수용 텍스트를 중심으로」,『한중 인문학 연구』 제20집, 한중인문학회.

에코(Eco, U., 2009),『해석의 한계』, 김광현 역, 열린책들.

우신영(2010),「가치 탐구 활동으로서의 소설 교육」,『새 국어 교육』 제86호, 한국국어교육학회.

______(2015),「현대소설 해석 교육 연구 — 독자군별 해석 텍스트의 분석을 중심으로」, 서울대학교 박사 학위 논문.

이인화(2013가),「문학 토론에서 소설 해석의 양상에 관한 연구」,『새 국어 교육』 제94호, 한국국어교육학회.

______(2013나),「소설 교육에서 해석 소통의 구조와 실천에 대한 연구」, 서울대학교 박사 학위 논문.

이재호(2008),「해석학에서의 자기 이해의 문제」,『윤리 철학 교육』 제9집, 윤리철학교육학회.

정진석(2014),「소설 해석에서 독자 역할의 중층 구도와 소통 방식 연구」,『문학 교육학』 제43호, 한국문학교육학회.

최인자(2008),「문학 독서의 사회문화적 모델과 '맥락' 중심 문학 교육의 원리」,『문학 교육학』 제25호, 한국문학교육학회.

______(2009),「타자 지향의 서사 윤리와 소설 교육」,『독서 연구』 제22호, 한국독서학회.

Hamel, L. & Frederick, M. S.(1998), "You can't play if you don't know the rules: Interpretive conventions and the teaching of literature to students in lower-track classes," *Reading and Writing Quarterly: Overcoming Learning Difficulties* 14-4.

Jameson, F.(1982), *The political unconscious: narrative as a socially symbolic act*, Cornell University Press.

Meek, M., Armstrong, S., Austerfield, V., Graham, J. and Plackett, E.(1983), *Achieving literacy: Longitudinal studies of adolescents learning to read*, Routledge & K. Paul.

| 더 읽을 거리 |

김성수(1999),『이상 소설의 해석: 생(生)과 사(死)의 감각』, 태학사.

김애령(2012),「텍스트 읽기의 열린 가능성과 그 한계 — 드 만의 해체 독서와 리쾨르의 미메시스 독서」,『해석학 연구』 제29집, 한국해석학회.

리쾨르(Ricœur, P., 2000),『시간과 이야기 2 — 허구 이야기에서의 형상화』, 김한식·이경래 공역, 문학과지성사.

______(2002),『텍스트에서 행동으로』, 박병수·남기영 편역, 아카넷.

에코(Eco, U., 2009),『구조의 부재』, 김광현 역, 열린책들.

____(2009),『일반 기호학 이론』, 김운찬 역, 열린책들.

____(2009),『작가와 텍스트 사이』, 손유택 역, 열린책들.

팔머(Palmer, R. E., 1988),『해석학이란 무엇인가』, 이한우 역, 문예출판사.

허시(Hirsch, E. D., 1988),『문학의 해석론』, 김화자 역, 이화여자대학교 출판부.

Jameson, F.(1979), *Fables of aggression: Wyndham Lewis, the modernist as fascist*, University of California Press.

공감(미적 공체험)[1]

° 조현일

1——작품을 즐기는 '공감' 교육의 필요성

최근의 조사에 따르면, 학생들은 여가 시간의 대부분을 인터넷, 핸드폰, 텔레비전 등 다양한 미디어를 즐기는 데 사용하는 반면에 독서에는 매우 적은 시간만을 투자하고 있다. 소비자로서 독자의 일탈적 소망을 충족시키는 데에 주력하는 문화 산업과 대중 매체의 시대에 학생들이 소설을 읽도록 유도하는 방법은 무엇일까? 해답은 학생들이 소설을 읽으며 즐거워하도록 만드는 데 있을 것인데, 이를 위해 소설 교육에서 중요한 것이 '공감' 교육이다. 쾌락 추구가 인간의 본성이라 한다면 학습자가 문학 고유의 즐거움을 발견할 때 문화 산업의 소비적 쾌락에 대응하는 능력을 기를 수 있을 것이며, 소설 읽기의 즐거움은 무엇보다도 '공감'을 통해 이루어지기 때문이다.

소설 교육에서 특히 공감 교육이 필요한 이유는 다음과 같다. 우리는 예술 작품을 통해 생산, 수용, 소통의 세 차원에서 즐거움을 얻는다. 즉, 작품을 창작할 때와 읽을 때뿐만 아니라 텍스트의 어떤 주체(등장인물)와 대면하면서 주

1 이 장은 조현일(2013가 ; 2013나)을 토대로 재서술하였다.

체(독자)와 주체(등장인물)가 상호 소통하는 쾌락을 얻기도 한다. 야우스(H. R. Jauß, 1982)에 따르면, 이제까지 소홀히 해 왔던 이 상호 주관적인 소통적 쾌락이야말로 독자가 지향해야 할 가장 본질적인 즐거움이다. 소설 읽기에서 공감은 작중 인물에 대한 감정 이입과 미적 거리 두기라는 이중의 과정을 통해 이루어지는데, 이 과정이야말로 주체와 주체가 상호 소통하는 전형적인 과정으로서 독자에게 소통적 쾌락을 맛보게 한다.

그간 문학 교육은 교사·텍스트 중심의 교육에서 벗어나 학습자·독자 중심의 교육으로 발전해 왔다. 학습자의 능동적이고 주체적인 활동을 중시하면서 독자의 능동적·주체적·성찰적 읽기의 다양한 방법을 모색하고, 그 결과를 국어과 '문학' 영역 교육과정에 담아 왔다. 그러나 주체적 해석과 성찰을 강조하는 과정에서 즐기는 교육, 공감 교육은 상대적으로 소홀히 취급되었다. 미적 즐김과 향유는 당위적으로 전제될 뿐 실질적인 교육 내용으로는 설정되지 않았다. 소설 교육은 인식(해석), 윤리(성찰), 미적 판단(향유)이라는 인간의 정신 능력 중 주로 해석과 성찰의 능력을 기르는 데 초점을 두었던 것이다.

소설 교육이 이렇게 된 가장 큰 이유는 아도르노(T. W. Adorno)로 대변되는 비동일성·부정성 미학 전통[2]이 문학 교육을 지배해 왔다는 데 있다. 향유보다는 성찰을, 공감적 읽기보다는 비판적 읽기를, 미적 경험보다는 해석적 경험을 중요시하는 미학적 전통에 입각할 때 생산, 수용, 소통의 모든 차원에서 인식(해석)과 윤리(성찰)가 중시되는 교육으로 나아갈 수밖에 없었던 것이다.

이제는 향유와 공감 교육이 저학년만의 교육 내용일 수 없으며 가장 중요한 소설 교육 내용이 되어야 한다는 점을 인식하고, 향유와 공감이 주가 되는 구체적인 교육 내용을 개발하는 지속적인 노력이 필요하다. 해석과 성찰이 중요하지 않다는 것이 아니라 더 근본적인 것은 향유와 공감이며, 해석과 성찰을

2 아도르노가 비판하는 동일성 미학의 전형은 아리스토텔레스 미학이다. 아리스토텔레스가 비극적 감동이 주인공에 대한 연민과 공포의 카타르시스에 의해 가능하다고 주장하는 것에 대해 아도르노는 연민과 공포 모두 인물에 대한 감정 이입과 동일시에서 비롯된다는 점에서 동일성 미학으로 비판한다. 그리고 이러한 카타르시스 전통, 동일성의 미학이 대리 만족을 추구하면서 지배 계급의 이해관계에 기여하는 문화 산업에 의해 전수되어 영위되고 있다고 본다.

강조하는 만큼 향유와 공감을 강조하는 소설 교육으로 나아가야 한다는 인식 전환이 필요하다는 것이다.

2——윤리적 공감 교육과 '감정 이입'

'공감'이란 무엇인가? 공감은 윤리와 미학 두 차원에서 논의될 수 있다. 우선 윤리적 차원에서 공감은 '연민(pity)', '동감(sympathy)', '공감(compassion)' 등을 아우르는 말이다. 스미스(A. Smith, 1996)의 『도덕 감정론』에 따르면, 공감은 상상적으로 타인의 입장이 되어 봄으로써 그 사람의 감정을 '함께 느끼고'(동료 감정으로서의 동감), 더 나아가 공정한 관찰자의 입장에서 타인의 감정이 '적절하다고 판단'할 때(시인 감정으로서의 동감) 갖게 되는 도덕 감정이다. 예를 들어 친구인 철수가 다른 친구들한테 따돌림을 당하는 모습을 보면서 자신 역시 철수의 고통을 느낄 때 이를 동료 감정으로서의 동감이라 한다면, 시인 감정으로서의 동감이란 다른 친구들의 행동이 옳지 못하고 철수의 분노가 정당하다고 느낄 때를 가리킨다. 공감은 '사회적 삶'을 가능하게 할 뿐만 아니라 한 걸음 나아가 '윤리적 삶'을 가능케 한다는 점에서 중요하다. 우리가 서로 어울려 사는 것(사회적 삶)은 상상적으로 입장을 바꿔 봄으로써 서로의 감정을 함께 느끼고 이해할 때 가능하다. 한 걸음 나아가 공감은 우리가 함께 느끼는 감정이 적절하다고 판단할 때, 즉 윤리적으로 판단할 때 이루어지며, 우리로 하여금 윤리적 행동을 하게 만든다. 갑이 을에게 고통을 준다고 하자. 우리는 을의 고통이 부당하다고 판단할 때에만 을의 고통에 공감한다. 그리고 을에게 공감하는 정도만큼 갑을 윤리적으로 비판하고, 스스로 그런 행동을 하지 않거나 최소한 하지 않으려고 노력한다.

소설 교육이 윤리적 차원에서 공감 교육을 한다는 것은 소설을 통해 이러한 공감 능력을 발전시키는 데 목적이 있다. 그간 소설 교육에서 '동화', '공감적 읽기', '공감적 자기화', '공감 교육' 등의 이름으로 진행되었던 논의는 윤리적 차원에서의 공감 교육에 초점이 맞추어져 있었다. 이는 공감의 윤리적 중요성에 따른 것이며 그 나름대로 일정한 의미를 갖는다고 볼 수 있다.

그러나 소설 교육에서 더욱 중시해야 할 것은 미적 차원에서의 공감 교육이다. 이때 일차적으로 문제가 되는 개념이 립스(T. Lipps)의 감정 이입(empathy)이다. 이와 유사한 의미를 갖는 바흐친(M. M. Bakhtin)의 공체험(co-experence), 야우스의 동일시(identification) 개념은 모두 립스의 감정 이입론에서 출발한다. 립스의 이론은 한마디로 "미적 향유란 객관화된 자기 향유이다"(보링거, 1982: 13면)라는 명제로 요약된다. 감정 이입할 때 우리는 나와 다른 감각 대상에 자신을 이입하고 감각 대상이 요구하는 지각적 활동을 하는데, 그 지각적 활동이란 곧 나 자신의 생명 활동을 의미하는바, 그 생명 활동을 즐기는 것이 감정 이입이자 미적 향유라는 주장이다. 예를 들어 우리는 '미풍에 흔들리는 나무'에 자신을 이입하여 내적으로 나무처럼 흔들리는 지각 활동을 수행하면서 그 흔들림의 즐거움을 느낄 수 있는데, 이때의 즐거움은 자기의 생명 활동의 즐거움이기에 감정 이입의 쾌락은 곧 자기 향유를 의미하게 되는 것이다.

미적 차원에서의 공감 교육은 이와 같은 감정 이입과 그로 인한 즐거움의 교육에서 시작된다. 바흐친(2006: 52면)에 따르면, 소설에서 "미적 활동의 첫 단계는 나를 그 사람(타자) 안으로 투사(감정 이입)하여 그의 내부에서 그의 삶을 체험하는 것", 즉 공체험(감정 이입)하는 것이다.

> (1) 따라서 우리는 공체험하는 주인공의 삶의 필수적 요소로서 그의 행위 모두를 주인공과 함께 내적으로 수행한다. 그의 고통을 공체험하면서 우리는 또한 그의 고통의 외침을 내적으로 공체험하고, 그의 증오를 공체험하면서 우리는 또한 그의 복수 행위 등등을 내적으로 공체험한다.(바흐친, 2006: 126면)[3]

> (2) 레미 소년과 더불어 그는 프랑스 방방곡곡을 떠돌았다. 원숭이가 폐렴에 걸

3 인용한 바흐친의 글은 M. Holquest와 V. Liapunov가 편집한 영서를 바탕으로 일부 수정하였다.

렸을 때 준은 몹시 슬펐다. 양어머니를 그리워하는 레미의 마음을 헤아리고 눈물을 흘리는 것이었다. 모험과 싸움의 이야기가 그의 어린 마음을 즐겁게 했다.

— 최인훈, 『회색인』

공체험(감정 이입)은 주인공의 '고통'과 '증오'와 같은 '감정'뿐만이 아니라 "고통의 외침", "복수 행위"와 같은 주인공의 '행위', 그리고 인용문 (1)에서 언급되지는 않았지만 주인공의 '생각'까지도 체험하는 것을 의미한다. 요컨대 주인공의 삶과 체험 전체를 독자 자신이 내적으로 수행하면서 체험하는 것이다. 『회색인』의 한 장면은 주인공의 감정과 행위를 추체험하면서 쾌락을 느끼는 감정 이입의 전형적인 모습을 보여 준다. 중학생 시절의 독고준은 주인공 레미의 슬픔이라는 '감정'뿐만 아니라 프랑스 방방곡곡을 떠돌아다니는 그의 '행위' 역시 함께 수행하면서 그로부터 즐거움을 느낀다.

감정 이입으로서의 공감 교육이 이루어지기 위해서 소설 교육은 어떤 방향으로 나가야 할까? 첫째, 학습자는 작품 속 인물을 대할 때 자신의 현재 삶에서 지향하는 인식적·윤리적·실용적 목적을 멀리할 필요가 있다. 즉, 외적 거리두기가 필요하다. 칸트(I. Kant)가 지적한바, 미적 판단은 일차적으로 이러한 목적들에서 벗어난 '무관심성'에서 비롯된다. 현재의 나의 관심에 입각하여 인물들을 바라볼 때, 예를 들어 시험에서 높은 점수를 얻으려는 '실용적' 목적으로 소설을 읽을 때 인물에 대한 공체험은 이루어지기 힘들다.

둘째, 해석과 성찰보다는 감정 이입과 그것의 즐거움을 유도하는 활동에 초점을 맞추어야 한다.

(1) 황수건의 근거 없는 주장에 대해 '나'가 반박하지 않은 이유를 정리해 보자.

(2) "달밤은 그에게도 유감한 듯하였다."에 나타난 '나'의 심정을 짐작해 보자.

(문영진 외, 2011: 224면)

위는 상대적으로 미적 공체험을 강조하는 교과서의 '읽기 중 활동'의 일부이다. 대부분의 교과서는 (1)처럼 인물의 행동이나 심리 변화의 이유를 묻는 활동이 주를 이룬다. 여기서 벗어나 인물의 감정, 생각, 행동을 느껴 보는 활동을 제시하고, (2)처럼 " '나'의 심정을 짐작할 때의 즐거움을 느껴 보자."와 같은, 즐거움을 유도하는 활동으로 나아갈 필요가 있다.

셋째, 어떻게 감정 이입할 것이냐의 문제와 관련해서는 인물에 대한 외적 표현들을 활용하여 등장인물의 감정, 생각, 언행 등 세 차원의 추체험이 가능할 것이다.

> "그런뎁쇼, 왜 이렇게 죄꼬만 집을 사구 와겝쇼. 아, 내가 알었더면 이 아래 큰 개와집도 많은걸입쇼……."
>
> 한다. 하 말이 황당스러 유심히 그의 생김을 내다보니 눈에 얼른 두드러지는 것이 빡빡 깎은 머리로되 보통 크다는 정도 이상으로 골이 크다. 그런 데다 옆으로 보니 짱구 대가리다.
>
> (중략)
>
> "뭘입쇼, 이게 제 업인뎁쇼."
>
> 하고 날래 물러서지 않고 목을 길게 빼어 방 안을 살핀다.
>
> — 이태준, 「달밤」

이 장면을 읽으면서 독자는 '나'를 통해 제시되는 황수건에 대한 외적 표현들, 즉 외형, 말, 행동 등을 감정 이입을 위한 수단으로 활용할 수 있다. 자신의 머리를 "빡빡 깎은 머리", "짱구 대가리"처럼 느끼는 것, 즉 '외형'에 대한 감정 이입은 비교적 쉬운 일이지만 "아래 큰 개와집도 많은걸입쇼"라는 인물의 말과 "목을 길게 빼어 방 안을 살핀다"라는 행동에 대한 감정 이입은 외적 표현에 좀 더 주목하여 정보를 파악할 필요가 있다. 황수건의 말과 행동을 단순히 내적으로 수행해 본다고 해서 황수건을 공체험했다고 보기는 힘들기 때문이다. 말의 경우 "하 말이 황당스러"라는 표현에, 행동의 경우 "날래 물러서지 않고"라는 표현에 주목할 필요가 있다. 이를 통해 그가 '하고 싶은 말만 하고' 있으며 '거리낌 없이 자신의 호기심을 채우는 행동'을 하고 있다는 것을 알 수 있다. 이에 주목하여 독자는 자신이 하고 싶은 말을 거리낌 없이 하면서 눈치 보지 않고 호기심을 해소하는 황수건의 말과 행동을 내적으로 수행하고 공체험하면서 즐거움을 느낄 수 있을 것이다.

3——미적 공체험과 세 가지 유형

감정 이입을 통해 소설 읽기의 즐거움이 시작된다는 점에서 감정 이입에 입각한 소설 읽기 교육은 매우 중요한 의미가 있다. 그러나 미적 향유를 위한 소설 교육, 즐기는 소설 교육은 여기서 한 걸음 더 나아가야 할 필요가 있다. 우선 감정 이입은 그리블(J. Gribble, 1987: 201~207면)이 지적하였듯이 독자의 도피적 소원 충족으로 전락할 가능성을 담고 있다. 하이틴 로맨스의 주인공에 감정 이입하여 현실에서는 이룰 수 없는 헛된 만족에 탐닉하는 경우가 대표적인 예이다.

더욱이 감정 이입 자체만으로는 온전한 의미의 미적 경험에 이를 수 없다. 바흐친과 야우스는 감정 이입, 즉 그들의 용어로는 공체험과 동일시가 온전한 의미의 미적 경험을 제공하는 미적 공체험, 미적 동일시가 되기 위해서는 또 다른 요소가 필요하다고 본다. 바흐친은 독자 혹은 저자가 작중 인물 외부의 자리, 즉 외재성에 위치하여 인물을 단일하고 유일한 총체로 만들고 완결하는 능동적 활동을, 야우스는 미적 거리 속에서 상상력을 발휘하여 미적 대상을 구성해 내는 창조적 활동을 요구한다. 특히 인물에 주목한 바흐친의 논의는 소설 교육에 더욱 시사적이기에 상세한 설명이 필요하다.

바흐친(2006: 50~52, 147~151면)은 인간의 내적 체험을 '나를 위한 나'의 자기 체험과 '타자를 위한 나'의 타자 체험으로 나눈다. 전자는 '나'가 윤리적·인식적·실용적 차원의 목적과 의미를 지향하면서 느끼고 의식하고 행동하는 내적 체험이며, 후자는 자기 자신의 삶을 체험하는 가치의 의미적 맥락에서 벗어나 타자에 대해 외재성의 자리를 확보한 후 경계 이월적으로, 다시 말하면 자기 체험의 외부에서 타자를 체험하는 내적 체험이다. 「달밤」을 예로 든다면, 황수건이 신문 배달을 할 때 갖게 되는 윤리적·인식적·실용적 체험이 자기 체험이라면, '나'가 이런 황수건을 외부의 자리에서 미적 거리를 두며 바라볼 때 갖게 되는 체험이 타자 체험이다.

자기 체험은 공간적·시간적·가치적으로 무한히 열려 있다. 자신의 등을 볼 수 없고, 시간적으로 계속 진행 중이며, 나의 삶이 결국 어떤 의미를 갖는지 알 수 없기에 스스로는 완결을 이룰 수 없는 체험이다. 반면에 타자 체험은 타자의 입장이 되어 그의 감정, 생각, 행동을 체험하는 감정 이입과는 완전히 다르다. 바흐친은 감정 이입이 본질적으로는 자기 체험에 불과하다고 보고, 스스로를 완결할 수 없는 '나를 위한 나'의 자기 체험을 완결시켜 주는 체험, 즉 '타자를 위한 나'의 체험이야말로 진정한 타자 체험이며 미적 체험이라고 본다. 소설은 두 가지 체험을 모두 보여 준다. 주인공의 내적 체험은 본질적으로 자기 체험이다. 그리고 소설 속 주인공의 자기 체험을 작가는 창작의 차원에서, 독자는 수용의 차원에서 시간적·공간적·가치적으로 완결하는 미적 활동을 수행하는데, 이 과정에서 '타자를 위한 나'의 체험, 곧 타자 체험이 표현되고 경험된다.

> 그렇지만 사랑에 가득 찬 동정이 대상에 대한 미적 관조 행위 내내 미적 공체험에 수반되며 침투한다. 그리고 관조되고 공체험되는 대상의 모든 질료를 변형시킨다. 주인공의 삶에 대해 동정적으로 공체험한다는 것은 그 삶이 실제로 체험했던 것 또는 그 삶의 주체에 의해 체험될 수 있었던 것이 취했던 형식과 전혀 다른 형식으로 그 삶을 체험하는 것을 의미한다.(바흐친, 2006: 129면)

인용문에서 바흐친은 타자 체험의 한 예로 "사랑에 가득 찬 동정"을 들고 있다. 인물에 대한 감정 이입이 아니라 외재성의 자리에서 인물에 대해 갖게 되는 동정은 인물에 대한 사랑을 의미하고, 이 사랑에 가득 찬 동정이 감정 이입된(공체험된) 주인공의 삶 전체를 변형시켜 주인공이 실제로 체험하였던 것과는 전혀 다른 체험을 하게 만든다는 것이다. 이때 독자의 독서는 주인공에게 완결이라는 사랑의 선물을 부여하는 '미적 사건'을 의미하며, 독자가 얻게 되는 쾌락은 감정 이입의 쾌락을 넘어서 타자의 삶을 완결시킬 때 발생하는 '미적 사랑'의 쾌락을 의미하게 된다.

미적 공체험, 또는 미적 동일시를 위한 소설 교육은 한편으로는 감정 이입의 쾌락을 향유하면서 다른 한편으로는 미적 거리 속에서 상상력을 발휘하는 쾌락, 구체적으로 말하자면 주인공을 '완결'하면서 주인공에 대한 사랑의 즐거움을 맛보는 교육이 되어야 한다. 이때 주목해야 할 것이 인물에 대한 외적 표현이 수행하는 완결의 기능이다. 생각, 감정까지 포함하여 인물에 대한 모든 표현은 작가에 의해 외부에서 주어졌다는 의미에서 외적 표현이다. 그리고 인물에 대한 외적 표현은 주인공의 내적 체험을 표현하는 기능과 그 내적 체험을 완결시키는 기능을 동시에 수행한다. 앞서 제시한 「달밤」에서 "황당스러", "날래 물러서지 않고"라는 외적 표현 역시 마찬가지인데, 감정 이입을 위해 이 표현들이 황수건의 자기 체험을 표현하는 모습에 주목하였다면 이제는 완결하는 모습에 주목해야 한다. 황수건이 "목을 길게 빼어 방 안을 살"피는 것은 자신의 고유의 목적(호기심 충족)을 위해서이다. 그러나 작가는 황수건의 인식적·윤리적·실용적 목적과는 전혀 다른 차원에서 그를 바라보면서 외적 표현을 부여한다. 공간적으로 황수건의 배경과 시간적으로 황수건에게 앞으로 일어날 사건을 황수건이 이해할 수 없는, 타인을 배려해야 한다는 가치적 차원에서 조망하고 묘사함으로써 황수건이라는 인물을 완결해 나가는 것이다. 그리고 작가는 이러한 외적 표현들을 쌓아 나가면서 작품 전체를 통해 바흐친이 제시한 타자 체험, 즉 동정적 공체험의 전형적인 모습을 보여 준다.

소설 교육은 일차적으로 독자로 하여금 이러한 기능을 수행하는 외적 표현에 주목하여 작가의 안내에 따라 인물을 완결시키는 활동을 하도록 유도해야 한다. 「달밤」의 경우 작가를 권위 있는 안내자로 활용하여 독자가 동정적 공체험에 이르게 할 수 있다. 그러나 독자가 여기에 머물 필요는 없다. 한 작품이 구조적으로 독자에게 특정한 미적 공체험을 유도한다고 하더라도 작가와의 좀 더 능동적인 공창작을 통해 다양한 유형의 공체험에 도달할 수 있기 때문이다.

야우스에 따르면, 미적 공체험은 동정적 공체험 외에도 경탄적 공체험, 카타르시스적 공체험 등 다양한 모습을 띤다.[4] 동정적 공체험이 고통받는 '불완전한 주인공'에 대해 감정 이입하면서 미적 거리 두기 속에서 '동정'하는 미적 공체험이라면, 경탄적 공체험은 '완벽한 주인공'에 대해 감정 이입하면서 미적 거리 두기 속에서 '경탄'하는 미적 공체험을 가리킨다. 카타르시스적 공체험은 비극적 감동을 모델로 하는 성찰적 공체험을 가리킨다. 카타르시스적 공체험에서 우리는 비극적 인물에 대한 두려움과 동정을 카타르시스(정화)하는 동시에 그 두려움과 동정을 성찰한다. 그것은 앞의 두 가지 유형의 공체험의 직접성에서 벗어나 작중 인물과 그 인물에 대한 감정 자체까지 미적으로 성찰하는 공체험이다.

미적 공체험의 여러 유형과 관련하여 소설 교육은 어떤 방향으로 나아가야 할까? 첫째, 미적 공체험은 독서 과정에서 다양한 유형으로 나타날 수 있다는 점을 고려하여 학생들의 다양한 반응을 강조하는 교육이 되어야 할 것이다. 동일한 작품은 물론 동일한 장면에서조차 서로 다른 미적 공체험이 발생할 수 있으며, 앞서 제시한 세 가지 유형은 미적 공체험의 대표적 유형에 불과하다. 따라서 이 세 가지 유형을 포함하여 자유롭게 다양한 미적 공체험을 유도할 필요가 있다.

둘째, 독자는 각각의 공체험 과정에서 자연스럽게 경탄의 감정 속에서 작중 인물을 본받거나, 동정의 감정 속에서 작중 인물과 연대하거나, 작중 인물에 대한 감정을 정화하면서 작중 인물에 대한 감정 자체를 성찰하게 된다. 본받

4 야우스(1982: 152~158면)는 미적 동일시라는 표현을 사용하면서 이를 연합적 동일시, 경탄적 동일시, 동정적 동일시, 카타르시스적 동일시, 아이러니적 동일시 등 다섯 가지 유형으로 분류한다. 이 글에서는 논의의 편의를 위해 미적 공체험이라는 용어를 사용할 것이며, 연합적 동일시와 아이러니적 동일시는 논의에서 제외한다.

기, 연대, 성찰은 모두 작중 인물과의 상호 작용, 즉 소통의 과정에서 발생하는 효용이라는 점에서 소통적 기능이라 말할 수 있을 것이다. 이러한 소통적 기능은 독서 과정에서 자연스럽게 이루어지는 내재적 효용으로서 매우 중요한 의미를 지니므로 적극적인 교육 내용으로 설정할 필요가 있다. 본받기, 연대, 성찰은 각각 문학 교육의 궁극적 목표로 설정되는 '내면화'의 구체적인 방법론이 될 수 있다.

셋째, 주로 다루어지는 주인공들의 성격, 그리고 경탄, 동정, 성찰 등의 소통적 기능들을 고려할 때, 대체적으로 낮은 단계에서는 경탄적 공체험을, 중간 단계에서는 동정적 공체험을, 높은 단계에서는 카타르시스적 공체험을 설정하는 방식으로 교육 내용을 위계화할 수 있다. 그렇다고 해서 경탄을 낮은 단계에만 국한하거나 카타르시스적 공체험을 높은 단계에만 국한해서는 안 된다. 각각의 단계에서 가능성을 열어 둘 필요가 있다. 문화 산업 시대에 진정한 의미의 경탄은 단순한 놀람의 감정인 감탄에 머무는 경우가 대부분이므로 오히려 달성하기 힘든 미적 공체험이라고도 할 수 있기 때문이다.

핵심어

감정 이입, 미적 공체험, 미적 동일시, 완결, 미적 거리 두기, 미적 향유, 경탄적 공체험, 동정적 공체험, 카타르시스적 공체험, 공감, 소통적 쾌락, 본받기, 연대, 성찰

| 참고 문헌 |

그리블(Gribble, J., 1987), 『문학 교육론』, 나병철 역, 문예출판사.

문영진 외(2011), 『고등 국어(상)』, 창비.

바흐친(Bakhtin, M. M., 2006), 「미적 활동에서의 작가와 주인공」, 『말의 미학』, 김희숙·박종소 공역, 길.

보링거(Worringer, W., 1982), 『추상과 감정 이입』, 권원순 역, 계명대학교 출판부.

스미스(Smith, A., 1996), 『도덕 감정론』, 박세일·민경국 공역, 비봉출판사.

조현일(2013가), 「미적 향유를 위한 소설 교육 — 감정 이입과 미적 공체험을 중심으로」, 『새 국어 교육』 제96호, 한국국어교육학회.

______(2013나), 「미적 동일시의 유형과 소설 교육」, 『우리 어문 연구』 제47집, 우리어문학회.

Bakhtin, M. M.(1990), "Author and Heroin Aesthetic Activity," Holquest, M. & Liapunov, V.(eds), *Art and Answerability*, University of Texas Press.

Jauß, H. R.(1982), *Aesthetic Experience and Literary Hermeneutics*, Shaw, M.(trans), University of Minnesota Press.

| 더 읽을 거리 |

김중신(1994), 「서사 텍스트의 심미적 체험의 구조와 유형에 관한 연구」, 서울대학교 박사 학위 논문.

김효정(2007), 「문학 수용에서의 공감 교육 연구」, 서울대학교 석사 학위 논문.

서유경(2002), 「공감적 자기화를 통한 문학 교육 연구: 「심청전」의 이본 생성을 중심으로」, 서울대학교 박사 학위 논문.

질문

° 문영진

1——질문의 의의와 질문에 대한 탐구

교육은 인간의 변모와 관련되어 있고, 그 변모의 핵에는 대개 지식이 자리한다. 변모는 흔히 전이와 관련되는데, 전이는 내적인 것일 수도 있고 외적인 것일 수도 있다. 전자의 극단적 상황으로 고승 문하에서 철저히 스스로 배워야 하는 선가(禪家)의 자득(自得) 교육을 들 수 있다면, 후자의 특이한 상황으로는 주로 20세기 이전에 행해졌던, 학생들 앞에서 정제된 원고를 읽어 주는 '강의(Vorlesung)'를 들 수 있다. 전자에서 우리가 중세 시대의 교육을 연상한다면, 후자에서는 고풍적인 인문학 교실, 이를테면 헤겔(G. W. F. Hegel)이나 푸코(M. Foucault)의 강의를 연상하게 된다. 뛰어난 학습자라면 어떤 상황, 어떤 국면에서도 배움을 이끌어 내며 자기 변화를 이루겠지만(三人行 必有我師焉), 모든 사람이 공자(孔子)일 수는 없는 일이므로 수업에서 다양한 교육적 모색을 통한 도움을 주는 것이 긴요하다. 이 모색의 산물 가운데 대표적인 것으로 '질문'을 들 수 있겠다. 오늘날 질문은 단지 수업 중 교사와 학습자 간 담화의 교환만을 뜻하지 않는다. 그것은 수업의 방편을 넘어서 어떤 '방법(론)'으로 간주되며, 이는 매개적 교육의 특수한 형식, 곧 교사와 학습자의 대화를 통한 양식화된 방식을 취한다. 따라서 옛날 서양의 문답식 교육이나 도제식 교육과는 다른 방식이라 하겠다.

교수·학습 상황에서 나타나는 질문의 기능은 무엇인가. 질문의 의미나 기능을 포괄하는 '질문의 목적'으로는 다음 몇 가지가 거론된다. 먼저, 질문은 의사소통을 용이하게 하며, 한 주제의 특정한 측면 또는 특성에 주목하게 한다. 그리고 학생의 지식과 교과 내용의 이해도를 평가하기 위해 사용되기도 하며, 한 주제의 기본적인 내용을 검토하게 하기도 한다. 또한 사고와 인지 활동을 자극하고, 학생들의 사회적 활동을 조정하는 데 사용된다(콜·챈, 1998: 132~133면). 이 여섯 가지 질문의 목적은 '의사소통 기능'(및 일반 교육적 기능), '탐구 기능'(사고 활동 자극, 탐구, 환기, 주제 탐구), '평가 기능' 등 세 가지로 대별해 볼 수 있다. 여기서 두 번째 기능인 '탐구'가 질문의 핵심적인 기능이라고 이야기된다.

탐구가 궁극적으로 어떤 지식을 얻어 내는 것이라면, 교사가 가르침/배움의 일환으로 질문을 제시하여 탐구를 자극하는 것은 당연한 일이다. 질문은 직접 교수법에서 한 걸음 더 나아간 방식으로, 교수가 지식의 구조나 내용, 방법을 학습자에게 직접 전수하는 데 비해 질문은 학습자와 교사를 이어 주는 매개적 활동으로 대중 교육의 측면에서는 상당히 진일보한 방법이다.

국어 교육 일반에서도 그렇지만 소설 교육에서의 연구와 모색도 다양한 방식으로 이루어지고 있으며, 이러한 모색은 교실을 이전과는 다른 모습으로 바꾸어 가고 있다. 몇 가지 흐름을 추려 보면 다음과 같다.

첫째, 질문의 형태, 국면, 효과에 대한 연구가 다양하고 종합적으로 이루어지고 있다. 교과서의 '학습 활동'을 포함하여 수업 단계에 조응하는 질문의 구안과 배치에 관한 연구가 활발해지고 있다(경규진, 1993; 송지언, 2014).

둘째, 상호 텍스트성(경규진, 1993; 최기철, 1999)과 도식(셰마, 스키마) 이론(최기철, 1999)을 도입하고 있다. 질문과 관련하여 이 두 요소는 크게 강조되지는 않지만 간과할 수 없는 중요성이 있다.

셋째, 학습자 중심의 주장이 일반화되어 가고, 이에 맞추어 학습 촉진자로서 교사 역할의 축소와 내실의 심화에 대한 인식이 강조되고 있다(박재현 외, 2010; 최미숙, 2014). 연구자들은 이구동성으로 학습자 답변의 과소함(이의 거울 쌍인 교사 말하기의 과도한 비중)을 분석하면서 탄식을 보여 주는데, 이는 우리 교육 현실에 대한 아픈 지적이다.

넷째, 이러한 흐름에 맞추어 학습자의 자기 질문(질문 생성)이 부상하고 있다. 2009 개정 교육과정에서 질문 생성에 관한 성취 기준이 들어섰고, 2015 개정 교육과정에서는 아예 "학습자가 작품에 대한 질문을 만들고, 함께 답을 찾아가는 대화로 수업이 진행될 수 있도록 한다."라는 '교수·학습 방법 및 유의 사항'이 9학년 '문학' 영역과 10학년 '문학' 과목에 동일한 문구로 반복해서 제시되었다. 국가가 문학 교육의 학습 활동에서 자기 질문을 일종의 표준으로 인정하고 있는 것이다. 질문과 (학습자의) 자기 질문의 문학 교육적 위상을 웅변하는 장면이라 할 수 있다.

이러한 변화 양상은 문학 교육 일반과 관련된 측면이 대부분이나 어느 정도는 현재의 소설 교육에도 해당되는 것이어서 몇 가지 특성을 언급해야 할 듯하다. 여기서 기술하는 내용들은 기존의 연구가 거둔 성취의 이면과 관련된 것이기도 하여 조심스러우나 논의를 발전시키기 위한 계기라도 되었으면 하는 바람이다. 현대소설 교육과 관련된 부분을 먼저 이야기한 뒤 '문학' 영역을 포함한 국어과 일반과 관련된 부분을 이야기해 보기로 한다.

먼저, 현대소설 교육 분야에서 질문에 관한 이론적 탐구가 매우 드물다는 점이다. 선주원(2003)을 제외하면 이 문제에 대한 본격적인 탐구가 없는 것이 아닌가 싶다. 본격적인 진단이 필요한 사항이지만, 여기서는 간략히 몇 가지 원인을 살펴보기로 한다.

첫째, 우리 문학 및 문학 교육계에서 우선적으로 확보해야 할 성취들에는 실체 중심의 접근으로 대표되는 문학사 중심의 접근 방식과 관련이 있지 않을까 생각해 볼 수 있다. 해석학의 전통이 매우 강한 독일 문학에서 해석학을 상대화하기 위한 방식으로 야우스(H. R. Jauß)와 이저(W. Iser)의 수용 미학과 링크(J. Link)의 기호학 등 다양한 방법이 등장한 바 있거니와, 우리의 경우 해석학이라기보다는 국문학'사'의 전통이 강력한 데에서 오는 일정한 흐름이 있는 것이다. 역사적·전기적 방법이나 신비평적 방법이나 문학 사회학 등 해석의 벽은 견고하며, 이에 맞설 만한 흐름은 1990년대 혹은 다음 세기를 기다려야 했던 것으로 생각된다.

둘째, 소설은 서정 장르에 비해 수업 진도의 부담이 크기 때문에 교사들이 특히 어려움을 겪고 있는 듯하다. 한 편의 서정시는 대개 1차시 정도에서 진도를 마무리하는 경우도 많지만 소설은 쉽지 않다(질문과 응답을 중심으로 한 『시 맥락 읽기』와 같은 책이 출현하기가 쉽지 않은 이유가 이 점과 관련 있는 것으로 판단된다).

셋째, 앞의 항목과 무관하지 않겠지만, 소설에 대해서 '말하기' 어려운 독특한 난점이 있는 듯하다. 이는 작품에 대한 연구와 해석이 교사로서는 상당히 부담이 된다는 점과 관련된다. 흔히 국어 교사에게 다양한 분야의 독서와 탐구에 의한 온축(蘊蓄)을 기대하기 마련이다. 미적 지식과 삶에 관한 '지식'을 통합하여 학습자 눈높이에서 풀어내는 것은 간단한 일이 아니다. 준예술 격인 소설을 단지 시험 문제 풀이의 재료로서가 아니라 행복의 약속이라고도 하는 문학을 앞에 두고, 학생들이 행복의 상(像)에 다가가도록 돕는 것은 쉬운 일이 아니며, 어쩌면 상당한 고통을 수반하는 일일 수도 있다.

한편 국어 과목에서 질문에 관해 논의하는 연구자들의 교육 현장을 변화시키고자 하는 높은 이상주의적 열의가 감지된다. 연구자들과 교사들의 고투에 힘입어 교사들의 의식과 교실의 모습이 변화하고 학습자 중심의 시각이 실제 수업에서 구체화되면서 교사와 연구자들의 고민을 추동하고 있다. 질문에 관한 논의는 로젠블랫(L. M. Rosenblatt)의 논의와 독자 반응 비평에 힘입어 추동된 측면이 강한데, 수업 장면에서 제시된 수준 높은 질문은 텍스트 이해의 수준을 높일 수 있다는 점이 공유되고 있다. 하지만 한계도 있다. 이는 현재의 도달점을 보여 주는 것으로 이해할 수 있는데, 이에 대한 고민이 필요하다.

첫째, 질문에 관한 논의는 로젠블랫 등의 심도 있는 논의에 기댄 부분이 있지만 경험주의적·실증주의적 시각도 상당히 강조되어 있다. 물론 이러한 시각에는 흔히 학습자에 대한 안내를 위한 불가피한 측면이 있고, 또 실증주의적 논의 자체가 학습자의 자발성을 강조하는 데 기여하고, 학습자의 수준과 무관하게 현학적으로 되는 것을 막아 준다는 장점이 있다. 하지만 풍부한 맥락을 활용한 수업이 운영되지 않을 경우 수업이 의도된 결과와는 어긋날 수도 있다. 학습자 질문의 선도 주자인 라파엘(T. Rafael, 1982)과 이를 정교화한 앨런과 밀러(K. K. Allan & M. S. Miller, 2005)의 연구는 학습자를 위한 편의가 두드러지고 수업을 촉진하는 점이 있다.[1] 하지만 여전히 단답 위주로 이끌려 갈 가능성에서 자유롭지 못하다. 교사가 수업에서 생겨날 수 있는 다양한 상황에 대한 이해가 풍부하고, 그것을 학습자와 소통하는 데 적절히 활용한다면 문제를 완화할 수 있을 것이다. 소위 '비문학' 영역이나 저학년 수업에서의 활용도가 높은 것도 이 문제와 관련이 있을 수 있다(최기철, 1999).

둘째, 연구자와 교사와의 괴리가 있는 듯하다. 연구는 주로 학습자의 역할 증가와 교사의 역할 감소라는 대의에 입각하여 질문에 관한 논의를 펼치는 것이 일반적이다. 하지만 훌륭한 질문 응답 수업의 예는 많지 않은 듯하다. 최미숙(2014)이 말하는 '형식적 질문 대답'이나 박재현 외(2010)가 지적하는 '빈칸 메우기 식 질문', '관습적인 공식 구의 반복' 등은 수업의 현장을 잘 보여 준다. 의미 있는 수업 기록은 발굴되어야 할 과제이며, 이에는 여러 가지 원인이 뒤섞인 복잡한 문제라는 점이 지적되어야 한다. 이는 문제가 조금 커다란 맥락에 관련되어 있다는 의미이다.

오늘날 교실은 고도의 토론 수업이 가능하였던 고대의 그리스의 조건과는 다른 여러 가지 맥락이 담겨 있다. 소설 교육에서도 이러한 일반적인 조건이 부과되어 있음은 물론이다. 오늘날 수업에서 질문은 일단 '근대'의 대중(대량) 교육 형태라는 특별한 국면에서 이루어지는 교육 방식으로 이해된다. 여기에는 교사와 전문가, 텍스트 자체에 대한 학습자로서의 독자의 무관심이나

1 흔히 글 읽기에 흥미와 집중력을 높이고, 능동적으로 깊이 있게 읽도록 하고, 비판적 읽기와 기억과 회상에 유리하며, 자기 주도적 독자가 될 가능성이 높아진다는 점 등이 강조된다(한국어문교육연구소·국어과 교수학습연구소 엮음, 2006: 452면).

불만(예컨대 '독자의 반란')이 가로놓여 있다. 교육의 권리, 독자의 권리라는 개념에서 반작용하는 모습이 감지된다. 여기에는 문학 교육의 권리와 의무 사이에 존재하는 간극, 정보화 사회에서 악화되는 독서 환경, 교육의 과도한 결정성('고부담' 시험의 거대한 영향력)에서 비롯되는 사회적 문제(유동성의 고착화와 교육 효과에 대한 회의 등) 등이 중층적으로 관여되어 있다. 이러한 상황에서 문학 교육에서 질문이 중요한 화두로 떠오르는 것은 독자의 권리 향유로 표현되는 학습자 중심, 독자 중심이라는 반작용과 관련된다. 문제의 뿌리가 깊으며, 해답과의 간극은 크기만 하다. 해결책 또한 간단치 않다. 이상주의와 고답주의 사이에서 어떤 식의 절충을 제시하느냐가 관건이다.

질문 수업에서 중요한 것은 소설 작품에서 제시되는 문제를 통해 학습자가 '스스로 생각'해 보는 기회를 갖는 것이다. 여기서 '생각'은 단지 '정보를 처리'하는 것이 아니라 학습자 자신이 독서 중이나 독서 이후에 다가온 문제에 대해서 자기 힘으로 생각해야 한다는 의미이다.[2] 이 점을 감안하여 이 글에서는 아리스토텔레스(Aristoteles)에서 가다머(H. G. Gadamer)로 이어지는, 자기 지식으로서 '실천지' 곧 '실천적 지혜'가 질문 활동과 응답의 저변에서 충분히 강조될 필요가 있다고 보았다. 이러한 자기 지식과 연관된 것들은 로젠블랫이 오래전에 힘주어 강조한 '심미적 질문'의 본뜻에 부합하는 것이다.

2——질문 구성: 일반적 측면과 자기 지식 문제

앞에서 살핀 질문의 특성을 기초로 하여 질문의 구성 근거를 생각해 보기로 하자. 이 절에서는 질문의 잠재적·일반적 측면을 살피고, 다음 절에서 구체적

2 여기서 '생각'은 페데리코 펠리니 감독의 영화 「길」에서 서커스단에서 제법 말이 통하는 듯한 '바보(마토)'라는 별명의 인물과 대화하는 가운데, 백치에 가까운 젤소미나가 잠파노에 대해 오히려 '생각이 없다'고 말할 때의 그 '생각'과 동위적이라 할 만하다. 상대의 성찰적 활동과 소통적 언행의 부족을 지적한 것으로 읽힌다.

소설 작품을 토대로 한 문제를 다루는 것이 순서이겠다. 따라서 서사의 요청을 살핀 다음 본질적 질문의 필요성, 질문 선정의 근거와 자기 지식(≒실천지) 등의 순서로 논의를 전개한 후 질문의 일반적 구성 요소를 제시하고자 한다.[3]

1) 서사의 본질적 요청

이 문제를 살피기 위해서는 많은 지면을 요할 것이나, 여기서는 서사의 본질적 특성을 논한 벤야민(W. Benjamin, 2007)의 논의를 일별하는 것이 필요할 듯하다. 사건을 보고하기 마련인 이야기를 논하면서, 벤야민은 정보와 이야기를 대비시키고 있다. 즉, 정보는 이야기에 봉사하는 경우에만 의미를 가질 뿐이며, 사건 또한 이야기에 도움을 줄 때에만 의미가 있을 뿐이라고 주장한다. 그는 이야기의 위력에 대한 예증으로 이집트의 왕 프삼메니토스의 이야기를 언급한다. 프삼메니토스가 페르시아 왕에게 패하여 사로잡혔을 때, 아들과 딸의 참혹한 불행에는 무덤덤하다가 늙고 초췌해진 남자를 보았을 때 온갖 방식으로 깊은 슬픔을 표현하였다는 이야기이다. 벤야민은 근대 사회에서는 희귀한 이야기란 경탄과 숙고를 불러일으키는 것임을 강조한다. 물론 벤야민은 허구 서사인 소설에 관해서가 아니라 경험 서사, 그것도 깊은 숙고를 동반한 경탄을 불러일으키는 진기한 이야기에 관해서 말한 것이다.

오늘날 교실에서 읽게 되는 이야기가 모두 학생들에게 경탄을 불러일으키는 것은 아니다. 가벼운 일상을 다룬 것에서부터 깊은 감동을 유발하는 것까지 상당히 다양한 편폭을 가지는 까닭에 많은 사람에게 즉각적으로 깊은 감동을 유발하는 경우는 많지 않다. 이야기 기법의 수준, 이해를 위해 요청되는 기저 지식의 차이에 따른 독자 반응은 천차만별이기 때문이다. 하지만 감동을 불러일으켜야 한다는 이야기의 지향성은 공통적이라 할 수 있다. 감동, 흥미, 기쁨은 본질적인 서사의 요청이라 할 수 있다. 이를 매개하는 방법으로서의 질문

3 질문의 근거와 주안점에 대해서는 최미숙(2014), 송지언(2014), 로젠블랫(2006), Beach(1993) 등을, 질문의 구성 요소에 대해서는 선주원(2003), 최기철(1999), 류홍렬(2004), Purves & Rippere(1978) 등을 참조하였다.

(독자의 감동, 흥미, 기쁨, 발견과 관련된 본질적인 질문)이 수업에서 필요하다고 본다.

2) 본질적 질문의 필요성

질문은 앞에서 본 대로 여러 가지 기능이 있지만 비유하건대 두 가지 극(極)을 가진다고 할 수 있다. 한쪽 극은 단지 모르는 것, 궁금한 것과 관련된 것이다. 이는 인간은 끊임없이 알고 싶어 한다는 본성에 뿌리를 두고 있다. 다른 극은 철학에서 말하는 경탄에 근거를 둔 의문과 관련된다. 전자가 소박한 의문과 관련되어 있다면, 후자는 세계에 대한 경탄에 입각한 본격적인 질문에 해당한다. 쇼펜하우어(A. Schopenhauer)가 우둔한 사람은 세계를 이해하지 못하기 때문에 원인에 대한 의문을 가지지 않으며, 우둔할수록 세계에 대한 신비를 가지지 않는다(Lee, 2006: 166면)고 말할 때가 후자의 경우에 해당할 것이다. 여기서 우리는 세상에 대한 호기심과 탐구가 부족한 사람은 경험주의적 의미에서 질문은 많이 던질지 모르지만, '사물이 그렇게 됨' 혹은 '세계가 이대로 있음' 자체에 대해 본격적인 질문은 던지기는 쉽지 않을 것이라고 추론하게 된다.

3) 질문 선정의 근거와 실천지의 개입

해석에 관여하는 지식 문제를 다루기 위해 현덕의 「나비를 잡는 아버지」의 이야기로 들어가 보자. 이 작품은 바우와 그의 맞수인 경환의 다툼이 두 집안의 긴장(사실 경환네의 일방적인 응징 수준이지만)으로 확대되다가 부자 갈등으로 바뀌고 결국 화해에 이르게 되는 이야기이다.

(가) 상식을 가진 학생이라면 이 작품이 지주 소작 관계를 저변에 깔고 있음을 대번에 알아차릴 수 있을 것이다. 한국사에 대해서 공부한 학생이라면 작품이 지주 소작 관계가 개입되어 있음에 더하여, 이 다툼이 쟁의로 발전하지 않은 사실을 감지할지도 모른다. 한국사에 대한 고급 학습자라면 순수한 경제적 흐름만이 아니라 경제 외적 강제가 작동했다고 볼 수도 있을 것이고, 외부적 충돌이 본격적으

로 발전하지 않고 부자 갈등, 곧 아비와 아들의 갈등으로 바뀌어 갔음에 눈길을 줄 수도 있을 것이다. 이 모두는 존귀한 마름집 아들을 단지 자기보다 열등한 아이로만 보고, 주인공 소년이 세상의 무서움을 모르고, 분노를 터뜨리면서 생긴 일일 터이다.

(나) 여기에는 오해의 아이러니, 마지막의 영화적인 장면화 수법, 급격한 발견과 중단을 포함한 경이적 결말 등의 수법, 등장인물의 말이 없이 행위를 통해서만 마음을 보이기 등 수법들이 사용되었음을 감지할 수도 있을 것이다. 경험이 있는 독자라면 이야기가 주인공이 세상을 알아가는 전형적인 성장 서사로 읽을 수도 있을 것이다.

(다) 인물의 성격과 그 인물을 둘러싼 운명을 결정짓는 여러 가지 요인에 대한 내포 작가의 판단을 기초로 작품 전체의 플롯 형성을 추동하는 힘.

(가)에서 드러나는 지식을 '세계 지식', (나)에서 드러나는 지식을 '미적 지식', 그리고 작품 전체의 내용과도 관련되면서, (다)에서 드러나듯 작품의 플롯을 구성하여 작품을 틀 짓게 하는 데 관여하는 핵심적인 요소를 범박하게 '자기 지식'이라 이름할 수 있을 것이다.

- 세계 지식: 행위 혹은 사건이 벌어지는 맥락 관련 요소들로, 개인의 실천 맥락과 상황과 관련될 수 있다, 인물을 둘러싼 환경과 세계에 대한 지식과 관련된 것으로, '세상의 이러저러한 실정이나 형편'을 의미하는 '물정'이 이와 무관하지 않다고 할 것이다(확장하면 '사회 탐구' 과목과의 통합 활동으로 연계될 수도 있다).
- 미적 지식: 장치·패턴 관련 요소들, 문학사적 맥락 관련, 상호 텍스트적 맥락 요소들이 해당된다(류홍렬, 2004: 183면).
- 자기 지식: ① 해석 가설과 관련된 것(이는 추론적인 사고와도 관련을 가진다), ② 감동·흥미·인상적인 것·새로운 것 등의 발견과 관련되는 요소, ③ 성찰 및 지향과 관련되는 요소(독자인 '나'와 관련되는 실존적인 의미와의 관

련) 등이 이에 해당한다. '자기 지식'의 개념은 다양한 맥락에서 여러 가지 의미로 사용되나, 여기서는 해석에서 텍스트의 적용과 자기 적용을 강조한다는 의미에서 선택한 어휘로 성찰적 지식[4]의 핵심이라는 의미에서, 그리고 텍스트와 마주하는 개체로서 '나'의 대면성을 강조하기 위해 사용되었다.

인물(처지, 생각)은 특수한 환경(다른 인물, 인물을 둘러싼 세계, 상황 등)에 처해서 사건을 빚어 나가며, 이는 구성(플롯)을 이루어 독자에게 전달된다. 독자는 독서 과정에서 미적 지식의 도움을 받아 사건을 추론하고 재구성하여 소설에서 이야기된 내용(파블라)을 이해하고, 텍스트가 말하려 하는 바(주제)를 구성하게 된다. 한편 등장인물의 처지나 상황을 이해하기 위해서는 세계 지식(세계 관련 지식)이 절대적으로 필요하며, 세계 지식에 근거할 때 독자는 비로소 서술된 사건의 의미를 이해하게 된다. 이러한 과정은 매 순간 독자 자신의 흥미와 관심 등 지식을 매개로 이루어진다. 독서 중 그리고 독서 후에 독자는 자신과 세계에 대한 발견, 탐구, 성찰 및 각오 등 새로운 자신의 구성 행위를 하게 된다. 이러한 독서 과정은 반복적·지속적으로 이루어지며, 해석학적 순환을 바탕으로 이루어진다.

그렇다면 자기 지식으로서 실천지는 무엇이며, 어떠한 역할을 하는가. 우선 "소설은 작자의 윤리가 작품의 미학적 문제가 되는 유일한 장르"(골드만, 1982: 19면)라는 명제에서 시작하는 게 좋을 듯하다. 여기서 사용된 '윤리'가 대체로 실천지에 가까운 방향의 지식이라고 생각할 수 있다. 서사의 세부에서 구성, 주제의 구현에 이르기까지 모든 면에서 작용하는 어떤 '지식'이 실천지에 가까운 것이라고 볼 수 있다는 뜻이다. 이것은 작품을 구성하는 작가에게도 그러하겠지만, 해석이라는 과제를 안은 독자에게도 다르지 않을 것이다.

아리스토텔레스는 참을 인식하는 여러 지식 양식과 실천지를 구별하는 데에서 시작한다. 그는 "영혼이 그것에 의해 긍정하거나 부정함으로써 참을 인

4 '윤리적 성찰의 자기 인식'을 말한다(가다머, 2012: 214면; 번스타인, 1996: 279면).

식하게 되는 것에는 다섯 가지가 있다."라고 가정한다. 기예(기술적 지식), 학문적 인식, 실천적 지혜(실천지), (철학적) 지혜, 직관적 지성이 그것이다. 실천지는 '학문적 지혜'도 아니고, '직관적 지성'도 아니다. 그렇다고 철학적 지혜도 아니다. 철학적 지혜는 생성에는 전혀 상관하지 않기 때문에 인간을 행복하게 만드는 것들 중 어떤 것도 탐구하지 않는다. (철학적) 지혜는 '학문적 인식과 직관적 인식이 합쳐진 것'이다. 철학적 지혜나 학문적 지혜에는 역사 차원이 결여되어 있다. 이런 점에서 아리스토텔레스의 관심은 법칙에 따른 전개를 중요시하는 플라톤(Platon)의 철학에 대한 대타 의식에서 출현한 것이라 이해된다. 실천지는 실천적인 것인데, 실천 혹은 행위는 개별적인 것에 관계하기 때문이다. 이렇게 개별적인 차원과 우연적인 것에 관심을 보이는 점에서도 아리스토텔레스는 플라톤과 대척적이다. 실천지는 보편성(최고선인 행복)에 대한 관심뿐만 아니라 개별성에 대한 관심도 잃지 않는다. 개인에 대한 지대한 관심과 수많은 맥락에 대한 고려로 인해 진위나 적합성을 따질 수는 있지만, 수학적 엄밀성과는 거리가 있다. 실천지는 유익한 것과 관련하여 잘 숙고할 수 있는 수단적 특성과 합리적 선택을 보증하고 보편성을 보장하는 특성을 동시에 갖고 있는 것이다(아리스토텔레스, 2011: 203~234면).

이런 점에서 실천지의 의미를 재개념화한 가다머의 다음 말은 음미할 만하다. "실천지는 언제나 우리가 옳다고 생각하는 것을 변별해 내고 선택해 가는 행위 가운데 있습니다."[5] 즉, 실천지는 옳다고 생각되는 것을 변별하고 선택하는 원리이자 그 과정에서 관철되는 원리라는 의미로 이해할 수 있다. 바로 이 점이 해석의 구체적인 맥락과 거시적인 맥락에서 작용하는 실천지의 중요한 의의이다. 다시 말해 구성(제재 선택 등등)의 과정에서 사건이나 행위의 세부에 대한 해석에 이르기까지 실천지의 의미는 이렇게 넓은 범위에 걸쳐서 작용하는 것으로 이해된다.

진지한 독서는 읽을 때마다 사람을 달라지도록 만드는 힘이 있다고 말한다.

5 번스타인(1996: 423면)의 원래 역문("프로네시스는 우리가 옳은 것으로 생각하는 바를 항상 구별하고 선택하는 과정입니다.")은 저자의 원의를 생각한다면 이렇게 번역하는 것도 가능할 듯하다.

독서로 인한 변모는 한편으로는 해석의 효과가 발현된 것이자 실천지가 작용한 까닭일 것이며, 한편으로는 실천지의 존재론적 규정성이 드러나는 실례이기도 할 것이다. 이런 점에서 하나의 작품에 대한 해석은 존재론적 기투(企投), 내기 또는 놀이이며, 이 과정 및 결과에 대한 질문은 내기에 대한 마중물 혹은 맞대응 내기라 할 수 있다. 이때 질문은 가능하면 실천지를 원용하여 인물이 처한 상황과 유사한 상황에 상상적으로 처하게 하는 사실과 관련을 가질 것이 요청된다.

희곡이 인물들의 의지에 집중하는 것만큼(헤르나디, 1983: 32면)은 아니지만, 서사 장르인 소설도 인물의 세계와 마주하는 장면에서의 올바름의 문제와 직접 대면하도록 작용한다. 또한 소년 소설에서 독자는 '행위'에 제한이 있다는 점을 고려해야 할 것이다.[6] 하지만 앞에서 살펴본 「나비를 잡는 아버지」는 이 점을 감안하더라도 세계의 복잡함 혹은 잔혹한 현실에 눈을 뜨도록 할 뿐만 아니라 이와 관련된 어떤 사실들에 대한 깨달음을 얻을 수 있도록 구안된 서사인 것은 분명하다. 아리스토텔레스(2002: 85면)가 아주 끔찍한 일을 하는 상황에서라도 "이와 같은 상황이야말로 시인이 추구해야 할 상황"이라면서 소재 선택 행위를 적극적으로 옹호한 것은 인물의 행위를 옹호하자는 것이 아니라 인물의 행위가 지닌 사회적 맥락 속의 의미를 심사숙고해야 한다는 뜻이었을 것이다. 결국 실천지는 "언제나 독자적인 심사숙고를 필요로 한다"(가다머, 2012: 213면). 이것이 실천지의 작용 방식이며, 또 그것이 지닌 적극적 의의이다. 이러한 상황은 보통은 작가가 창조해 낸 작품에 나타난 문제 설정의 핵이어서 주의 깊은 독자는 감동과 경탄을 경험할 가능성이 높아진다. 이 상황도 실천지의 적극적인 구현이 전제된 것이라 할 수 있다.

구체적으로 다음과 같은 질문을 통해 이런 요소들의 이해와 이를 통한 전체 작품 이해를 가늠해 볼 수 있다. 질문을 예시하면 다음과 같다.

6 교육자에 대한 순종이 결단을 대신하는 미성년자의 경우는 '행위'라는 점에서 논외로 한다고 말한다(가다머, 2012: 207면). 하지만 실천지가 형성되어 가는 학생이라면 이야기가 다르다.

(1-1) 주인공의 처지, 혹은 주인공을 둘러싼 환경, 세계는 어떠한가?

(1-2) 왜 주인공은 그렇게 행동했는가?

(2) 주제를 부각시키기 위한 중요한 문학적 장치에는 어떤 것이 있는가?

(3-1) 나는 읽어 가면서 어떤 키워드를 추출했으며, 그것을 토대로 한 해석 가설은 무엇인가?

(3-2) 무엇이 가장 감동적인가/ 인상적인가? 왜 그러한가?

(3-3) 주인공의 행동에 대한 나의 느낌은 어떠한가?

(3-3)의 질문은 (3-1)과 결합 가능하나 순서상 후반부에서 반복하여 질문할 수도 있다. 질문의 초점을 등장인물에 둔다고 했을 때, 그 인물의 운명 탐구에 초점을 둔다. (3-2)의 요소는 '정답'이 있을 수 없고, 수업 장면에서 종종 쇄말적인 대답에서 좀 더 심도 있는 응답이나 질문까지 나올 수 있으며, 다른 학습자들의 질문-응답은 개별 학습자에게 의미 있는 자극이 될 수 있다. (3-1)과 (3-2)도 그러하다. 말하자면 이 질문-응답은 어떤 '해답'이라기보다 일종의 '비계' 역할을 하는 참조 사항으로도 이해할 수 있다.

3——질문의 구성: 현실적·구체적 측면

앞에서 논의한 일반적인 사항들이 당연히 참조되어야 할 것이나, 특정 작품을 대상으로 한 경우에는 작품마다 다른 구체적인 상황을 고려한 질문이 구안되는 것이 바람직하다. 교사의 준비는 일단, 작품 연구(주제와 주요 장치 파악) → 작품의 특이점에 대한 파악과 준비 → 질문의 설정과 배치의 순서를 거치게 될 것이다. 특히 작품에 대하여 '교사로서의 연구'가 필요한 것은 작품에는 수많은 잠재적 의문점이 존재하기 때문이다(특히 부가 질문의 경우). 질문 수업 시의 유의 사항, 질문의 위계 설정, 구체적 질문의 구성 순서로 이야기를 하고자 한다.

1) 질문 수업 시의 유의 사항

① 구체적인 작품마다 조금씩 다른 질문을 구안하고 배치한다. (→ 하위 장르 및 문학적 장치 패턴의 차이에 따라 질문은 달라질 수 있다. → 교과서나 지도서가 이 문제를 해결하는 방안을 생각할 수 있다. 그렇지 않을 경우 교사에게 작품 '연구'의 부담을 줄 수 있다.)

② 질문에는 단계적으로 해결할 문제를 제시한다. (→ 질문은 학습자의 해석을 위한 매개적 도움의 지위를 가진다.)

③ 교사는 핵심 질문과 주요 질문을 제시한다. (→ 질문 후에는 응답할 시간을 준다. → 응답에 어려움을 겪을 때에는 부가 질문을 하거나 단서가 포함된 질문을 줄 수 있다.)

④ 학습자의 '부적절한' 응답에 대해서는 교사가 직접 개입하기 전에 일단 멈출 필요가 있다. (→ 그런 응답의 경우 토의를 통해 자정되기를 기대할 수 있다. →당혹스러워할 만한 질문을 제시하여 답변자가 자기 답변에 대해 성찰할 수 있도록 한다.)

⑤ 이론적 명명이나 총괄이 필요할 때에도 '정답'을 말하기보다는 질문 형식으로 먼저 다가갈 수 있다. (→ 앞서 나가는 학생들의 답변을 통해 해결에 도움을 받을 수도 있다.)

⑥ 가장 바람직한 것은 활발하게 발표할 수 있는 분위기가 조성되는 일이다. (→ 이 경우 '틀린' 응답도 일단 교정하지 않고 그대로 둘 수 있다.)

⑦ 현재 교실의 조건을 고려하여 교사가 질문-응답 교환(토론 등)을 일단락(이른바 '정리') 지을 수도 있다.

2) 질문의 위계 설정[7]

작품 이해에 기여하는 중요도에 따라 핵심 질문과 주요 질문으로 구별할 수 있으며, 각각 부가 질문이 따를 수 있다. (→ 이해 수준에 대한 고려와 질문 분

7 교과서 안에는 목표 학습이 질문으로 주어지기도 하지만, 내용 학습으로 주어지기도 한다. 물론 이하의 질문들은 모두 내용 학습으로 제시된다.

량의 조절을 위해서도 어느 정도의 위계 설정은 필요하다.)

- **핵심 질문**: 그 작품 해석에 핵심이 되는 질문으로 반드시 물어야 할 것, 곧 본질적 질문이다. 주제, 주제와 구성, 핵심적인 특이점 등과 관련된 것에 관한 질문이다. 경우에 따라서는 현실 법을 넘어설 수 있는 어떤 양보할 수 없는 적극적인 올바름(실천지의 작용을 보여 주는)을 보여 주는 문학의 요청과 관련된 질문이 해당될 수 있다.
- **주요 질문**: 작품 해석을 위해 중요한 지점에 대한 질문.
- **부가 질문**: 위의 두 종류 질문에 따른 부가적인 질문으로, 주로 즉흥적인 질문이나 세부 도식에 대한 질문이 이에 해당한다. 학습자의 수준에 따라, 진도에 따라 조절해야 한다. 물론 이 질문들은 장르, 주제, 패턴, 인물 등 구체적인 작품의 상황에 따라 달라질 것이다.

3) 구체적 질문의 구성

전쟁터에서 적대자로 조우하게 되는 죽마고우의 운명을 다루고 있는 황순원의 「학」을 중심으로 구체적인 질문을 구성해 보기로 한다.

「학」은 이인행 서사로, 전쟁이 일어나서 적이 되어 버린 죽마고우와의 동행을 다룬다. 소설은 전쟁으로 인해 훼손된 마을의 분위기가 제시되고, 마음 따스했던 친구인 덕재를 포로로 잡은 순간에 대한 놀랍고 묘한 느낌이 서술된 다음, 덕재에 대한 성삼의 신문이 이루어지고, 이후에 마무리가 이루어지는 등 네 단락으로 이루어져 있다. 전쟁 중 적대자로 만났으니 당연히 의문이 따를 것이고, 신문은 어쩔 수 없다.

> 사람을 몇이나 죽였나?(대답: 그래 너는 죽여 봤니?) → 농민 동맹 간부가 왜 남았나? 무슨 사명을 띤 잠복 아닌가?(대답: 근농꾼이라 시켜서 한 것이고, 아버지를 돌본다고 남았다.) → 결혼은 누구랑 했나?(대답: 꼬맹이와.) → 그렇다고 해도 남은 건 수상하지 않나?(대답: 죽음을 앞둔 아버지가 농사꾼이 농사 놔두고 어딜

가냐고 하셔서. 성삼이 자신의 아버지와 똑같은 답변이 돌아온다.)

결국 의심은 해소된다. 가다가 학 모습을 한 사람들이 보이자 어린 시절의 기억이 떠올라서 덕재를 풀어 주고 학 몰이 놀이를 한다. 결국 리얼리즘의 평면이라기보다 낭만적인 평면에서 소설이 전개되고 있다. 일반적 질문을 제외하면 질문들은 다음과 같이 구성될 것이다.[8] (☞은 일반적으로 기대되는 답변을 제시한 것이다.)

- 핵심 질문: 이 소설의 주제는? 또는 이 소설에서 전쟁 중에도 여전히 지켜져야 하는 것으로 작가가 보는 내용은?(☞ 전쟁 중에서 최소한 인간적인 것은 지키기, 가난했지만 행복했던 유년기를 살리기, 개인의 삶과 공동체의 삶을 상상적으로나마 구하기, 우정으로 비극적 상황을 '극복'하기 등등)
- 주요 질문: 인물, 환경, 사건, 구성 등. ① 흥미 있는 것은?(☞ 적대자 간 웃음의 장면, 꼬맹이, 혹부리 영감 등 동화적 분위기 등) ② 성삼이 처한 상황은? (☞ 전시 상황에서 죽마고우를 적으로 만남) ③ 두 인물의 특성은?(☞ 순박함 등) ④ 성삼이 내면의 변모 과정은?(☞ 의심에서 신뢰로 등) ⑤ 주요 장치는?(☞ 상징, 에피파니, 동화적 방법 등)
- 부가 질문: 세부 사항들. ① 마을의 풍경과 인물들이 놓인 전체적 상황과의 관계는?(☞ 대조의 관계. 춘래불사춘, 맥수지탄 등. 주관적 상황과 객관적 상황의 불일치. 자연적 풍경과 사회·문화적 풍경의 불일치. 전쟁의 참혹함을 암시) ② 신뢰에 도달하는 방식은?(☞ 역지사지. 우리 아버지도 똑같은 말씀을 하셨다) ③ 유사한 상황의 다른 작품들에서 문제를 다루는 방식은?(☞ 친밀한 관계에서 살벌한 관계로 등. 윤흥길의 「장마」 혹은 「양」) ④ 전쟁에서 보통 상대편에 대해서 알고 싶어 하는 것과 친구로서

8 이하 내용(단락 구분과 질문과 근거 제시)은 문영진(2016: 161~194면)의 논문에 의지해 구성한 것이다. 이 논문은 작품에 대해서 다소 유머러스한 방향을 강조한다. 하지만 이 서사를 리얼리즘으로 읽을 여지가 아주 없는 것은 아니다. 리얼리즘적으로 서사가 전개되었다면 덕재의 생명은 장담할 수 없다. 정작 작가가 다음과 같이 말하고 있기 때문이다. "이번 동란의 특이한 양상이 있다면 그것은 동족끼리 더 잔인하다는 것이었다. 응당 포로 취급해야 할 것도 직결처분이란 명목으로 총살을 해 버리는 것이 상례처럼 돼 있었다."

알고 싶어 하는 것은?(☞ 왜 이 녀석이 남아 있나? 이 녀석이 정말 나쁜 놈이 되었나?) ⑤ 인물의 거리감을 줄이는 요소들은?(☞ 다니던 길, 밤 훔치기, 꼬맹이, 학 놀이 등과 관련된 기억들) ⑥ 성삼은 왜 놀이로 넘어가는가?(☞ ㉠ 선량함의 확인과 위험 요소의 소멸, ㉡ 어찌할 수 없는 상황이라는 점, ㉢ 그 상황에서 어쩌면 서사적 문제 상황이 '해결'되었다는 점 등) ⑦ 전쟁이 두 친구에게 제시하는 커다란 난점은?(☞ 우정과 공동체적 적대가 충돌하는 상황, 개인이 해결할 수 없는 딜레마적 상황이 전시에는 존재한다는 점) ⑧ 이 소설은 다소 낭만적으로 전쟁을 다루고 있다. 어떤 점에서 그것을 볼 수 있나?(☞ 전쟁 통에 자의적으로 친구를 살려 준다는 점에서)[9]

이 질문들의 위계는 구조주의적인 시각을 다분히 참조하여 설정되고 있다. 학습자의 수준이나 질문–응답의 전개에 따라 확장과 축소 등의 다양한 조절 상황이 예상된다. 물론 다른 위계를 설정할 수도 있다. 소설의 중대하고 본질적인 성취를 보여 주는 것(실천지를 통한 새로운 주제의 발견으로 보이는 것)과 부차적인 질문으로 나누어 볼 수도 있을 것이다. 그렇게 되면 훨씬 간략한 내용이 될 것이다.

- 핵심 질문: 성삼이의 행동은 과연 적절했는가? 인물의 운명과 관련해서 소설의 줄거리는 어떻게 전개될 것인가?(파블라의 구성과 관련된 질문)
- 부가 질문: (나머지 질문들)

이렇게 핵심적인 질문이나 주요 질문은 물론 작품에 따라, 그리고 강조점을

9 문영진(2016)이 강조한 대로 전쟁의 비극과 그 비극 속에서 최소한 인간적인 것을 지키려는 노력과 무관하지 않음이 짐작될 수 있다. 이것은 소포클레스의 「안티고네」에서 당시 행위 규범에서 금지되는바(죄지은 자의 매장 금지)에 대해서 안티고네가 온몸으로 저항하는 데서 발휘되었던 발상, 즉 안티고네 자신의 실천지에 의해서 수정된 생각을 제기하는 부분과 유사한 것으로 이해된다('아무리 크레온이 오빠를 조국의 배신자라 규정하더라도, 어떻게 피붙이의 죽음을 매장도 하지 않고 방치할 수 있느냐?'라는 생각). 말하자면 전시의 공동체 내적 행위 규범, 곧 적이라고 판단되면 가차 없이 처단해야 한다는 발상에 대하여, '포로인 것은 맞지만 어떻게 죄 없는 것으로 드러난 죽마고우마저 벌해야 되겠느냐?'라는 발상을 실천지에 근거해서 맞세우고 있다고 볼 수 있다.

어디에 두느냐에 따라 달라질 것이다. 현덕의 「나비를 잡는 아버지」에서라면 "이 작품의 결말부에서 '나'는 무엇을 깨닫는가?"와 같은 질문이 핵심적인 것으로 던져지기를 기대할 수 있다. 갑작스러운 깨달음을 포함하는 에피파니와 같은 장치와 이와 결부된 주제가 압축적으로 들어 있기 때문이다(문영진, 2017). 전쟁 중 형제처럼 친하게 지내던 네 사람이 균열이 일어나는 과정을 그린 이호철의 「탈향」에서라면 구체적인 주제 파악과 관련된 질문이 제시될 것이다.

- 핵심 질문: 이 글의 '나'에게서 '탈향'의 이미지는 무엇으로 표현되는가?(주제의 전제가 되는 질문)
- 부가 질문: 이 작품에서 '나'가 '탈향'을 하게 되는 계기를 보여 주는 부분을 구체적으로 짚어 본다면?

굳이 반복하자면 「나비를 잡는 아버지」에서 핵심 질문은 단연 다음과 같을 것으로 보이며, 이는 「탈향」에서 '고향을 벗어 버린다'라는 뜻을 묻는 질문과 등가적이라 해야 할 것이다.

- 핵심 질문: 아버지를 부르면서 뛰어갔던 바우의 마음속에는 무슨 생각이 있었을까?

이들을 시에 빗대어 '자안(字眼) 질문'이라 할 수 있을 것이다. 이는 곧 작품의 내용과 형식 모두를 꿰는 질문이기 때문이다.[10] 한시 비평은 사람이 몸에서 가장 중요한 것이 얼굴이고, 얼굴에서 가장 중요한 것이 눈이듯이 시에서 가장 중요한 것을 시안(詩眼)이라고 한다. 이와 같은 짧은 단편 양식[11]에서 다른 질

10 '자안'에 대해서는 다음을 참조하였고, 이를 소설에 유비해서 사용하였다. "'시안'이란 '시의 눈'이라 할 수 있다. 한 편의 시에서 핵심이 되는 눈이라는 뜻으로, 이는 시 가운데 가장 정련되고 전신(傳神)할 수 있는 글자나 글귀를 말하는 것이다. 이러한 시안은 전체 시의 정신을 족히 표현해 낼 수 있다."(문혜정, 2009: 188면)

11 '한국 근대 소설사는 단편 양식의 역사다.' 이 명제는 과거 소설가, 비평가, 이재선, 김윤식, 주종연 등 연구자의 전통에 근거해서 내린 판단이다(박헌호, 2000: 227면). 장편 양식에서의 질문은 달라질 것이다.

문들은 모두 여기에 귀속된다고 보아도 무리가 없을 것이다.

위의 핵심적인 질문은 가장 긍정적인 인물인 듯이 그려져 있는 '나'가 종국에 가서 마음속에서 하원이를 버리는 장면에 주목할 가능성이 클 것으로 예상된다. 단편이라기보다 중편에 가까운 박완서의 「엄마의 말뚝 2」에서 핵심 질문은 "여기서 '말뚝'은 무엇인가?"가 될 것이다.[12] 다양한 해석에 따라 다양한 응답이 가능하겠지만, 응답은 다음과 같은 내용의 주위를 맴돌 가능성이 크다. 즉, 소와 말이 말뚝에 매인 범위 내에서만 움직이듯 '엄마'나 '우리 식구'의 삶은 일견 자유스러워 보였지만 실은 분단 체제라는 말뚝(속칭 '바운더리')의 부처님 손바닥을 벗어날 수 없었다는 것이다.

여기서 가치의 갈등 상황에 대해 잠시 언급하는 것이 필요할 듯하다. 「나비를 잡는 아버지」에서 아버지에 대한 불만과 자신의 고집 사이의 갈등, 「학」에서 소속 집단에 대한 충성과 우정과의 갈등, 특히 박완서의 「해산 바가지」에서 시어머니를 버리고 했던 데에서 생겨나는 내적 갈등을 조정하는 원리에는 실천지의 원리[13]가 작동하면서 새로운 행위 방식을 창안[14]하고 있는 점을 상기할 필요가 있다.

여기에서 언급된 작품들은 주로 발견과 관련된 서사들이다. 이들은 대개 에피파니의 구조를 포함하고 있는데, 세상의 복잡함에 대한 청소년의 깨달음을 비개념적으로 포착하고 있다는 점에서 특징적이다(특히 현덕의 「나비를 잡는 아버지」, 이호철의 「탈향」, 오정희의 「중국인 거리」, 김재영의 「코끼리」). 이러한 에피파니들에 대해서는 실천지와 연관된 '말로 표현될 수 없는 깨달음'이

12 "시안(詩眼)에는 시집 전체의 시안이 있고, 한 편의 시안이 있고, 한 구 가운데 시안이 있다. 몇 구를 시안으로 삼는 것이 있고, 한두 글자를 시안으로 삼는 것이 있다."(유희재, 2010: 248면)

13 자기 자신과 관련한 것을 잘 성찰한다는 실천지의 한 특성을 말한다(아리스토텔레스, 2011: 215면). 이것은 매슈 리프먼(M. Lipman)과 같은 비판적 사고력을 강조하는 학자들에게서도 나타나는 발상이다('자기 수정'). 물론 리프먼은 아리스토텔레스를 참조하지만 '실천지'를 직접 노출하지는 않는다.

14 '형평성이란 법을 바로잡는 것'이라고 말할 때와 같이, 갈등 상황이나 규범이 한계에 부딪힐 때와 같은 상황에서 심사숙고를 통해 새로운 해결책에 도달하는 경우(가다머, 2012: 209, 212면)에서와 같이 소설에서 새로운 윤리를 실현하는 경우(예컨대 박완서의 「해산 바가지」)를 들 수 있다. 질문 국면에서 학생들의 스스로 생각하기와 같은 활동을 진작시키기 위한 고민이 필요하다.

플라톤의 몇 구절을 빌려서 다음과 같이 인상적으로 표현된 바 있다.

> '모든 것에 대한 실천적 지혜의 섬광이 타오를 때, 그리고 정신이…{sic} 빛으로 가득 차게 될 때', 그 결과는 갑자기 나타날 것이다. 이 진리 자체는 말로 표현될 수 없다.(아렌트, 2019: 203면)

4——마무리: 수업 국면과 유의 사항

이상의 논의를 바탕으로 구체적인 질문－응답 장면의 하나로 주제 탐색과 주제 도출 방식의 일단을 재구성해 보기로 하자. 앞서 언급한 이호철의 「탈향」의 장면이다.

① 학생 1: 이 작품에 등장하는 사람들이 이기적으로 되는 것은 왜 그런 겁니까?
② 교사: 글쎄요? 왜 그런지를 암시해 주는, 뭐 비슷한 작품 없을까요? 전에 배웠던 것 중에서?
③ 학생 2: 아, 쥐바라숭꽃 나오는…….
④ 학생 3: 「기억 속의 들꽃」? 그게 뭐?
⑤ 학생 2: 피란민 소녀가 자기 혼자만 아는 중요한 물건을 악착같이 챙기려 하다가…….
⑥ 교사: 거기서 소녀는 왜 그랬을까요?
⑦ 학생 2: 전쟁 중이고, 가족도 없고 그래서…… 뭔가 자기가 살려면…….
⑧ 교사: 글쎄 그럴 것도 같군요. 요전에 ○○가 보던, 나치 수용소를 그린 『쥐』[15]라는 만화를 나도 재미있게 봤어요. 그런데 주인공의 아버지가 수용

15 아우슈비츠 수용소에서 살아남은 생존자의 아들 아트 슈피겔만이 자기 아버지의 삶을 그린 만화이다. 전반부는 수용소 시절 아버지 자신의 고통스러운 삶을, 후반부는 수용소 이후의 아들과의 간련을 그리고 있다. 이 과정에서 아버지의 수용소 생활의 후과가 그려진다.

소 나와서도 정말 악착같던데. 구두 고치러 나선다든가, 사람 연결해 줘서 신용 쌓는다든가 대단하던데, 이건 왜 그런가요?

⑨ 학생 1: 삭막한 상황에 혼자 던져졌을 때 살아남으려면 어쩔 수 없었던 거 같아요. 그런데 이런 생각도 났어요. 이건 좋은 건가요? 더 나빠지는 거 아닌가요?

⑩ 교사: 좋다는 게 아니라, 생존을 위해서 어쩔 수 없는 그런 거 아닐까요? 이 작품에서 작가는 바로 이 '어쩔 수 없음'을 그리려 한 것은 아니었을까요? 이것을 작품의 제목과 관련시켜 보면 어떻게 될까요?

⑪ 학생 3: 아! 제목의 의미가 이제 이해가 됐어요. 말씀해 주신 한자 뜻대로 고향을 '떠나는' 게 아니라 '벗어 버린다'는 것입니다. 그래서 '나'가 다른 친구들에 비해서 특별히 더 나을 것도 없습니다. 그렇게 좋다는 고향엘 갈 수 없는 청년들! 그들의 삶.

⑫ 교사: 이제 주제에 접근해 가는군요.

「탈향」을 이해하기 위해 이전에 배웠던 윤흥길의 「기억 속의 들꽃」이 환기되고 있다. 학습자는 단지 막연한 상태로 환기하는 것을 교사는 의미를 부여하고자 하는 시도를 계속하면서 대화가 이어진다. 교사와 학생들의 이러한 질문 – 응답 연쇄는 다음과 같은 근거 위에서 진행되는 것으로 이해된다.

① 학생 질문: 인물의 행동 의미 관련 이해 → ② 교사 질문: 상호 텍스트적 연관 환기 → ③, ④ 학생 답변: 상호 텍스트적 연관 환기 → ⑤ 학생 답변: 그 행위의 의미 이해 → ⑥ 교사 질문: 그 연관의 의미 질문 → ⑦ 학생 답변: 인물의 행위 의미 이해 → ⑧ 교사 답변: 이해를 위한 상호 텍스트적 경험 재환기 + 다시 질문: 행위 의미 질문 → ⑨ 학생 답변: 인물 행위 해석 + 다시 질문: 행위 의미 질문 → ⑩ 교사 답변: 주제 방향 제안 + 다시 질문: 주제 도출 위한 제목 환기 질문 → ⑪ 학생 답변: 주제 구성 → ⑫ 교사 답변: 정리, 강화.

추론 활동이 이루어지는 한편, 실천지와 관련된 활동도 어느 정도 이루어지는 것으로 생각된다. 여기에는 학습자 인식의 발전을 추동하려는 교사의 긴장된 노력이 전제될 필요가 있다. 아울러 교육적으로 위와 같은 추론, 이해 등의 사고 과정에 개입되어야 한다(김재봉, 2004: 60~62면). 이를 위해서는 작품 의미(일화 기억)나 행위 의미(의미 기억) 등 패턴이나 도식에 익숙해 있어야 한다는 전제가 필요하다. 즉, 이전에 읽었던 작품의 주제나 해석된 행위가 전제되어야 한다는 것이다. 질문, 제안, 환기, 추론 혹은 결합의 몽타주(형식적 측면), 인물의 행위 이해, 주제 도출에 도움 주기, 주제 도출(내용적 측면) 등의 과정이 관여되어 있는 것이다.[16] 상호 텍스트성과 의미(도식)는 대체로 상호 교환이 가능하다. 읽기 과정이나 읽기 이후에 어떤 작품이 떠오르는 것은 인물이나 세계 혹은 (미적) 패턴의 유사성이나 반대의 의미로 인해 일어나기 마련이다. 상호 텍스트적 관련은 의식적으로 이루어지는 경우도 있지만 많은 경우 무의식적으로 이루어진다. 기억 이론을 생각한다면 의미 기억과 일화 기억이 서로 연관되어 있다는 점에서 이해된다. 상호 텍스트적 연관과 의미 도식 연관의 결합에 의해 주제를 도출하는 것도 가능하다. 대체로 상호 텍스트성은 일화 기억과, 의미(도식)는 의미 기억과 연관되기 때문이다.[17]

여기서 교실에서 이루어지는 질문 활동의 한계에 대해 생각해 보자. 교실에서 학습자의 반응이 저조하며, 교사의 발언이 비중이 높다는 점에 대해서는 그간 많은 비판이 있었는데, 대체로 타당하고 통렬한 지적이다. 고부담 시험(High-Stakes Test)이라는 점과 그로 인한 정답의 정형화가 직간접으로 강요되는 현실에서 이 문제에 대한 해결은 수업 자체의 개선만으로 이루어지기에는 한계가 있다. 지식이 가져오는 보장적 의의가 지대할 때 학습자의 주체적인 미래 기획은 왜곡될 소지가 크며, 이런 점에서 학습자는 어쩌면 그 나름대로 '현명한' 선택을 하고 있는지 모른다. 이 점을 고려할 때 적어도 현대소설 교실에서 자기 질문 생성 전략을 그대로 실행하기에는 한계가 있어 보인다. 학습자의 자

16 상호 텍스트성을 활용한 질문-응답에 대해서는 김태은(2009)을 참조.
17 양자의 유사성에 대해서는 Porter(1986)를 참조.

발성 강조는 그 자체로 좋은 일이지만 맥락의 내용을 떠나서 절대 선이라고 보기는 어렵기 때문이다.

그렇다면 질문의 형식을 다양화하고 조별 활동과 발표를 통해 (발언의 저조화) 문제를 완화하는 것도 하나의 방법일 듯하다. 활동지(교과서에서와 같은 서면 질문)에서 먼저 개별 학습자가 해답을 찾고, 이를 토대로 조원들끼리 토론한 뒤 정리하여 발표하는 방식을 생각해 볼 만하다. 이것은 학습자의 흥미를 높이고 발언 기회를 늘이는 데 효과가 있다. 하지만 이 방식에도 문제가 없는 것이 아니다. 가장 큰 문제는 시간 관계로 질문의 수효를 줄여야 한다는 것이다. 이러한 상황에서는 학습자의 답변을 개괄하고 교사가 정리하는 방식을 취하는 것이 합리적이다. 구두 질문만이 아니라, 서면 질문의 활용 → 조별 토론 → 교사의 정리라는 방식에는 한계가 있겠지만 어떤 점에서 효율적일 수 있다.

학습자의 자기 질문은 자발성을 높인다는 점만으로도 일단은 긍정적이다. 특히 '비문학' 분야에서 상대적으로 효과가 큰 듯하다. 하지만 이 또한 문제가 없는 것은 아니다. 소설 해석 능력의 발달을 위해서는 해석 방법의 습득과 해석 타당성 제고의 노력, 개별 작품 해석에 필요한 지식이 요청되기 때문이다. 이를 해결하기 위해서는 세 가지 방향으로의 보완이 필요하다. 첫째는 적절한 비계의 제공이고, 둘째는 과목 간 통합 학습의 실행이다. 첫째 항이 일반적인 교육적 안내의 필요상 요청되는 것이라면, 둘째 항은 교수 내용 지식(pedagogical content knowledge)의 도입과 관련된 것, 즉 지식의 확장을 위한 매개가 되는 것이어서 긴요하다. 학습자의 자발성 제고가 중요한 것은 사실이지만, 새로 호출된 지식이 체계 속에 편입(증가)되지 않고서 자연스럽게 지식을 발달·증진시키는 데에는 한계가 있기 때문이다. 셋째, 상호 텍스트성의 일상적 확장·환기의 습관도 필요하다. 이를 위해서 교사는 다양한 장르, 예컨대 청소년 소설, 만화, 영화, 음악 등 다른 장르 작품과의 연계를 장려해야 한다. 이는 (학습자 자신의 자연스러운 지식 발달과는 질적으로 다르다는 점에서) 단절적인 것이지만, 상호 텍스트적 연계를 구성해 주는 것이 장기적으로 보면 하나의 모델 역할이 됨으로써 학습자들도 자기 개인의 상호 텍스트 망을 유지·확장하면서 자신의 흥미를 지속해 나갈 수 있을 것이다. 이는 새로운 이론(의미 도식)보다는 일화 도식이 더 친근한 것이어서 효과적이라는 점과 관련되어 있다.

학습자 지식의 자연스러운 확장은 반드시 질문 자체를 통해서만이 아니라 그와 관련된 상호 텍스트망의 확장을 통해서도 가능하다. 물론 위의 보완 방식은 학습자의 흥미와 수준의 적절한 길항 속에 이루어져야 한다. 학습자의 자발성이 확장되는 것은 바람직하지만 그것 자체가 목표가 되어 절대화된다면 이 또한 문제가 될 수 있다. 문제는 교사와 학생 간에 흥미의 끈이 지속적으로 연결되고, 그런 공간을 통해 학습자의 교육적 미래를 보장해 주는 데 있다. 교실 공간의 절대적 편안함은 단지 수업의 외형적 분위기가 아니라 그 안에 있을 때 흥미와 유익함이 동시에 작동되는 것에 있다. 수업이 질문을 통해 흥미와 의미의 탐구가 지속되는 공간으로 변하는 것은 쉬운 일이 아니지만 활력의 공간이 될 수 있도록 노력해야 한다.

결국 질문 형태상에 주목할 때 서류 질문은 전체 학생 대상의 구두 질문의 일괄 수업 중심 방식을 완화한다는 점에서 보완적이다. 아울러 구두 질문은 계속해서 낮은 단계의 질문으로, 쉬운 질문으로 세분화하거나 변형해서 제시해야 한다. 새로운 지식이나 방법의 학습에서 필연적으로 요구된다는 점에서 비계도 적극 활용되어야 한다. 해석 방법의 훈련도 이러한 생각에서 벗어난 것이 아닐 것이다. 다양한 해석 방법을 조금씩 교사가 실행함으로써 보여 주고, 그것을 습관화한 다음 어느 정도 자기 스스로 하는 방식을 따를 수 있도록 내면화하는 것이 바람직하다.

핵심어

세계 지식, 미적 지식, 심미적 질문, 실천지, 에피파니, 감동, 경탄

| 참고 문헌 |

가다머(Gadamer, H. G., 2012), 『진리와 방법 2 — 철학적 해석학의 기본 특징들』, 임홍배 역, 문학동네.
경규진(1993), 「반응 중심 문학 교육의 방법 연구」, 서울대학교 박사 학위 논문.
골드만(Goldmann, L., 1982), 『소설 사회학을 위하여』, 조경숙 역, 청하.
김재봉(2004), 「'교사 질문 – 학생 대답 – 평가' 대화 연속체에서 교사 질문 전략 연구」, 『한국 초등 국어 교육』 제25집, 한국초등국어교육학회.
김태은(2009), 「그림 동화 읽기 과정 양상 연구」, 한국교원대학교 석사 학위 논문.
로젠블랫(Rosenblatt, L. M., 2006), 『탐구로서의 문학』, 김혜리·엄해영 공역, 한국문화사.
류홍렬(2004), 「문학 교육에서 지식의 성격에 대한 시론」, 『제47회 전국 국어 국문학회 학술 대회 자료집』, 국어국문학회.
문영진(2016), 「황순원의 「학」에 대한 일 고찰 — 공간, 기억, 알레고리를 중심으로」, 『한국 언어 문학』 제98집, 한국언어문학회.
______(2017), 「현덕의 「나비를 잡는 아버지」에 대한 일 고찰」, 『한국 언어 문학』 제102집, 한국언어문학회.
문혜정(2009), 「유희재 『예개』 문예 이론 연구」, 전북대학교 박사 학위 논문.
박재현 외(2010), 「국어 교수 화법의 유형적 특성에 관한 분석적 고찰 — 국어 교사의 평가/피드백 발화를 중심으로」, 『새 국어 교육』 제86호, 한국국어교육학회.
박헌호(2000), 「한국 근대소설사에서 단편 양식의 위상 — 단편의 양식적 특성을 중심으로」, 『민족 문학사 연구』 제16호, 민족문학사연구소.
번스타인(Bernstein, R. J., 1996), 『객관주의와 상대주의를 넘어서 — 과학과 해석학 그리고 실천』, 정창호 외 역, 보광재.
벤야민(Benjamin, W., 2007), 「사유 이미지」, 『발터 벤야민 선집 1 — 일방 통행로/사유 이미지』, 김영옥 외 역, 길.
선주원(2003), 「질문하기 전략을 통한 문학 교수·학습 과정 연구」, 『국어 교육학 연구』 제18집, 국어교육학회.
송지언(2014), 「학습자 질문 중심의 문학 감상 연구 — 〈춘향전〉 감상 수업을 중심으로」, 『문학 교육학』 제43호, 한국문학교육학회.
아렌트(H. Arendt, 2019), 『정신의 삶 — 사유와 의지』, 홍원표 역, 푸른숲.
아리스토텔레스(Aristoteles, 2002), 「시학」, 『시학』, 아리스토텔레스 외, 천병희 역, 문예출판사.
____________(2011), 『니코마코스 윤리학』, 강상진 외 역, 길.
유희재(劉熙載, 2010), 『역주 예개』, 윤호진·허권수 공역, 소명출판.
최기철(1999), 「독서 단계에 따른 자기 질문 학습 전략 지도 방안 연구」, 한국교원대학교 석사 학위 논문.
최미숙(2014), 「문학 수업에서의 질문과 대답 — 김소월의 「진달래꽃」을 중심으로」, 『화법 연구』 제26호, 한국화법학회.
콜·챈(Cole, P. G. & Chan, L. K. S., 1998), 『교수 원리와 실제』, 이병석 역, 원미사.
한국어문교육연구소·국어과교수학습연구소 엮음(2006), 『독서 교육 사전』, 교학사.
헤르나디(Hernadi, P., 1983), 『장르론 — 문학 분류의 새 방법』, 김준오 역, 문장사.
Allan, K. K. & Miller, M. S.(2005), *Literary and Learning in the Content Areas — Strageies for Middle and Secondary School Teachers*(2nd ed.), Houghton Mifflin Co.
Beach, R.(1993), *A Teacher's Introduction to Reader — Response Theories*, National Council of Teachers of English.
Lee(2006), "Paradox," Childs, P. & Fowler, R.(eds)., *A Dictionary of Modern Critical Terms*, RKP.
Purves, A. C. & Rippere, V.(1978), *Elements of Writing about a Literary Work: A Study of Response to Literature*, National Council of Teachers of English.
Rafael, T.(1982), "Improving question — answering perfomance through instuction," *Reading Education Report*, 32, University of Ohio Press.

| 더 읽을 거리 |

문영진(2000), 「에피파니적 글쓰기와 미시 사회의 발견 — 장삼이사를 중심으로」, 『현대 소설 연구』 제12호, 한국현대소설학회.
Porter, J. E.(1986), "Intertextuality and the Discourse Community," *Rhetoric Review*, 5-1, Fall.

맥락

° 우신영

1——문학 교육에서 맥락의 개념

상대방이 단편적인 사실이나 현상만 놓고 이러쿵저러쿵할 때 우리는 흔히 이렇게 말한다. "맥락도 모르면서!" 여기서 두 가지 질문이 생긴다. 맥락이 무엇인가. 그리고 맥락을 왜 알아야 하는가. 먼저 맥락이 무엇인지부터 따져 보자. 맥락(context)은 흔히 개별 사물이나 현상 따위가 서로 이어져 있는 관계를 말한다.[1] 따라서 맥락을 안다는 것은 관계를 안다는 것이며, 맥락적 이해란 그러한 관계에 대한 이해 또는 그러한 관계를 반영한 이해를 일컫는다. 이를테면 A를 A 자체로만 이해하는 것이 아니라 B와의 관계, a와의 관계, 혹은 알파벳이라는 기호 체계 전체와의 관계 속에서 이해하는 것이다. 이러한 개념적 특성이 있어 맥락은 이미 국어 교육에서 중요하게 다루어져 왔다. 『국어 교육학 사전』에 따르면 맥락은 "발화의 표현과 해석에 관여하는 정보, 또는 그러한 정보를 제공하는 언어적, 물리적, 사회·문화적 요소"로 정의된다.

1 『표준 국어 대사전』에 따르면 맥락은 먼저 의학적으로 정의된 후("『의학』 혈관이 서로 연락되어 있는 계통") 좀 더 포괄적으로 정의된다("사물 따위가 서로 이어져 있는 관계나 연관").

다음과 같은 발화를 가정해 보자.

그동안의 관련 연구를 종합해 본 결과, 저는 다음과 같은 결론에 도달하였습니다. 인공 지능이 인간을 지배할 확률은 원숭이가 타자를 쳐서 「햄릿」을 쓸 정도일 뿐입니다.[2]

이 발화를 해석하려면 첫 번째 문장과 두 번째 문장의 관계, 해당 발화의 화자와 청자, 그들이 점유하는 시공간, 그리고 이 발화가 속한 세계에 대한 지식 등이 필요하다. 특히 상황 맥락(이 발화는 '인공 지능 시대에 대한 고찰'이라는 주제로 열린 뇌 과학 전문가 포럼에서 생산된 것이거나 소설의 한 문장일 수 있다)과 문화 맥락(고전 작품 「햄릿」에 대한 지식, 타자기의 기능과 속성에 대한 스키마, 인공 지능의 의미에 대한 이해와 견해 등)은 해당 발화를 해석하는 데 결정적 기능을 한다. 이처럼 맥락은 단순히 발화와 발화 사이의 관계뿐만 아니라 발화의 해석이나 생산에 제약을 가하는 제도적·정신적 배경까지 포괄하는 다층적 개념이다.

맥락은 발화를 둘러싼 언어적, 물리적, 사회·문화적 요소 전반을 포괄하는 개념이므로 화법, 문법, 작문, 독서, 문학 등 국어 교육의 제반 영역에 밀접한 영향을 미칠 수밖에 없다. 특히 문학 교육에서 맥락 개념의 부상을 둘러싼 '맥락'에는 그동안의 텍스트 중심 교육을 벗어나야 한다는 학문 공동체의 합의가 있었다. '텍스트 자체'에 대한 믿음이 상실되면서 문학 텍스트의 자족성을 돌파하기 위한 대안으로서 맥락이 급부상한 것이다(염은열, 2011: 154~155면). 이처럼 '맥락' 개념이 적극적으로 수용됨에 따라 문학 교육은 이제 텍스트를 섬세하게 살피는 작업뿐만 아니라 텍스트 안팎의 맥락들을 살피는 작업까지를 교육의 내용과 방법으로 확장하게 되었다. 특히 소설 교육에서 맥락은 그 다층성으로 인해 더욱 주목을 요한다.

2 이 발화는 TVN의 예능 프로그램 〈알아 두면 쓸데없는 신비한 잡학 사전〉에서 물리학자 정재승 교수가 인공 지능에 대해 밝힌 견해를 원용한 것이다.

2——소설 교육에서 맥락의 특성과 유형

소설은 장르 속성상 생산 맥락과 사회·문화적 맥락을 강하게 의식하면서 쓰인다. 이렇게 생산된 소설은 다시 작품의 문제성과 문학성에 따라 그 나름의 문학사적 맥락 속에 위치하고, 그러한 소설이 교육되면서 학습자의 수용 맥락과 만나게 된다. 이러한 특성들이 결합되면서 소설 교육에서 맥락 개념의 중요성과 복잡성이 커진다.

생산 맥락	작가가 해당 작품을 생산하는 데 영향을 미친 특정한 환경이나 조건
사회·문화적 맥락	작품이 생산되거나 수용되는 시대의 사회적, 역사적, 문화적 현실
문학사적 맥락	작품이 동시대나 다른 시대의 문학, 작가, 사조, 유파, 장르 등과 맺는 관계
상호 텍스트적 맥락	작품과 다른 작품들 상호 간의 직간접적인 영향 관계나 연관성
수용 맥락	작품 수용에 영향을 미치는 독자의 정체성이나 사회·문화적 조건, 상황, 가치

국어과 교육과정 중 '문학' 영역의 성취 기준에서 강조되는 맥락은 생산 맥락, 사회·문화적 맥락, 상호 텍스트적 맥락 등이다. 2007 개정 교육과정에서는 맥락의 의의를 '작품에 작용하는' 맥락으로 제한하고 '섬세한 읽기'에 활용할 수 있는 요소로 보면서 작품에 작용하는 맥락에 주목하고 있다. 2009 개정 교육과정에서도 '꼼꼼한 읽기'의 과정에서 고려해야 할 요소로 '맥락'을 다루고 있으며, 수용 시점에서의 맥락도 고려의 범위에 추가하고 있다. 2015 개정 교육과정에서도 여전히 작품 감상을 위한 맥락을 강조하면서 작가, 사회·문화적 배경, 상호 텍스트성 등 해석의 적절성을 높일 수 있는 정보/지식들을 맥락으로 이해하고 있다.

교육과정에서 맥락에 대한 이해가 이러한 경향을 띠다 보니 현행 『문학』 교과서에서 맥락의 유형을 분류하는 방식 역시 대동소이하다. 서술상의 차이를 제하면 대체로 사회·문화적 맥락, 문학사적 맥락, 상호 텍스트적 맥락 등 세 유형으로 나누어 제시하고, 각각의 개념 및 특성을 비교적 명시적으로 진술하고 있다(양정실 외, 2013: 317면). 맥락의 특성과 유형을 좀 더 쉽게 이해하기 위해, 박태원의 「소설가 구보 씨의 일일」에 대한 가상 문학 토론에서 다음과 같은 발화들이 발생하였다고 가정해 보자.

> 다만 구보는 고독을 삼등 대합실 군중 속에 피할 수 있으면 그만이다.
>
> 그러나 오히려 고독은 그곳에 있었다. 구보가 한옆에 끼여 앉을 수도 없게시리 사람들은 그곳에 빽빽하게 모여 있어도, 그들의 누구에게서도 인간 본래의 온정을 찾을 수는 없었다. 그네들은 거의 옆의 사람에게 한마디 말을 건네는 일도 없이, 오직 자기네들 사무에 바빴고, 그리고 간혹 말을 건네도, 그것은 자기네가 타고 갈 열차의 시각이나 그러한 것에 지나지 않았다. 그네들의 동료가 아닌 사람에게 그네들은 변소에 다녀올 동안의 그네들 짐을 부탁하는 일조차 없었다. 남을 결코 믿지 않는 그네들의 눈은 보기에 딱하고 또 가엾었다.
>
> 구보는 한구석에 가 서서, 그의 앞에 앉아 있는 노파를 본다. 그는 뉘 집에 드난을 살다가 이제 늙고 또 쇠잔한 몸을 이끌어, 결코 넉넉하지 못한 어느 시골, 딸네 집이라도 찾아가는지 모른다. 이미 굳어 버린 그의 안면 근육은 어떠한 다행한 일에도 펴질 턱 없고, 그리고 그의 몽롱한 두 눈은 비록 그의 딸의 그지없는 효양(孝養)을 가지고도 감동시킬 수 없을지 모른다.
>
> — 박태원, 「소설가 구보 씨의 일일」

A: 박태원에 대해 조사하다 보니 그가 이 작품의 창작 과정에 대해 언급한 글들을 찾을 수 있었어. 그 글들을 읽고 나니 비로소 작품의 주제가 좀 잡히더라고. [생산 맥락]

B: 흠. 아무래도 작품의 의미 구조를 잘 이해하기 위해서는 작가도 작가지만 1930년대 당시의 시대적 분위기나 풍속들을 파악해야 하지 않을까? 경성

역 삼등 대합실에 모여든 인물들의 '쇠잔한' 얼굴이 은유하는 바를 이해하려면 말이야. 작품은 작가의 소산이기도 하지만 시대의 소산이기도 하니까. [사회·문화적 맥락]

C: 우리는 항상 이 작품을 1930년대 모더니즘 소설이라는 설명과 함께 배우게 되잖아? 그렇다면 어디까지나 그러한 문학사적 의의와 사조 안에서 이해해야 할 것 같아. 특히 박태원이 속해 있던 '구인회'의 문학적 지향이나 문학사적 의의를 적극적으로 참조해야겠지. [문학사적 맥락]

D: 거기에 더해서 김기림이나 이상과 같은 '구인회' 구성원들의 소설에서 당시 경성이 어떻게 인식되고 있는지 살펴본다면 이 작품에서 관찰되는 경성 풍경의 특질이 선명해질 것 같아. 박태원의 다른 소설들 역시 꼼꼼하게 검토하면서 이 작품과의 관련성을 살펴보는 작업도 병행되어야겠지. 가령 1936년도 작품인 『천변 풍경』에서는 「소설가 구보 씨의 일일」의 주제 의식이 어떻게 성장하거나 변화했는지 조망하는 식으로 말이야. 그래야 이 작품의 의미와 좌표가 분명해지겠지. [상호 텍스트적 맥락]

E: 내 경우 무엇보다도 지금의 내 상황에 비추어 이 소설을 읽을 수밖에 없었어. 나 역시 종종 군중들 속에서 좌표를 잃은 듯한 느낌을 받거든. 사회 속에 명확한 내 직업적, 심리적 위치를 규정하지 못하고 그저 관찰하고 있는 듯한 느낌 말이야. 그래서 난 소설 속 구보의 시선을 경유해서 '지금, 여기'의 내 모습을 성찰하는 데 주력했어. [수용 맥락]

이 토론에서 A는 생산 맥락, B는 사회·문화적 맥락, C는 문학사적 맥락, D는 상호 텍스트적 맥락, E는 수용 맥락을 활용하여 작품을 해석하는 양상을 보인다. 이처럼 다양한 맥락의 활용은 그 자체로 텍스트의 의미망이 지닌 넓이와 깊이를 확장한다.

맥락의 활용이 꼭 '더 정확한 해석'을 지향하는 것은 아니다. 그보다는 텍스트의 안팎을 활발히 넘나들면서 '더 풍성한 해석'을 창출하는 쪽에 가깝다. 맥락은 '작품의 창작 연도'와 같은 단순 정보라기보다는 독자가 작품을 해석하는 데 활용하는 문화적 자원이라고 할 수 있다. 독자가 보유한 상호 텍스트의 목록이나 당대적 지식, 사회·문화적 특수성 등도 얼마든지 풍성한 해석의 자원이 될 수 있기 때문이다. 이러한 관점에서 보면 (그동안 상대적으로 덜 강조되어 왔던) 독자의 수용 맥락에 더 많은 관심을 가질 필요가 있다.

3 ——소설 교육에서 맥락의 교육 방향

1) 상호 텍스트 맥락을 고려한 해석

맥락을 작품에 대한 직접적 정보로만 제한하는 것은 맥락 개념의 폭을 좁히는 결과를 초래한다. 맥락은 문학 교육의 중심축을 텍스트에서 학습자로 옮겨 놓기 위해 강조된 개념이기 때문이다. 따라서 맥락 제공이 정전을 섬세하게 읽기 위한 방편으로서가 아니라, 다양한 텍스트 간의 상호 교차를 통해 텍스트의 의미망을 확장하는 방향으로 전환할 필요가 있다. 이때 중요한 것은 개별 '맥락' 자체가 아니라 텍스트들 간의 '교차'이며, 그러한 교차를 수행하는 학습자의 능동성이다. 그렇다면 이러한 교차는 어떻게 가능할까? 다음 작품을 살펴보자.

> 이제 당신도 돌아오기 시작하는 거예요. 당신은 지금까지 너무 먼 곳에 가 있었던 거예요. 그러다간 돌아오는 길을 영영 잊어버리게 될지도 몰라요.
>
> 정말 나는 지금까지 내가 있어야 할 장소가 아닌, 아주 낯선 곳에서 존재하고 있었다는 생각이 차츰 들기 시작했다. 이를테면 삶의 사막에서, 존재의 외곽에서.
>
> 지금부터, 돌아가고 싶다고 나는 간신히 그녀에게 말했다.
>
> (중략)
>
> 그러나 그 먼 존재의 시원, 말하자면 내가 원래 있어야만 하는 장소로 돌아가기

까지 나는 보다 많은 밤과 낮을 필요로 해야 했다.

긴 흐느낌의 시간이 흐른 뒤, 나는 가까스로 그녀에게 다가가 살아 있는 자의 온기라곤 느껴지지 않는 그녀의 차디찬 손을 완강하게 거머쥐었다.

아침이 오기까지 나는 그녀의 손을 잡고 내 살아온 서른 해를 가만가만 벗어 던지며, 내가 원래 존재했던 장소로, 지느러미를 끌고 천천히 거슬러 올라가고 있었다.

— 윤대녕, 「은어 낚시 통신」

1990년대의 도시적 감수성을 대변하는 윤대녕의 소설 「은어 낚시 통신」의 결말 부분이다. 존재의 적소(適所)를 잃어버린 현대인들의 상실감을 섬세한 문체로 담아내면서 '존재의 시원으로의 회귀'라는 화두를 던진 문제작으로 일부 『문학』 교과서에도 수록되어 있다. 교과서에 수록될 경우 주로 1990년대의 사회·문화적 분위기가 맥락적 정보로 제시되곤 한다. 즉, 해당 작품 감상에 사회·문화적 맥락만이 주도적으로 활용되고, 작가가 추구하는 작품 세계(작가 내적 상호 텍스트군)의 맥락이 추가적으로 교차되면서 작품의 의미망을 확장할 수 있는 공간을 남겨 두고 있다. 특히 후자의 경우에는 단순히 상호 텍스트적 맥락을 활용하는 데 그치지 않고 각 작품들에서 조명되는 주동 인물과 사건, 시공간 등의 변화를 생산 맥락과 사회·문화적 맥락의 변화와 접합시켜 이해하도록 안내한다.

아래 인용문은 같은 작가의 장편 소설 『피에로들의 집』 일부로, 2000년대 한국 사회를 살아가는 도시 난민들의 다양한 모습이 독특하게 표상되어 있는 작품이다.

토요일 저녁에 아몬드나무 하우스에 입주해 사는 사람들의 모임이 이층 마마의 집에서 있었다. 형식적으로는 나의 입주 신고식이었지만 분위기를 일별하니 정례적인 모임이라는 것을 알 수 있었다. 매달 마지막 토요일마다 집주인인 마마가 주관하는 저녁 모임이라고 했다. 마마와 김현주가 사는 이 층은 독립된 한 가구로 돼 있었고 두 개의 방과 넓은 거실을 포함하고 있었다. 또한 거실 한가운데 열 명쯤

앉을 수 있는 다용도의 긴 목제 테이블이 놓여 있었다. 음식은 마마가 늘 손수 준비한다고 했다.

— 윤대녕, 『피에로들의 집』

이 작품은 늘 '집'을 떠나기만을 바라며 신화적 공간을 그리워하던 기존 윤대녕의 인물들이 의외로 다시 '집'으로 회귀하는 모습을 그리고 있다. 이때의 회귀는 혼자만의 집이 아니라 유사한 도시 난민들과 함께 형성한 일종의 감성 공동체로의 회귀이다. 윤대녕의 이전 작품들이 일상과 신성의 공간을 이항 대립적으로 분리하고, 시원으로의 회귀를 통해 인간의 본래성을 회복할 수 있다는 관점을 보인 것과는 사뭇 차이가 있다. 작가가 밝혔듯이 2000년대 신도시 난민에 대한 관심이 이 작품을 추동하고 있다.[3]

「은어 낚시 통신」에서 고립된 단독자를 꿈꾸던 인물들은 『피에로들의 집』에서 치유하고 치유받는 공동체로 탈바꿈하고, 서사 구조 역시 자아를 찾기 위한 일방적 떠남에서 타인과 공감하고 교감하기 위한 귀소(歸巢)로 변화한다. 두 소설을 상호 텍스트적 맥락 안에서 읽어 내는 작업은 작가라는 생산 주체를 둘러싼 맥락의 변화를 감지하고 두 작품의 사회·문화적 맥락을 비교하는 동시에 독자 자신의 수용 맥락 속에서 각 작품의 의미를 파악하는 것이다. 이로써 시대사의 변곡점과 작가 세계의 변곡점, 상호 텍스트적 회절점과 서사 세계의 내적 상황 등을 교차해 가며 텍스트 안팎을 유영하는 기쁨을 만끽할 수 있는 것이다.

2) 사회·문화적 맥락을 고려한 해석

실제 문학 교실과 교과서에서는 소설 작품을 둘러싼 여러 맥락 가운데 특히

3 "수년 전부터 나는 도시 난민을 소재로 한 소설을 구상하고 있었다. 가족 공동체의 해체를 비롯해 삶의 기반을 상실한 채 실제적 난민으로 살아가는 사람들이 점점 늘어나고 있다고 보았던 것이다. 이들은 근본적으로 타인과의 유대가 붕괴되면서 심각하게 정체성의 혼란을 겪는 존재들이다. 나는 이 훼손된 존재들을 통해 새로운 유사 가족의 형태와 그 연대의 가능성을 모색해 보고 싶었다. 이는 삶의 생태 복원이라는 나의 문학적 지향과도 맞물리는 것이었다."(윤대녕, 『피에로들의 집』, 문학동네, 2016, 247면)

사회·문화적 맥락이 강조되는 경향을 보인다(양정실 외, 2013). 그 까닭은 무엇일까? 그것은 바로 맥락에 대한 지식 혹은 무지가 텍스트 해석의 방향을 결정하는 핵심 열쇠이기 때문이다. 다음 작품을 살펴보자.

> 뽀오얗게 얼음을 내뿜은 코카콜라와 크래커, 치즈 따위를 쟁반에 집어 얹으면서 내 가슴은 비밀스런 즐거움으로 높다랗게 고동치기 시작한다.
>
> 그는 왜 늘 내 방에 와서 먹을 것을 달라고 할까? 언제나 냉장고 앞을 그냥 지나 버리고는 나에게 와서 달라고 조른다.
>
> 어떤 게으름뱅이라도 냉장고 문을 못 열 까닭은 없고, 또 누구를 시키는 것이 좋겠다면 부엌 사람들께 한마디 하는 편이 나을 것이다.
>
> 군소리를 지껄대거나 오래 기다리게 하거나 그렇지 않더라도 줄곧 먹을 것을 엎지르거나 내려뜨리거나 하는 나를 움직이기보다는 쉬울 것이 확실하다.
>
> (어쩐 셈인지 나는 이런 따위 일이 참말 서툴다. 좀 얌전하고 재빠르게 보이려고 하여도 도무지 그렇게 되질 않는다.)
>
> 쟁반을 들고 돌아와 보면 그는 창밖의 덩굴장미께로 시선을 던지고 옆얼굴을 보이며 앉아 있다.
>
> (중략)
>
> 오늘도 그는 그렇게 내 방에서 쉬고 나더니,
>
> "정구 칠까?"
>
> 하며 자리에서 일어섰다.
>
> — 강신재, 「젊은 느티나무」

흔히 이 작품은 서구적 감각과 소녀적 감수성이 빛나는 '아름다운' 소설로 손꼽힌다. "그에게서는 언제나 비누 냄새가 난다."라는 첫 문장이 특히 유명한데, 문학 수업 시간에 등장할 때마다 학생들의 사랑을 받는 작품이기도 하다. 의붓남매의 사랑이라는 파격적 소재를 다루면서도 '비누 향기'만큼 감각적인 사랑이 '느티나무'처럼 청신하고 의젓하게 성장해 가는 과정을 내밀하게 그려 내었다는 평가를 받는다.

그런데 발표 연도가 1960년임을 감안하고 텍스트를 읽히면 의아한 질문들이 쏟아진다. 한국 전쟁의 상흔이 명백하게 한국인들의 정신을 규정하던 시대에 어떻게 이런 '사랑'이 이런 '기호'들을 동반한 채 그려지는지에 대한 의문이다. 해당 작품의 생산 맥락을 고려하면 이제 '코카콜라와 크래커, 치즈', '부엌 사람들', '창밖의 덩굴장미', '정구' 등은 작품이 생산된 사회·문화적 맥락에서 상당히 비켜나 있음이 명백해진다. 사춘기적 열병과 근친상간이라는 금기 사이를 왕복하는 두 남녀의 '고뇌에 찬 연애'가 가능하였던 것은 어쩌면 그들이 당대의 인간들이 벌이고 있던 '생존' 차원의 삶에서 이탈되거나 면제되어 있었기 때문일 가능성이 높다.

이러한 점에 착목해 보면 인물 간의 순수한 감정선에 몰입하는 것 이상의 비판적 독해가 가능해진다. 반면에 이 소설이 1960년대적 맥락을 텍스트 문면에 촘촘히 기입하지 않았기 때문에 오히려 시공간적 거리감을 초월하여 지금까지도 독자들의 감수성에 호소하는 힘을 갖는다는 반론도 가능하다. 이처럼 사회·문화적 맥락의 도입은 단순히 정보를 추가하는 것에 머물지 않고 해석의 다양화를 추동하는 가능성을 지닌다.

3) 개인의 수용 맥락을 고려한 해석

맥락 교육이 텍스트를 위한 것이 아니라 학습자를 위한 교육이 되기 위해서는 수용 맥락 개념이 특히 강조되어야 한다. 결국 텍스트 안팎의 맥락들은 학습자의 수용 맥락과 교차하면서 재맥락화될 수밖에 없다. 이처럼 학습자의 수용 맥락이 텍스트 해석의 출발점이나 토대가 됨에도 그동안의 맥락 교육에서 충분히 구체화되지 못한 측면이 있다.

황순원의 「소나기」를 읽고 여러 학습자가 다음과 같은 이야기를 나누었다고 가정해 보자.

A: 난 얼마 전에 첫사랑과 이별을 경험해서 그런지 이 작품이 더욱 절절히 와 닿았어. 아마 소녀는 생의 처음이자 마지막인 사랑을 간직하고자 상징적으로 분홍 스웨터를 함께 묻어 달라고 부탁한 게 아닐까? 나도 첫사랑과 함께할 때 입었던 옷들을 보면 괜히 추억이 떠오르고 가슴이 찡해지거든.

B: 그랬구나. 솔직히 난 앞부분에서 소녀의 흰 피부와 소년의 검은 피부를 대조해서 묘사해 놓은 부분이 불편하게 느껴졌어. 꼭 작가가 농촌과 도시를 이분법적으로 갈라놓는 것처럼 느껴졌거든. 내가 중학교 때까지 농촌에서 자라서 그런지 몰라도 사람들이 농촌 아이들은 까무잡잡하고 서투르다든가, 도회지 아이들은 뽀얗고 새침하다든가 하는 식의 고정 관념을 드러내는 게 무척 싫거든.

C: 와, 정말? 난 그런 생각은 전혀 해 보지도 못했네. 그냥 읽고 지나갔던 부분인데, 그렇게 생각할 수도 있구나. 아마도 내가 도시 생활만 해 봐서 그런지 그런 부분에 민감하지 못했나 봐.

위의 학습자들은 개인의 수용 맥락(농촌 학생, 도시 학생, 연애 경험 유무 등)을 적극적으로 활용하여 텍스트를 해석하고 있다. 학습자의 사회·문화적 조건이나 성별, 지역, 인종 등에 따라 텍스트의 특정 부분이 초점화되어 집중적인 해석의 대상이 되기도 하고, 반대로 별다른 주목을 받지 못한 채 지나쳐지기도 한다. 이처럼 수용 맥락이 적극적으로 해석에 도입되고 나아가 성찰이나 재조정의 대상으로 부각될 때 성찰적 해석이 가능해진다. 자신의 해석을 해석하고, 그러한 해석을 추동한 맥락을 성찰하면서 일종의 메타 해석이 일어나는 것이다. 이것은 전문 비평가보다 아마추어 학습자에게 더 적합하고 더 자주 일어나는 작업이다.

비평은 그것이 놓여 있는 장의 특성상 비평의 주체가 스스로를 성찰하거나 해석하는 과정을 담아내기 힘들다. 비평은 어디까지나 잠정적으로 완료된 해석을 공론화하는 데 주력한다. 그에 반해 학습자들은 텍스트를 읽으며 유동하고 변화해 가는 자신을 표현하고, 그 표현을 다시 성찰의 대상으로 삼는다. 그러한 점에서 맥락의 성찰을 통한 메타 해석 활동이 새로운 맥락 교육의 방향으로 제안될 수 있다.

핵심어

맥락, 생산 맥락, 사회·문화적 맥락, 문학사적 맥락, 상호 텍스트적 맥락, 수용 맥락, 맥락의 성찰

| 참고 문헌 |

교육인적자원부(2007), 『고등학교 교육과정 해설 2』, 교육인적자원부 고시 제 2007-79호.

교육부(2012), 『고등학교 국어과 교육과정』, 교육부 고시 제2012-14호.

______(2015), 『고등학교 국어과 교육과정』, 교육부 고시 제2015-74호.

서울대학교 국어교육연구소 엮음(1999), 『국어 교육학 사전』, 대교출판.

양정실 외(2013), 「'맥락을 고려한 작품 읽기'의 문학 교과서 구현 양상에 대한 비판적 검토 — 2009 개정 교육과정에 따른 고등학교 『문학』 교과서 분석을 중심으로」, 『문학 교육학』 제41호, 한국문학교육학회.

염은열(2011), 「국어과 교육과정과 초등 문학 교육에서의 '맥락'」, 『한국 초등 국어 교육』 제47집, 한국초등국어교육학회.

| 더 읽을 거리 |

김상욱(2009), 「2007 개정 국어과 교육과정 속 문학 영역의 비판적 검토」, 『국어 교육』 제128호, 한국어교육학회.

김성란(2010), 「'맥락'의 중학교 개정 교과서 수용 양상 연구 — '교학사', '비유와 상징', '미래엔 컬처 그룹' 교과서를 중심으로」, 『새 국어 교육』 제85호, 한국국어교육학회.

김성진(2009), 「서사 교육에서 맥락과 장르의 관계에 대한 연구」, 『문학 교육학』 제30호, 한국문학교육학회.

우신영(2017), 「소설 해석에 나타난 독자의 현실 인식 연구 — 「소설가 구보 씨의 일일」에 대한 해석 텍스트를 중심으로」, 『국어 교육』 제157호, 한국어교육학회.

이재기(2006), 「맥락 중심 문식성 교육 방법론 고찰」, 『청람 어문 교육』 제34집, 청람어문교육학회.

임주탁(2013), 「맥락 중심 문학 교육학과 비판적 문학 교육」, 『문학 교육학』 제40호, 한국문학교육학회.

정정순(2011), 「맥락적 지식 중심의 한시 교육 — 두보의 「춘망(春望)」을 중심으로」, 『우리말글』 제53집, 우리말글학회.

진선희(2011), 「문학 교육 내용 '맥락'의 요소 및 지도 방법 연구 — 상호 문화적 읽기 활동을 중심으로」, 『국어 교육 연구』 제48집, 국어교육학회.

최인자(2008), 「문학 독서의 사회문화적 모델과 '맥락' 중심 문학 교육의 원리」, 『문학 교육학』 제25호, 한국문학교육학회.

상호 텍스트성

° 문영진

1——상호 텍스트성을 통한 소설 읽기

소설 읽기와 상호 텍스트성의 관련성을 알아보려면 먼저 상호 텍스트성에 대한 일반적 정의에서 출발하는 것이 순서이겠다. 상호 텍스트성이란 보통 하나의 텍스트와 다른 텍스트가 서로 관련을 맺고 있는 성질로 이해된다. 따라서 상호 텍스트성을 활용하여 소설을 읽는다는 것은 다른 텍스트를 참조하면서 읽는다는 것을 의미한다. 어떤 작품이 말하고자 하는 바를 이해하기 위해 같은 작가의 다른 작품을 읽어 보거나 비슷한 주제를 지닌 다른 작가의 작품을 읽어 보는 것은 사실 자연스러운 일이다. 실상 연구자나 비평가들은 아주 오래전부터 어떤 작가의 소설을 논할 때 상호 텍스트적인 관점에서 그렇게 해 왔다. 그럼에도 상호 텍스트성 개념이 새삼스럽게 보이는 것은 어떤 개념을 활용하여 작품을 읽거나 쓰거나 할 때 보통 의식적이며 자각적으로 다른 작품을 참조하는 것이 이롭다는 사실과 관련되기 때문이다.

오늘날 상호 텍스트성을 활용하여 어떤 작품을 해석하거나 교육 현장에서 적용하는 것은 진부한 일이 된 감마저 있다. 상호 텍스트성을 통해 소설을 읽는 것은 학술 논문에서뿐만 아니라 교육 현장에서도 빈번하게 시도되는 일이다. 이제 상호 텍스트성 개념은 2011 개정 국어과 교육과정에 명시되어 있고 교과서에서도 상호 텍스트성을 활용한 활동이 제시되는 단계에 이르렀다. 중학교 1-3학년군 '읽기' 영역에는 "동일한 대상을 다룬 서로 다른 글을 읽고 관점과 내용의 차이를 비교한다."라는 성취 기준에서 "하나의 대상에 대해 내용과 형식 면에서 비슷하거나 혹은 다르게 쓰인 두 개 이상의 글이 서로에 대해 가지는 관련성을 상호 텍스트성이라고 한다."라고 명시하고 있으며, 고등학교 '문학' 과목에서도 "섬세한 읽기를 바탕으로 작품을 다양한 맥락에서 이해하고 감상하며 평가한다."라는 성취 기준에서 "문학 작품은 다양한 내적 요소들의 결합체이면서 또한 사회·문화적 맥락, 문학사적 맥락, 상호 텍스트적 맥락과 연계되어 있다."라고 밝히고 있다.

2——이론적 배경

상호 텍스트성은 크리스테바(J. Kristeva)가 1960년대 후반에 창안한 개념이다. 이는 언어학이라는 학문적 배경과 무관하지 않은데, 소쉬르(F. de. Saussure)와 바흐친(M. M. Bakhtin)에 근원을 두고 있다(Allen, 2011).

소쉬르의 언어학은 오늘날 여러 학문에 광범위한 영향을 미치고 있는데, 상호 텍스트성과 관련해서는 '언어란 차이의 체계'라는 발상이 영향을 준 것으로 본다. 소쉬르에 따르면 하나의 단어는 '사물의 명칭' 혹은 '청각 영상'으로 일컬어지는 '시니피앙(기표)'과 '뜻'을 의미하는 '시니피에(기의)'의 결합으로 이루어지며, 그 명칭에는 사회적 필연성은 없고 단지 차이들의 연속으로 이루어져 있을 뿐이다. 여기에다 그는 '계열체'라는 발상을 덧붙였다. 이를테면 '나/너/친구는 소설을/시를/신문을 읽는다.'라는 문장에서 '/' 표를 사이에 둔 단어들은 계열체의 관계를 이루고 있다고 하는데, 이 단어들은 다른 단어들과의 차이로 구성되어 있을 뿐이다. 결국 각각의 단어는 다른 단어와의 관계 속에서 존재하며, 그 관계 속에서 의미를 가진다고 생각할 수 있다. 이러한 발상은 단지 추상적인 차원에서 상호 텍스트성을 증거하는 것에 불과하지 않으냐고 말할 수도 있겠지만 그 나름대로 중요한 의미를 지닌다.

소쉬르의 이론을 확장하면 어떤 인물의 존재나 구성 방식의 존재, 주제들의 존재도 모두 다른 것과의 관련 속에서 존재한다고 볼 수 있다. 예컨대 문법 이론을 참조한다면 다음과 같은 발상도 가능하다. 「흥부전」에서 흥부는 선량함(+)과 부유함(-), 놀부는 선량함(-)과 부유함(+)의 속성을 지닌 인물로 그려져 있다. 이를 참조할 때 이인직의 신소설 『은세계』의 최병도는 선량함(+)과 부유함(+)의 속성이 결합된 인물이라 생각해 볼 수 있다. 기존 연구의 이러한 발상을 바탕으로, 최병도의 죽음을 근대 사회로 이행하는 과정의 비극과 관련하여 읽을 수 있는 여지가 생긴다. 결국 최병도는 근대 이행기의 민중의 소망과 관련된 인물, (어쩌면 민족 자본과 관련된) 선량하면서도 부유한 인물로 해석할 여지가 생긴다고 할 수 있다. 이렇게 상호 텍스트성을 바탕으로 『은세계』 전반부의 해석 실마리를 확보할 수 있다.

반면에 바흐친은 소쉬르의 언어학 이론과 다른 주장을 한 바 있다. 소쉬르가 역사 언어학에 대한 대타 의식으로 언어의 동시대적(공시적) 특성과 언어 속에 존재하는 보편적 관계에 주목하고, 그 연장선상에서 랑그(언어) 이론을 정초하였음은 잘 알려져 있다. 그는 개개인의 구체적인 발화인 '파롤(화언)'보다 사회적인 언어 체계인 '랑그'를 중요하게 여겼다. 바흐친은 이러한 이론과 정반대되는 주장을 내세운다. 그의 언어 이론은 파롤의 측면, 곧 다양한 욕망을 지닌 개인들의 다양한 목소리를 중시한다. 바흐친의 소설론에서 핵심적인 주장은 '대화성'으로 요약된다. 가령 우리는 보통 대화를 할 때 상대방이 먼저 한 말에 제한을 받거나 영향을 받기도 한다. 아울러 상호 주체성에 의해 상대방에게 동의하기도 하고 반박하기도 하면서 타협해 나가는데, 이러한 생각은 바흐친에 뿌리를 두고 있다. 바흐친은 "언어로 이루어진 두 작품, 두 개의 중첩적 발화는 우리가 대화적이라고 부를 수 있는 의미론적 관계의 특수한 유형을 형성한다."라거나 "대화적 관계들은 언어적 의사소통의 모든 발화들 사이의 (의미론적인) 관계들이다."라는 식으로 말한다(토도로프, 1990: 196면). 특히 장르의 특성상 소설 속에서는 이질적인 말들이 서로 교차하고 뒤섞인다고 강조한다. 작품들 간에 존재하는 이러한 대화적 측면 등을 근거로, 크리스테바는 바흐친의 '상호 주체성' 이론에 기대어 '상호 텍스트성' 개념을 발전시켰다.

(언어) 기호와 기호 사이의 관계를 중시한 소쉬르의 이론은 파리의 구조주의자들에게 계승된 바 있다. 그들은 시점, 발화 방식 등의 개념을 통해 소설 작품의 구조를 상세하게 분석하였다. 우리가 이미 아는 바와 같이 약호(코드)는 한 텍스트의 구조를 넘어서 다른 텍스트로 이월될 수도 있다. 여기서 약호란 특정한 이야기 구성 방식(예컨대 영웅 소설 기본 구조의 전이)이나 이야기 외적 서술자의 존재 등과 같이 어떤 텍스트를 해석할 수 있도록 하는 기호들의 체계를 의미한다. 예컨대 한 텍스트를 구성하는 요소들(인물의 특성, 상황, 주제 등)이나 작품 내에서 활용된 규약, (글쓰기의) 관습 체계 등은 다른 텍스트에서도 공유되는 방식으로 서로 관련을 맺을 수도 있다(이것이 상호 텍스트성이다). 이런 점에서 크리스테바는 "모든 텍스트는 인용의 모자이크로 구성되며 다른 텍스트의 흡수이자 변형이다."라고 과감하게 선언한다(크리스테바, 1997: 237면). 이 말은 오늘날 상호 텍스트성 이론을 수용하는 사람들에게는 상식 비슷하게 들리겠지만 1960년대 후반 프랑스 이외의 지역에서는 매우 파격적인 발언이었다. 이러한 발상이 가능하였던 것은 후기 구조주의가 위력을 떨치던 당대의 분위기가 한몫을 하였다. 게다가 해체주의의 대명사 격인 데리다(J. Derrida)와 바르트(R. Barthes)가 활발하게 활동하던 시기이기도 하였다.

오늘날 상호 텍스트성 이론을 활용한 문학 교육이 이루어지고 있지만 전반적인 동의를 얻지는 못한 듯하다. 논란이 있는 가운데 점차 입지를 넓혀 가는 중이다. 크리스테바가 인용 체계로서 정초한 상호 텍스트성 개념은 학계에서 매우 성공적으로 받아들여졌지만, 한편으로는 오해를 불러일으키기도 하였다. 그래서 그는 다음과 같이 일갈한다. "'상호 텍스트성(inter-texualité)'이란 용어는 하나의 (혹은 여러 개의) 기호 체계가 또 하나의 기호 체계로의 전위(transposition)를 지칭한다. 그러나 그 용어가 자주 어떤 텍스트의 '근원에 대한 연구'라는 평범한 의미로 이해되어 왔기 때문에 우리는 그 단어보다는 '전위'

라는 용어를 더 선호하게 된다."(크리스테바, 2000: 66면)

상호 텍스트성을 활용한 작품 읽기를 이해하기 위해서 전위 텍스트성을 활용하여 읽는 방법, 한 작가의 작품을 다른 텍스트와 관련 지어 읽는 방법, 다중 텍스트를 활용하여 읽는 방법을 예로 들어 보기로 하겠다.

3——전위 텍스트성을 통한 소설 읽기

상호 텍스트성은 단지 한 작품이 다른 작품을 인용하는 문제라기보다는 텍스트들 간의 매우 포괄적인 관계로 상정된다. 주네트(G. Genette)는 텍스트들 간의 복잡한 관계를 총칭하는 용어(넓은 의미의 상호 텍스트성)에 '전위(轉位) 텍스트성(Transtextuality)'* 이라는 명칭을 부여하고 다섯 가지 상호 텍스트적 관계를 제시하였다. (좁은 의미의) '상호 텍스트성(intertextuality)', '부(附)텍스트성(paratextualiy)', '메타 텍스트성(metatextualiy)', '파생 텍스트성(hypertextualiy)', '원텍스트성(architextualiy)' 등이다(Genette, 1997; Macksey, 1997).

이 상호 텍스트적 관계들은 학습자가 소설 텍스트를 이해하는 데 도움을 주는 것이어서 충분히 언급할 가치가 있다. 좁은 의미의 상호 텍스트성은 인용, 표절, 암유 등에서 드러나는 텍스트들 간의 관계를 의미한다. 부텍스트성은 지금 문제가 되는 텍스트를 해석하는 단서가 되는 장치와 관습을 보여 주며, 독자와 텍스트(여기서는 주로 책)를 매개한다. 이에 해당하는 것들에는 제목, 부제, 전언(prewords), 헌사, 제사(題詞), 중간 제목, 주석, 결어(epilogues), 발문(afterwards), 책 표지의 광고문, 저자의 인터뷰 등이 포함된다. 메타 텍스트성은 텍스트에 대한 주석이나 비평의 형태로 표현된다. 주네트가 '2도의 문학'이라고 이름 붙인 파생 텍스트성은 모방, 혼성 모방, 패러디, 명시적인 부가 등의 형식과 그 텍스트에 대한 어떤 부가물을 포함한다. 원텍스트성은 가장 일반적이

* 여기서 '초텍스트성', '통텍스트성', '관텍스트성', '총괄 텍스트성' 등의 번역어는 피한다.

며 초월적인 범주로, 텍스트가 어디에 속하느냐는 귀속성을 보여 준다. 장르나 담화 양상에 대한 정보를 담게 되는 텍스트의 성격을 말한다. 하위 장르의 경우 그것의 귀속을 아는 것은 작품 주제의 일부를 아는 것으로 귀결될 수 있으며('「무진 기행」은 여로형이며, 어느 정도는 성장 소설의 특징이 있다'라는 판단의 경우), 독자의 읽기 행위는 자기 정체성과의 관련에서 유의미한 경험이 될 수도 있으므로 교육적으로도 중요한 의미가 있다.

이러한 개념들은 하나의 텍스트가 생산하는 과정(부텍스트성), 그 후에 공감을 획득해 가는 과정(상호 텍스트성, 파생 텍스트성, 메타 텍스트성), 그리고 그것의 본적 혹은 주소(원텍스트성)를 보여 준다. 말하자면 부텍스트성은 텍스트의 운명에 관한 이야기로, 텍스트의 생산과 소통 그리고 그 후의 생애를 보여 주므로 당연히 텍스트를 이해하는 중요한 단서들을 포함한다. 이러한 개념들을 활용하면 작품을 해석하는 데 도움을 받을 수 있으며, 실제로 많은 독자들이나 전문가들이 그렇게 하고 있다. 그러므로 교육 현장에서 활용되는 것은 당연하다. 어떤 소설이 어디에 실려 있느냐는 그 작품을 이해하는 중요한 단서가 될 수 있다. 때로는 책방 어느 자리에 진열되어 있는지 또는 어떤 삽화가 사용되었는지도 작품을 이해하는 데 도움을 준다. 이런 식으로 그림책의 부텍스트를 통한 이야기의 이해(강수정, 2011), 연작 작품에 대한 이해, 권말의 해설을 통한 작품 내용의 이해 등은 우리가 늘 겪는 일이기도 하다.

김유정의 「만무방」을 예로 들어 보자. 이 작품의 전체 틀은 유사한 텍스트를 경험해 본 사람에게는 어렵지 않을 수 있겠지만 생각처럼 작품 이해가 쉬운 것만은 아니다. 텍스트 전체가 지시하는 지향점을 이해하는 것, 즉 이 작품의 하위 장르를 이해하는 것은 작품을 이해하는 중요한 실마리가 된다. 이야기는 누가 그 일을 했는지 추적하는 '미로 탐색' 서사로 읽을 수 있다. 이렇게 작품이 속한 장르적 귀속을 아는 것으로도 작품의 중요한 부분을 이해하는 데 도움을 받게 된다(신두원, 2014). 그리고 작품 전체의 미적 효과(아이러니)를 명료하게 이해하는 데에도 도움을 받을 수 있다. 응오의 벼를 누가 훔쳐 갔는지 추적해 보니 범인은 응오 자신이다. 이 기막힌 상황(사실)을 개괄해 주는 하위 장르적 특성(원텍스트성)은 작품에 대한 이해를 심화하는 데 도움을 준다.

여기서 전위 텍스트성과 관련된 교육 내용으로 세 가지 예만 제시한다. 2007 개정 교육과정 10학년 '읽기' 영역의 "인기 도서를 읽고 책의 가치와 인기를 얻게 된 원인을 비판적으로 평가한다."라는 성취 기준에 대해서는 여러 가지 접근 방식이 가능하겠지만 우선 부텍스트를 활용한 접근을 고려해 볼 수 있다. 그리고 '연작 소설을 읽고 다양한 단서를 활용하여 소설의 의미를 이해한다.'와 같은 성취 기준을 설정하는 것도 가능하다. 여기서는 원텍스트성, 부텍스트성, 메타 텍스트성이 활용될 수 있다. 특히 부텍스트성과 메타 텍스트성은 작가에 대한 정보나 텍스트 구성 방식 등이 참조되어 풍부한 계기가 창출되어 학습자의 주체적이고 다양한 반응을 기대할 수 있다(조고은, 2010; 고은정, 2012). '작품과 그에 대한 언급을 읽고 하위 장르를 이해한다.' 등의 성취 기준을 설정하는 것도 가능하다. 이 성취 기준을 달성하려면 원텍스트성, 부텍스트성, 메타 텍스트성, 상호 텍스트성 등의 복합적 성격이 적절하게 활용될 것이므로 이를 통해 학습자의 반응이 풍부하게 창출될 것으로 기대된다.

4 ——상호 텍스트적 연결을 통한 읽기

이는 어떤 텍스트를 다른 텍스트와 연결하여 읽는 방법을 의미한다. 여기서는 서정 텍스트를 경험 서사로 읽는 방법을 활용한 예를 보이기로 한다(문영진, 2005).

매운 계절의 채찍에 갈겨
마침내 북방(北方)으로 휩쓸려 오다

하늘도 그만 지쳐 끝난 고원(高原)
서릿발 칼날 진 그 위에 서다

어데다 무릎을 꿇어야 하나
한발 재겨 디딜 곳조차 없다

이러매 눈 감아 생각해 볼밖에
겨울은 강철로 된 무지갠가 보다

— 이육사, 「절정」 전문

잘 알려진 대로 이 작품은 이육사의 대표작 가운데 하나이지만 이에 대한 이해는 생각처럼 쉽지 않다. 「광야」처럼 텍스트의 (인지적) '처리'만으로 작품 해석이 어느 정도 이루어질 것이라 기대하기 어렵다는 말이다. 이런 연유로 해설서 가운데에는 이 작품에 대한 기존 연구사의 높이(김윤식, 김종길, 김흥규 등)에 이르지 못하고 소박한 이해에 머물러 있는 것이 적지 않다.

많은 연구자들이 동의하는 대로 이 텍스트 이해의 성패는 마지막 구절 "강철로 된 무지개"를 이해하는 데 달려 있다. 절망적 현실의 고통, 그 고통의 절정에서 '무지개'를 보는 일의 현실성을 이해하는 것이 관건이 된다. 어떻게 이러한 일이 가능한가. 이것이 수직적 초월의 문제라면(여러 교재의 해설에서 이렇게 설명하고 있거니와) 문제는 차라리 간단하다. 절망 속에서도 꿈을 꾸는 것은 얼마든지 가능하기 때문이다. 그러나 그저 꿈을 꾸는 것만으로 문제가 해결될 수 있는가. 참으로 침중한 문제이다. 문제는 어떻게 희망의 가능성을 현실적으로 도출해 내느냐는 것이다. 이를 이해하기 위해 상호 텍스트적 방법(상호 텍스트적 연결에 의한 이해)에 의지할 수 있을 것이다.

상호 텍스트적 연관으로 설정될 수 있는 텍스트는 이육사 자신의 텍스트들과 그가 존경해 마지않았던 소설가 루쉰(魯迅)의 텍스트들, 그리고 그의 활동을 총체적으로 보여 주는 생애 서사 텍스트이다. 절망 자체를 이야기한 텍스트로는 루쉰의 소설집 『외침』 서문에서 쇠로 만든 방 안에 수많은 사람이 깊은 잠에 빠져 있는 상황을 들어야 할 것이다. 이러한 절망적 상황 속에서 희망을 볼 수도 있다는 깨달음(갑작스러운 진리의 나타남으로서의 에피파니)을 보여 주는 텍스트로는 이육사의 「꽃」을 들 수 있다. 이것이 자연물에 빗댄 논리적 가능성이라면 더욱 현실적인 가능성이 있어야 할 것이다. "그래도 기왕 몇몇이라도 깨어났다면 철방을 부술 희망이 절대 없다고 할 수야 없겠지."(루쉰, 『외침』 서문)라는 깨달음과 희망과 현실을 연결하는 고리에 관한 것이다. 그것은 이육사가 번역하기도 했던 루쉰의 「고향」의 마지막 구절에서 볼 수 있다.

> 생각해 보니 희망이란 본시 있다고도 없다고도 할 수 없는 거였다. 이는 마치 땅 위의 길과 같은 것이다. 본시 땅 위엔 길이 없다. 다니는 사람이 많다 보면 거기가 곧 길이 되는 것이다.
>
> ― 루쉰, 「고향」

그런데 다니는 사람이 많아지려면 먼저 걷는 사람이 필요하다. 그 사람은 "백마 타고 오는 초인"이나 그 초인을 노래하는 '시인'처럼 예사 사람은 아닐 터이다. 그렇게 해서 암시되는 미래는 종말론적 시간이며, 결단의 논리에 의해 지탱되는 미래의 시간이다. 한 알의 밀알이 썩을 때 비로소 많은 꽃이 필 수 있다는 것이다. 이러한 자기희생이야말로 이육사가 말하는 숭고한 행위의 본질적 고리이다. 그것은 그의 전 생애가 증명하고 있다. 이러한 생애적 지향과 텍스트의 통찰이 결합할 때 '무지개'는 태어나는 것이다. 이것이 바로 김종길이 해석한 '비극적 황홀'이다. 무지개는 무지개이되 강철로 된 문제적 무지개이며, 이육사가 꿈꾸었던 희망이다. 이 에피파니의 순간 세계는 광휘로 휘황했던 것이다.

5——한계와 전망

상호 텍스트적 방법에 관한 연구나 이를 활용한 학습 활동은 이제 시작 단계일 뿐이다. 상호 텍스트적 읽기는 아직은 방법을 보여 주는 것에 그쳐 있으며, 한 발 더 나아가더라도 서로 연관된 텍스트들을 함께 읽어 볼 수 있다는 정도를 확인한 것에 불과하다. 학습자의 직접적 해석 텍스트 생산이 상호 텍스트의 생산으로 이어지기까지의 과정은 쉽지만은 않아 보인다. 그런 점에서 다중 텍스트를 활용한 감상문 쓰기를 시도한 고은정(2012)의 연구는 주목할 만하다.

학습자가 스스로 상호 텍스트적 연관을 발견하기란 쉽지 않다. 이는 시 장르 읽기에서의 성과나 초등학교에서 서사 텍스트 읽기의 풍부함과 대비되는 것으로 중등학교에서의 소설 읽기의 어려움을 잘 말해 준다. 이러한 상황은 상호 텍스트성에 대한 연구가 아직은 시작 단계에 머물러 있음을 보여 준다. 상호 텍스트성에 기반한 문학 교육이 활발하게 진행되기 위해서는 경험 서사와 허구 서사의 상호 텍스트적 통합 방법, 패러다임적 지식과 일화적 지식의 종합에 근거한 통합된 상호 텍스트성의 적용, 다양한 텍스트 묶음을 제재로 한 주제 중심의 수업 방법에 대한 이론적 구안 등이 마련되어야 할 것이다.

핵심어

상호 텍스트적 연관, 전위 텍스트성, 상호 텍스트적 연결을 통한 읽기

| 참고 문헌 |

강수정(2011), 「상호 텍스트성을 활용한 그림 동화 읽어 주기 방법 연구」, 한국교원대학교 석사 학위 논문.
고은정(2012), 「상호 텍스트성을 통한 소설 읽기 교육 연구」, 서울대학교 석사 학위 논문.
문영진(2005), 「서사 교육의 확장 문제 — 이육사의 숭고 서사를 중심으로」, 『독서 연구』 제14호, 한국독서학회.
신두원(2014), 「근대 소설을 어떻게 읽고 가르칠 것인가 — 김유정의 「만무방」을 중심으로」, 『국어 교육, 어떻게 할 것인가』, 고용우 외, 창비교육.
조고은(2010), 「동일 작가 작품군의 상호 텍스트적 시 읽기 교육 연구」, 서울대학교 석사 학위 논문.
크리스테바(Kristeva, J., 1997), 「말·대화, 그리고 소설」, 여홍상 역, 『바흐친과 문학 이론』, 여홍상 엮음, 문학과지성사.
________(2000), 『시적 언어의 혁명』, 김인환 역, 동문선.
토도로프(Todorov, T., 1990), 「바흐친과 상호 텍스트성」, 최현무 역, 『바흐친과 대화주의』, 김욱동 엮음, 나남.
Allen, G.(2011), *Intertextuality*(2nd ed.), Routledge.
Genette, G.(1997), *Palimpsests: literature in the second degree*, University of Nebraska Press.
Macksey, R.(1997), "Foreword," Genette, G., *Paratexts: Thresholds of interpretation*, Cambridge University Press.

| 더 읽을 거리 |

김도남(2003), 『상호 텍스트성과 텍스트 이해 교육』, 박이정.
김정우(2006), 『시 해석 교육론』, 태학사.
보그란데·드레슬러(Beaugrande, R. A. de & Dressler, W., 1991), 『담화·텍스트 언어학 입문』, 김태옥·이현호 공역, 양영각.
정재찬(2009), 「상호 텍스트성에 기반한 문학 교육의 실천」, 『독서 연구』 제21호, 한국독서학회.
페어클럽(Fairclough, N., 2011), 『언어와 권력』, 김지홍 역, 도서출판 경진.

비평적 읽기[1]

° 김성진

1——해석과 판단으로서의 비평

『문학 비평 용어 사전』에 따르면 문학 비평은 "문학이란 무엇인가, 한 편의 문학 작품의 뜻이 무엇인가, 작가는 무슨 일을 하는가, 한 작가 또는 작품의 가치는 어떠한가 등등을 논의하는 일"을 뜻한다. 이 정의는 대단히 포괄적이어서 이론 비평, 실제 비평, 기술 비평, 인상 비평 등 문학 작품을 살피고 논의하는 모든 분야를 망라하게 된다(이상섭, 2001: 132~133면). 이 정의를 문학에 대한 포괄적 접근과 개별 작품에 대한 구체적 접근으로 나눌 필요가 있다. 대개 전자를 이론 비평, 후자를 실제 비평이라고 한다. 이론 비평은 문학 작품이나 작가를 평가하는 기준이나 일반적인 원칙을 세우면서 개별 작품을 면밀히 이해하는 데 필요한 개념과 용어에 집중한다. 일반화될 수 있는 지식의 구조에 더 큰 관심을 보인다는 점에서 이론 비평은 문학 연구와 유사하다. 그에 비해 실제 비평은 특정 시기, 특정 작가의 구체적인 작품에 대한 해석을 바탕으로 작품의 가치를 평가하는 데 주력한다. 일반적으로 문학 '연구'와 구별되는 '비

1 이 장은 김성진(2012)을 토대로 재서술하였다.

평'은 실제 비평을 뜻한다.

비평의 어원이나 역사를 살펴보아도 작품에 대한 해석과 판단으로서의 실제 비평이 비평의 본령임을 알 수 있다. '비평'을 뜻하는 단어 criticism은 라틴어 criticus/criticos에서 유래한 말로 '판단과 심판'이라는 의미를 가지고 있었다. 영어의 경우 17세기 초반 critic(잔소리꾼)과 critical(혹평하는)이라는 단어에서 criticism이라는 단어가 등장한다. 17세기 말에 이르러 이 단어는 '문학을 해설하거나 평가하는 행위를 글로 표현한 저작물'이라는 의미로 받아들여지게 된다(윌리엄스, 2010: 120~122면).

'문학에 대한 해설과 평가'의 의미가 담겨 있다고 해서 비평을 작품에 담긴 메시지를 수동적으로 받아들여 풀이하는 것으로 이해해서는 곤란하다. 비평가는 자신의 관점으로 작품을 읽고 해석하는 가운데 작품의 가치를 평가하는 작업을 수행한다. 때로는 작품의 결을 충실히 따르기도 하지만, 때로는 작품에 맞서면서 자신의 목소리를 낸다. 좋은 비평은 이 과정에서 개성적인 작품 해석을 통해 작품의 의미를 더욱 풍부하게 만든다.

소설 향유의 고급스러운 단계로 비평적 읽기를 상정할 수 있는 이유를 여기서 찾을 수 있다. 독자의 판단과 해석이 자의적이지 않고 작품 내적 근거와 논리적 설득력을 갖추려 할 때 독자의 읽기는 비평가의 그것과 구조적으로 동일한 비평적 읽기로 전환된다.

2——비평적 읽기와 비평 이론

모든 비평은 의식적 차원이건 무의식적 차원이건 비평가가 작품을 읽는 관점을 품고 있다. 이 관점은 비평가의 독특한 체험과 세계관에서 비롯되기도 하지만, 작품을 읽고 해석하는 근거가 되는 기준을 자각적으로 구조화하려는 집단적 작업의 산물인 '비평 이론'에 의존하기도 한다. 독자의 비평적 읽기에도 자각적이건 비자각적이건 모종의 '이론'이 내재한다. 비평 이론이란 한마디로 문학 작품과 그 작품이 소통되는 세계를 설명하는 개념의 체계이다. 비평 이론에는 작품과 인간 또는 작품과 사회의 관계, 문학 작품의 역할, 좋은 문학 작품의 특징에 대한 가정이 담겨 있다. 비평가들은 이러한 가정 속에서 자신의 작업을 수행한다. 물론 비평가들이 자신의 해석을 뒷받침하는 이론을 항상 의식하는 것은 아니다. 그러나 비평 이론에 근거하지 않은 해석은 불가능하다. 비평 이론은 문학을 바라보는 세계관과 같은 것이기 때문이다. 평범한 독자 역시 자기 나름의 비평 이론에 의존하여 작품을 읽는 것이다.

세상에 대한 관점이 다양한 것처럼 문학 작품에 대한 관점으로서의 비평 이론 역시 매우 다양하다. 그중 가장 널리 알려진 비평 이론의 구별법은 표현론, 반영론, 수용론, 구조론이다. 앞의 셋은 작품과 작품이 맺고 있는 외적 맥락의 관계를 중시한다는 점에서 외재적 비평 이론이라고도 한다. 표현론적 비평은 작품을 작가의 체험, 사상, 감정 등이 표현된 것으로 보아 작가의 의도, 삶의 이력, 심리와 연결시켜 작품을 읽고 해석한다. 반영론적 비평은 작품에 반영된 세계와 작품 안에 형상화된 세계를 비교하면서 작품이 시대 현실을 진실하면서도 생생하게 담아내고 있는지를 중시한다. 소설이 전형적 환경에서 전형적 인물을 형상화하였는지를 중시하는 리얼리즘 비평이 대표적인 예이다. 수용론적 비평은 작품과 독자의 관계를 중요하게 여긴다. 이는 다른 비평 이론이 작품 자체나 작품을 탄생시킨 작가 혹은 시대에 주목하는 것과 다른 점이다. 작품이 독자에게 읽히지 않는다면 아무런 의미가 없는데 작가나 작품 자체만을 중시해서는 곤란하다는 주장이다. 수용 미학이나 독자 반응 비평은 특정 작품이 시대에 따라 독자에게 어떻게 다르게 받아들여졌는지에 주목한다. 작품을 이해하는 데 필요한 자료는 작품밖에 없으며, 작품 속에 모든 것이 갖추어져 있다는 내재적 접근법을 전제로 작품을 읽는 비평 이론을 절대주의 비평 혹은 구조론적 비평이라고 한다. 작품을 작가나 시대, 환경으로부터 독립시켜 이해하면서 작품의 기법이나 형식 혹은 구조를 중시하는 신비평이나 형식주의가 대표적이다(구인환 외, 2012: 108~176면).

'비평이란 무엇인가', '비평 이론이란 무엇인가' 등의 제목을 내세운 책을 찾아보면 이외에도 훨씬 다양하고 정교한 이론이 제시되어 있다. 특히 1960년대 후반 이후 비평 이론은 작품 자체보다도 작품을 둘러싼 역사적·문화적 맥락을 중시하는 방향으로 전개되고 있다. 정신 분석 비평, 여성주의 비평, 탈식민주의 비평 등이 대표적이다.[2] 잊지 말아야 할 것은 모든 비평 이론은 작품과 작품을 둘러싼 세계를 해명하기 위한 시도로서만 의미를 갖는다는 점이다.

3——비평적 읽기의 내적 요소

비평적 읽기는 비평가의 주관적 판단과 해석을 통해 작품의 의미를 풍요롭게 만드는 대화와 같다. 비평적 읽기가 독자에게 공감을 불러일으키는 요소에 주목하는 것에서 시작되는 이유는 그 때문이다. 한편 독자는 작품을 읽으며 작품을 작품답게 만들어 주는 형식과 기법을 발견하여 그것에 의미를 부여하거나, 작품에 담긴 주제나 가치관, 이데올로기에 주목하기도 한다. 비평적 읽기에는 이러한 요소가 종합되어 있다. 아래에서는 전문적인 비평문을 통해 비평적 읽기의 내적 요소를 확인해 보도록 하자.

1) 공감을 중심으로 한 주관적 인상의 형성

비평적 읽기가 문학 연구와 구별되는 가장 중요한 요소는 개별 작품에 대한 비평 주체의 주관적 판단이다. 작품을 읽는 과정에서 떠오르는 인상이 소설 감상에서 차지하는 비중은 크다. 독자 또는 학습자가 작품을 읽고 순간적으로 떠오르는 인상을 진술하는 활동은 작품에 대한 심화된 해석과 판단으로 나아가기 위한 출발점이다. 그러한 인상이 작품의 어떤 측면에서 촉발되었으며, 왜 그러한 인상을 남겼는지를 살피고 그것을 표현하는 행위는 비평의 원형과 같기 때문이다.

2 다양한 현대 비평 이론에 대한 포괄적 설명으로는 타이슨(L. Tyson, 2012)을 참조.

다음은 김환태가 안회남의 「우울」을 읽고 남긴 비평의 일부이다. 밑줄 친 부분은 작품이 자신에게 불러일으키는 인상에 집중하여 표현하는 모습을 잘 보여 준다.

> 이 작품을 읽고 나서는 나도 모르게 입으로 '돈 돈'하며 '나'라는 주인공의 흉내를 내 보았다. 그리하여, 내가 스스로 내 귀에 다리 들렸을 때, 이 작품을 읽는 동안에 나의 머리를 점령하고 있던 불쾌의 감정이 엷은 우울로 변하면서, 그 불쾌한 세계에서 벗어 나온 기쁨을 마음속에 희미하게 느꼈다. 이 작품은 그 전체를 통해서 시종일관 돈타령이다. '나'라는 주인공은 돈의 마력 밑에 이리 밀리고 저리 끌려 조그마한 자유도 없다. 그리하여 주인공은 우울하느니보다 늘 불쾌하다. 따라서 그를 보는 우리도 또한 돈의 마력과 그 앞에서 인간의 무력을 여실히 보는 데서 오는 불쾌를 이기지 못하여 한시바삐 이 세계에서 벗어나고 싶었다.(김환태, 1988: 84면)

가장 소박한 의미의 비평은 작품을 읽는 과정과 읽고 난 뒤 독자에게 떠오르는 다양한 인상에 주목하여 그 인상의 내용을 충실히 전달하고 명료화하는 인상 비평이다. 학생의 비평 역시 작품에 대한 자신의 주관적 인상을 최대한 명료화하려는 작업과 다르지 않다.

작품에 대한 인상은 부정적인 느낌, 긍정적인 느낌, 심지어는 무관심까지 다양한 방향으로 나타날 수 있다. 모든 작품이 학생들에게 감동을 줄 것이라 기대하는 것은 착각이다. 아무리 걸작이라도 학생들의 기대 지평을 벗어난다면 긍정적인 평가를 받기 쉽지 않다. 예를 들어 이상의 「날개」에 등장하는 주인공의 기이한 고뇌가 학생들과 접속하기란 어렵다. 최인훈의 「광장」에서 이명준이 기독교와 공산주의의 유사성을 철학적 담론으로 장황하게 설파하는 대목은 한국 현대소설을 전공으로 삼고 공부하는 대학생들에게도 버겁게 다가온다.

독자는 작품에 숨겨진 문제점을 드러내고 그러한 문제점이 발생한 맥락을 찾아내는 일에 집중할 수도 있겠지만 작품에서 '공감'할 요소가 없다면 비평적 읽기가 계속되기란 쉽지 않다. '공감'은 작품에 대한 심미적 반응을 가능하게 만드는 기본적인 태도와 같기 때문이다. 종종 비평은 작품에서 흠을 찾아내어 문제점을 밝히는 것이라 오해하는 경우도 있다. 그러나 어떤 작품의 미학적 결함이나 숨겨진 이념적 편견 등을 발견하고 폭로하는 '비판'이 비평의 전부는 아니다. 비평은 작품과 독자의 대화로서 격려와 충고가 함께한다. 작품의 개별적 특징을 바라보고 그것을 음미하는 독서가 선행되지 않는 비판은 흠집 잡기로 전락할 수 있다. 작품이 독자에게 '공감'을 불러일으키는 면이 무엇인지 생각해 보는 가운데 작품의 의미를 좀 더 깊이 음미할 수 있게 된다는 점도 중요하다.

어느 때부터인지 우리 사회에는 자신의 입맛에 맞지 않거나 낯선 것을 견디지 못하고 단번에 외면하는 문화가 만연해 있다. 이런 상황에서 '공감'의 읽기는 비평적 읽기의 기본 태도로 더욱 강조되어야 한다. 작품에서 공감을 불러일으키는 요소를 찾아내어 그것을 바탕으로 작품에 대한 자신의 전체적인 인상을 형성하려는 독법은 학생들의 능동적 반응을 살리는 동시에 작품에 몰입하여 읽는 태도를 길러 주는 장점이 있다. 물론 '공감의 읽기'만을 강조할 때의 문제점도 있다. 작품에서 공감할 만한 면이 쉽게 발견되지 않을 수 있으며, 작품에 담긴 세계관이 거슬릴 수도 있고, 독자의 기대 지평을 벗어나 지나치게 난해할 경우도 있다. 이 경우에도 작품에 대한 자신의 인상과 다른 사람의 인상을 비교하려는 자세가 필요하다. 또한 다른 사람의 감상에 대해 열린 태도를 지녀야 한다. 한마디로 작품에서 받은 인상의 근거와 맥락을 찬찬히 살피려는 자기 성찰이 강조되어야 한다. 자신의 주관적 인상을 성찰할 수 있는 능력은 단순히 호불호를 표현하는 것에 그치지 않는다. 타인의 판단과 자신의 판단을 비교하는 문화를 형성할 때 작품에 대한 인상을 중심으로 한 비평적 읽기는 '취향의 소통'으로 발전할 가능성을 보여 준다.

2) 형식과 기법에 대한 분석

소설을 반(半)예술이라고 부르는 사람이 있을 정도로 소설은 소재로 삼고 있는 현실이나 작가의 주제 의식이 시에 비해 큰 비중을 차지한다. 그러나 소설의 내용은 그 자체로 의미 있는 것이 아니라 항상 어떤 형식으로 실현된 내용일 때 의미가 있다. 작품에 사용된 기법에 주목하여 그것이 작품 전체에서 어떤 효과를 낳고 있는지 논리적으로 조명하는 작업의 예를 보도록 하자.

> 사실 「객지」는 겉으로 볼 때 시간 순서에 따라 천천히, 그리고 비교적 산만한 묘사와 감정 없는 딱딱한 서술로 이루어진 듯 보인다. 영상적 상상력을 한껏 자극하는 서정적 문체의 「삼포 가는 길」과 확연히 다른 느낌을 주는 것도 그러한 인상 때문이다. 그러나 작품을 읽어 가면서 그리고 무엇보다도 작품을 다 읽고 나서 다가오는 것은 외관상의 느낌과는 반대로, 산만함보다는 간결한 구조로 집중화되는, 또 결말로 갈수록 숨 가쁜 운동감을 느끼게 된다는 점이다. 자잘한 디테일마저도 마지막 파업이라는 구심점을 위해 세심하게 배치되어 있는 등 개별적 디테일이 작품 전체의 구성과 밀접히 연관되어 외관과는 다르게 응집력을 만들어 내는 유기적 형상화가 돋보인다.(임규찬, 2006: 236면)

위 글은 마지막 파업 장면을 향하여 많은 것이 유기적으로 연결된 황석영의 「객지」의 구성에 주목하고 있다. 일반적으로 「객지」와 같은 소설을 읽을 때 독자는 1970년대 건설 현장의 비인간적 현실에 대한 고발이나 "꼭 내일이 아니라도 좋다."는 주인공의 마지막 독백을 통해 형상화되는 역사의식에 주목한다. 물론 그것은 자연스러운 독법이다. 그러나 주제 의식이나 구체적인 현실 반영만으로 「객지」가 탁월한 소설로 꼽히는 것은 아니다. 위 글은 '유기적 구성'이라는 형식에 주목하여 「객지」가 리얼리즘 단편 소설의 명작으로 꼽히는 이유를 설명하고 있다.

소설 비평에서는 소설 장르를 구성하는 일반적 형식에 대한 지식을 배경으로 해당 작품에서 실현되는 독특한 기법에 대한 분석으로 나아가곤 한다. 최재서는 박태원의 『천변 풍경』과 이상의 「날개」를 각각 '리얼리즘의 확대와 심화'를 대변하는 작품으로 평하였다. 상식적으로는 완전히 다른 경향이라고 생각되는 두 작품에서 공통점을 발견한 것이다. 그는 「날개」가 해부에 가까운 객관적 태도로 분열된 주관과 의식의 세계를 그려 낸다고 보았다. 그에 비해 『천변 풍경』은 객관적 태도로 객관 즉 도시 주변부의 지저분한 현실을 전달하는데, 여기서 최재서는 '카메라의 눈'이라는 기법에 주목하여 객관적 태도를 설명하고 있다.

> 다음 장면은 '이발소'로 이동된다. 빨래터가 여인들의 뉴스 교환소인 것과 마찬가지로 이곳은 남자들의 생활 감정의 정산소이다. 이곳에선 거울에 비치는 노쇠한 얼굴을 보고 젊은 첩을 연상하여 민 주사가 우울에 빠진다. 작자의 서치라이트는 표면의 행동을 뚫고 들어가서 이 노 신사의 컴컴한 내부 세계를 비춰 준다. 여기서 작자의 카메라는 활동을 휴지하고 그 대신 이발소 소년의 카메라가 회전을 시작한다. 이 소년이야말로 이 작품의 최대 걸작이다. 이 소년은 이 작품의 인물인 동시에 또 관찰자이다. 그는 왕성한 호기심과 아무 편견도 없는 맑은 눈을 가지고 이발소 창밖에 유동하는 생활을 모조리 관찰하고 또 소년다운 순진한 마음과 귀여운 유머를 가지고 소년다운 비평을 내린다. 작자 자신을 연상시키는 재미 풍부한 소년이다. 따라서 이 소년의 카메라는 작자 자신의 카메라와 구별할 필요가 없다. 작자는 이후에도 가끔 이 소년의 눈을 빌려 실재의 단면을 포착하기에 노력하였다.(최재서, 1938: 104~105면)

밑줄 친 부분은 '이발소 소년의 카메라'라는 표현을 사용하여 사건이 누구의 눈으로 전달되고 있는지에 주목하고 있다. 이를 통해 이발소와 이발소 주변 남성 어른들의 세계를 전달하는 데 큰 역할을 맡고 있는 소년의 '눈'이 작품에서 어떤 미적 효과를 낳는지 설명할 수 있게 되는 것이다. 최재서의 비평은 '누구의 눈으로 보는가'라는 시점론의 일반 원칙을 『천변 풍경』의 이발소 에피소드에 자주 등장하는 '소년이라는 카메라'로 구체화하고 있다.

형식과 기법을 특히 중시한 신비평가들은 소설을 둘러싼 외적 맥락보다는 작품 자체의 형식이나 기법을 섬세하게 파악하는 것을 강조하였다. 예술 작품이 본래 실질적이고 실용적인 목적에서 벗어난 '심미성'을 추구하기 때문이다. 브룩스(C. Brooks)와 워런(R. P. Warren)은 소설을 분석할 때 점검해야 할 내용을 다음과 같이 제시하였다(브룩스·워런, 1990: 8~9면).

① 등장인물은 어떠한 사람들인가?
② 등장인물은 실제 인물일 수 있는가?
③ 그들이 바라는 것은 무엇인가?
④ 그들이 지금 하고 있는 일을 해야 하는 이유는 무엇인가?
⑤ 그들의 행위는 그들의 본성과 논리적으로 일치하는가?
⑥ 그들의 행위가 그들의 성격에 대해서 말해 주는 것은 무엇인가?
⑦ 각각의 행위 혹은 특수한 사건들은 서로 어떤 관계를 맺고 있는가?
⑧ 등장인물들의 상호 관계는 어떠한가? 그들 간의 갈등을 일으키는 요소는 과연 무엇인가? 어떤 요소가 더 중요하고 어떤 요소가 덜 중요한가?
⑨ 요점, 즉 주제는 무엇인가?
⑩ 인물과 사건은 주제와 어떠한 관계를 맺고 있는가?

①~⑥은 소설의 인물론, ⑦과 ⑧은 소설의 플롯론, ⑨와 ⑩은 주제에 해당한다. 이처럼 플롯, 성격, 모티프, 상황과 환경, 서술자 등이 소설 비평에서 중요한 형식으로 꼽힌다. 시점과 서술자, 아이러니와 풍자, 문체 역시 작품의 기법을 논할 때 빠지지 않는 요소이다. 이러한 목록들은 소설에 대한 비평적 읽기에서 특히 주목해야 할 사항이다. 소설 역시 평범한 산문과 구별되는 언어 예술이기 때문에 작품의 형식이나 기법에 대한 분석 역시 비평적 읽기에서 중요한 측면을 이룬다.

3) 소설에 담긴 세계관과 가치의 평가

다른 장르에 대한 비평에 비해 소설 비평은 이데올로기나 정치적 문제에 더 민감하게 반응해 왔다. 1930년대와 1980년대 후반 리얼리즘 비평은 소설을 중심으로 이루어졌고, 비평을 둘러싼 쟁점 역시 문학의 경계를 넘어서는 모습을 보여 주었다. 소설 장르가 다른 장르에 비해 현실 반영, 주제 의식과 밀접히 연관되기 때문이다. 꼭 리얼리즘 계열의 소설이 아니더라도 대부분의 소설은 사상이나 인간 혹은 종교와 같은 '가치'의 문제를 중요하게 다루는 모습을 보여 준다.

정치적으로나 사상적으로 임화를 비롯한 카프 비평가들과 대립하였던 김동리는 '순수 문학'을 내걸었지만 작품은 물론 비평에서도 작가의 '사상과 철학'을 중요시하였다. 김동리는 1930년대 중반 자신의 소설 세계를 '개성과 생명의 구경(究竟) 탐구'로 요약한 바 있다. 그는 「무녀도」에서 무당과 같은 민속은 단순히 소재에 그치는 것이 아니라 이를 통해 이념적 세계인 신선 사상에 도달하려 했음을 밝히고 있다.

> '선(仙)'의 이념이란 무엇인가? 불로불사 무병무고의 상주(常住)의 세계다. 그것이 어떻게 성취되느냐? 한(限) 있는 인간이 한(限) 없는 자연에 융화됨으로써다. 어떻게 융화되느냐? 인간적 기구(機構)를 해체시키지 않고 자연에 귀화함이다. 그러므로 무녀 '모화'에게 있어서는 이러한 '선'의 영감으로 말미암아 인간과 자연 사이에 상식적으로 가로놓인 장벽이 무너진 경우다. (중략) 여기 '시나위 가락'이란 내가 위에서 말한 '선' 이념의 율동적 표현이요, 이때 모화가 '시나위 가락'의 춤을 추며 노래를 부른다 함은 그의 전 생명이 '시나위 가락'이란 율동으로 화함이요(모화의 성격 묘사에 의하여 가능함), 그것의 율동화란 곧 자연의 율동으로 귀화 합일한다는 뜻이다.(김동리, 1940: 91~92면)

그에 따르면 소설에서 중요한 것은 "종교적, 신비적인 생명의 온기"를 담는 것이다. 「무녀도」의 모화는 표면적으로는 기독교에 패배한 것으로 보이지만 마지막 굿 장면을 통해 서양 사상에 맞서는 토속 종교로서의 자신의 존재감을 뚜렷이 드러낸다. 김동리의 소설은 이처럼 개성과 생명의 구현을 추구하여 새로운 인간형을 창조하는 것을 목표로 한다. 비록 자신의 소설에 대한 해설 성격의 비평이지만 김동리는 이처럼 '인생'과 '생명'을 기준으로 작품에 대한 비평에 임한다.

그런데 소설에 드러난 세계관이나 가치를 사상이나 이데올로기와 같은 거대 담론으로 이해할 필요는 없다. 소설의 주인공이 추구하는 목표나 가치 혹은 인생관 역시 중요하기 때문이다. 이를 넓은 의미의 '윤리'의 영역으로 볼 수 있다. 문제는 소설 작품에서 형상화되는 가치는 현재 사회에서 통용되는 윤리관과 배치되는 경우가 적지 않다는 점이다. 근대 소설의 주인공이 일종의 '사회부적응자'로 자주 성격화되는 이유도 주인공과 사회의 통념적 가치를 충돌시켜 현실을 비판적으로 인식하는 것을 목표로 하기 때문이다. 예를 들어 염상섭의 「만세전」에서 이인화는 아내의 죽음이 임박했음을 알리는 전보를 받고도 서둘러 귀국하지 않는 '배덕자'의 모습을 보여 준다. 결말부에서 일본으로 서둘러 돌아가려는 모습 역시 민족적 자각보다는 개인의 욕망에 충실하다. 이를 도덕적으로 비판하기란 쉬운 일이다. 그러나 그의 비도덕적인 형상이 당대 현실의 봉건적 모순을 첨예하게 드러내면서 독자들로 하여금 많은 생각을 하게 유도한다는 점이 중요하다.

부스(W. C. Booth, 1998: 50~53면)는 윤리의 측면에서 소설을 읽고 비평할 때 유의해야 할 점을 다음과 같이 제시한 바 있는데, 이는 비평적 읽기에서도 참조할 만한 사항이다. 첫째, 윤리적 결점을 담고 있는 이야기를 제시한 뒤 그것을 찾게 한다. 둘째, 대조적인 관점을 담고 있는 이야기를 비교하게 한다. 셋째, 내포 작가가 매력적인 주인공이 지지하는 가치를 거부하는 이야기를 꼼꼼히 읽으면서 학생이 작가의 위치에서 주인공의 가치를 검토하게 한다. 넷째, 내포 작가가 의도하지 않았던 견해의 불일치 혹은 자기모순을 발견할 수 있게 한다. 다섯째, 폭넓게 읽으면서도 비판적으로 읽으려는 태도를 기를 수 있게 한다. 여섯째, 통찰력 있는 비평은 타인의 견해를 부정하는 것이 아니라 그것을 생산적으로 보완하는 것임을 깨닫고 실천하게 한다.

여기서 다섯째와 여섯째 항목이 현대소설의 독특한 '윤리성'과 직접적인 관련을 맺는다. 이는 거부나 수용 어느 한쪽으로 귀결될 수 없는 가치 자기화의 복합성을 드러내고 있기 때문이다. 다시 말해 작품에 담긴 가치나 윤리의 자기화를 작품에 드러난 세계관이나 주제를 일방적으로 수용하는 것으로 사고할 필요는 없다. 세계관과 가치를 중심으로 이루어지는 비평적 읽기에서는 '받아들이기'와 '거부하기'의 양자택일이 아니라 '이 사람이 저 상황에서 저런 행동을 하는 이유는 무엇인가', '나라면 그 상황에서 어떻게 행동했을 것인가'라는 감정 이입과 역지사지의 태도가 중요하다.

소설의 미적 성질에만 주목하면서 작품 읽기를 '심미 체험'에 국한할 경우 작품의 주제나 내용에서 중요하게 취급되는 사상을 경시하게 된다. '심미적 태도'만을 전면에 내세움으로써 현실 인식이나 윤리적 성찰 같은 작품의 '비(非)미적인 계기'를 배제할 필요도 없다. 정치적이거나 도덕적이거나 종교적인 입장으로 규정되어 작품에서 비본질적인 것으로 상정되는 내용에서 더 많은 것을 얻는 독자도 많기 때문이다.

4——비평적 읽기의 교육적 의미

비평은 일반적으로 전문가의 활동이며 평범한 독자와는 거리가 멀다고 생각하기 쉽다. 그러나 비평은 전문가의 글쓰기 이전에 문학 작품의 의미가 어떻게 형상화되어 있는지를 밝히면서 작품을 해석하고 평가하는 독자의 '활동'이다. 영화나 드라마를 좋아하는 동호인들이 인터넷 공간에서 작품에 대한 글을 남기고 평하는 일도 비평이다. 자신의 가치관이나 문학관으로 소설 작품을 해석하여 자기 나름의 의미를 부여하고 가치 평가를 내리는 비평가의 작업은 독자의 작품 감상과 구조적으로 동일하다. 다시 말해 비평 주체의 감식안과 지적이면서 이론적인 관점을 바탕으로 작품을 읽으면서 떠오른 '실감'을 글로 표현하는 작업은 비단 '비평가'라는 문학 전문가들만의 특별한 활동이 아니다.

독자가 작품을 읽고 작품에 대한 반응을 글로 표현하는 모든 과정에 비평이 살아 숨 쉬고 있다. 자신의 안목으로 작품을 읽고 해석하고 평가하면서 문학에 대한 자신의 안목을 조정하는 순환의 과정이 비평이기 때문이다. 작품을 읽고 독창적인 해석을 해 보고 작품의 가치를 평가해 보는 활동을 통해 학습자는 작품을 보는 안목을 기를 수 있다.

비평적 읽기를 통해 독자는 작품과 대화하며 작품을 살아 있게 만든다. 그런 점에서 비평적 읽기는 독자와 작품 사이의 우정 어린 대화와 같다. 물론 진정한 우정과 마찬가지로 비평 역시 칭찬과 더불어 따끔한 비판을 마다하지 않는다. 칭찬과 비판 모두 비평 주체의 주관적 판단에 의존할 수밖에 없다. 독자는 자신의 판단에 의지하여 작품을 읽고 평하는 가운데 때로는 칭찬하고 때로는 문제점을 지적한다. 이러한 비평적 읽기를 통해 독자의 안목이 깊고 넓어짐은 물론이고, 작품의 의미와 작품을 둘러싼 다양한 맥락 역시 심화·확장될 수 있다. 그런 점에서 비평적 읽기는 작품을 진정 살아 있게 만드는 독자의 '다시 쓰기'로 볼 수 있다.

핵심어

비평적 읽기, 이론 비평, 실제 비평, 공감, 인상, 기법, 가치, 자기화

| 참고 문헌 |

구인환 외(2012), 『문학 교육론』(제6판), 삼지원.
김동리(1940), 「신세대의 정신」, 『문장』 제2권 제5호.
김환태(1988), 『김환태 전집』, 문학사상사.
브룩스·워런(Brooks, C. & Warren, R. P., 1990), 『소설의 분석』, 안동림 역, 현암사.
윌리엄스(Williams, R., 2010), 『키워드』, 김성기·유리 공역, 민음사.
이상섭(2001), 『문학 비평 용어 사전』(개정증보판), 민음사.
임규찬(2006), 「「객지」와 리얼리즘」, 『비평의 창』, 강.
최재서(1938), 「『천변 풍경』과 「날개」에 관하여 — 리얼리즘의 확대와 심화」, 『문학과 지성』, 인문사.
Booth, W. C.(1998), "The Ethics of teaching Literature," *College English*, Vol. 61, September.

| 더 읽을 거리 |

김성진(2012), 『문학 비평과 소설 교육』, 태학사.
이글턴(Eagleton, T., 1989), 『문학 이론 입문』, 김명환 외 역, 창작과비평사.
타이슨(Tyson, L., 2012), 『비평 이론의 모든 것 — 신비평부터 퀴어 비평까지』, 윤동구 역, 앨피.

해석 텍스트 쓰기

◦ 이인화

1——문학 읽기와 해석 텍스트 쓰기

문학 작품을 읽는 일은 취미처럼 단순한 소일거리일 수도 있지만, 때로는 고도의 전문성을 갖춘 특정한 사람이 수행하는 복잡한 활동이라고 생각할 수도 있다. 실제로 문학 연구자와 일군의 독자들은 문학의 자율성을 강조해 왔다. 문학뿐만 아니라 문학을 있게 하는 제반 환경 자체가 독립된 체계를 지닌 자족적 존재임을 부각한 것이다. 문학을 문학답게 읽는 것을 강조하고 그에 대한 교육 내용과 방법 등을 다양하게 개발해 온 것은 문학의 독립성과 자율성을 확고히 하여 문학 자체의 논리를 세울 수 있게 하였다는 점에서 의의가 있다. 하지만 문학의 자율성이 증대되면서 한층 높아진 문학 장으로의 진입 장벽은 문학 자체를 탐구의 대상으로 삼되 문학을 읽는 독자에게는 관심을 기울이지 못했고, 특히 학습 상황에서 문학 경험을 쌓아 가는 학습 독자의 탐구 활동을 위축시켰다.

같은 맥락에서, 학습 독자와 전문 독자의 구분은 문학의 자율성을 강화하는 데 지속적으로 기여해 왔다. 오랫동안 문학 교육에서는 비평가 즉 전문 독자와 학습 독자를 구분하고, 전문 독자의 문학 읽기를 학습 독자의 문학 읽기의 모델로 삼아 왔다. 여기에는 몇 가지 전제가 깔려 있다.

- 학습 독자의 문학 읽기 결과(감상문)는 전문 독자의 문학 읽기 결과(비평문)보다 열등하다.
- 학습 독자의 문학 읽기 능력이 향상된다는 것은 전문 독자와 같은 방식으로 읽고 그와 유사한 결과물을 낼 수 있다는 의미이다.
- 학습 독자의 문학 읽기는 전문 독자의 문학 읽기와 동일한 활동이다(혹은 동일한 활동이어야 한다).

위와 같은 전제들로 학습 독자의 문학 능력이 발달해야 하는 방향을 제안하고 있다는 점에서 문학 능력을 위계화하고 교육 내용을 생성하는 데 보탬이 되었다. 그러나 한편으로는 문학 권력을 지닌 비평가나 작가에 의해 형성된 문학의 경계를 설정하면서 학습 독자를 문학 읽기와 쓰기의 주체 자리에서 밀어내었다. 등단과 같은 공인된 절차를 거쳐 전문 독자의 지위에 오르기 전까지는 평생 학습자로서 일반 독자들이 행하는 문학 읽기와 쓰기는 모두 기준에 미치지 못하는 것으로 취급되는 셈이다. 이러한 전제가 과연 타당한 것인지 의문을 제기하고 검토할 필요가 있다.

"문학 텍스트에 대하여 중층적 관계를 설정하면서 해석의 관점과 논리를 구성하는 양상을 보여 주는 텍스트"로서 해석 텍스트의 요체는 개별 독자들이 문학 작품을 읽는 데 바탕이 되는 관점과 논리를 구성하는 양상이다(양정실, 2006). 만약 문학 교육을 통해 전문 문학 비평가를 양성하고자 한다면 해당 장르의 특성과 사회적 소통 구조를 더욱 심층적으로 검토하고 그 기준에 맞춘 교육을 위해 노력해야 할 것이다. 하지만 학습 독자를 대상으로 하는 문학 교육에서 전문 독자와 학습 독자의 위상을 어떻게 설정하느냐의 문제는 교육 방향을 결정하는 주요한 변인이므로 신중하게 접근해야 한다. 이 장에서는 해석 텍스트의 특수성을 살피고 이를 바탕으로 학습 독자의 문학 읽기 능력을 신장시키기 위한 교육 방법을 논의하고자 한다.

2——해석 텍스트의 장르 특수성

해석 텍스트는 학습 독자가 처한 환경, 즉 교수·학습 상황에서 교육의 목적인 '성장'(혹은 '학습')을 달성하기 위해 고안되어 지속적으로 유지되어 온 하나의 장르이다. 학습 독자들이 생성하는 해석 텍스트의 유형이 전문 독자의 비평문과 다른 방식으로 장르성을 갖게 되었다는 점에 주목할 필요가 있다. 학습 독자와 전문 독자가 서로 다른 장르의 글을 생성한다는 사실은 학습 독자가 자신이 속한 공동체의 요청에 따라 특정한 텍스트 유형을 만들어 내었음을 의미하기 때문이다. 학습 독자의 해석 텍스트가 전문 독자의 비평문보다 낮은 수준의 글이라는 관점에서 벗어나 학습 독자의 해석 텍스트가 지닌 장르적 특수성에 주목한다면, 학습 독자의 읽기, 쓰기에 대한 인식을 재고하는 동시에 해석 텍스트를 교육의 장 안에 적극적으로 포섭할 수 있는 것이다.

1) 내적 형식의 특수성

내적 형식에서의 형식이란 내용과 구분되는 외적, 기교적 차원의 것이 아니라 '형식화된 내용'을 가리킨다. 특정 담화를 형식과 분리된 내용 편향적으로 분석하거나 내용과 분리된 형식 편향적으로 분석하는 것이 아니라 내적 형식에 초점을 둔 접근은 내용과 형식 사이에 가교를 놓고 텍스트를 총체적으로 들여다볼 수 있게 한다. 이러한 관점에 입각한 텍스트 연구는 개별 텍스트들의 개성보다는 텍스트와 텍스트의 관계를 중시한다(김영민, 1994). 또한 선택된 특정 형식은 세계에 대한 입장을 선취한 상태이므로, 그러한 입장에 더하여 대상을 구조화하며 경험의 불일치, 억압 등을 조정할 뿐 아니라 소통 과정을 통제하는 역할을 담당한다. 특히 소통 맥락에서 독자와의 관계를 조정하는 방식은 형식을 생성하는 데 큰 영향을 미친다. 해석 텍스트가 성장을 주목적으로 하는 학습 상황에서 생성된 것이라는 점에서 자신의 성장 경험을 구체적으로 표현하기 위한 내적 형식이 선택·발전되었을 가능성이 크다.

㉠ 이번 학기를 포함해, 지금까지 이상의 「날개」를 총 네 번을 읽어 보았다. 두 번째 읽을 때까지는 소설 속 '나'가 왠지 슬퍼 보인다는 생각이 끝이었다. 세 번째부터는 소설 속 결말에 의문이 들었다. 그렇지만 이번 학기에 「날개」를 직접 배우고 나서는, 오히려 결말보다는 과정, 그리고 '나'의 심리 변화에 더욱 초점을 맞추게 되었다. 하지만 항상 한 부분이 이해가 가지 않았다. 어찌 보면 비정상적인 '나'의 모습을 보여 줌으로써, 작가가 무엇을 나타내려 했는지 말이다. 그렇지만 수업 중의 토론을 통해, 작가의 의도를 소설 속 한 문장에서 찾을 수 있었다. (중략)

「날개」라는 소설의 '나'처럼, 지금 이 감상문을 쓰는 나도 아직은 박제되어 있을지도 모른다. 그러므로 앞으로도 「날개」를 몇 번씩 더욱 읽으며 나도 날개를 달고 날아오르고 싶다. 작가가 전하는 진정한 주제 등등 여러 가지의 의미를 더욱 고찰해 가며 말이다.[1]

㉠은 고등학생 학습자가 이상의 「날개」를 읽고 쓴 해석 텍스트의 일부이다. 「날개」를 읽은 경험, 「날개」를 거듭 읽음으로써 변화한 해석의 초점, 앞으로의 소망 등을 적고 있다. 이 같은 일련의 흐름 속에서 학습 독자는 문학 독서를 통해 독서 경험을 확장하고 성장을 도모하고자 함을 보여 준다. 대강의 줄거리를 요약하는 작업은 텍스트를 정리하여 자기화하기 위한 노력이며, 독서 동기와 감상, 깨달음 등을 서술하는 것은 문학 독서가 자신에게 미친 영향이 무엇인지 밝히고, 그것을 통해 성장한 바를 가시화하려는 노력이다. 학습 상황에서의 문학 읽기 경험을 언어로 정리하기 위해 정교화된 내적 형식이 해석 텍스트로 구체화되는 것이다.

학습 독자의 해석 텍스트에는 자신의 경험과 텍스트 내용을 연관 지으려는 시도가 두드러진다. 이는 독서 경험이 자신의 삶에서 차지하는 지위를 밝히고, 앞으로 더 확장된 경험을 쌓기 위한 단초로 삼고자 하는 태도이다. 또한 해

1 K고등학교 2학년 임○○ 학생이 이상의 「날개」를 읽고 과제로 제출한 감상문의 일부이다. 이 자료는 연구의 목적으로만 사용됨을 공지하고 해당 학생과 담당 교사에게 구두 동의를 얻은 후 수집되었다. 개인 정보를 보호하기 위해 학교와 학생 이름은 익명으로 처리하였다.

석 텍스트에는 독서 과정을 통해 깨달은 바가 명시화된다. 이는 전문 독자의 쓰기와 결정적으로 다른 점인데, 학습 독자의 글에는 문학 작품을 읽음으로써 자신의 과거, 인식적 오류, 태도 등을 반성하고 잘못을 고치겠다는 의지가 표명된다. 자기 성찰의 양상을 평명하게 보여 주는 것이다. 이처럼 학습 독자의 해석 텍스트는 경험을 정리하고 의미화하면서 자기반성을 꾀하기에 적합한 내적 형식을 지닌다.

2) 상황 맥락의 특수성

특정 장르의 특성을 이해하기 위해서는 그 장르가 생성되고 소통되는 맥락을 고려해야 한다. 학습 독자의 해석 활동은 교수·학습 상황에서 필연적으로 요구되는 것으로, 국어 시간이나 문학 시간에 교육적 필요에 의해 문학 작품을 읽거나 해석 텍스트를 쓰는 활동을 수행하게 된다. 이는 학습 독자가 피해 갈 수 없는 상황이며, 해석 텍스트의 질은 평가와 연관되는 경우가 많으므로 최선을 다해야 하는 활동이다. 물론 전문 독자의 해석 활동 역시 어떤 사회적 상황을 전제로 한다. 원고를 청탁받는다든가, 사회적 지위를 얻기 위해 글을 써야 하는 경우 등이다. 단, 해석 텍스트의 내용과 형식 면에서 공동체가 학습 독자와 전문 독자에게 요구하는 바가 다르다. 공동체가 기대하는 학습 독자의 해석 텍스트는 해당 작품을 얼마나 잘 이해하였는지, 작품과 관련된 자신의 경험을 얼마나 충실하게 조회하였는지, 작품의 의미를 자기 삶과 얼마나 밀착시켰는지, 작품 읽기를 통해 어떤 부분에서 얼마나 성장하였는지를 보여 주는 것이다. 이는 개인의 욕망과 사회적 요구가 뒤얽혀 있어 무엇이 우선인지는 밝히기 어렵지만, 사회적 요구와 개인적 욕망이 동시에 발현된 것이라고 볼 수 있다.

반면에 전문 독자의 비평 활동은 자기 성장이나 과거에 대한 반성보다는 자기 해석을 문학 공동체 안에 널리 알려 자신의 입지를 굳건히 하고 정체성을 구축하고자 하는 욕망이 주를 이룬다. 물론 학습 독자의 해석 텍스트 역시 교사나 학습 공동체로부터 인정받기를 추구하지만 학습 상황의 본질을 생각하면 이는 부수적이다.

학습 독자의 해석 텍스트와 전문 독자의 비평이 두드러지게 비교되는 지점은 경험을 드러내고 자기를 성찰하는 부분에서이다. 학습 독자는 자신의 경험을 직접적으로 드러내고 텍스트 속 인물의 경험과 비교하기도 하며 등장인물에 자기를 투사하기도 한다. ㉠에서 보았듯이 텍스트 해석에서 자신을 드러내는 데 거리낌이 없다. 또한 그러한 과정을 통해 자신의 경험을 반추하면서 더 성장할 수 있는 방법을 찾는다. 과거의 모습을 반성하거나 앞으로 어떻게 살아가야 할지 바람직한 삶의 모습을 모색하는 과정 등이 이에 해당한다.

반면에 전문 독자의 비평은 이와는 조금 다른 양상이다.

㉡「날개」는 지식인이 자신 내부의 가치 의식을 사회적 행동으로 발전시킬 수 없는 상황, 뚜렷한 목표나 희망 없이 정신적 고뇌와 혼란이 지속되는 상황에 대한 암울한 기록으로서 주목될 필요가 있었지만 훌륭한 문학이란 현 실상의 제시에 그치는 것이 아니라 바람직한 가치의 좌표를 그려 보여 줄 수 있는 것이어야 했다. 최재서의 논리를 지배하는 한 축으로서의 도덕주의는 그의 인문주의적 지식 체계에 근거한 것이었다.

(중략)

「날개」가 단편적 태도의 제시에 그치고 말았다는 최재서의 지적은 비일상적 화자의 관점을 통한 내적 독백, 감각적 인상의 제한적 제시라고 하는 형식적 의미를 간과한 결과였다. 이러한 형식에 있어 작가는 이야기로부터 의도적 거리를 가지게 되며, 이야기는 그 자체의 극적 완결성을 얻게 된다. 이러한 형식적 중개성, 개인적 낯설게 하기의 방식 때문에 「날개」는 최재서가 보았듯이 자전적 소설이면서 또한 우회적 진술의 성격을 강하게 띠는 것이었다. 최재서가 아이러닉한 형식의 이중적 의미를 인정할 수 없었던 것은 「날개」를 자전적 탐색의 자기 토로로 설명하려 한 데에도 그 이유가 있었다. 그렇게 볼 때 「날개」의 가치관 부재는 곧 작자의 가치관 부재를 의미하는 것이었기 때문이었다.(신형기, 1983: 121, 138~139면)

㉡의 필자인 전문 독자는 최재서라는 대타자(大他者)를 내세운 뒤 그에 대한

동의와 부정을 통해 자신의 입지점을 설정하고 자기 해석의 권위와 타당성을 찾는다. 그 과정에서 실재하는 개인으로서의 전문 독자는 두드러지지 않는다. 글쓰기의 주체는 멀어지는 대신 「날개」에 대한 평가와 해석의 객관성을 인정받는다. 그러한 방식으로 객관성을 표명하는 것이 글의 권위와 신빙성을 더해준다고 공인되었기 때문이다. 또한 자기반성이라든가 깨달음에 대한 제시 역시 찾아보기 어렵다. 전문 독자는 자신의 주장을 타자에게 관철하려는 논리 싸움을 벌이기 때문에 자신을 성찰하는 양상이 좀처럼 드러나지 않는다.[2]

3——해석 텍스트 쓰기 교수·학습 방안

지금까지 살펴본 바와 같이 내적 형식의 특수성과 상황 맥락의 특수성은 형식 논리상으로는 구분되지만 실제 내용 면에서는 변별하기 어려울 만큼 밀접한 관계를 맺고 있다. 특정한 공동체 내의 요구에 따라 내적 논리가 서로 다른 현상을 통해 학습 독자와 전문 독자의 해석 텍스트가 장르상으로 변별됨을 확인할 수 있다.

그렇다면 이제 문학 교육에서 전문 독자의 문학 읽기를 전범으로 삼아 학습 독자의 구조적·분석적 문학 읽기 능력을 발달시키는 한편, 학습 독자가 생성하고 발전시켜 온 해석 텍스트라는 장르의 특성을 탐구하고 그것을 교육할 수 있는 방안을 마련하는 작업을 병행할 필요가 있다. 전문 독자의 해석 행위, 즉 비평 활동을 교수·학습하는 경우와 학습 독자의 해석 행위 자체를 강화하고 발전시키는 경우이다. 전자는 비평문이라는 별도의 장르에 대한 학습을 강조하는 방식으로, 후자는 학습 독자 해석 행위의 장점을 부각하여 교육적 효과를 극대화하는 방식으로 가능하다. 학습 공동체에서 학습 독자가 수행하는 독특

2 학습 독자의 해석 텍스트 쓰기에 관심을 갖는 이유는 전문 독자의 쓰기와 학습 독자의 쓰기 중 어느 하나를 비판하거나 경시하려는 데 있지 않다. 각각의 쓰기 주체가 처한 상황과 맥락 속에서 발생한 쓰기의 장르를 인정하고 교육적 상황과 필요에 따라 서로 다른 쓰기를 수행할 수 있는 기반을 마련하는 일이 중요하다.

한 해석 행위의 특성을 고려하여 해석 텍스트 쓰기 교수·학습 방안을 세울 때 크게 세 가지 방향을 모색할 수 있다.

앞에서 학습 독자의 해석 텍스트는 장르화되어 있음을 확인하였다. 다만 현재로서는 해석 텍스트의 틀이 상당히 고착화된 측면이 있어 쇄신이 요구된다. 형식적 틀은 학습 독자가 해석 텍스트 내용을 생성하는 데 기여하기도 하지만, 한편으로는 해석 텍스트를 정형화하여 내용의 참신성을 훼손할 우려가 있기 때문이다. 따라서 학습 독자의 해석을 좀 더 풍부하고 다양하게 구성할 수 있는 교육적 처지가 필요하다.

우선 문학 교실 자체를 주목해 보자. 일단, 학습자 집단의 내적 특질이 다양화되어 있다. 과거 한국 사회에서 학교 교육을 받는 학습자들은 비교적 균질한 집단으로 인식되어 왔다. 과거의 학습자들이 비슷한 성장 배경과 비슷한 사회·경제적 환경을 지녔었다면, 오늘날에는 한 교실에서도 다양한 배경과 경험을 지닌 학생들이 뒤섞여 있는 상황이다. 또한 사회적 변화를 기민하게 받아들이고 민감하게 반응하는 집단과 외부의 변화에 대응하지 않아도 된다고 생각하는 집단으로 분화하면서 학습자들은 더욱 다양한 문화적 환경에 노출된다.

문학 교육은 오랜 세월 축적되어 온 문화유산으로서의 고전을 학습한다는 의미도 있지만, 현재 사회에 대응하고 그에 적합한 교수·학습 방법을 통해 성장을 도모하는 측면이 강하다. 따라서 과거의 방식과 정형화된 틀대로 해석 텍스트를 생성하기보다는 다양한 맥락을 고려하고 사고를 심화·확장하는 쓰기가 가능하도록 교수·학습 방법과 내용을 여러모로 구안할 필요가 있다.

1) 다양한 사회·문화적 맥락의 활용

학습자들이 지닌 다양한 문화 자본을 적극적으로 활용하도록 독려함으로써 해석 텍스트 쓰기의 양상을 다양화·다층화할 수 있다. 독자는 문학 작품을 읽는 상황 맥락과 사회·문화적 맥락에 중층적으로 노출되어 있으며, 텍스트의 의미를 새롭게 구성하는 데 필요한 지식을 보충하고 확충하는 역할을 하는 텍스트 간 맥락에도 영향을 받는다(노명완 외, 2008). 이러한 점을 활용하여 해석 텍스트 쓰기의 교수·학습 상황에서는 학습 독자가 그동안 습득한 다양한 매체 자료, 독서 자료, 비평 자료, 경험 자료 들을 자유롭게 투입하고 혼종화하게 하는 것이다. 이것이 단순한 물리적 결합이나 혼란을 자초하는 일이 되지 않기 위해서는 내용, 즉 문학 작품에 대한 이해를 효과적으로 표현하고 소통 가능하게 만들 수 있는 형식에 대한 고민이 따라야 한다. 매체가 곧 형식이고 내용이 될 수 있다는 점을 인식하여야 해석 텍스트의 형식과 내용의 다변화를 이끌 수 있다.

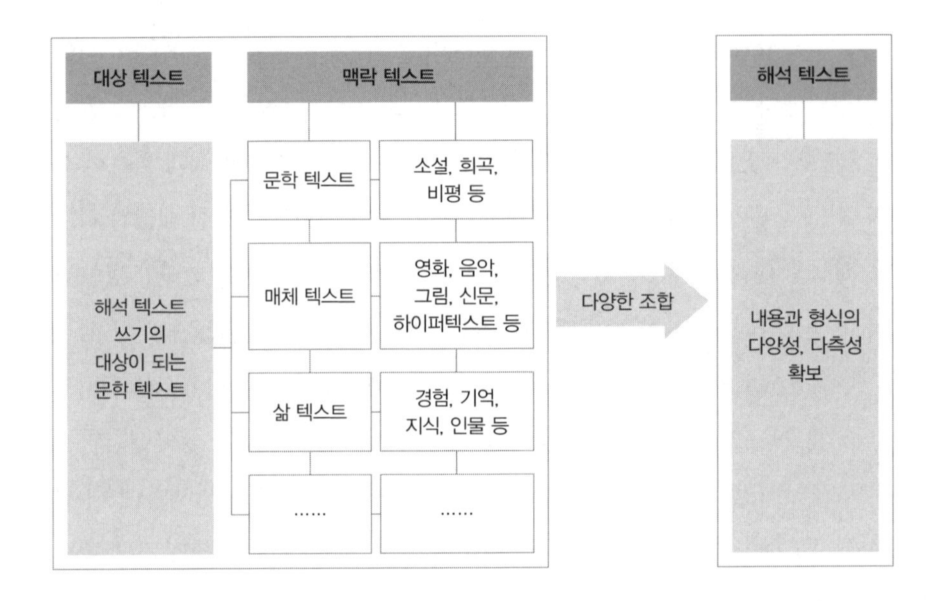

다양한 맥락 텍스트의 활용이 문학 작품과 만나는 순간 다양한 의미가 발생할 수 있다는 점은 문화 자원의 활용이 문학 교육에 기여하는 바가 있음을 보여 준다. 이는 일종의 상호 텍스트성의 활용이기도 하다. 문학 텍스트는 이제 그 자체로 유일하거나 자족적인 전체가 아니며, 이미 존재하는 상징들, 의미들, 체계들, 텍스트와의 상관성 속에서 존재하고 유통된다. 이러한 이유로 독자를 둘러싼 맥락들은 문학 텍스트의 수용에 영향을 미친다. 해석과 논리 구성의 과정을 가시화하는 해석 텍스트는 문학 작품 자체의 의미뿐만 아니라 텍스트 바깥에 존재하는 무수한 문화적 담론과의 연관성까지 담아낼 수 있다(정재찬, 2009).

2) 자신의 읽기 경험 표현

다양한 사회·문화적 맥락을 활용하여 해석 텍스트 쓰기의 재료를 모은 후에는 이 재료들을 배치하고 구조화하여 한 편의 해석 텍스트를 쓸 수 있어야 한다. 해석 텍스트 역시 쓰기의 결과물이라는 점에서 일반적인 쓰기의 과정과 절차를 따르는 데에 무리는 없다. 통일성과 일관성을 고려하여 내용을 구성하고, 제재나 주제 중심으로 개요를 작성하여 글 전체와 문단을 구성한 뒤 다양한 원리에 따라 내용을 전개해 나가는 것이다. 그러나 해석 텍스트는 문학 읽기의 경험을 언표화함으로써 문학과 자기 삶에 대한 이해를 심화해 나가는 시발점으로서의 기능을 갖는다. 따라서 엄격한 의미에서의 통일성과 일관성, 글쓰기 절차의 준수를 강요하기보다는 문학 작품을 읽은 자신의 경험이 다양한 맥락 텍스트와 결합할 수 있는 방법을 공유하고 지원하는 것이 더 유의미하다.

양정실(2006)은 해석 텍스트 쓰기의 여러 양상을 규명하였는데, 이를 참고하여 학습 독자가 해석 텍스트를 쓸 때에 자신의 읽기 경험을 구조화하는 방식으로 다음과 같은 활동을 활용할 수 있다.

첫째, 문학 텍스트를 읽으며 인상적인 요소들을 찾고, 그 요소들의 의미를 텍스트의 전체 맥락 속에서 찾는다. 학습 독자는 대상 텍스트의 구조 내에서 각 요소의 의미를 규명할 수도 있고, 의미를 정확히 파악하지 못한 채 무지를 드러내거나 인상 비평 수준에 머물 수도 있다. 해석 텍스트는 이러한 특성을 성장의 계기로 포착하게 하며, 이후 교수·학습에 시사점으로 삼을 수 있다.

둘째, 문학 텍스트에서 유의미하다고 판단한 요소들을 다양한 맥락을 활용하여 해석해 본다. 이는 대상 텍스트의 내적 맥락에서 파악하기 어려운 의미들을 외적 맥락을 동원하여 해석하려는 시도이다. 외적 맥락의 도입이 문학 텍스트를 이해하는 데 부차적인 것으로 여겨질 수도 있으나, 해석 텍스트에 어떤 맥락을 어떤 방식으로 도입하느냐는 학습 독자의 해석 방식, 해석의 적절성과 타당성을 검토할 수 있는 중요한 근거이다.

셋째, 적극적으로 '나'의 생각을 표명한다. 문학 텍스트를 읽고 '나'에게 인상적인 부분, '나'에게 울림을 주었던 부분, '나'에게 어려웠던 부분 등을 밝히는 글쓰기는 학습 독자의 정체성과 자기 인식을 드러내는 데 효과적이다. 따라서 학습 독자가 자신을 등장인물 중 하나로 가정해 보거나, 텍스트 속 인물이나 사건에 대한 자신의 평가와 미적 판단을 드러내는 것이 해석 텍스트 쓰기의 한 방법이 될 수 있다.

3) 해석 공동체 내의 소통과 협상

해석 텍스트 쓰기는 그 자체로 완결된 교육 활동일 수 있으나, 문학 작품에 대한 더 깊은 해석과 이해를 도모하는 시작점이기도 하다. 해석 텍스트에 담긴 학습 독자들의 성장 계기를 찾고 그 가능성을 확대 재생산하기 위해서는 해석 공동체 내의 소통과 협상을 권장할 만하다. 소통과 협상은 글쓰기 과정에서 내용 생성 방식 중의 하나로 적극 활용되고 있다(주재우, 2011: 39~40면).

학습 독자가 해석 텍스트를 쓰는 것은 자신의 읽기 결과를 정리하고 보관하기 위해서이기도 하지만, 언어화된 해석 결과를 공동체 구성원들과 공유하고 소통함으로써 성장된 문학 읽기로 이어 가기 위해서이기도 하다(이인화, 2014). 따라서 교수·학습 활동 역시 해석 텍스트 쓰기에서 멈추는 것이 아니라, 그것을 소통으로 연결시킬 필요가 있다. 학습 공동체의 구성원인 학습자와 학습자 간, 학습자와 교사 간 소통을 통해 대상 문학 작품을 적절하고도 타당하게 이해하였는지를 점검하고, 그 결과를 다시 해석 텍스트 쓰기에 반영함으로써 점진적으로 성장하는 문학 읽기가 가능하기 때문이다. 소통과 협상은 현재의 해석 텍스트가 공동체 내에서 수용 가능한지를 검토하여 내용과 형식을 수정하고 보완하는 계기가 된다. 또한 좀 더 효과적으로 자기 해석을 표현할 수 있는 방법을 찾게 됨으로써 해석 텍스트의 형식적 쇄신도 가능하다.

대상 텍스트를 읽고 해석 공동체 내에서 소통과 협상을 통해 해석 텍스트 쓰기를 진행할 때 학습자의 수행을 점검하기 위해서는 다음과 같은 지점에 주목할 필요가 있다(이인화, 2014: 279면).

영역	기준		학습자의 특성
해석 소통 경험의 의미화	매우 잘함	소통 및 협상 활동 경험을 전체적으로 조망하고 심화된 자기 해석을 글이나 말로 완결성 있게 표현하며, 이를 이후 소통 자원으로 삼을 수 있다.	
	잘함	소통 및 협상 활동 경험을 바탕으로 자기 해석을 조정하고 심화시키지만 형식을 갖추어 완결성 있는 결과물을 내놓는 데 어려움을 겪는다.	
	보통	소통 및 협상 활동 경험에 대해 반성적인 사고는 가능하지만, 이를 바탕으로 자기 해석을 조정하고 심화시키는 데 어려움을 겪는다.	
	보통 이하	소통 및 협상 활동 경험을 메타적으로 검토하는 데 어려움을 겪고, 그 경험을 자기 해석과 연관 짓지 못한다.	

텍스트로 구체화된 해석 소통 경험은 그 자체로 누적화하는 것이 바람직하다. 현재로서는 해석 텍스트 쓰기와 관련된 자료나 경험을 축적하는 단계이므로 다양한 사례를 수집하고 검토함으로써 평가 준거를 구체화하고 타당성과 신뢰도를 높이는 작업이 병행되어야 한다. 특정 텍스트에 대한 학습자들의 반응과 해석 소통에 대한 평가를 바탕으로 이후의 해석 소통을 수행한다면 해석 소통 경험을 재구조화하고 문학 경험도 심화할 수 있다는 장점이 있다.

또한 학습자 텍스트와 그에 대한 교사의 평가를 학교 단위, 지역 단위로 데이터베이스화하여 축적한다면 학습자 지도 및 교사 학습의 자원으로 활용할 수 있다. 해석 소통의 과정과 결과, 그에 대한 교사들의 숙의(deliberation)[3] 결과를 축적하여 참고 자료로 활용하는 것이다. 동료 교사의 평가를 통해 타당성이

3 워커의 교육과정 모형에 따르면 숙의란 "실제적 문제의 영역에서 일어나는 것으로, 우리가 선택권을 가지고 있되 선택에 동원할 수 있는 정확한 지식은 가지고 있지 못할 때에 거치게 되는 사고의 과정"이다(조영태, 1998: 184면).

확보된 평가 결과가 축적된다면 학습자들의 수행을 이해하거나 평가하기 어려운 경우 과거 자료를 참고하여 문제를 해결할 수 있다.

핵심어

문학 읽기, 해석 텍스트, 쓰기, 맥락, 상호 텍스트성

| 참고 문헌 |

김영민(1994), 「우리 소설의 내적 형식의 역사와 관계망 파악」, 『민족 문학사 연구』 제5호, 민족문학사연구소.

노명완 외(2008), 『문식성 교육 연구』, 한국문화사.

양정실(2006), 「해석 텍스트 쓰기의 서사 교육 방법 연구」, 서울대학교 박사 학위 논문.

신형기(1983), 「「날개」의 비평적 재해석 — 최재서의 관점을 중심으로」, 『현상과 인식』 제27호, 한국인문사회과학회.

이인화(2014), 『해석 소통, 문학 토론의 내용과 방법』, 사회평론.

정재찬(2009), 「상호 텍스트성에 기반한 문학 교육의 실천」, 『독서 연구』 제21호, 한국독서학회.

조영태(1998), 「교육과정 개발의 논리: 워커의 교육과정 모형 검토」, 『비교 교육 연구』 제8권 제2호, 한국비교교육학회.

주재우(2011), 「설(說) 양식을 활용한 설득적 글쓰기 교육 연구」, 서울대학교 박사 학위 논문.

| 더 읽을 거리 |

정재찬(1997), 「문학 정전의 해체와 독서 현상」, 『독서 연구』 제2호, 한국독서학회.

Miller, C. R.(1994), "Genre as Social Action," Freedman, A. & Medway, P.(eds.), *Genre and the New Rhetoric*, Talor & Francis.

3부

소설의 구성 요소에 대한 이해

인물

° 정진석

1——소설에서 인물의 위상

인물은 소설을 구성하는 여러 요소 중 하나이다. 소설을 스토리와 담론이라는 이원 구조로 본다면 인물은 스토리에 속하는 사물적 요소에 해당한다. 소설을 스토리, 텍스트, 서술의 삼원 구조로 본다면 인물은 스토리의 한 요소이며, 인물 구성은 텍스트의 한 요소이다. 인물은 사건, 배경과 함께 서술된 사건인 스토리를 구성하며, 인물 구성은 시간 구성, 초점화와 함께 기술된 담화인 텍스트를 구성한다. 이처럼 인물은 다른 요소들과 유기적 관계를 맺으며 소설을 구성한다. 따라서 소설의 인물을 이해하는 것은 인물만을 단독으로 탐구하는 것이 아니라 소설이라는 유기체를 전제로 그 기능과 의미 작용을 파악하는 일이다.

하지만 소설에서 인물의 위상을 다른 요소와 대등한 부분적 요소로만 간주하기는 어렵다. 소설의 정의를 살펴보자. 루카치(G. Lukács, 1998: 86면)는 "문제적 개인이 정신적 고향과 삶의 의미를 찾아 길을 나서는 동경과 모험에 가득 찬 자기 인식에로의 여정을 형상화한 것"이라고 규정하며, 골드만(L. Goldmann, 1982: 23면)은 "타락한 사회에서 타락한 방식으로 진정한 가치를 추구하는 서사 양식"이라고 정의한다. 조동일(1977: 66면)은 소설을 "작품 외적 자아의 개입으로 전개되는 자아와 세계의 상호 우위에 입각한 대결을 그린 양식"으로 보았다. 주목할 점은 이러한 정의의 핵심에 인물이 있다는 것이다. 문제적 개인, 타락한 방식으로 진정한 가치를 추구하는 주인공, 세계와 상호 우위에 입각한 대결을 벌이는 자아와 같은 용어는 모두 인물을 통해 소설 장르의 본질을 설명하고자 한다.

소설의 이해와 창작의 차원에서도 인물의 위상은 핵심적이다. 이 점은 나도향의 「벙어리 삼룡이」, 주요섭의 「사랑손님과 어머니」, 염상섭의 「E선생」, 김동인의 「정희」, 채만식의 「미스터 방」, 계용묵의 「백치 아다다」, 현진건의 「B사감과 러브레터」 등 현대소설사의 많은 작품이 인물의 이름 또는 별칭을 제목으로 내세운 점에서 확인할 수 있다. 작가가 중심적으로 그리는 것은 인물의 삶이며, 소설의 형식은 그 삶에 대한 태도에서 출발한다. 한편 독자에게도 한 편의 소설은 어떤 인물의 이야기로 기억되는 경우가 많다. 이광수의 『무정』은 이형식의 이야기로, 이효석의 「메밀꽃 필 무렵」은 허 생원의 이야기로, 최인훈의 「광장」은 이명준의 이야기로 이해된다. 제임스(H. James, 1956: 16면)가 "소설이나 그림 가운데 등장인물과 관련되지 않은 것이 있는가? 그것이 아니라면, 우리가 그 안에서 추구하고 또 발견하고자 하는 것은 대체 뭐란 말인가?"라고 주장한 것처럼, 인물은 소설을 이해하는 과정에서 가장 중요하게 탐구되는 대상이다.

문제는 인물을 이해하는 것이 생각보다 어려운 과제라는 점이다. 소설의 인물은 대개 실제 인간과 닮아 있지만 현실 세계에서 살고 행동하는 존재는 아니다. 소설의 인물은 작가에 의해 창조된, 특정한 의도와 계획에 따라 생각하고 행동하는 구성물이자 문자로 기록된 기호물이다. 독자가 대면하는 것은 온전한 인간이 아니라 구성된 인물이다. 따라서 독자는 서술자가 제공하는 정보를 근거로 인물의 외면을 마음에 떠올리거나 성격을 추론해야 한다. 인물은 소설 속 다른 인물과 관계할 뿐만 아니라 작가와 독자, 더 나아가 사회·역사적 현실과도 관계를 맺는다. 그러므로 소설의 인물은 텍스트 내적 요소와의 관련성 속에서 통합적으로 이해되어야 하며, 텍스트 외적 맥락에 비추어 다각적으로 탐구되어야 한다.

2——소설론에서 인물의 지평

인물과 관련하여 지금까지 소설론은 주로 인물의 존재 양식과 유형에 집중해 왔다. 전자는 소설에서 인물이 어떻게 존재하느냐에 대한 답을, 후자는 소설의 인물을 어떻게 나눌 수 있느냐에 대한 답을 모색한다. 이 답들은 소설의 인물이 지닌 본질과 특성을 밝힌다는 점에서 인물과 관련된 소설 교육의 내용으로 오랫동안 제시되어 왔다.

소설론에서 인물의 존재 양식을 논의할 때 문제가 되는 것은 크게 두 가지이다. 인물의 본질에 대한 것과 인물과 사건의 관계에 대한 것이다. 인물의 본질에 대한 논의는 소설의 인물이 실제 인간을 재현한 것인가 아니면 언어적 구성물인가라는 질문에 집중한다. 전자의 논의에 따르면 소설의 인물은 현실 세계에서 우리가 만나는 실제 인간들과 다를 바 없다. 따라서 반영론, 심리학, 윤리학, 문화 유물론 등에 입각하여 소설의 인물이 지닌 인간적 면모를 탐색하는 것이 가능해진다. 반면에 후자의 논의에 따르면 소설의 인물은 기본적으로 기호로 간주된다. 이러한 기호는 현실 세계의 인물을 지시하기보다는 허구적 인물을 독자가 그려 보거나 추론하도록 자극한다. 이때의 인물은 복잡한 성격을 지닌 한 사람의 인간이기보다는 그 기능과 역할이 분명한 행위자나 모티프에 가깝다. 이처럼 인물이 현실 세계의 인간과 언어 현상의 기호 중 어느 편인가 하는 문제는 소설론에서 주요 논쟁거리 중의 하나이다.

하지만 "작중 인물을 '인간인 동시에 전체 구상물의 일부로서' 본다는 것이 가능할까? 나로서는 만약에 우리가 이 두 가지 극단적 입장이 각각 허구 서사물의 서로 다른 국면에 관계된다는 것을 깨닫는다면 그것이 가능하다"고 본다는 리몬케넌(S. Rimmon-Kenan, 1999: 63면)의 주장과 같이, 인간적 면모와 기호로서의 특성을 모두 인물의 존재 양식으로 인정하는 것이 설득력 있다. 소설의 인물은 기호화되어 있는 데다가 실제 인간을 직접 지시하지 않기 때문에 바로 대면하거나 경험할 수는 없다. 대신 문자화된 기호를 근거로 독자는 소설의 인물을 재형상화(refiguration)해야 한다. 이를테면 인물 간 대화, 서술자의 말하기를 바탕으로 인물의 외양을 그려 보고 성격을 파악하면서 인물 구성에 담긴 작가의 의도를 추론해야 한다. 하지만 소설의 인물은 동시에 '인간적'이기도 하다. 독자가 소설의 인물에 정서적으로 반응하면서 그의 행위와 생각, 태도 등에 공감하거나 반감을 나타내는 것은 이 때문이다. 또한 독자가 인물을 이해하는 과정에서 개인과 공동체를 통찰하고 자기 이해에 도달할 수 있는 것은 인물을 언어적 구조물 이상으로 간주하기 때문이다. '허구 서사는 현실 세계의 지시를 유예함으로써 현실 세계의 가능한 진리를 개시한다'는 리쾨르(P. Ricœur, 1998: 70~75면)의 통찰에서 알 수 있듯이, 소설 속 인물의 이중적 존재 양식은 인간의 문제를 깊이 있게 탐구하게 하는 원천이기도 하다.

소설론에서 인물의 본질과 함께 문제 되는 것이 인물과 사건의 관계이다. 아리스토텔레스(Aristoteles, 2002: 52면)가 『시학』에서 "성격을 재현하기 위해서 행동하는 것이 아니라, 행동을 통해서 그들의 성격이 드러나는 것"이라고 주장한 이래, 인물은 어떤 행동의 행위자이며 사건에 종속적인 존재로 간주되었다. 프롭(V. Propp, 1994: 20~21면)은 기능을 중심으로 행동을 규정하면서 인물을 '악한(惡漢), 기증자, 조력자, 탐색자와 그의 아버지, 위임자, 영웅, 가짜 영웅'으로 나누었고, 그레마스(A. J. Greimas, 1966: 180면)는 행동을 역할과 기능에 따라 유형화한 행위소(行爲素) 개념을 도입하면서 인물을 '주체, 객체, 발신자, 수신자, 조력자, 반대자'로 유형화하였다. 이와 같은 접근은 소설의 인물들이 서로 대립하고 갈등하는 가운데 사건을 주도하면서 사건에 영향을 받는 과정을 명료하게 분석하게 하고, 궁극적으로는 의미론적 차원에서 서사적인 것을 규정하는 서사 문법을 구축하게 한다는 점에서 의의가 있다. 문제는 인물을 사건에 종속시키는 과정에서 인물의 인격적 면모가 탈각된다는 점이다. 인물의 인격적 면모는 심리적·사회적 특성으로 구체화되는데, 이러한 특성은 사건에 인과성을 부여하고 세계와의 관련성을 드러낸다는 점에서 사건과는 독립된 인물의 자율적 면모를 인정하거나 인물과 사건의 관계를 역전시켜야 한다는 주장이 제기되기도 한다.

이러한 논란과 관점의 차이는 인물과 사건이 소설 안에서 유기적으로 결합되어 있기 때문에 발생하는 것으로, 인물과 사건의 관계는 상호 보완적으로 인식할 필요가 있다. 리몬케넌이 주장한 것처럼 인물과 사건의 관계는 작품에 따라 다양하게 나타나며, 독자에 따라 달리 설정될 수 있다. 독자는 사건의 양상과 흐름에 관심을 둘 때 인물의 기능과 역할에 주목하고, 사건에 일관성과 개연성을 부여하는 동인(動因)으로서 인물의 존재에 관심을 둘 때 인물의 심리적·가치적 성격에 주목하게 된다. 이렇듯 소설 속 인물의 복합적 성격은 독자가 선택적으로 주목하고 인물 이해로 종합해야 할 탐구의 대상이다.

3——인물 이해의 대상으로서의 성격

성격은 인물이 지닌 고유한 인격적 자질과 기능을 가리킨다. 이러한 성격은 그 인물을 소설 속 다른 인물, 더 나아가 현실 세계의 인물과 구분 짓는 기능을 지닌다. 김동인은 염상섭의 소설 「표본실의 청개구리」에서 "과도기의 청년이 받은 불안과 공포의 번민"을 확인하면서 "새로운 하므레트의 출현에 통쾌감을 금할 수 없었었다."라고 고평하였다. 이처럼 좋은 소설의 요건은 새로운 성격의 인물을 창조하는 것이다. 삶을 탐구하는 소설은 다양한 성격을 제시함으로써 인간과 세계를 참신한 각도에서 바라보거나 개인과 세계의 새로운 가능성을 모색한다. 따라서 인물을 이해하는 것은 곧 인물의 성격을 이해하는 것이다.

소설의 인물이 지닌 성격은 복합적이다. 현실 세계의 인간보다 더 복합적인데, 이는 앞서 살펴본 것처럼 소설 속 인물의 중층적 존재 양식에 기인한다. 이 존재 양식을 기준으로 인물이 지닌 성격 범주를 세 가지로 나누어 볼 수 있다(최시한, 2010: 199~204면; 이상일, 2014: 36~41면). 우선 인격적 존재로서 지닌 성격 범주이다. 인물은 현실 세계의 인간처럼 행동하고 사건을 주도하는데, 이는 인격적 특성을 지니고 있기 때문이다. 그러한 인격적 특성 중 대표적인 것이 가치관이다.

가치관은 전통적으로 인물의 성격으로서 논의된 것이다. 아리스토텔레스는『시학』에서 재현의 대상 중 하나로 성격을 꼽았는데, 이때의 성격은 윤리적 성향이다. 소설 속 행동은 대부분 인물이 지향하는 가치의 실천이다.「심청전」의 심청이 인당수에 몸을 던지게 하였던 효(孝),「흥부전」의 흥부가 자신을 박대한 놀부를 도와주었던 우애(友愛),「사랑손님과 어머니」의 어머니가 사랑손님을 떠나보내며 실천하고자 하였던 열(烈) 등이 이에 해당한다. 소설에서 인물의 가치관은 대부분 자신의 욕망, 다른 인물의 지향 가치, 사회적 관습 등과 충돌하면서 갈등을 일으키며 사건을 추동한다. 독자는 인물의 선택과 행동에 비추어 인물의 가치관을 이해하고, 사건의 전개를 따라가는 과정에서 가치 갈등이 환기하는 좋은 삶의 조건을 성찰하게 된다.

그런데 소설의 인물은 성(性), 신분, 계층, 직업, 경제력 등 사회적 조건에 구속된 존재라는 점에서 가치관에는 인물의 이념도 포함된다. 바흐친(M. M. Bakhtin, 1988)이 주장한 것처럼, 말하는 사람과 그의 목소리를 언어로 묘사하는 소설에서 말하는 사람은 사회·역사적 개인이며, 그의 목소리는 사회적 언어와 불가분의 관계에 있다. 사회적 언어는 곧 이념의 언어이다. 우리는 염상섭의『삼대』에서 다양한 사회적 언어와 그 언어들 사이의 논쟁을 확인할 수 있다. 예를 들어 조의관은 죽음을 앞두고 손자에게 "졸업이고 무엇이고 다 단념하고 그 열쇠를 맡아야 한다. 그 열쇠 하나에 네 평생의 운명이 달렸고 이 집안 가운이 달렸다. 너는 그 열쇠를 붙들고 사당을 지켜야 한다. 네게 맡기고 가는 것은 사당과 그 열쇠—두 가지뿐이다."라고 말하는데, '사당과 열쇠'로 요약되는 그의 목소리는 중산층 보수주의와 맞닿아 있다. 이러한 이념은 조덕기의 이념으로 전이되면서 조상훈의 욕망이나 병화의 이념과 충돌한다.

인물의 인격적 특성을 이루는 또 다른 성격은 심리이다. 공동체의 일원으로서 인물이 지향하는 사회적 특질이 가치관이라면, 심리는 자율성을 지닌 개인으로서 인물이 내면화하는 주관적 특질에 대한 것, 즉 내면 의식, 충동, 욕망을 가리킨다. 심리는 주체로서의 개인과 그 내면의 발견을 특징으로 하는 근대 이후의 소설에서 특히 중시된 성격이다. 인물의 복잡한 심리를 온전히 드러내기 위해 어떻게 서술해야 하느냐는 현대소설의 핵심 과제로, 서술자의 판단과 논평을 최대한 제한하는 대신 인물의 유동하는 사고와 정서를 그대로 기술하는 '의식의 흐름'과 같은 기법을 낳기도 하였다. 우리는 이상의 「날개」에서 '의식의 흐름'을 통해 표출되는 한 지식인의 심리, 다시 말해 자본의 논리에 저항하지도 타협하지도 못하는 분열된 심리를 생생하게 관찰할 수 있다.

> 이불 속에서 이런 생각을 하고 난 뒤에는 나는 고 은화를 고 벙어리에 넣고 넣고 하는 것조차가 귀찮아졌다. 나는 아내가 손수 벙어리를 사용하였으면 하고 희망하였다. 벙어리도 돈도 사실에는 아내에게만 필요한 것이지 내게는 애초부터 의미가 전연 없는 것이었으니까 될 수만 있으면 그 벙어리를 아내는 아내 방으로 가져갔으면 하고 기다렸다. 그러나 아내는 가져가지 않는다. 나는 내가 아내 방으로 가져다 둘까 하고 생각하여 보았으나 그즈음에는 아내의 내객이 원체 많아서 내가 아내 방에 가 볼 기회가 도무지 없었다. 그래서 나는 하는 수 없이 변소에 갖다 집어넣어 버리고 만 것이다.
>
> — 이상, 「날개」

인물의 심리를 이해하기 위해서는 심리학의 도움을 받을 수 있다. 이를테면 정신 분석학은 무의식, 욕망, 충동, 환상, 향유, 슬픔, 우울, 애도 등의 개념을 바탕으로 인간의 행동과 심리 과정을 설명하는데, 이러한 개념은 소설 속 인물의 행동, 특히 합리적으로 설명하기 어려운 행동을 해명하는 통찰력을 제공한다. 박경리의 「불신 시대」에서 진영은 의료 사고로 아들을 잃은 후 무력감과 자기 비하로 고통을 받다가 아들의 사진을 불태운다. 사회적 차원에서 보면 진영의 행위는 전후(戰後) 사회의 부정과 위선과 타락에 항거하고 이를 고발하는 것이다. 하지만 이러한 행위를 통해 진영이 자기 파괴적인 무력감에서 벗어나 자신의 "항거할 수 있는 생명"을 확인한다는 점에 주목한다면 이 소설은 아들의 상실을 모질게 받아들이고 일상으로 복귀하는 '애도'의 서사로 읽을 수 있다.

가치관과 심리는 인물이 행동의 주체로서 지닌 성격 범주이다. 그런데 인물은 소설이라는 언어적 구성물의 한 요소이면서 사건에 종속된 행위자이기도 하다. 인물이 사건에 종속된 행위자라는 것은 다양한 이야기 속에서 유사하게 반복되는 기능들이 있으며 인물은 사건의 전개 과정에서 그러한 기능들을 수행한다는 것을 의미한다. 이러한 점에서 기능은 인물이 행위자로서 지닌 성격에 해당한다. 주목할 점은 기능의 종류가 사건 전개에서 한정되어 있다는 것이다. 이러한 기능을 가장 잘 설명하는 모형이 그레마스의 행위소 모형이다. 그레마스는 소설을 포함한 모든 서사에서 나타나는 여섯 가지 기능을 다음과 같이 도식화하였다.

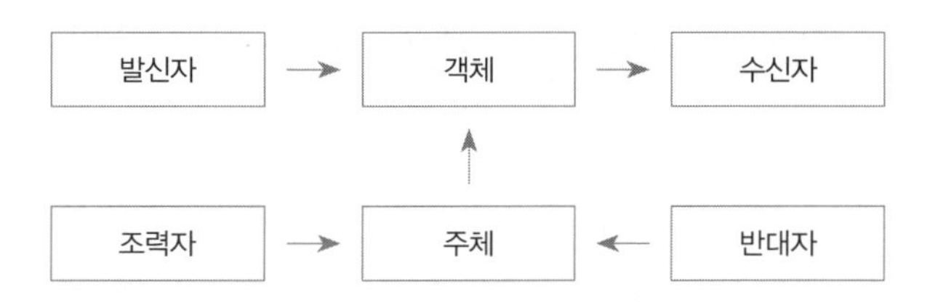

여기에서 중심적인 축은 주체 – 객체이다. 주체는 가치 있는 대상이나 욕망하는 대상을 추구하는 역할이고, 객체는 주체가 성취하거나 도달하고자 하는 대상의 역할이다. 객체에 대한 주체의 탐색은 가치 체계의 관리자인 발신자에 의해 인도되거나 평가되며, 탐색 과정에서 주체를 도와주는 조력자와 방해하는 반대자가 개입한다. 이광수의 『무정』에서 '이형식'과 그가 추구하는 '신조선'이 각각 주체와 객체라면, 이형식의 탐색을 인도하고 그의 행동을 평가하는 발신자는 '개화사상'이고, 조력자는 미국 유학을 주선하는 '김 장로'를 비롯하여 삼랑진에서 교육에 대한 이형식의 신념에 공감하는 '박영채', '김선형', '김병욱' 등이며, 반대자는 경성 학교에서 이형식을 배척하는 '배 학감'이다. 물론 『무정』에서는 이형식 – 박영채, 배 학감 – 박영채를 주체 – 객체의 축으로 삼은 다양한 도식이 존재하며, 그때마다 인물의 기능은 달라진다.

이상에서 살핀 것과 같이 인물의 성격에 대한 탐구는 가치관 추론, 심리 파악, 기능 분석으로 체계화할 수 있다. 이러한 체계화는 인물 이해가 인물의 복합적인 성격을 다면적으로 탐구하는 것임을 전제하는 것이다. 물론 이러한 성격 범주들은 소설 안에서 유기적으로 조직되어 있기 때문에 각각의 탐구는 종합되어야 한다. 행동의 동기, 사건 전개의 인과성, 창작 맥락과의 관련성은 인물의 가치관과 심리에 비추어 심도 있게 이해할 수 있다. 그리고 사건의 전개 과정과 인물의 기능을 분석하는 과정에서 인물의 가치관이 형성되거나 심리가 변화하는 이유를 확인할 수 있으며, 궁극적으로는 작가가 전제한 이야기의 심리 구조나 가치 구조를 파악할 수 있다.

4——인물 이해를 위한 성격 탐구의 방법

인물을 이해하는 핵심에 인물의 성격이 놓여 있다면 그 성격을 어떻게 탐구할 수 있을까? 사실 성격은 외모나 행동과는 달리 쉽게 파악하기 어려운 대상이다. 친구의 가치관을 알고자 한다면 먼저 친구의 행동이나 말에 주목하고 그가 관여한 사건들을 되짚어 보며 그에 대한 주변 사람들의 평가를 들어 볼 수 있다. 이를 통해 단서를 모으고 이를 종합하고 일반화하는 과정에서 친구의 가치관을 추론하게 된다. 이와 같은 방식은 소설 속 인물의 성격을 탐구하는 데에도 적용할 수 있다. 인물이 텍스트상에 존재하지만 행동하고 말하는 인격적 특성을 지니기 때문이다. 이청준의 「눈길」은 "객지 공부 가는 어린 아들을 그런 식으로 떠나보내시면서 어머님 자신도 거처가 없이 떠도셔야 했던 그때 처지에서 어머님이 겪으신 심경"을 추적하는 이야기로 볼 수 있다. 그런데 그러한 어머니의 심리에 대해 "오목오목 디뎌 논 그 아그 발자국마다 한도 없는 눈물을 뿌리며 돌아"온 어머니의 행동, "너라도 좋은 운 타서 복 받고 살거라." 라는 어머니의 말, "어머님은 그 발자국 때문에 아들 생각이 더 간절하셨겠네요."라는 아내의 말을 근거로 아들에 대한 사랑과 소망을 추론할 수 있다. 이처럼 대상 인물의 말과 행동, 그 인물에 대한 다른 인물의 말은 인물의 성격을 탐구하는 중요한 단서이다.

소설의 인물은 언어적으로 형상화된 존재라는 점에서 인물에 대한 서술자의 서술도 성격 탐구의 주된 단서가 된다. 현실 세계의 인간과는 달리 소설의 인물은 서술자에 의해 한정·판정·논평되는데, 이러한 서술은 인물의 성격을 형상화하는 가장 효과적인 방식이다. 「눈길」에서 서술자 '나'는 "그녀는 나의 참을성 없는 심경의 변화를 나무란 것이었다. 그리고 그 매정스런 결단을 원망하고 있는 것이었다."라고 서술하는데, 이는 아내의 심리를 자신에 대한 '원망'으로 한정하는 것이다. 이러한 한정은 자신을 바라보는 아내의 행동을 보고 추론한 것이지만 추론의 주체가 서술자라는 점에서 권위가 있다. 독자는 서술자의 한정에 기대어 남편에 대한 원망이 아내의 심리임을 의심 없이 받아들이게 되는 것이다.

유념할 점은 서술자의 서술이 항상 믿을 만한 것은 아니라는 것이다. 작품에 따라 특정한 효과를 위해 지적·심리적·가치적 차원에서 문제적 인물을 서술자로 내세우는데, 이 경우 서술자가 인물에 대해 항상 사실이나 진실을 말하는 것은 아니다. 「눈길」에서 '나'는 "노인에 대해선 처음부터 빚이 있을 수 없는 떳떳한 처지"라고 서술한다. 하지만 '나'가 신빙성 없는 서술자라는 점에서 '떳떳함'에 대한 한정은 자식 노릇을 제대로 하지 못한 '죄책감'을 역설적으로 드러내는 단서가 된다.

이처럼 인물의 성격은 서술자의 서술, 대상 인물의 말과 행동, 다른 인물의 말 등을 단서로 삼아 탐구하고 추론할 수 있다. 물론 이러한 단서들이 성격 탐구에 동일하게 의미 있는 것은 아니다. 「눈길」에서 '나'의 성격을 탐구하는 데 '배변으로 고생하는 어머니에게 수술을 권하는' '나'의 행위보다 '어머니와의 관계에서 빚이 없다'는 '나'의 말이 더 핵심적인 기능을 하듯이 단서들 간에는 각각의 위상과 중요도에 차이가 있다. 이러한 차이를 파악하려면 어떤 단서가 사건의 전개 과정이나 서술 과정에서 얼마만큼 '반복'되는지, 또는 다른 단서와 '중첩'되거나 '비교'되는지 분석할 필요가 있다. 방 한 칸을 늘리고자 하는 어머니의 말을 핵심 단서로 삼을 수 있는 것은 사건의 전개 과정에서 여러 번 반복되기 때문이다. 또한 이 말은 소망을 체념하는 행동과 중첩되고 그러한 소망의 말을 외면하려는 '나'의 행동과 비교된다.

인물의 성격 탐구와 관련하여 검토해야 할 또 다른 문제는 평면적 인물과 입체적 인물의 구분이다. 인물의 유형 구분은 『문학』 교과서에 가장 많이 제시되는 교육 내용으로, 성격이 변하는 인물을 입체적, 변하지 않는 인물을 평면적으로 규정하고 있다(김동환, 2013). 하지만 이러한 구분이 인물의 성격을 탐구하는 데 도움이 되는지는 논란의 여지가 있다. 소설의 인물을 평면적 인물과 입체적 인물로 구분하는 것은 지나치게 이분법적이라는 비판이나 현대소설의 주인공은 대부분 입체적 인물이라는 지적 등이 그것이다.

해당 인물이 평면적 인물인지 입체적 인물인지 구분하는 것보다는 인물에게 문제가 되는 성격이 무엇이고 그 성격이 사건의 전개 과정에서 어떻게 드러나는지 분석하는 것이 더욱 생산적이다. 「눈길」에서 '나'가 어머니와의 관계에서 내보이는 정서는 원망, 죄책감, 뉘우침으로 다양하다. 이때 원망과 죄책감이라는 모순적인 정서가 어떤 구조로 공존하는지, 더 나아가 그러한 이중적 심리가 어떻게 뉘우침으로 변화하는지를 탐구하는 것은 '나'의 성격을 파악하고 「눈길」의 의미를 더욱 깊이 이해하게 한다.

핵심어

인물, 인물 형상화, 성격, 가치관, 심리, 기능

| 참고 문헌 |

골드만(Goldmann, L., 1982), 『소설 사회학을 위하여』, 조경숙 역, 청하.

김동환(2013), 「소설 교육을 위한 이론 개념의 정착 과정 및 재설정 방안 연구」, 『문학 교육학』 제40호, 한국문학교육학회.

루카치(Lukàcs, G., 1998), 『소설의 이론』, 반성완 역, 심설당.

리몬케넌(Rimmon-Kenan, S., 1999), 『소설의 현대 시학』, 최상규 역, 예림기획.

리쾨르(Ricœur, P., 1998), 『해석 이론』, 김윤성·조현범 공역, 서광사.

바흐친(Bakhtin, M. M., 1988), 『장편 소설과 민중 언어』, 전승희 외 역, 창작과비평사.

아리스토텔레스(Aristoteles, 2002), 『시학』, 천병희 역, 문예출판사.

이상일(2014), 「고전 소설의 인물 이해 교육 연구 — 인물 정보소를 중심으로」, 서울대학교 박사 학위 논문.

조동일(1977), 『한국 소설의 이론』, 지식산업사.

최시한(2010), 『소설, 어떻게 읽을 것인가 — 이야기의 이론과 해석』, 문학과지성사.

프롭(Propp, V., 1994), 「민담 형태론」, 이상옥 역, 『현대 문학 비평론』, 김용권 외 역, 한신문화사.

Greimas, A. J.(1966), *Semantique Structurale*, Larousse.

James, H.(1956), "The Art of Fiction," Edel, L.(ed.), *The Future of the Novel*, Vintage.

| 더 읽을 거리 |

박혜숙(2004), 『소설의 등장인물』, 연세대학교 출판부.

Margolin, U.(2005), "Character," Herman, D., Jahn, M. & Ryan, M.(eds.), *Routledge Encyclopedia of Narrative Theory*, Routledge.

플롯과 사건

° 우신영

1——플롯과 사건의 정의

이론적 개념이 일상적으로도 쓰이는 용어일 때 그 정의는 더욱 어려울 수밖에 없다. '사건(事件)'도 마찬가지이다. 우리는 일상에서 주목을 요하는 일에 마주칠 때 "사건이야, 사건!"이라고 말한다. 다른 범박한 일과 구별할 만한 일, 그것이 바로 사건이기 때문이다. 어떤 행동(action) 혹은 사태(happening)가 무의미하게 스쳐 지나가는 것에 그치지 않고 전체적인 상황에 균열과 변화를 일으킬 때 비로소 그것은 사건이 된다.

그렇다면 사건이 왜 서사에서 중요한가? '사건'이 연속적으로 재현되면서 의미 있는 이야기를 형성할 때 우리는 그것을 서사라 이름하기 때문이다. 서사란 "사건의 재현 혹은 연속"이다(애벗, 2010: 35면). 그런 만큼 서사의 의미를 결정하는 데 사건은 중요한 기능을 담당한다. 사건을 행위하는 주체가 소설의 '인물'이 되고, 사건들의 배열이 '플롯'이 된다는 점을 상기한다면, 사건이 소설에서 얼마나 중요한 개념인지 알 수 있다. 사건이 이야기를 추동하는 기본 요소이자 동력이라면, 플롯은 이러한 사건들이 연쇄된 미학적 구조를 일컫는다. 그래서 흔히 사건은 구슬, 스토리는 구슬이 꿰어진 줄, 플롯은 구슬이 꿰어진 방식에 비유된다.

> 이야기와 극의 요소가 되는 '사건'은 각각의 구슬이고, 스토리는 그 한 줄이고, 플롯은 구슬을 엮은 순서와 방법이다. 같은 사건들을 두 가지 다른 순서나 방식으로 배열하여 같은 스토리를 말하고 있는 사례는 역사와 문학 도처에 퍼져 있다.(칠더즈·헨치, 1999: 332면)

이처럼 스토리와 플롯을 구별하는 핵심은 사건을 엮는 '방식'의 차이에 있다. 스토리가 같더라도 배열의 순서나 방법을 달리하면 다른 결과물이 만들어지기 때문이다. 스토리는 대개 자연스러운 시간적 연쇄로 이루어진다. 이를테면 'A라는 사건이 있었다. 그리고 B라는 사건이 일어났다.'의 누적적 연쇄(additive linkage) 구조이다. 하지만 플롯은 실제의, 혹은 추론된 인과 관계에 기반한 연쇄로 이루어진다. 즉, 'A라는 사건이 있었다. 그래서 B라는 사건이 일어났다.'의 인과적 연쇄(causal linkage) 구조이다. 그런데 흥미로운 점은 인과적 연쇄를 찾기 어려운 사건들 사이에서도 우리는 인과 관계를 찾으려고 노력한다는 것이다.

> ① 그 남자가 간청했다.
> ② 그 여자가 넷째 손가락의 반지를 만졌다.

①에서 일어난 그 남자의 행위와 ②에서 일어난 그 여자의 행위 사이에는 아무 관련이 없을 수도 있다. 하지만 독자는 자신도 모르게 ①과 ② 사이에 인과적 연결 고리를 만들고자 시도하며 두 문장을 조합하여 읽어 나간다. 어떤 독자는 그 남자가 잘못을 저질렀기 '때문에' 그 여자가 이별을 고민하는 이야기를 만들어 낼 수 있다. 또 다른 독자는 그 남자가 그 여자에게 반지를 달라고 간청하였기 '때문에' 그 여자가 그러한 요구에 응할지 고민하는 이야기를 만들어 낼 수 있다. 이처럼 "집요하게 원인을 찾는" 것이 서사를 대하는 우리의 본

능이다(채트먼, 1990: 45~46면). 그렇기 때문에 잘 짜인 플롯은 독자로 하여금 이 세상에 질서가 있다고 믿게 돕는다(L. J. Davis, 1987: 191면). 브룩스(P. Brooks, 2011: 469면)의 지적대로 플롯은 서사 설계의 실마리이자 서사를 역동적으로 틀 짓는 힘이고, "시간성이 무의미해지기를 허용하지 않으려는 거부의 산물이며, 세상과 우리의 삶에 의미를 만들어 갈 것을 완고하게 고집한 산물"이다.

비단 소설뿐만 아니라 서사 담론에서도 '의미 있는 플롯'의 추구를 엿볼 수 있다. 플라톤(Platon)의 『향연』 중 「아리스토파네스의 연설」에서는 사랑의 기원에 대한 토론이 이루어진다. 오래전 인간은 하나로 된 머리에 두 개의 얼굴을 가졌고 여덟 개의 손발로 움직였다. 제우스는 그러한 인간을 반으로 나누어 무력하게 만들고자 한다. 반쪽이 되어 버린 인간은 무기력과 굶주림에 고통받으면서 잃어버린 반쪽을 찾아 완전한 자신이 되고자 갈망한다. 이 이야기는 끝없이 사랑을 추구하는 인간의 욕망에 대한 그럴듯한, 그리고 근사하기까지 한 설명을 제공한다. 뮤지컬 「헤드윅」의 주인공 한셀은 사랑을 찾아 헤매는 불완전한 자신을 설명하기 위해 이 아리스토파네스의 연설을 인용한다.

이처럼 계획된 인과 구조로 면밀하게 짜인 이야기는 질서를 추구하는 인간적 욕망을 만족시키고, 잘 짜인 구조가 내장하는 극적 효과를 거둔다. 그래서 아리스토텔레스(Aristoteles)는 "플롯이 비극의 제일 원리"라고 주장하며, 극의 다른 구성 요소보다 시학적으로 우월하다고 보았다. 물론 아리스토텔레스의 주장은 어디까지나 특정한 사건이나 인물의 운명적 결함으로 인해 극적 전환이 일어나고 그것이 독자의 카타르시스로 이어지는 그리스 비극에 토대한 시론이다. 따라서 소설에서 플롯의 의미는 좀 더 다양한 방식으로 탐구할 필요가 있다.

소설에서는 비교적 단편 소설이 전통적인 방식의 플롯 구성에 충실하다. 단편 소설의 경우 상대적으로 적은 사건들이 촘촘하게 연결되면서 단일한 미적 효과를 일으키는 데 집중하는 경향이 짙기 때문이다. 이태준의 「토끼 이야기」를 살펴보자. 주인공 현은 신문사에서 일하다가 실직하자 번식력이 높아 돈이 된다는 토끼를 사육하기로 한다. 하지만 다름 아닌 토끼의 그 번식력 때문에 사료가 부족해지고, 경제적 부담을 견디다 못한 현과 아내는 토끼를 처분하고자 한다. 그러나 마땅한 방법을 찾지 못하자 토끼를 도살하기로 결심하는데, 유약한 현이 토끼를 죽이지 못하자 임신한 아내가 토끼를 죽이고 가죽을 벗긴다. 그러자 현은 아내의 피 묻은 손을 보면서 망연함을 느낀다. 이처럼 촘촘히 짜인 인과적 연결은 독자로 하여금 허구 세계를 '그럴듯한' 것으로 받아들여 진지하게 숙고하게 만든다.

한편 독자로 하여금 특정한 심리적 효과를 경험하도록 유도하기 위해 의도적으로 사건 발생 이전에 진행 속도를 늦추는 플롯도 있고, 사소해 보였던 사건이 결말부에서 복선이었음을 드러내는 플롯도 있다. 현진건의 「운수 좋은 날」의 경우 유난히 손님이 잘 들었던 초반부의 사건들이 결말에서 일어나는 아내의 죽음을 더욱 비극적으로 만드는 기능을 한다. 그리고 아내의 죽음을 독자가 실제로 확인하는 것을 유예하기 위해 김 첨지와 치삼의 술자리 장면이 삽입되는데, 마지막 장면에서 아내의 죽음을 목격한 김 첨지가 오열하는 대목에서 독자는 '운수 좋은 날'이 기실 운수 나쁜 날이었음을 확인하는 아이러니적 효과를 체감하게 된다.

황순원의 「소나기」에서는 소녀의 분홍 스웨터에 흙탕물이 묻는 '사소한' 사건이 실은 사소하지 않다는 점이 결말에서 드러난다. 소년의 부모가 나누는 대화를 통해 흙탕물 묻은 스웨터를 함께 묻어 달라는 소녀의 유언이 전달되는데, 이 스웨터야말로 소년과 소녀의 추억이 응결된 소재임이 드러나면서 서사가 급속히 종결된다. 독자는 이러한 플롯 구조를 통해 소년과 소녀의 소나기 같은 만남과 이별 이야기를 접하고, 그 이야기가 주는 놀라움과 먹먹함을 오래도록 간직한다. 이처럼 플롯은 잘 계획된 서사의 미적 구조이자 독자로 하여금 특정한 효과를 경험하게 하는 장치로서 서사적 중요성을 띤다.

2——플롯과 사건의 유형

그렇다면 소설을 구성하는 다양한 플롯과 사건을 어떻게 유형화할 수 있을까? 먼저 플롯의 경우를 살펴보자. 많은 이론가들이 다양한 기준으로 플롯의 유형화를 시도한 바 있는데, 이를 일별하면 다음과 같다.*

<table>
<tr><td rowspan="9">내용 중심의 유형화</td><td rowspan="6">채트먼
(1978)</td><td rowspan="3">비운의 플롯</td><td>무조건적으로 선한 주인공이 실패한 경우</td></tr>
<tr><td>사악한 주인공이 실패한 경우</td></tr>
<tr><td>고귀한 주인공이 실패한 경우</td></tr>
<tr><td rowspan="3">행운의 플롯</td><td>무조건적으로 선한 주인공이 성공한 경우</td></tr>
<tr><td>사악한 주인공이 성공한 경우</td></tr>
<tr><td>고귀한 주인공이 성공한 경우</td></tr>
<tr><td rowspan="3">프리드먼
(1967)</td><td>운명의 플롯</td><td>행동의 플롯/연민의 플롯/비극적 플롯/징벌의 플롯/감상적 플롯/감탄의 플롯</td></tr>
<tr><td>인물의 플롯</td><td>성장의 플롯/개선의 플롯/시험의 플롯/타락의 플롯</td></tr>
<tr><td>사상의 플롯</td><td>교육의 플롯/폭로의 플롯/정감의 플롯/환멸의 플롯</td></tr>
<tr><td rowspan="8">구조 중심의 유형화</td><td rowspan="4">데이비스
(1987)</td><td rowspan="2">연속적 플롯</td><td>에피소드식 이야기</td></tr>
<tr><td>연쇄담</td></tr>
<tr><td rowspan="2">목적론적 플롯</td><td>어릿광대형의 로망스</td></tr>
<tr><td>대중 매체 등의 서사 형식</td></tr>
<tr><td rowspan="4">이스트먼
(1965)
카민스키
(1974)</td><td rowspan="2">느슨한 플롯</td><td>교양 소설</td></tr>
<tr><td>피카레스크 소설</td></tr>
<tr><td rowspan="2">팽팽한 플롯</td><td>열린 플롯</td></tr>
<tr><td>닫힌 플롯</td></tr>
</table>

대체로 플롯의 전개 과정에서 일어나는 인물의 변화 방향이나 사건 간의 연

* 조남현(2004: 270~298면)을 참조하였다.

결 강도 등을 기준으로 플롯을 유형화하였음을 알 수 있는데, 여기서는 사건 간의 연결 강도와 결말의 처리에 주목한 이스트먼(R. M. Eastman)과 카민스키(A. R. Kaminsky)의 플롯 유형론을 중심으로 살펴보고자 한다. 인물의 성패 여부나 변화의 방향은 독자에 따라 달리 해석될 여지가 많기 때문이다.

이스트먼은 플롯이 어느 정도로 긴밀하거나 느슨한지를 질문하는 것이 플롯 분석의 핵심이라고 본다. 사건들이 중심 화제를 축으로 응축되고, 각 사건들이 다른 사건과 직접 연결되면서 화제를 발전시켜 나가면 플롯은 팽팽해진다. 반면에 중심 화제가 모호하거나, 중심 화제에서 사건들이 산발하면서 각각의 매력을 드러내면 플롯은 느슨해진다. 이러한 느슨한 플롯은 명백한 클라이맥스가 없는 교양 소설이나 피카레스크 소설에 적합하다. 박태원의 「소설가 구보 씨의 일일」이 대표적이다. 구보 씨가 단장과 노트를 들고 걸으며 마주치는 숱한 인물과 사태, 정경이 텍스트 속으로 빨려 들어오는데, 인물, 사태, 정경과의 마주침이라는 '사건' 자체보다는 그러한 사건이 빚어내는 구보 씨의 내면 풍경이 중요하다. 그래서 명백한 중심 화제나 결정적인 사건을 특정하기가 쉽지 않다. 이스트먼(1965: 14면)은 느슨한 플롯이 지닌 장점을 주목하고, 느슨한 플롯이 지닌 느린 템포가 소설의 여러 요소를 골고루 음미하게 한다고 지적하였다.

한편 카민스키(1974: 225~226면)는 팽팽한 플롯에 '열린 플롯'과 '닫힌 플롯'이라는 하위 유형을 설정하였다. 열린 플롯과 닫힌 플롯을 구분 짓는 핵심 요소는 명확한 결말의 유무이다. 즉, 명확한 결말을 제시하면서 종결되면 닫힌 플롯이고, 아무리 긴밀한 구성을 갖춘 플롯이라 하더라도 결말 없이 종결되면 열린 플롯이라는 것이다. 우리에게 익숙한 동화적 서사들이 닫힌 플롯의 특징을 명확히 보여 주는데, 이를테면 신데렐라 유형의 이야기들은 대개 '왕자님과 결혼하여 오래오래 행복하게 살았습니다'라는 명확한 결말을 제공한다. 소설에서도 이처럼 명확한 갈등의 종결이나 구조적 완결이 제공되는 사례가 발견된다.

안에 있는 아들보다 밖에 있는 아들을 언제나 더 생각했던 할머니는 마지막 날 밤에 다 타 버린 촛불이 스러지듯 그렇게 눈을 감았다. 할머니의 긴 일생 가운데서, 어떻게 생각하면, 잠도 안 자고 먹지도 않고 그러고도 놀라운 기력으로 며칠 동안이나 식구들을 들볶아 대면서 삼촌을 기다리던 그 짤막한 기간이 사실은 꺼지기 직전에 마지막 한순간을 확 타오르는 촛불의 찬란함과 맞먹는, 할머니에겐 가장 자랑스럽고 행복에 넘치던 시간이었나 보다. 임종의 자리에서 할머니는 내 손을 잡고 내 지난날을 모두 용서해 주었다. 나도 마음속으로 할머니의 모든 걸 용서했다.

정말 지루한 장마였다.

— 윤흥길, 「장마」

윤흥길의 「장마」에서는 지루한 장마처럼 이어지던 할머니와 외할머니의 갈등이 종결되고, 할머니가 눈을 감으며 '나'를 용서하는 결말을 제공한다. 첨예한 이념적 갈등이 클라이맥스를 이루다가 모성과 인간애, 토속적 신앙의 힘을 통해 점차 하강하며 극복되는 결말에 이르러 독자는 안정감과 모종의 교훈을 얻게 된다. 김동리의 「까치 소리」 역시 닫힌 플롯의 특성을 잘 보여 준다. 까치가 울 때마다 기침을 터뜨리며 '죽여 다오'를 외치는 어머니의 목소리로 시작된 이야기는 몇 차례의 암시와 복선을 거쳐 마침내 까치 울음소리를 들으며 "새로운 전류"를 느낀 '나'의 살인 행위를 보여 주며 종결된다. 이는 치밀한 설계를 통한 구조적 완결성과 만족감을 목표하는 닫힌 플롯의 특성을 잘 보여 주는 사례이다.

열린 플롯은 명백한 종결을 예비하지 않고 독자의 상상력에 문제 해결을 맡기는 태도를 취한다. 그런 만큼 깊은 여운을 남길 가능성도 많지만 독자의 만족감을 일으키지 못하거나 플롯 자체가 허술해질 가능성도 있다. 이효석의 「메밀꽃 필 무렵」은 동이의 아버지가 허 생원인지 아닌지 답을 주지 않는다. 그저 동이가 왼손잡이라는 사실만 스치듯 보여 줄 뿐이다. '동이는 왼손잡이다'라는 사실과 '동이는 허 생원의 아들일 수도 있다'는 가능성 사이에는 매우 허술한 연결 고리만이 존재한다. 이 연결 고리를 실현시키거나 실현시키지 않을 수 있는 권한은 작가나 작중 인물이 아니라 독자에게 있다. 이청준의 「소리의 빛 — 남도 사람 2」 역시 열린 플롯을 택하고 있다. 아버지에 의해 눈이 멀고 오라비와도 이별한 여인은 그 깊은 한과 내력을 소리로 풀어내며 살아간다. 한 주막에 몸을 의탁하며 살아가던 그녀는 주막에 찾아든 오라비를 만난다. 밤새워 소리와 북으로 지난 세월의 한을 풀어낸 다음 날, 오라비가 떠나자 여인은 주막 주인 천씨에게 다음과 같이 말한다.

> "오라버니가 예까지 다시 절 찾아온다고 해도 우리 남매는 이제 이것으로 두 번 다시 상면을 할 수도 없는 처지고요."
>
> 심상찮은 여인의 말에 주인 사내가 문득 수상한 눈길로 그녀를 돌아다보았으나 여인은 이미 마음을 굳게 작정해 버린 다음인 것 같았다.
>
> "오라버니가 제 소리를 아껴 주시는데, 저한테도 그 오라비의 한이나마 제 것 한가지로 소중스럽게 아껴 드릴 도리를 다해 드려야 할 듯싶소."
>
> 말을 하고 있는 여인의 표정은 그녀가 그 술청 마루 끝 햇볕 속으로 나와 앉아 보이지도 않는 눈길로 먼 산허리 쪽을 더듬어 대면서 끊임없이 무엇인가를 기다리고 있는 듯하던 그런 때의 그 하염없는 표정 그대로였다.
>
> 하지만 여인은, 이제 비로소 형언할 수 없는 절망감으로 그녀 앞에 몸을 떨기 시작한 주인 사내조차 까맣게 잊어버린 듯 한숨 섞인 목소리로 혼잣말처럼 중얼거리고 있었다.
>
> "어르신네 곁을 찾아온 지도 벌써 십 년이 넘었구요, 제 팔자를 생각해 보면 당치도 않게 편한 세월이 너무 길었었나 보아요. 이젠 그만 어디론가 몸을 옮겨야 할 때도 되었지요……."
>
> — 이청준, 「소리의 빛 — 남도 사람 2」

이후 소설은 여인이 주막을 떠나 어디로 향했는지, 어떤 삶을 살게 되었는지 말해 주지 않는다. 해답이 없는 만큼 독자의 상상과 탐구는 열려 있다. 부재하는 종결이 오히려 "생각을 위한 장치"(리처즈, 2005: 1면)가 되는 것이다. '유일한 답'이 없는 공간에 '적절한 답'을 찾기 위해 독자는 새로운 해석의 근거를 탐색하기도 하고, 반복적 읽기를 통해 숨겨진 복선이나 암시를 발견하기도 한다. 따라서 플롯이 열려 있을 때 오히려 독자의 '플롯 찾아 읽기'가 더욱 요구된다고 할 수 있다. '플롯 찾아 읽기'(브룩스, 2011)는 욕망의 역학에 따라 전개되는 소설의 의도와 계획을 찾아 소설을 더욱 의미 있게 읽어 내려는 독서 방식을 뜻한다. 명백한 플롯을 따라가는 것이 아니라 잠재된 플롯을 찾아 읽는 독자의 능동성을 강조하는 것이다.

이러한 능동적 독법에서는 플롯을 구성하는 사건에 대해서도 새로운 접근이 가능해진다. 즉, 플롯을 구성하는 개별 사건들의 중요도에 대한 재평가가 수행될 수 있다. 일반적으로 이야기를 앞으로 전진시키면서 다른 사건들을 수반하는 중심 사건을 '구성적 사건'이라고 부른다(애벗, 2010: 55면). 구성적 사건은 플롯 구성에 필수적인 사건을 뜻하며, 이러한 구성적 사건들을 추려 내어 병렬하면 소설의 서사 단위가 요약적으로 정리된다. 반면에 그것이 제거된다고 해도 전체 플롯에 큰 타격을 입히지 않는 부수적인 사건을 '보충적 사건'이라고 부른다(애벗, 2010: 55면). 중심 화제를 향해 이야기를 이끌어 가는 사건이 아니기 때문에 해당 소설을 매력적으로 만드는 기능은 할 수 있지만 플롯 구성에 필수적이지는 않다. 이와 유사한 구분으로 바르트(R. Barthes, 1975: 267면)는 '핵 사건'과 '촉매 사건', 채트먼(S. Chatman, 1990: 9면)은 '중핵 사건'과 '위성 사건'이라는 용어를 사용한다.

사건을 구성적 사건과 보충적 사건으로 나누는 이분법적 구분은 효용성이 있지만 다소 임의적인 것에 가깝다. 해당 소설의 중심 화제를 무엇으로 해석하느냐에 따라 판단이 바뀔 수 있기 때문이다. 이상의 「날개」를 살펴보자. 이 소설에서 일어나는 구성적 사건은 대개 주인공 '나'가 수행하는 다섯 번의 외출로 정리된다. 특히 마지막 외출에서 자기 인식에 다다른 '나'가 '날자'를 외치는 사건이야말로 이 소설의 '핵 사건'으로 인정된다. 하지만 상대적으로 서사적 중요성을 덜 인정받던 보충적 사건, 이를테면 경성역 티룸에서 커피를 마시며 메뉴에 적힌 음식 이름을 여러 번 읽는 사건에 주목해 보자.

> 그러고는 경성역 일이등 대합실 한 곁 티룸에를 들렀다. 그것은 내게는 큰 발견이었다. 거기는 위선 아무도 아는 사람이 안 온다. 설사 왔다가도 곧들 가니까 좋다. 나는 날마다 여기 와서 시간을 보내리라 속으로 생각하여 두었다.
>
> 제일 여기 시계가 어느 시계보다도 정확하리라는 것이 좋았다. 섣불리 서투른 시계를 보고 그것을 믿고 시간 전에 집에 돌아갔다가 큰코를 다쳐서는 안 된다.
>
> 나는 한 박스에 아무것도 없는 것과 마주 앉아서 잘 끓은 커피를 마셨다. 총총한 가운데 여객들은 그래도 한 잔 커피가 즐거운가 보다. 얼른얼른 마시고 무얼 좀 생각하는 것같이 담벼락도 좀 쳐다보고 하다가 곧 나가 버린다. 서글프다. 그러나 내게는 이 서글픈 분위기가 거리의 티룸들의 그 거추장스러운 분위기보다는 절실하고 마음에 들었다. 이따금 들리는 날카로운 혹은 우렁찬 기적 소리가 모차르트보다도 더 가깝다. 나는 메뉴에 적힌 몇 가지 안 되는 음식 이름을 치읽고 내리읽고 여러 번 읽었다. 그것들은 아물아물한 것이 어딘가 내 어렸을 때 동무들 이름과 비슷한 데가 있었다.
>
> — 이상, 「날개」

이 사건은 단순한 취식(取食) 행위가 아니다. 커피나 클래식에 대한 언급이 암시하는 '나'의 지적 수준이나 취향을 가늠하게 하고, 음식 이름을 읽으며 동무들을 떠올리는 '나'의 내면 풍경을 추체험하게 한다. 그리고 날마다 그 카페에서 시간을 보내리라 다짐하는 까닭이 바로 여느 시계보다 정확한 그 카페의 시계 때문임이 드러난다. 이는 아내의 시간적 금제(禁制)가 물리적으로도 심리적으로도 '나'를 매우 강하게 지배하고 있음을 보여 준다. 이러한 보충적 사건에 주목하게 되면 줄곧 유폐된 인물의 각성 의지가 모색되는 '성장의 플롯'으로 해석되던 이 소설이 시간이라는 근대적 압제에 대한 '환멸의 플롯'으로 해석될 가능성이 발생한다. 이처럼 보충적 사건을 구성적 사건의 위상에 놓고 읽는 순간 명백한 플롯 대신 숨어 있던 플롯 혹은 새로운 플롯이 형성되고 창의적 해석의 가능성이 싹트게 된다.

3——플롯에 대한 새로운 시각

체호프(A. P. Chekhov)가 작가 지망생에게 했던 유명한 조언을 상기해 보자. "소설의 서두에서 작중 인물이 벽에 못을 박았다고 썼다면 결말에서 그 못에 목을 매고 죽어야 한다."(S. S. Koteliansky, 1927: 23면) 치밀하게 계획된 서사 구조로서의 플롯을 옹호하는 발언이다. 체호프의 발언은 에이브럼스(M. H. Abrams)가 『문학 용어 사전』에서 정의하였던 플롯의 개념에 잘 들어맞는다.

> 플롯은 불필요한 구성 부분이나 부수적 사건(incident)이 전혀 없고, 의도된 효과 쪽으로 방향이 맞추어진, 단일하고 완벽하고 질서 있는 행동의 구조물이라고 독자들에게 받아들여질 때, 행동의 일치(unity of action)가 이루어진 것이라고 말한다.(에이브럼스, 1997: 277면)

하지만 인간의 삶은 단일하지도 않고 완벽하지도 않으며 질서정연하지도 않다. 그러한 인간의 삶을 그리는 소설의 플롯에 대해 언제나 "산뜻하고 정연한 모습"을 요구하는 것은 "모순"일 수 있다(한용환, 2002: 229면). 일부 소설/시나리오 작법을 공식화한 책에서 정형화된 플롯 구성법을 제시하기도 하지만, 효과적인 플롯이 반드시 좋은 작품을 보장하는 것은 아니다. 오히려 지나치게 코드화된 플롯의 사용은 장르 문학의 클리셰적 문법으로 전락하기 쉽다. 그래서 플롯의 개념이 현대소설에서는 용도 폐기되었다는 단언까지 제기되는데, 다음과 같은 발언이 대표적이다.

> 대중적인 픽션에서 그 원칙적인 구조적 공식들이 남아 있다고는 하지만 오히려

진지한 장·단편 소설에는 그러한 공식들을 비웃는 경향이 증가해 왔을 뿐만 아니라, 그것으로부터의 철저한 일탈이 또한 증가해 왔기 때문이다.(마틴, 1991: 117면)

앞서 소개한 발언에서 체호프는 '못을 박는다'는 서두의 사건이 결말의 '목을 맨다'는 사건과 완벽하게 연결되기를 요구하였다. 그러나 그 못은 허술하게 박혀 있어 목을 매기 어려울 수도 있고, 못을 박은 인물이 사실은 연기 중인 배우일 수도 있다. 또한 못을 박는 행위가 구성적 사건이 아니라 보충적 사건으로서 단지 인물의 복잡한 심리를 보여 주기 위해 결말의 사건과 무관하게 배치된 것일 수도 있다. 특히 현대 장편 소설에서 정연한 사건과 플롯 개념은 재고 중이며, 많은 소설이 개방 형식의 플롯을 추구하고 있다. 게다가 앞으로의 소설이나 디지털 서사는 단순히 플롯을 느슨하게 하는 데 그치지 않고, 플롯을 파괴하거나 독자가 참여하는 '인터랙티브 스토리텔링'(머레이, 2001)의 형태를 취할 수도 있다.

최근 플롯에 대한 논의에서 주목할 점은 기존의 마스터 플롯에 대한 비판적/창의적 해석의 프레임을 통해 대항 플롯을 생성하는 활동이다. 마스터 플롯이란 "다양한 형태로 반복되며 우리의 근저에 위치한 가치, 희망, 공포에 대해 말하는 플롯"으로, 논쟁을 하기에는 좀 껄끄러울 만큼 자연스러운 신화적 구조를 뜻한다(애벗, 2010: 99면). 남성의 영웅 – 되기 플롯이나 여성의 신데렐라 – 되기 플롯이 대표적인 예이다. 마스터 플롯은 인간이나 사회의 무의식적 욕망 구조를 보여 주는 동시에 그러한 욕망을 보편적인 것으로 수용하고 모방하도록 유도하는 이야기의 힘을 보여 주기도 한다. 이러한 마스터 플롯에 개인적·사회적 정체성이 갇혀 있을 경우 좀 더 섬세한 사고나 새로운 행위가 이루어질 가능성 역시 좁아지게 된다. 따라서 다양한 이야기 속에 잠재된 마스터 플롯을 발견하고 나아가 새로운 대항 플롯을 구상하는 활동이 주목받고 있다. 이는 기존의 소설에 대한 심도 있는 독서와 창의적 해석, 새로운 서사의 생산이라는 세 방향의 작업을 모두 가능하게 만든다.

그러한 가능성을 예증하기 위해 고전 소설 박지원의 「허생전」에 대한 대항 플롯의 생성 사례를 살펴보자. 잘 알려져 있듯이 「허생전」은 허생이라는 인물을 중심으로 하는 시련 극복의 성공담 플롯을 취하고 있다. 가난 속에서도 글공부에 매진하던 허생은 아내의 타박을 듣고 집을 나와 갑부 변씨를 찾아간다. 변씨가 흔쾌히 빌려준 일만 냥을 밑천으로 장사를 시작하여 막대한 돈을 번 허생은 도적의 무리를 이끌고 섬으로 들어가 공동체를 꾸린다. 이후 섬을 나와 빌린 돈을 갚고 빈민을 구제한 뒤 다시 독서에 매진하는 한편 어영대장 이완에게 시국책을 제안하기도 한다.

그러나 허생은 이완에게 시국책을 제안하면서도 현실 정치에서는 발을 빼고 물러서며, 장사로 큰돈을 벌면서도 장사를 하찮게 여기는 이율배반적 태도를 보인다. 극한의 가난 속에서 최소한의 인간적 삶의 조건을 추구하는 아내에 대한 경멸의 시선 역시 문제적이다. 이처럼 「허생전」은 박지원 특유의 실용적 감각이 잘 드러나면서도, 한편으로는 여전히 유교 사회의 강고한 시스템이 플롯을 추동하는 소설이다. 이에 대한 대항 플롯이 생성된 작품이 이남희의 「허생의 처」이다.

"당신은 주야로 독서하더니 배운 것이 고작 어찌하겠소 타령입니까? 사람은 생명이 있은 다음에야 무엇이든 할 수 있는 법인데 이제 우리는 굶어 죽을 지경에 이르렀으니 무슨 도리를 차리셔야 합니다."

"십 년을 기약했는데 이제 칠 년밖에 되지 않았거늘 나더러 뭘 하라는 거요?"

"대체 무엇을 위해 독서하십니까?"

남편은 대답이 궁해지자 책을 탁 덮고 일어나 딴소리를 했다.

"애석하구나. 겨우 칠 년이라니."

그러고는 집을 나가 돌아오지 않았다.

사람들은 남편을 뛰어난 인재라고 했다. 능히 천하를 경영할 재주가 있다고 하는 이도 있었다. 그러나 남편이 죽는지 사는지 아내가 모르고, 아내가 죽는지 사는지 남편이 몰라야만 뛰어난 인재가 되는 거라면 그 뛰어난 인재라는 말은 분명 이 세상에서 쓸모없는 존재라는 뜻이리라. 이 세상이 돌아가는 법칙이란 성현들이 주장하는 것처럼 그렇게 복잡하고 어려운 것은 아닐 것이다. 사람이 행복하게 살며, 자식을 낳고, 그 자식에게 보다 좋은 세상을 살도록 해 주는 것, 그것 말고 무엇이 있을 수 있겠는가?

— 이남희, 「허생의 처」

허생이 추구하는 선비 정신은 기실 누군가의 희생을 바탕으로 한 것이다. 허생은 선비답게 꼿꼿한 자세로 신의와 사명을 외치면서도 정작 동반(同伴)이어야 할 아내와의 신의와 가정에 대한 사명은 고려하지 않는다. 「허생의 처」에서 아내의 발언은 간곡하면서도 핵심적이다. "생명이 있은 다음에야 무엇이든 할 수 있는 법"이 아니냐며 칠 년 독서의 진짜 의미를 묻는 아내 앞에서 허생은 의표를 찔린 듯 보인다. 왜 하필 십 년 공부를 기약한 것인지, 그 기약은 아내와 합의된 것인지, 칠 년 공부와 십 년 공부의 차이는 무엇인지, 무엇보다도 십 년을 공부해야 하는 근거와 목적은 무엇인지 허생은 답하지 못한다. 아니, 답이 있었다 해도 그것을 아내에게 설명하고 이해를 구할 필요성을 느끼지 못한다.

이처럼 본래의 플롯에서 부수적으로 처리되거나 억압되었던 인물(혹은 가치)에게도 발언권을 제공할 때 새로운 해석이 가능해진다. 리스(J. Rhys)는 브론테(C. Bronte)의 『제인 에어』를 읽고 주인공 제인이 보여 주는 '성장의 플롯'보다 로체스터의 아내이자 광기에 빠진 여인 앙투아네트가 보여 주는 '타락의 플롯'에 주목한다. 앙투아네트처럼 서인도 제도 출신 백인이었던 그녀는 앙투아네트가 단지 광기에 빠진 여인이 아니라 유럽 중심주의와 남성 중심주의에 의해 '목소리'를 박탈당한 여인이라고 해석한다. 잃어버린 이 목소리를 찾아 주기 위해 리스는 앙투아네트의 삶을 주 플롯으로 부상시킨 새로운 소설 「드넓은 사르가소 바다」를 써낸다. 이처럼 원 텍스트에서는 명확히 들리지 않던 인물의 목소리를 독자의 가청권 안으로 삽입하고 보충적 사건과 구성적 사건의 위상을 전환시키는 작업은 숨겨진 플롯 혹은 대항하는 플롯 생성 차원에서 큰 관심을 받고 있다. 이러한 활동이야말로 소설 플롯 이해 교육의 종착점이자 새로운 플롯 생산의 출발점이다.

핵심어

플롯, 사건, 스토리, 결말, 구성적 사건, 보충적 사건, 플롯 찾아 읽기, 마스터 플롯, 대항 플롯

| 참고 문헌 |

리처즈(Richards, I. A., 2005), 『문학 비평의 원리』, 이선주 역, 동인.

마틴(Martin, W., 1991), 『소설 이론의 역사』, 김문현 역, 현대소설사.

머레이(Murray, J. H., 2001), 『인터랙티브 스토리텔링 — 사이버 서사의 미래』, 한용환·변지연 공역, 안그라픽스.

브룩스(Brooks, P., 2011), 『플롯 찾아 읽기 — 내러티브의 설계와 의도』, 박혜란 역, 강.

애벗(Abbott, H. P., 2010), 『서사학 강의 — 이야기의 모든 것』, 우찬제 외 역, 문학과지성사.

에이브럼스(Abrams, M. H., 1997), 『문학 용어 사전』, 최상규 역, 예림기획.

조남현(2004), 『소설 신론』, 서울대학교 출판부.

채트먼(Chatman, S., 1990), 『이야기와 담론 — 영화와 소설의 서사 구조』, 한용환 역, 고려원.

______(1995), 『영화와 소설의 서사 구조』, 김경수 역, 민음사.

칠더즈·헨치(Childers, J. & Hentzi, G., 1999), 『현대 문학·문화 비평 용어 사전』, 황종연 역, 문학동네.

한용환(2002), 『서사 이론과 그 쟁점들』, 문예출판사.

Barthes, R.(1975), *Introduction to the Structural Analysis of Narratives*, New Literary History, Vol. 6, No. 2, On Narrative and Narratives.

Chatman, S.(1978), *Story and Discourse*, Cornell University Press.

Davis, L. J.(1987), *Resisting Novels*, Methuen & Co.Ltd.

Eastman, R. M.(1965), *A Guide to the Novel*, Chandler Publishing Company.

Friedman, N.(1967), "Forms of the plot," Stevick, P.(ed), *The Theory of Novel*, the Free Press.

Kaminsky, A. R.(1974), "On Literary realism," Halperin, J.(ed), *The Theory of the Novel*, Oxford University Press.

Koteliansky, S. S.(1927), *Anton Tchekhov: Literary and Theatrical Reminiscenes*, Doran.

| 더 읽을 거리 |

장소진(2007), 『한국 현대소설과 플롯』, 한국학술정보.

정래필(2001), 「플롯 구성을 활용한 이야기 쓰기 교육 연구」, 서울대학교 석사 학위 논문.

최시한(1986), 「소설 교육의 한 방법 — 구성(플롯)을 중심으로」, 『배달말 교육』 제4호, 배달말교육학회.

최인자(2007), 「허구적 서사물의 플롯 이해에 기반한 서사 추론 교육」, 『국어 교육』 제122호, 한국어교육학회.

한국소설학회(1999), 『현대소설 플롯의 시학』, 태학사.

배경과 시공간

° 정진석

1——소설에서 시공간의 다양성

소설론에서 시간과 공간은 오랫동안 '배경'으로 설명되었다. 배경은 흔히 '인물이 활동하고 사건이 전개되는 시간과 공간'으로 규정되며, 소설의 이야기를 구성하는 세 요소 중 하나로 꼽힌다. 하지만 배경은 다른 두 요소 '인물'과 '사건'에 비해 덜 중요하게 인식되어 왔다. 소설의 핵심 요소는 무엇인가라는 질문에 대해 인물, 사건, 서술을 두고 논쟁이 있지만 여기에 배경이 포함되는 경우는 드물다.

배경에 대한 이러한 인식은 꽤 오래된 것이다. 아리스토텔레스(Aristoteles, 2002: 55면)는 『시학』에서 배경에 대해 "장경은 우리를 매혹하기는 하나 예술성이 가장 적으며 작시술과는 가장 인연이 먼 것"이라고 평가하였다. 물론 이러한 정의는 연극에 기원을 둔 것이며, 빈 무대에서 연행이 이루어지는 고대 그리스의 공연 관습과 관련이 깊다. 하지만 배경에 대한 아리스토텔레스의 인식은 이후 서사론에서 널리 확인할 수 있다. 예를 들면, "소설의 구성 요소인 배경은 인물 설정이나 플롯에 비하여 그 비중이 덜하"며 "서사의 정의에 따르면, 배경이건 세계건 반드시 필요한 것은 아니"라는 것이다(구인환·구창환, 1976:

201면; 애벗, 2010: 50면). 이런 이유로 소설의 체계와 요소를 설명한 논의 중에는 이야기를 구성하는 필수 요소로 배경을 제시하지 않는 경우가 있다. 사실 문학 작품에서 배경이 언제나 분명한 것은 아니다. 설화는 흔히 "옛날 옛적 어느 고을에"처럼 막연하고 추상적으로 배경이 설정된다. 또한 서사를 애벗(H. P. Abbott, 2010)의 "사건의 재현"처럼 느슨하게 정의하든, 프랭스(G. Prince, 2015: 10면)의 "그 어느 쪽도 다른 한쪽의 필수 전제이거나 당연한 귀결이 아닌 최소한 두 개의 현실 또는 허구의 사건 및 상황들을, 하나의 시간 연속을 통해 표현한 것"처럼 세밀하게 정의하든 서사의 정의에서 배경은 필수적이라기보다는 선택적이다.

하지만 소설을 읽는 과정에서 배경을 간과할 수는 없다. 독자는 "경성 학교 영어 교사 이형식은 오후 두 시 사 년급 영어 시간을 마치고 내리쪼이는 유월 볕에 땀을 흘리면서 안동 김 장로의 집으로 간다."라는 『무정』의 첫 문장을 읽자마자 유월의 오후 두 시 직후의 시각을 확인하며 경성 학교에서 김 장로의 집까지 이동하는 한 시간 남짓의 시간의 흐름에 참여한다. 또한 경성 학교와 김 장로의 집 사이를 잇는 안동(현재의 안국동)의 거리를 만들어 내고 그 끝에 '대청에 유리문이 달린 김 장로'의 한옥을 세운다. 소설 읽기의 과정에서 독자는 사건이 과거 – 현재 – 미래로 펼쳐지는 시간과 인물이 거주하고 이동하는 장소들이 배치된 공간의 한 세계를 마음속에 구축한다.

주목할 점은 소설에서 시간과 공간의 차원이 다양한 층위에 걸쳐 있다는 것이다. 독자는 소설에서 사건이 발생한 특정한 날짜와 시기를 확인하고, 사건이 순차적으로 전개되는 시간의 자연적 흐름을 따라간다. 그런데 소설 속 시간의 흐름이 소설을 읽는 시간의 흐름과 큰 차이를 보인다. 이러한 차이는 독자가 소설의 사건을 체험하고 그 의미를 이해하는 데 중요하게 관여한다. 공간에 대한 경험도 단순하지 않다. 공간은 기본적으로 집, 길, 고향, 도시처럼 하나의 장소로 인식된다. 하지만 모든 장소가 뚜렷하게 보이는 것은 아니다. 어떤 장소는 자세하게 묘사되는 반면에 어떤 장소는 의도적으로 은폐된다. 소설에서 장소는 서술자에 의해 선택적으로 제시되지만 독자가 상상력을 발휘하여 구축하는 것은 장소를 포함한 하나의 세계이다. 소설을 읽는 과정에서 세계에 대한 독자의 감각은 깊고 넓어진다.

배경을 비롯하여 이 방면의 용어가 다양하게 제시되는 것은 소설에서 시간과 공간이 다양한 층위에 걸쳐 있기 때문이다. 가장 오래된 용어는 배경(setting)이지만 시간(time)과 공간(space)에 이야기(story)와 담론(discourse)을 결합하여 사용하기도 한다. 크로노토프(chronotoph)와 스토리 세계(storyworld)는 최근의 용어인데, 시간과 공간의 불가분의 관계를 전제로 소설의 시간과 공간을 세계 체험의 층위에서 사유하는 개념이다. 이런 점에서 소설 교육의 내용으로서 시간과 공간은 배경을 포함하여 더욱 다층적으로 이해될 필요가 있다.

2——배경으로 소설의 시공간을 이해하기

앞서 언급한 것처럼 소설의 시간과 공간을 지칭하는 용어는 배경, 시간과 공간, 크로노토프 등으로 다양하다. 그런데 용어의 차이는 현상을 이해하고 설명하는 이론적 지평의 차이와 관련이 깊다. 각각의 용어에는 소설의 시간과 공간을 바라보는 특수한 시각이 전제된 것이다. 여기에서는 각각의 용어가 쓰이는 소설론의 지평에 기대어 그 의미와 특성을 살펴보고자 한다.

소설론에서 시간과 공간에 접근하는 첫 번째 방식은 배경으로서 이해하는 것이다. 신비평에 기반을 둔 브룩스와 워런(C. Brooks & R. P. Warren, 1959: 647~649면)의 설명이 대표적으로, 이들은 배경을 '소설의 물질적 배경이며 장소의 요소'로 규정하고 배경의 기능을 세분화하였다. 우선 배경은 기본적으로 인물의 행동과 사건의 전개에 현실감을 부여한다. '인식될 수 있고 생생하게 기억에 남도록 묘사된 배경'을 통해 인물과 행동은 개연성을 획득할 수 있다. 예를 들면, 이호철의 「탈향」에서 '나'가 '하원이'를 버리는 비정한 행위는 실향한 월남민의 생존 공간인 부산이라는 공간적 배경이 있기에 개연성을 획득한다. 또한 배경은 인물의 성격과 사건에 의미를 부여하는 분위기를 창조한다. 현진건의 「운수 좋은 날」의 '추적추적 내리는 비'나 김승옥의 「무진 기행」의 '여귀(女鬼)가 뿜어내 놓은 입김과 같은 안개'처럼 배경은 분위기를 조성하면서 인물의 심리와 사건의 전개 방향을 암시한다. 마지막으로 배경은 주제의 형상화에 기여한다. 신비평의 관점에서 앞의 두 기능은 궁극적으로 주제의 형상화를 위한 것으로, 배경 자체가 작품의 주제를 강렬하게 암시하기도 한다. 손창섭의 「비 오는 날」에서 구약의 대홍수를 환기하는 '사십 주야를 퍼붓는 비'는 전후(戰後)의 삶에 채색된 우울과 무의미라는 주제 의식을 음울하게 드러낸다.

배경의 기능과 함께 중요하게 소개되는 것은 배경의 유형이다. 배경의 유형은 배경의 성격과 밀접한 관련을 맺으며, 자연적인 것과 사회적인 것으로 구분된다. 전자는 이효석의 「산」, 이태준의 「달밤」, 황순원의 「소나기」에서 볼 수 있듯이 주로 낮과 밤, 사계절, 산과 들처럼 생태적인 환경이다. 후자는 염상섭의 「만세전」, 이상의 「날개」, 조세희의 「난장이가 쏘아 올린 작은 공」에서 볼 수 있듯이 '만세가 일어나던 전해 겨울', '유곽과 흡사한 경성의 33번지', '철거와 개발 사이에 놓인 낙원구 행복동'과 같이 역사적·사회적·정치적 환경이다.

배경의 유형을 환상적인 것과 경험적인 것으로 구분하기도 한다. 환상적 배경은 자연의 인과적 논리와 인간의 일상적 경험을 초월하는 허구적 환경이다. 신화, 전설, 고전 소설 등 고전 문학에서 흔히 찾아볼 수 있는 배경으로 천상, 선계, 지하계, 전생 등이 해당한다. 고전 문학에서 환상적 공간은 일상적 공간과 위계를 이루면서 삶의 보편적 원리를 반영한다. 『숙향전』에서 '숙향'과 '이선'은 천상의 '월궁선녀'와 '태을성'인데 죄를 짓고 내려온 곳이 인간 세계이다. 그들은 인간 세계에서 온갖 고난을 겪은 뒤 천상으로 돌아간다. 천상계와 지상계의 위계와 순환은 사건 전개의 원리로서 인과응보와 맞물린다.

반면에 현대소설에서는 경험적 공간이 우세하다. 근대적 개인이 역사적 맥락에서 추구하는 삶의 구체적 진실을 형상화하는 데 관심이 있기 때문이다. 염상섭의 『삼대』의 배경은 서울의 실제 장소로 짜인다. 조상훈의 본집은 화개동이며, 김병화와 홍경애는 효자동에서 가게를 연다. 이 장소들은 당대를 살아가는 사람들이 거주하고 활동하는 일상적 공간이면서, 북촌에 살던 권문세가가 차츰 몰락하고 새로운 것을 좇는 이들이 서촌에 모이는 서울의 변화를 상징한다. 이처럼 현대소설은 고전 소설에 비해 배경으로서 역사적 시간과 실제적 공간을 묘사하는 데 공을 들인다. 물론 환상적 공간이 배경으로 설정된 현대소설도 적지 않다. 현대소설에서 환상적 배경은 현실과 구분되는 허구적 환경이라기보다는 현실 안에서 비일상적 사건을 경험하는 공간이다. 이러한 공간에서 일상적 삶의 의미를 반성하거나 일상인의 정체를 낯설게 인식하는 것이다. 윤후명의 「원숭이는 없다」에서 '나'와 '그'는 원숭이를 찾아 염전 마을까지 도착하지만 원숭이로 변한 자신들의 모습에 공포를 느낀다. 이때 염전 마을은 일상성의 붕괴를 경험하면서 자기 정체성에 직면해야 하는 현실 안의 환상적 공간이다.

소설 읽기에서 배경은 인물과 사건의 의미를 이해하기 위한 맥락으로서 고려된다. 독자는 배경에 대한 정보를 선별적으로 주목하면서 소설의 시간과 공간이 지닌 특정한 차원, 즉 자연적 차원, 사회적 차원, 심리적 차원을 선택적으로 전경화한다. '농촌 소설'이라는 장르 표지를 달고 발표된 김유정의 「동백꽃」은 '농촌'이라는 공간에서 촉발된 '나'와 '점순이'의 갈등을 다룬다. 점순이는 호감을 가지고 '나'에게 감자를 건네지만 '나'는 "난 감자 안 먹는다, 니나 먹어라."라는 말과 함께 거절한다. 여기서 '나'의 행위에 대한 이해는 소설의 배경인 '농촌'을 어떻게 맥락화하느냐에 따라 달라진다.

우선 '노란', '소보록하니', '퍼드러지며', '알싸한 그리고 향긋한' 등의 표현에 주목하면서 농촌을 동백꽃이 흐드러진 봄의 감각적인 향토, 즉 자연적 공간으로 상정할 수 있다. 이러한 맥락화는 생동하는 봄날의 기운과 맞물려 '나'의 거절을 소녀의 애정 표현에 무지한 사춘기 소년의 순박함으로 이해하게 한다. 반면에 '저희는 마름이고 우리는 그 손에서 배재를 얻어 땅을 부치므로 굽실거리고', '땅도 떨어지고 집도 내쫓기는 상황'을 걱정하는 '나'의 인식에 주목하면서 농촌을 일제 강점기의 불합리한 소작 제도로 생존의 위협이 일상화된 공간, 즉 사회적 공간으로 상정할 수 있다. 이러한 맥락화는 '나'의 행위를 계층적 차이를 의식한 소작농 아들의 자기방어로 이해하는 근거가 된다.

3——구성 방식으로 소설의 시공간을 이해하기

배경은 이야기 차원을 구성하는 한 요소로서 유형화된 특성을 지니면서 인물, 사건 등과 유기적 관계를 맺으며 주제의 형상화에 기여한다. 그런데 시간과 공간은 이야기의 구성 요소이면서 담론의 구성 방식이기도 하다. 소설에서 모든 이야기는 서술자에 의해 중개되며, 이 과정에서 시간과 공간의 논리는 중층적으로 구성되기 때문이다. 이 점에 주목한 논자들이 구조주의에 기반을 둔 주네트(G. Genette)와 채트먼(S. Chatman)이다. 이들은 소설의 시간과 공간은 이야기에 국한하지 않고 담론까지 확장하는데 이 두 차원에 걸친 시간과 공간, 즉 이야기 – 시간과 담론 – 시간, 이야기 – 공간과 담론 – 공간의 관계를 밝히는 것이 곧 서사성의 본질을 해명하는 작업으로 인식하였다.

주네트와 채트먼이 우선적으로 주목한 것은 이야기 – 시간과 담론 – 시간의 관계이다. 시간은 이야기 차원에서 흐르지만 이를 서술하는 담론 차원에도 개입한다. 주목할 점은 이 두 차원의 시간 흐름이 소설에서는 자주 일치하지 않는다는 것이다. 김동인의 「배따라기」 중 "하루 이틀은 심상히 지냈지만, 닷새 엿새가 지나도 아우는 돌아오지 않았다."는 여섯 날의 일을 6초면 읽을 수 있는 한 문장으로 줄여 재현한다. 이러한 차이는 작가가 의도적으로 선택한 서사 기법으로 볼 수 있다. 이야기 – 시간과 담론 – 시간의 불일치는 여러 범주에서 다양하게 발생하는데, 대표적인 것이 순서, 지속, 빈도이다(채트먼, 2003: 77~99면).

순서에서는 사건이 발생하는 순차와 서술되는 차례의 관계가 문제가 된다. 이야기에서 사건은 기본적으로 시간의 흐름에 따라 순차적으로 일어난다. 하지만 담론에서 사건이 서술되는 차례가 반드시 이야기의 순차와 일치하는 것은 아니다. '사전 제시'처럼 이야기 층위에서 아직 일어나지 않은 사건을 앞서 서술하거나, '소급 제시'처럼 이야기 층위의 사건 순서보다 늦게 서술할 수 있다. 특히 소급 제시는 소설에서 빈번하게 확인할 수 있다. 이청준의 「눈길」은 '전답이 팔리고 선산이 팔리고 마침내 집까지 팔린' 고등학교 1학년 시기부터 18년이 지난 오늘까지의 사건을 다룬다. 이야기의 첫 번째 사건을 이루는 '팔린 집에서의 하룻밤과 눈길의 행적'은 '나'와 어머니가 끈질기게 외면하지만 아내가 끝내 알고 싶은 핵심 사건이다. 하지만 '나'가 이 사건을 진지하게 서술한 시점은 "바로 그 옷궤 이야기였다. 십칠팔 년 전, 고등학교 1학년 때였다." 라며 마지못해 입을 떼는 텍스트의 중반 이후이다. 회상의 형식을 띤 소급 제시를 통해 소설은 사건 전개에 대한 상세한 서술을 피하면서 과거의 사건을 설명하거나 새로운 사실을 드러낼 수 있다. 독자는 이렇게 회상된 사건에 비추어 소급 제시 이전에 서술되었던 사건의 전모와 의미를 새롭게 이해한다.

지속에서는 이야기에서 사건이 전개되는 시간과 이를 서술하거나 읽는 데 걸리는 시간 사이의 관계가 문제가 된다. 인물들의 대화가 직접 인용되는 경우 이야기–시간의 지속과 담론–시간의 지속은 거의 같다. 이를 '장면'이라고 한다. 반면에 앞서 「배따라기」의 한 장면에서 보았듯이 여섯 날의 일을 짧은 한 문장으로 줄이는 것처럼 이야기–시간의 지속에 비해 담론–시간의 지속이 짧은 경우가 있는데, 이를 '요약'이라고 한다. 이야기의 어떤 사건이 서술되지 않을 경우, 즉 담론–시간의 지속이 0이 되는 경우는 '생략'이라고 하고, 이야기 시간의 지속에 비해 담론–시간의 지속이 길어지는 경우는 '연장'이라고 한다. 또 이야기의 인물이나 풍경을 상세하게 묘사할 때 이야기–시간의 지속은 0에 가까운데, 이를 '휴지'라고 한다. 이러한 지속의 범주를 통해 소설의 사건은 선택적으로 재현되거나 강조되면서 독자의 선택적 주목을 유도한다. 「눈길」에서 "그날 밤 노인은 옛날과 똑같이 저녁을 지어 내왔고, 그날 밤을 거기서 함께 지냈다. 그리고 이튿날 새벽 일찍 K시로 나를 다시 되돌려 보냈다." 라는 문장은 '팔린 집에서 어머니와 함께한 하룻밤'을 단 두 문장으로 '요약' 하면서 눈길을 걸으며 자신을 배웅한 어머니의 행동은 '생략'한다. '나'는 이러한 요약과 생략을 통해 그날의 사건을 별일 아닌 것처럼 이야기하면서 사건의 의미를 희석하는 것이다.

빈도는 이야기에서 사건이 발생한 횟수와 담론에서 서술된 횟수 사이의 관계이다. 이야기에서 한 번이나 두 번 발생한 사건을 담론에서 한 번이나 두 번 서술할 수 있다. 그런데 소설에서는 한 번 발생한 사건을 반복적으로 서술하거나(repetitive), 반복적으로 발생한 사건을 요약적으로 서술하기도 한다(iterative). 「눈길」에서는 '팔린 집에서 어머니와 함께한 하룻밤'이 반복적으로 서술된다. 18년 전에 한 번 일어난 사건이지만 서술자와 인물들의 목소리를 통해 여러 번 언급되는 것이다. 이러한 빈도는 독자로 하여금 이 사건이 어머니와 '나'에게 얼마나 중요한 것인지를 실감하게 하고, 이러한 반복적 서술에도 번번이 생략되는 '눈길에서의 일화'에 강한 호기심을 느끼게 한다.

시간의 축에서 발생하는 이야기와 담론의 차이는 공간의 축에서도 나타난다. 이야기 – 시간과 담론 – 시간이 구분되듯 이야기 – 공간과 담론 – 공간이 구분되는 것이다. 손창섭의 「비 오는 날」에서 주요 공간은 "개천을 건너선 왼쪽 산비탈"에 있는 '동욱의 집'이다. 하지만 공간에 대한 서술은 '집' 자체로 한정되며 "기둥이 모로 기울어지려는", "지붕에는 두세 군데 잡초가 반 길이나 무성해", "이 폐가와 같은", "만화책에 나오는 도깨비집"처럼 황폐함을 부각하는 구절로 묘사된다. 이처럼 소설에서 이야기 – 공간은 현실 세계의 공간처럼 다양한 장소와 사물로 구성되지만 담론 – 공간에서는 이를 선택적으로 묘사하며 서술자와 인물의 시각, 감정, 태도로 채색된다.

4 —— 크로노토프로 소설의 시공간을 이해하기

소설의 시간과 공간은 이야기의 요소나 소설 구성의 방식을 넘어서 문학적 형상을 창조하는 선험적 조건으로 조명될 수 있다. 소설에서 시간과 공간은 인물의 성격과 경험을 결정짓는 핵심 요소이자 사건을 재현하는 원리라는 것이다. 바흐친(M. M. Bakhin)이 대표적 논자인데, 그의 문제의식은 크로노토프라는 개념에 함축되어 있다(바흐친, 1988: 259~468면).

바흐친은 그리스어로 '시간'을 뜻하는 크로노스(chronos)와 '공간'을 뜻하는 토포스(topos)를 결합한 단어인 크로노토프(chronotoph)에 대해 "문학 작품 속에서 예술적으로 표현된 시간과 공간 사이의 내적 연관"으로 정의한다. 이러한 정의는 일차적으로 소설에서 시간과 공간이 '분리되지 않고 용의주도하게 짜인 구체적 전체'임을 전제한다. 소설에서 "시간은 부피가 생기고 살이 붙어 예술적으로 가시화"되는 시간의 공간화와 "공간 또한 시간과 플롯과 역사의 움직임들로 채워지고 그러한 움직임들에 대해 반응"하는 공간의 시간화가 이루어지는 것이다.

이처럼 시간과 공간이 내적으로 연관되는 것은 시간과 공간이 개인, 사회, 문화가 지닌 세계에 대한 감각과 직결되기 때문이다. 시간과 공간은 인간의 의식과 밀접하게 상호 작용하면서 인간의 지각, 정서, 가치, 더 나아가 정체성의 형성에 개입하는 요인이다. 인간이 어떤 시간과 장소에서 살고 있느냐에 따라 삶과 세계에 대한 경험과 태도가 달라지는 것이다. 서울에서 나고 자란 모던보이 이상이 그린 권태로운 자연은 같은 서울 태생이지만 고향 실레 마을에서의 경험이 강렬하였던 김유정의 향토적 자연과 결을 달리한다.

물론 시간과 공간이 인간의 삶을 일방적으로 규정하지는 않는다. 시간과 장소는 물리적으로 존재하지만 그것에 대한 우리의 경험은 감각, 정서, 가치, 인식 등 개인과 공동체가 지닌 지평의 영향을 받기 때문이다. 소설의 모티프 중 하나인 '귀향'은 염상섭의 「만세전」, 이기영의 『고향』, 황석영의 「삼포 가는 길」, 김승옥의 「무진 기행」 등에서 각기 다른 모습으로 다양하게 형상화되었는데, 이는 '고향'이라는 공간과 '돌아감'이라는 시간에 대한 감각과 가치 평가의 차이에 기인한 것으로 볼 수 있다.

이러한 차이는 하나의 작품에서도 확인할 수 있다. 크로노토프는 복수적으로 존재하며 다양한 양상으로 상호 작용한다. 특정한 시공간에 대한 감각은 하나의 재현된 세계에서도 인물이나 집단마다 다를 수 있기 때문이다. 정씨와 영달이 삼포로 향해 가는 여정을 다룬 「삼포 가는 길」에서 삼포라는 공간과 삼포로 향하는 길에 대한 두 사람의 감각은 서로 다르다. 정씨에게 삼포는 "정말 아름다운 섬", '남아도는 비옥한 땅', '얼마든지 잡을 수 있는 고기'로 기억되는, "나이 드니까, 가 보구 싶"은 "내 고향"이다. 그에게 '삼포 가는 길'은 뜨내기의 삶을 청산하고 정착할 수 있는' "마음의 정처", 즉 아련한 이상향의 과거로 돌아가는 길이다. 반면에 영달에게 삼포는 '벽지나 다름없는 곳'이며 '타관 사람이기 때문에 말뚝을 박고 살기도 어려운' 곳이다. 삼포는 영달의 삶을 이끄는 의미 있는 공간이 아니며, 오히려 '공사판'이라는 이름으로 영달이 거주하는 뜨내기의 세계에 편입된다. "일자리 있는 데면 어디든지" 가는 영달에게 '삼포 가는 길'은 한몫 잡으면 곧 떠나도 되는 생계의 과정일 뿐이다.

이처럼 크로노토프의 개념은 시간과 공간에 대한 이해에서 소설 안팎의 주체들이 지닌 인식과 상호 작용을 중시하고 크로노토프 간의 관계를 대화적으로 탐구하게 한다는 점에서 의미가 있다. 시간과 공간은 소설에서 인물의 층위, 서술자의 층위, 작가의 층위에서 서로 달리 감각되며 상호 교섭하는데, 크로노토프의 개념을 통해 이러한 감각과 체험의 다양성과 역동성을 포착할 수 있다. 한편 현실의 삶과 세계도 시간과 공간의 형식에 기대고 있다는 점에서 작가와 독자의 크로노토프를 상정할 수 있다. 소설 읽기는 텍스트 내적 크로노토프의 대화적 관계를 탐구하는 것이자 작가와 독자의 크로노토프가 텍스트의 크로노토프를 매개로 교섭하는 대화적 행위이다.

소설 읽기에서 독자는 시공간에 대한 인물의 인식과 체험, 화자의 묘사를 따라가면서 재현의 기반이 되는 소설의 크로노토프를 포착하고 그 작용 방식을 파악할 수 있다. 예를 들어 이인직의 『혈의 누』에서 조선과 미국이라는 공간과 이 공간을 이동하는 여정의 체험을 살펴보자. '옥련'은 조선을 떠나 일본을 거쳐 미국으로 향한다. 조선이 부모와 헤어지고 부상을 당하는 '시련의 공간'이라면 일본은 일본인 의붓어머니에게 구박을 받지만 공부도 하고 미래의 약혼자 구완서도 만나는 '위기와 전환의 공간'이며, 미국은 옥련이 여성 교육의 지도자로 성장하는 '변화와 성취의 공간'이다. 소설은 공간의 이러한 배치를 위계적 묘사로 강화하는데, '조선 평양성'은 옥련의 어머니가 "게딱지같이 낮은 집"에 살며 '남보다 많은 근심'에 젖어 사는 공간인 반면에 '미국 화성돈'은 옥련 부녀와 구완서가 '호텔'에서 "솔발같이 늘어앉아서 그렇듯 희희낙락"하는 공간으로 묘사된다. 이런 점에서 『혈의 누』의 시공간, 즉 조선에서 미국으로의 여정은 주인공이 위기의 공간을 지난 전환점을 거치면서 불가역적 변화/성장이라는 보물을 성취하는 모험의 크로노토프로 경험되며, 개화의 필요성을 절감하게 하는 방식으로 작동한다.

텍스트에서 포착한 크로노토프는 다른 소설의 크로노토프, 또는 다른 문화 양식의 크로노토프와의 비교를 통해 텍스트 바깥으로 확장될 수 있다. 모험의 크로노토프는 실상 오래된 것으로, 과거의 신화나 고전 소설뿐만 아니라 오늘날의 아동 문학, 영화, 만화에서도 흔하다. 이러한 장르의 작품들에서 모험의 크로노토프를 포착하고 비교하는 활동을 통해 모험의 크로노토프가 행위와 사건을 이해하고 재현하는 보편적인 방식임을 인식하고 그에 전제된 심리적 원인이나 사회적 원인을 탐구하는 활동으로 나아갈 수 있다. 한편 모험의 크로노토프는 길과 여정으로 구성된다는 점에서 만남, 시련, 일탈 등의 크로노토프와 대별되는데, 이를 대조하는 활동은 여정과 길로 사유되는 세계와 삶에 대한 탐구의 성격을 지닌다.

핵심어

시간, 공간, 시공간, 배경, 크로노토프

| 참고 문헌 |

구인환·구창환(1976), 「배경」, 『문학 개론』, 삼영사.

바흐친(Bakhtin, M. M., 1988), 「소설 속의 시간과 크로노토프의 형식」, 『장편 소설과 민중 언어』, 전승희 외 역, 창작과비평사.

아리스토텔레스(Aristoteles, 2002), 『시학』, 천병희 역, 문예출판사.

애벗(Abbott, H. P., 2010), 「서사 세계」, 『서사학 강의 — 이야기의 모든 것』, 우찬제 외 역, 문학과지성사.

주네트(Genette, G., 1992), 『서사 담론』, 권택영 역, 교보문고.

채트먼(Chatman, S., 2003), 「순차, 지속, 빈도」, 『이야기와 담론』, 한용환 역, 푸른사상.

프랭스(Prince, G., 2015), 『서사학이란 무엇인가 — 서사물의 형식과 기능』, 최상규 역, 예림기획.

Brooks, C. & Warren, R. P.(1959), *Understanding Fiction*, Appleton-Century-Crofts.

| 더 읽을 거리 |

최인자(2010), 「현대소설 크로노토프들의 대화성과 교섭적 읽기」, 『문학 교육학』 제31호, 한국문학교육학회.

Buchholz, S. & Jahn, M.(2007), "Space in narrative," Herman, D., Jahn, M. & Ryan, M.(eds.), *The Cambridge Companion to Narrative*, Cambridge University Press.

서술 담론과 시점

° 김성진

1——서술 담론의 구조

작품을 쓸 때의 작가는 평상시의 작가와 동일한 사람인가? 작품 안에서 자신의 목소리로 이야기를 전달하는 서술자와 작가는 어떤 관계인가? 이런 질문에 대해 부스(W. C. Booth)는 실재 작가(real author), 내포 작가(implied author), 서술자(narrator)를 구별해야 한다고 생각하였다.

작가는 작품을 쓰는 과정에서 실재의 자신과 구별되는 '제2의 자아'를 발견하거나 창조하곤 한다. 정치적으로 왕당파였던 발자크(H. de Balzac)처럼 작품에서는 자신의 평소 정치관과 대립하는 공화주의자들을 미래를 대표하는 품위 있는 인간으로 그리는 경우도 있다. 황순원의 「소나기」와 「카인의 후예」처럼 동일한 작가에 의해 창작되었으나 다른 분위기와 인간관을 보여 주는 경우도 있다. 이처럼 작품 창작 과정에서 평소의 자아와 구별되어 나타나는 새로운 자아를 실재 작가와 구별하여 '내포 작가'라고 한다.[1] 실재 작가는 한 명이지만

1 내포 작가라는 개념이 보편적으로 통용되는 것은 아니다. 리몬케넌(S. Rimmon-Kenan)은 내포 작가가 목소리도 없고 직접적 의사소통도 없는 비인격적 구성물에 불과하기 때문에 실재 작가나 서술자와 구별되기 어렵다고 주장한다. 이에 대해서는 리몬케넌(1985: 131~132면)을 참조.

내포 작가는 여럿이 될 수 있다.

이야기를 독자에게 전달하는 사람은 작가가 아니라 작가가 작품 내부에 허구적으로 형상화한 존재이다. 소설에 담긴 이야기 역시 누군가를 거쳐 독자에게 전달되기 때문에 전달자의 역할이 중요하다. 서술자는 언어를 통해 독자에게 이야기를 중개하는데 그의 중개에 따라 이야기의 내용과 분위기가 변화한다. 이처럼 소설을 포함한 서사 문학에서 독자에게 이야기를 전달하는 주체를 '서술자'라고 한다. 서술자는 작품 속 등장인물로 나타날 수도 있고, 등장인물이 아닌 비가시적인 존재로 나타날 수도 있다. 어떤 경우든 서술자는 작가 자신이 아니라 작품 속에서 작가가 창조해 낸 허구적 형상이다.

부스의 문제의식을 받아들인 채트먼(S. Chatman, 1991: 179면)은 실재 작가로부터 실재 독자에게 작품이 전달되는 기호학적 소통의 과정을 다음과 같이 정리하였다.

서사 텍스트

실재 작가 → [내포 작가 → (서술자) → (피화자) → 내포 독자] → 실재 독자

여기서 서술자에 대응하는 피화자는 서술자의 이야기를 듣는 사람이다. 피화자는 염상섭의 「제야」에서 자신을 배신한 아내의 편지의 수신자로 설정된 남편처럼 작품 속에 등장하는 경우도 있지만, 뚜렷한 형태의 명시적 인물로 나타나지 않고 당시 통용되는 문화적·도덕적인 맥락을 바탕으로 가정되는 경우가 더 많다. 내포 작가에 대응하는 내포 독자는 자신의 작품을 가장 잘 이해해 줄 것으로 가정된 독자를 뜻한다. 내포 독자 역시 내포 작가처럼 '가상의 존재'이다.

위의 도표에서 논쟁이 될 만한 부분은 서술자와 피화자에 친 괄호이다. 채트먼은 일기나 편지의 인용, 인물 간 대화의 직접 제시, 내적 독백 등은 서술자의 중개를 거치지 않은 '서술되지 않은 이야기'라고 생각하였다.[2] 이 경우 서술자

2 자세한 사항은 채트먼(1991: 4장)을 참조.

와 서술자의 이야기를 듣는 피화자는 존재하지 않는다는 점에서 괄호를 친 것이다. 그러나 인물 간의 대화, 편지, 일기 따위가 직접 제시될 때에도 이를 옮겨 전달하는 상위의 서술자가 존재한다고 보아야 한다. 그런 이유로 '서술자의 부재'를 상정하는 것은 적절하지 않다.[3]

2——서술의 중요성과 시점 이론

앞서 말한 것처럼 서술자의 시각이나 어조에 따라 유사한 이야기도 사뭇 다른 색채를 띨 수 있다. 이야기를 누가, 어떤 자리에서, 어떤 시각으로 전달하느냐에 따라 작품의 실체가 변화할 수 있다는 점에 주목한 소설 이론가들은 이 문제를 시점(point of view) 이론으로 정리하였다. 브룩스(C. Brooks)와 워런(R. P. Warren)은 『소설의 이해』에서 시점을 소설에서 대상이나 사건을 관찰하는 서술자의 위치와 시각으로 규정하였다. 그들의 논의에 따르면 사건을 전달하는 서술자는 작품 속에 형상화된 인물일 수도 있고, 작품 속 특정 인물로 등장하지 않는 숨겨진 미지의 존재일 수도 있다. 또한 서술자는 등장인물의 심리나 과거 내력을 꿰뚫어 보면서 능동적으로 분석하거나, 사건을 외부에서 객관적으로 관찰한다. 브룩스와 워런은 서술자가 작중 인물인가 아닌가, 사건을 외적으로 관찰하는가 내적으로 분석하는가라는 두 가지 기준으로 네 가지 유형의 시점이 가능하다고 보았다.

	사건의 내적 분석	사건의 외적 관찰
이야기 안의 등장인물인 서술자	① 주인공이 자신의 이야기를 전달한다.	② 보조적 인물이 다른 등장인물의 이야기를 전달한다.
이야기 안의 등장인물이 아닌 서술자	③ 분석적이거나 전지적인 작가가 이야기를 전달한다.	④ 작가가 관찰자로서 이야기를 전달한다.

3 채트먼의 논의에 대한 자세한 반박은 리몬케넌(1985: 132면)을 참조.

여기서 ①과 ②는 작품 속에서 '나'라고 불리는 등장인물이 이야기를 전달하는 일인칭 소설이다. ①은 일인칭 주인공 시점, ②는 일인칭 관찰자 시점이라고 한다. ③과 ④는 사건 바깥의 서술자가 작품 속의 등장인물을 '그' 혹은 고유 명사로 지칭하면서 그들의 이야기를 전달하는 삼인칭 소설이다. ③은 삼인칭 전지적 시점, ④는 삼인칭 관찰자 시점이라고 한다.[4]

3——시점의 유형

1) 일인칭 주인공 시점

일인칭 주인공 시점은 소설의 주인공이 자신의 이야기를 직접 전달하는 서술 방식이다. 작품 속의 등장인물 '나'는 허구적 인물이지만 독자는 자신을 '나'라고 지칭하는 인물이 실제로 경험한 내용을 읽고 있다고 생각한다.

> 버스의 덜커덩거림이 더하고 덜하는 것을 나는 턱으로 느끼고 있었다. 나는 몸에서 힘을 빼고 있었으므로 버스가 자갈이 깔린 시골길을 달려오고 있는 동안 내 턱은 버스가 껑충거리는 데 따라서 함께 덜그럭거리고 있었다. 턱이 덜그럭거릴 정도로 몸에서 힘을 빼고 버스를 타고 있으면, 긴장해서 버스를 타고 있을 때보다 피로가 더욱 심해진다는 것을 알고 있었지만 그러나 열려진 차창으로 들어와서 나의 밖으로 드러난 살갗을 사정없이 간지럽히고 불어 가는 유월의 바람이 나를 반수면 상태로 끌어넣었기 때문에 나는 힘을 주고 있을 수가 없었다. 바람은 무수히 작은 입자로 되어 있고 그 입자들은 할 수 있는 한 욕심껏 수면제를 품고 있는 것처럼 내게는 생각되었다. 그 바람 속에는 신선한 햇살과 아직 사람들의 땀에 밴 살갗을 스쳐 보지 않았다는 천진스러운 저온(低溫), 그리고 지금 버스가 달리고 있는 길을 에워싸며 버스를 향하여 달려오고 있는 산줄기의 저편에 바다가 있다는

4 작품에서 이야기를 전달하는 주체는 작가가 아니라 서술자이기 때문에 기존에 통용되던 '작가 시점'이라는 용어는 적절하지 않다.

것을 알리는 소금기, 그런 것들이 이상스레 한데 어울리면서 녹아 있었다.

— 김승옥, 「무진 기행」

전무 승진을 앞두고 아내의 권유를 받아들여 고향 무진으로 가는 주인공 윤희중의 심리가 제시된 부분이다. 이 장면을 읽으면서 독자는 버스의 흔들림과 같은 주인공의 심리 상태나 차창으로 불어오는 유월의 나른한 바닷바람이 자아내는 상념의 기록을 엿보는 듯한 인상을 받게 된다. 주인공이 자신의 행동이나 심리를 직접 전달하고 있다고 생각하기 때문이다.

일인칭 주인공 시점은 주인공이 실제로 경험한 일을 기록한 것이라는 믿음을 불러일으켜 독자로 하여금 소설의 현실성을 쉽게 받아들이게 만든다. '무진'은 존재하지 않는 허구적 공간이지만 많은 독자는 이를 현실의 지명으로 받아들인다. 일인칭 주인공 시점이 아닌 삼인칭 전지적 시점이 사용되었다면 그렇게 생각하는 독자의 수는 많이 줄어들었을 것이다. 일인칭 주인공 시점은 또한 독자가 이야기 내용을 현실적인 것으로 받아들이게 만드는 장점이 있다. 심지어는 초현실적인 모험담이나 환상적인 이야기도 현실로 받아들이게 만드는 설득력이 있다. 이야기의 현실성 문제가 중요하게 부각되었던 근대 소설 탄생기에 서간체나 고백체가 큰 역할을 담당하였던 이유도 이와 관련된다.

사건 전개의 일관성이나 구성의 응집력을 높일 수 있다는 점도 일인칭 주인공 시점의 장점으로 꼽힌다. 주인공 한 사람의 시각과 목소리로 이야기 전체를 이끌어 가므로 다양한 에피소드가 자연스럽게 중심 줄거리와 연결될 수 있다. 그러나 이 장점은 약점이 되기도 한다. 주인공 한 사람의 시야에 갇혀 있기 때문에 사건을 입체적으로 조망하거나 사회 현실을 총체적으로 재현하기가 쉽지 않기 때문이다.

2) 일인칭 관찰자 시점

일인칭 관찰자 시점은 작품 속에 등장하는 부차적 인물인 '나'가 주인공의 이야기를 서술하는 방식이다. '나'가 등장하지만 소설의 초점은 '나'의 경험이 아니라 '나'가 관찰하는 다른 인물이나 외부 세계에 맞추어진다. 주인공이 직접 자신의 이야기를 들려주는 것이 아니라 '나'라고 하는 다른 인물을 거쳐 주인공의 이야기가 전달되기 때문에 이야기의 현실성과 신빙성을 확보하면서도 일정한 거리를 두고 주인공의 말과 행동을 객관적으로 서술하는 장점이 있다.

> "거 무슨 책이유?"
> 내가 이렇게 물은즉,
> "아, 주역책이지 그랴."
> 하고 된소리를 질렀다. 과연 그 이지러진 네 귀마다 넓적넓적한 괘가 그려져 있는 것으로 보아 주역책임에 틀림은 없는 모양이었다. 그런데 주역책은 왜 하필 전대에 넣어서 두르고 다니느냐고 물은즉,
> "아, 공자님께서도 역은 삼천독을 하셨다는데 그랴."
> 하고, 된소리를 질러 놓고 나서, 다시 조용히 음성을 낮추어,
> "아, 여북해 지략의 조종이요, 조화의 근본 아니오."
> 하였다. 나는 처음 관상소에서, 그를 보았을 때부터 '하도 지모가 나지 않아 육효를 뽑아 보았노라' 한 것을 들은 일이 있어서 그가 평소 얼마나 이 '지략'과 '조화'를 부려 보고 싶어 하는 위인인가를 짐작은 할 수 있었지만, 이와 같이 언제나 몸에 지닌 솔잎 한 줌과 네 귀 모지라진 주역 속에서 우러난 음양오행의 지모 조화가 겨우 '쇠똥 위에 개똥 눈' 흙가루 약과, 친구의 책상을 들리고 다니는 것쯤인가, 하고 생각할 때 나 자신도 모르게 한숨이 새어 나왔다.
>
> — 김동리, 「화랑의 후예」

이 작품은 평소 『주역』이나 『시경』을 읊조리면서 화랑의 후손임을 자처하며 문벌과 족보를 중시하지만 현실적으로 무능하기 짝이 없는 황 진사를 주인공으로 삼고 있다. 이와 같은 유형의 주인공이 등장하는 작품은 대개 고발과 풍자의 정신이 작품을 지배하고 독자는 주인공과 거리를 두게 되는 것이 일반

적이다. 그러나 「화랑의 후예」에서는 황 진사에 대한 비난의 시선이 느껴지지 않는다. 인용한 장면에서 '나'는 황 진사의 터무니없는 언행을 독자에게 전달하는 관찰자의 역할과 더불어 황 진사에 대한 연민과 동정의 마음이 일어나도록 만드는 역할도 수행하고 있다. 즉, 예의 바른 젊은이 '나'를 거쳐 황 진사의 모습이 전달되어 황 진사는 무능하지만 미워할 수 없는 존재로 그려진다. 황 진사를 일인칭 주인공으로 삼아 자신의 이야기를 말하게 하였다면 자기변명이나 자기 연민 중심의 이야기가 되어 독자로서는 어이없음과 안타까움이 공존하는 복합적 정서를 느끼기 어려웠을 것이다.

일인칭 관찰자 시점은 주인공 '그'와 관찰자 '나' 사이의 거리를 다양하게 변주하여 일인칭 주인공 시점과는 구별되는 독특한 서술의 미학을 구현한다. 탐정 셜록 홈스가 주인공인 도일(A. C. Doyle)의 추리 소설 역시 일인칭 관찰자를 효과적으로 활용한 경우가 많다. 홈스의 동료 의사 왓슨은 홈스가 사건을 조사하는 데 참여하거나 대화를 나누며 사건의 진실에 다가가는 과정을 독자에게 전달한다. 그 과정에서 왓슨 역시 자기 나름대로 추리를 하지만 그의 가설은 언제나 잘못된 것으로 드러난다. 왓슨의 시각을 따라가는 독자는 결말부에서 홈스가 설명하기 전까지는 범인을 알지 못한다. 일인칭 관찰자 왓슨은 홈스의 추리 과정을 독자에게 전달하면서 진실의 확증을 결말부까지 지연시키는 이중의 서사적 기능을 수행하는 것이다. 작가가 홈스의 생각을 직접 드러내는 일인칭 주인공 시점을 사용하였더라면 홈스 시리즈가 주는 긴장감은 훨씬 떨어졌을 것이다.

3) 삼인칭 전지적 시점

삼인칭 전지적 시점은 서술자가 모든 인물의 심리 상태나 행동 동기, 감정 등을 자유롭게 서술하는 방식이다. 여기서 서술자는 등장인물의 말과 행동은 물론이고, 숨겨진 내면 심리나 행동 동기를 분석하여 전달할 수 있다. 필요한 경우에는 등장인물의 과거 내력을 요약하거나 그가 보여 주는 말과 행동을 해석하고 평가하기도 한다.

> 경성 학교 영어 교사 이형식은 오후 두 시 사 년급 영어 시간을 마치고 내리쪼이는 유월 볕에 땀을 흘리면서 안동 김 장로의 집으로 간다. 김 장로의 딸 선형이가 명년 미국 유학을 가기 위하여 영어를 준비할 차로 이형식을 매일 한 시간씩 가정교사로 고빙하여 오늘 오후 세 시부터 수업을 시작하게 되었음이라. 이형식은 아직 독신이라 남의 여자와 가까이 교제하여 본 적이 없고, 이렇게 순결한 청년이 흔히 그러한 모양으로 젊은 여자를 대하면 자연 수줍은 생각이 나서 얼굴이 확확 달며 고개가 저절로 숙어진다. 남자로 생겨나서 이러함이 못생겼다면 못생겼다고도 하려니와 저 여자를 보면 아무러한 핑계를 얻어서라도 가까이 가려 하고, 말 한마디라도 하여 보려 하는 잘난 사람들보다는 나으리라. 형식은 여러 가지 생각을 한다. 우선 처음 만나서 어떻게 인사를 할까. 남자 간에 하는 모양으로 '처음 보입니다. 저는 이형식이올시다.' 이렇게 할까. 그러나 잠시라도 나는 가르치는 자요 저는 배우는 자라, 그러면 미상불 무슨 차별이 있지나 아니할까.
>
> — 이광수, 『무정』

한국 근대 소설의 형성기에 중요한 자리를 차지하는 이광수의 『무정』은 김 장로의 딸 선형에게 영어를 가르치러 가는 이형식의 모습으로 시작한다. 독자는 이 장면에서 선형이 형식에게 영어를 배우게 된 이유와 형식이 어떤 생각을 하는지, 어떤 심리 상태에 있는지 모두 확인할 수 있다. 서술자는 더 나아가 "여자를 보면 아무러한 핑계를 얻어서라도 가까이 가려 하고, 말 한마디라도 하여 보려 하는 잘난 사람들보다는 나으리라."와 같은 인물평도 내리고 있다. 작품의 중간 부분에서는 "이제는 영채의 말을 좀 하자. 영채는 과연 대동강의 푸른 물결을 헤치고 용궁의 객이 되었는가."처럼 작품 속에 자신의 목소리를 직접 노출하면서 독자와의 대화를 시도하기도 한다. 채만식의 『탁류』나 『태평천하』 역시 사건의 모든 것을 장악한 서술자가 조롱이나 연민 같은 인물평을 자유자재로 구사한다.

삼인칭 전지적 시점의 서술자는 전지전능한 위치에 서서 이야기를 이끌어 나간다. 등장인물의 행동, 심리, 과거 내력, 인물에 대한 평가는 물론이고 이야기의 역사적 배경에 대한 설명도 모두 가능하다. 대부분의 장편 소설은 삼인칭 전지적 시점에 의존한다. 많은 인물이 등장하고 여러 개의 갈등이 제시되는 복합 구성을 전개하려면 작품의 모든 부분을 효과적으로 장악할 수 있는 강력한 서술자가 필요하기 때문이다. 시대 재현을 넘어 인간의 삶에 대한 통찰을 보여주는 것을 목표로 삼는 장편 소설의 경우 삼인칭 전지적 시점에 의존하는 경우가 대부분이다. 톨스토이(L. Tolstoy)의 『안나 카레리나』, 『전쟁과 평화』와 같은 작품이 대표적이다.

삼인칭 전지적 시점에서 서술자는 독자에게 많은 것을 설명하게 되므로 이야기 구성의 긴밀도가 떨어질 가능성이 높다. 독자 역시 많은 것을 설명하는 서술자에 의존하면서 그저 서술자의 말을 따라가는 수동적인 태도를 취하기 쉽다. 그로 인해 독자는 등장인물과의 공감대를 형성하지 못하고 작품에 몰입하는 정도가 떨어지기 십상이다. 삼인칭 전지적 시점이 독자와 작품의 거리가 가장 멀다는 평가를 받는 이유는 그 때문이다.

4) 삼인칭 관찰자 시점

삼인칭 관찰자 시점은 서술자가 외부 관찰자의 위치에서 이야기를 서술하는 방식이다. 서술자는 사건을 관찰하는 객관적 위치에 서서 등장인물의 말과 행동을 제시하거나 상황을 객관적으로 묘사하는 일에 치중한다.

> 그때였다. 술집 시근부리 아이가 네모진 종이쪽지 한 장을 들고 헐레벌떡거리면서 뛰어 들어왔다.
>
> "아저씨, 큰일 났어요. 길거리마다 사람들이 막 웅성거리고 야단이에요."
>
> 주인 할아버지가 주춤거리며 종이쪽지를 받아 들었다. 술을 먹고 있던 삼십이 넘어 뵈는 두 남자도 고개를 들고 주인을 쳐다보았다. 주인 할아버지는 돋보기안경 너머로 종이쪽지를 읽다 말고 훅 한숨을 내쉬었다. 주인 할아버지에게 시선을 모아 가고 있던 가느다란 눈을 가진 친구가 곧 그 종이쪽지를 받아 들고 읽었다. 기골이 장대한 친구도 곧 따라 읽었다. 호외였다. 그들은 호외를 다 읽기가 바쁘게

거의 충동적으로 그것을 꾸겨 쥐었다.

"아까운 인물이 또 하나 죽었군!"

잠시 그들 사이에는 말이 없었다. 긴장이 그들의 얼굴을 가로덮고 있었다.

"누가 쏘았을까?"

"물론 적대방이겠지. 알 수 있어. 결국 그자들일 거야."

— 오상원, 「모반」

이 장면에서 서술자는 관찰자의 위치에 서서 자신이 보고 들은 것만을 객관적으로 전달하고 있다. 따라서 독자는 이야기를 전달하는 서술자의 목소리를 느끼기 어렵다. 이처럼 서술자의 존재를 최대한 드러내지 않는 '삼인칭 객관 묘사'는 삼인칭 관찰자 시점의 가장 중요한 특징이다. 이를 바탕으로 독자가 사건 앞에 서서 대상을 직접 보고 듣는 듯한 느낌을 주는 서술이 가능해진다. 그런 이유로 삼인칭 전지적 시점을 사용하는 작품 중에서도 일부 장면은 삼인칭 관찰자 시점에 의존하기도 한다.

동혁은 삽일이나 등태를 해 본 경험이 없어서 장씨의 권유대로 나라시의 불잡이를 하기로 했다. 그는 화차의 맨 뒤칸에 폐유가 가득 담긴 드럼깡을 타고 앉아서 굵은 철사에 솜뭉치를 달아 교대로 기름을 묻히면서 다이마쓰 불을 밝혔다.

하늘에는 별이 총총했다. 검은 바다 위에 야광충의 작은 인광들이 반짝였으며 다이마쓰의 일렁이는 불빛이 꼬리를 끌며 수면 위를 스쳐 가고 있었다. 한 팔 간격으로 떨어져서 3함바 사람들이 탄 궤도차가 나란히 달렸는데 기관사들은 인부들의 기분에 맞추어 서로 속력을 내어 앞지르기 내기를 했다. 화차에 올라탄 인부들이 기관사를 격려하느라고 목청을 돋우어 외쳐 댔다. 선로가 한 가닥으로 합치는 곳에 가까워지자 양편 화차의 고함 소리는 절정에 이르렀다. 장씨네 일행이 탄 궤도차가 먼저 새로운 선로에 들어섰는데 저쪽은 선로 입구에서 앞선 차가 지날 때까지 기다리게 되자 우 하는 소리와 상대를 서로 야유하는 소리들이 요란했다.

"엿이나 빨다 뒤에 와라!"

"바다에 칵 꼬라박히라구."

— 황석영, 「객지」

밑줄 친 부분을 보자면 이 작품은 전체적으로는 삼인칭 전지적 시점에 속한다. 그러나 일터에 갓 들어온 동혁이 작업을 시작하는 장면에 대한 묘사는 독자가 사건이 벌어지는 현장에 서서 바라보는 듯한 느낌을 준다. 시종일관 삼인칭 관찰자 시점을 사용하는 작품은 많지 않은데, 생생한 묘사를 목표로 할 때는 이처럼 관찰자 시점을 활용한다.

서술자가 전달한 정보를 바탕으로 독자가 인물의 성격이나 이야기의 진행을 추론하거나 판단해야 한다는 점에서 삼인칭 관찰자 시점은 삼인칭 전지적 시점에 비해 독자의 능동성이 더 많이 필요하다.

5) '이인칭 시점'의 문제

최근 주인공을 '너'라는 호칭으로 부르며 독특한 느낌을 만들어 내는 작품이 종종 보인다.

너는 그 집의 셋째였으므로 네 위의 오빠들이 집을 떠날 때마다 엄마가 겪는 작별의 슬픔과 고통과 염려를 지켜보았다. 큰오빠를 보내고선 너의 엄마는 새벽마다 장독대의 장항아리를 닦았다. 우물이 앞마당에 있어서 물을 길어 오기만도 힘든 일이었는데 뒤곁을 가득 채운 항아리들을 하나하나 다 닦았다. 뚜껑도 열어 앞뒤로 윤이 나도록 닦았다. 행주질을 하는 너의 엄마의 입에서는 노래가 흘러나왔다. (중략) 그때 네가 엄마! 하고 부르면 뒤돌아보는 너의 엄마의 우직한 소 같은 눈엔 눈물이 그렁그렁 고여 있었다.

— 신경숙, 『엄마를 부탁해』

이런 식으로 등장인물을 '너'라고 지칭하는 작품을 이인칭 시점이라 명명하기도 한다. 그러나 '서술자가 작중 인물인가 아닌가'라는 시점 분류 기준에 따르자면 이인칭 시점이라는 용어는 가능하지 않다. 이런 식의 인칭 대명사를 사용함으로써 엄마에 대한 셋째의 절절한 마음이 독자에게 좀 더 친숙하게 다가가는 서술의 효과는 강화된다. 그러나 여기서 주인공과 엄마의 관계나 주인공의 심리를 꿰뚫는 전지적인 서술자가 주인공을 '너'라고 지칭하고 있음은 분명하다. 그런 점에서 해당 부분은 삼인칭 전지적 시점에 속한다. 일인칭 주인공의 고백에 '너'라는 인칭 대명사를 사용하는 경우 역시 일인칭 시점이라는 점에는 변화가 없다.

핵심어

내포 작가, 서술자, 일인칭 주인공 시점, 일인칭 관찰자 시점, 삼인칭 전지적 시점, 삼인칭 관찰자 시점

| 참고 문헌 |

리몬케넌(Rimmon-Kenan, S., 1985), 『소설의 시학』, 최상규 역, 문학과지성사.
부스(Booth, W. C., 1987), 『소설의 수사학』, 이경우·최재석 공역, 한신문화사.
채트먼(Chatman, S., 1991), 『이야기와 담론 — 영화와 소설의 서사 구조』, 한용환 역, 고려원.

| 더 읽을 거리 |

김동환(2018), 「'시점' 개념에 대한 반성적 고찰」, 『소설 교육의 방법적 모색』, 월인.
브룩스·워런(Brooks, C. & Warren, R. P., 1985), 『소설의 분석』, 안동림 역, 현암사.

초점화와 서술

° 김성진

1——전통적 시점 4분법의 문제점

아래 작품은 전통적 시점 분류에 따르면 삼인칭 전지적 시점이다. 극화되지 않은 서술자가 주인공의 심리도 전달하고 있기 때문이다.

현은 평양이 십여 년 만이다. 소설에서 평양 장면을 쓰게 될 때마다, 이번에는 좀 새로 가 보고 써야, 스케치를 해 와야 하고 벼르기만 했지, 한 번도 그래서 와 보지는 못하였다. 소설을 위해서뿐 아니라 친구들도 가끔 놀러 오라는 편지가 있었다. 학창 때 사귄 벗들로, 이곳 부회 의원이요 실업가인 김(金)도 있고, 어느 고등보통학교에서 조선어와 한문을 가르치는 박(朴)도 있건만, 그들의 편지에 한 번도 용기를 내어 본 적은 없었다. 이번에 받은 박의 편지는 놀러 오라는 말이 있던 편지보다 오히려 현의 마음을 끌었다. (중략)

정거장에 나온 박은 수염도 깎은 지 오래어 터부룩한 데다 버릇처럼 자주 찡그려지는 비웃는 웃음은 전에 못 보던 표정이었다. 그 다니는 학교에서만 지싯지싯 붙어 있는 것이 아니라 이 시대 전체에서 긴치 않게 여기는, 지싯지싯 붙어 있는 존재 같았다. 현은 박의 그런 지싯지싯함에서 선뜻 자기를 느끼고 또 자기의 작품들을 느끼고 그만 더 울고 싶게 괴로워졌다.

— 이태준, 「패강랭(浿江冷)」

그런데 주인공 '현'을 '나'로 고쳐도 작품을 읽을 때 느껴지는 서술 효과는 그다지 다르지 않다. 시점 4분법에 따르면 삼인칭 전지적 시점과 일인칭 주인공 시점은 엄연히 구별된다. 하지만 이처럼 고유 명사인 등장인물의 이름을 일인칭 대명사로 고쳐 읽어도 무방한 작품은 4분법에 따른 구분이 별다른 의미가 없다. 시점이 단지 인칭 대명사의 문제를 따지는 것인가라는 의문이 드는 것이다. 이처럼 서술적 특징을 제대로 해명하지 못하는 단순한 분류에 그치고 만다면 시점이라는 개념의 효용성은 무엇인가라는 질문이 제기될 수밖에 없다. 여기서 시점과 구별되는 초점화에 대한 논의가 시작된다.

주네트(G. Genette, 1992: 174~177면)는 '누가 보는가'와 '누가 이야기하는가'를 명확히 구별하지 못하는 것이 시점 이론의 문제점이라고 비판하면서 '초점화(focalization)'라는 개념이 필요함을 제안하였다. 브룩스(C. Brooks)와 워런(R. P. Warren)이 시각과 관련된 '시점'이라는 용어를 사용하였지만 그들의 논의는 '서술의 주체'와 '경험과 인식의 주체'를 혼동하고 있다는 것이다. 주네트는 초점 주체와 서술자는 구별되어야 하며, 초점 주체와 초점 대상의 관계에 주목하는 초점화가 이야기를 전달하는 서술자의 목소리만큼이나 중요하다고 보았다.

2——초점화의 유형

초점화의 중요성을 본격적으로 논의하였던 주네트는 초점화의 유형을 무초점화, 내적 초점화, 외적 초점화로 제시하였다. 무초점화는 서술자가 등장인물이 알고 있는 것보다 더 많이 말하는 경우인데, 전통적인 시점 이론에 따르면 삼인칭 전지적 시점 중 서술자가 이야기에 개입하는 정도가 큰 작품들이 이에 속한다. 무초점화의 예로는 이광수의 『무정』을 들 수 있다. 내적 초점화는 서술자가 등장인물이 알고 있는 것만큼 말하는 경우인데, 흔히 '제한 전지적 시점'이라 불리는 작품들이 이에 속한다. 앞서 살펴본 「패강랭」이 내적 초점화의 예가 될 수 있다. 외적 초점화는 서술자가 등장인물이 알고 있는 것보다 적게 말하는 경우인데, 주인공은 자신의 생각이나 감정을 독자에게 알려 주지 않고 그저 행동하거나 말할 뿐이다. 외적 초점화는 카메라의 렌즈를 활용한 것처럼 외부에서 대상을 단지 관찰할 뿐이다. 그런 이유로 독자의 추론에 필요한 정보는 최소화하여 제공된다. 주네트(1992: 177~179면)에 따르면, 외적 초점화는 「몰타의 매」와 같은 해밋(D. Hammett)의 하드보일드 계열 소설이나 헤밍웨이(E. M. Hemingway)의 몇몇 단편에서 제한적으로 나타난다.

리몬케넌(S. Rimon-Kenan)은 주네트의 초점화 분류가 상이한 기준을 적용하였음을 비판하면서, 초점화의 유형을 내적 초점화와 외적 초점화로 분류하였다. 주네트에 따르면, 내적 초점화는 초점 주체의 시각이 이야기 세계 내부에 제한되어 있는 데 반해 무초점화는 초점 주체가 이야기 내부와 외부를 자유롭게 오갈 수 있다. 그리고 외적 초점화는 초점 대상의 겉모습만을 제시하는 방식을 뜻한다. 리몬케넌은 무초점화와 내적 초점화가 초점 주체의 위치를 기준으로 한 구분인 데 반해, 외적 초점화는 초점 대상이 지각되는 방식을 기준으로 하였음을 문제 삼았다. 외적 초점화에는 두 유형과는 다른 기준이 적용된다는 것이다.

리몬케넌(1985: 113~116면)은 초점 주체의 위치를 기준으로 삼아 내적 초점화와 외적 초점화로 구분할 것을 제안하였다. 즉, 초점 주체가 이야기 안의 등장인물이면 내적 초점화에 속하고, 이야기 바깥의 서술자이면 외적 초점화라는 것이다.

(1) 소년은 갈림길에서 아래쪽으로 가 보았다. 갈밭머리에서 바라보는 서당골 마을은 쪽빛 하늘 아래 한결 가까워 보였다.

어른들의 말이, 내일 소녀네가 양평읍으로 이사 간다는 것이었다. 거기 가서는 조그마한 가겟방을 보게 되리라는 것이었다.

소년은 저도 모르게 주머니 속 호두알을 만지작거리며, 한 손으로는 수없이 갈꽃을 휘어 꺾고 있었다.

그날 밤, 소년은 자리에 누워서도 같은 생각뿐이었다. 내일 소녀네가 이사하는 걸 가 보나 어쩌나. 가면 소녀를 보게 될까 어떨까.

그러다가 까무룩 잠이 들었는가 하는데,

"허, 참, 세상일두……."

마을 갔던 아버지가 언제 돌아왔는지,

"윤 초시 댁두 말이 아니여. 그 많던 전답을 다 팔아 버리구, 대대루 살아오던 집마저 남의 손에 넘기더니, 또 악상까지 당하는 걸 보면……."

— 황순원, 「소나기」

(2) 매팔자란 응칠이의 팔자이겠다.

그는 버젓이 게트림으로 길을 걸어야 걸릴 것은 하나도 없다. 논맬 걱정도, 호포 바칠 걱정도, 빚 갚을 걱정, 아내 걱정, 또는 굶을 걱정도. 회동그라니 털고 나서니 팔자 중에는 아주 상팔자다. 먹고만 싶으면 도야지고, 닭이고, 개고, 언제나 옆을 떠날 새 없겠지. 그리고 돈, 돈도…….

그러나 주재소는 그를 노려보았다. 툭하면 오라, 가라 하는데 학질이었다. 어느 동리고 가 있다가 불행히 일만 나면 누구보다도 그부터 붙들려 간다. 왜냐면 그는 전과 사범이었다. 처음에는 도박으로, 다음엔 절도로, 또 고담에도 절도로, 절도로…….

그러나 이번 멀리 아우를 방문함은 생활이 궁하여 근대러 왔다거나 혹은 일을 해 보러 온 것은 결코 아니었다. 혈족이라곤 단 하나의 동생이요, 또한 오래 못 본지라 때 없이 그리웠다. 그래 모처럼 찾아온 것이 뜻밖에 덜컥 일을 만났다.

— 김유정, 「만무방」

(1)은 내적 초점화의 예이다. 모든 상황은 이야기 속에 등장하는 소년의 시

각을 통해 제시된다. 삼인칭 시점이므로 서술자는 이야기 밖에 존재하지만 초점 주체는 이야기 안의 등장인물이다. 독자는 소년이라는 특정 인물의 시각과 생각을 통해 초점 대상을 바라보게 된다. 이처럼 내적 초점화는 인물을 초점 주체로 활용한다. (2)는 외적 초점화의 예이다. 사건은 특정 인물이 아니라 사건을 조망하는 서술자를 통해 전달된다. 서술자가 초점 주체의 역할을 동시에 담당하기 때문에 특정 인물의 시각에 국한되지 않고 사건을 자유롭게 관찰하고 자신의 생각을 전달할 수 있다. 이처럼 외적 초점화는 서술자를 초점 주체로 활용한다. 초점화를 분류하는 방식은 연구자마다 조금씩 다르지만 일반적으로 리몬케넌이 제시한 내적 초점화와 외적 초점화의 이분법이 폭넓게 받아들여지고 있다.

김동인은 1920년대에 「소설 작법」에서 '일원 묘사', '다원 묘사', '순객관적 묘사'라는 용어를 사용하여 초점화와 유사한 문제의식을 드러내었다. 그에 따르면 일원 묘사는 "경치든 정서든 심리든, 작중 주요 인물의 눈에 비친 것에 한하여 작가가 쓸 권리가 있지 주요 인물의 눈에 벗어난 일은 아무런 것이라도 쓸 권리가 없는 형식"이다(김동인, 1983: 113면). 다원 묘사는 "작품 중에 나오는 모든 인물의 심리를 통관하여 일동일정(一動一靜)을 다 그려 내는 것"이다(김동인, 1983: 119면). 순객관적 묘사는 작가가 중립 지대에 서서 인물의 심리는 직접 제시하지 못하고 오직 인물의 행동으로 심리를 드러내는 것이다.

내적 초점화에서 초점 주체는 작품 속에서 한 명일 수도 있고 여러 명일 수도 있다. 황순원의 「소나기」의 경우 초점 주체가 소년 한 사람이다. 그러나 복수의 초점 주체를 활용하는 작품도 많다. 특히 장편 소설에서는 초점 주체를 한 명으로 제한할 경우 소설 구성에서 문제가 발생할 가능성이 크다. 염상섭의 『삼대』는 장면에 따라 덕기, 상훈, 경애 등이 초점 주체 역할을 수행한다. 「소나기」처럼 한 명의 초점 주체를 활용하는 방식을 '고정 초점화', 『삼대』처럼 여러 명의 초점 주체가 등장하는 방식을 '가변 초점화'라고 한다.

한편 초점 주체가 여럿이라는 점에서는 가변 초점화와 유사하지만 동일한 사건에 대해 상이한 관찰이 때로 대립하는 방식으로 나타나는 독특한 방식의 초점화를 활용한 작품이 있다. 영화 「라쇼몽」의 원작 중 하나인 아쿠타가와(芥川龍之介)의 소설 「수풀 속」은 숲속에서 벌어진 살인 사건의 당사자 세 사람인 도둑, 남편, 아내가 내놓는 각기 다른 진술을 보여 준다. 숲속에서 남편이 살해당했다는 사건은 하나이지만 세 명의 초점 주체에 의해 완전히 다른 뉘앙스의 이야기가 제시되어 독자를 혼란스럽게 한다. 이야기는 세 진술 중 어느 편이 진실인지 밝히지 않고 끝이 나는데, 진실에 대한 추론은 온전히 독자의 몫이다. 이러한 방식의 내적 초점화를 가변 초점화와 구별하여 '복수 초점화' 혹은 '다중 시점'이라고 부른다. 쿤데라(M. Kundera)의 『참을 수 없는 존재의 가벼움』 역시 복수 초점화가 부분적으로 활용되는 것에서 확인할 수 있듯이 최근 복수 초점화를 활용한 작품이 늘어나는 추세이다. 진실에 대한 판단이 갈수록 어려워지는 현대 사회의 복잡성 때문이라 할 수 있다.

3——서술의 전략

서술자가 이야기를 전달하는 과정에서 자신의 목소리를 얼마나 개입시키느냐에 대한 논의는 플라톤(Platon)의 『국가론』에까지 거슬러 올라간다. 그는 인간의 행위를 재현하는 두 가지 방식으로 미메시스(mimesis)와 디에게시스(diegesis)가 있다고 보았다. 미메시스는 '이야기하고 있는 시인이 이야기를 하는 것은 자신이 아니라는 환상을 만들어 내고자 하는 말하기'이다. 디에게시스는 '시인 자신이 발언자이고, 그 이외의 사람은 이야기하는 듯한 기미를 보이지 않으려는 말하기'이다(리몬케넌, 1985: 157면). 문법적 범주로 치자면 전자는 직접 화법이고, 후자는 간접 화법이다. 이 둘은 현대 영미 비평에서 보여 주기(showing)와 장면(scene) 제시 대 말하기(telling)와 요약하기(summary)의 대립으로 이어지면서 서술자의 이야기 전달 방식의 두 축으로 발전하게 된다.

1) 말하기와 요약하기

말하기와 요약하기는 등장인물의 과거나 이야기의 배경을 일괄해서 독자에게 제시하는 서술 방법이다. 서술자는 말하기와 요약하기를 활용하여 인물과 사건에 대한 정보를 장악하면서 자신이 중요하다고 생각하는 것을 취사선택하여 독자에게 전달한다. 이를 통해 작가는 독자에게 작중 인물의 사상이나 사건의 진행에 대한 믿을 만한 개관을 제공하고, 대화와 행동의 심리를 심층적으로 파고들 수 있게 된다. 이때 말하기와 요약하기에 의존하는 서술자가 이야기에 개입하는 정도가 크며, 독자는 서술자의 권위를 믿고 그에 의존하는 독서로 이어질 가능성이 높다.

말하기는 등장인물의 성격을 직접 제시하는 부분에서 쉽게 찾아볼 수 있다. 아래 인용에서 서술자는 인물의 성격을 직접 설명함으로써 인물의 성격을 명료하고 확정적으로 제시한다.

> 복녀는, 원래 가난은 하나마 정직한 농가에서 규칙 있게 자라난 처녀였었다. 이전 선비의 엄한 규율은 농민으로 떨어지자부터 없어졌다 하나, 그러나 어딘지는 모르지만 딴 농민보다는 좀 똑똑하고 엄한 가율이 그의 집에 그냥 남아 있었다. 그 가운데서 자라난 복녀는 물론 다른 집 처녀들과 같이 여름에는 벌거벗고 개울에서 멱 감고, 바지 바람으로 동리를 돌아다니는 것을 예사로 알기는 알았지만, 그러나 그의 마음속에는 막연하나마 도덕이라는 것에 대한 저픔을 가지고 있었다.
>
> — 김동인, 「감자」

여기서 서술자는 주인공 복녀가 어린 시절 엄격한 집안 환경에서 자라며 막연하나마 도덕관념을 지닌 인물임을 명시적으로 제시하고 있다. 독자는 서술자의 말하기와 요약하기를 통해 등장인물의 성격을 명료하고 쉽게 파악할 수 있으며, 서술자의 진술에 대한 신뢰를 바탕으로 조금은 수동적으로 작품 읽기에 임하게 된다.

전지적 서술자는 요약하기나 논평을 중요한 서술 전략으로 활용하기도 한다. 서술자는 간접 화법을 활용하여 등장인물의 말이나 사건의 추이를 요약하여 전달한다. 그런데 요약하기의 과정에서 서술자는 양적 압축에 그치지 않고 자신의 관점을 투영한 질적 변화의 효과를 가져올 수 있다.

> 방송국에서 한동안, 꼭 같은 글씨로, 남도 소리를 매일 빼지 말고 방송해 달라는 투서를 수십 장 받은 일이 있습니다.
>
> 그게 뉘 짓인고 하니, 대복이가 윤직원네 영감한테 지청구를 먹고는 홧김에 써 보고, 핀잔을 듣고는 폭폭하여 써 보내고 하던, 그야말로 눈물의 투서였던 것입니다.
>
> 윤직원 영감의 불평은 그러나 비단 그뿐이 아닙니다. 소리를 기왕 할 테거든 두어 시간이고 서너 시간이고 붙박이로 하지를 않고서, 고까짓 것 30분, 눈 깜짝할 새 감질만 내다가 그만둔다고, 그래서 또 성활합니다.
>
> 물론 투정이요, 실상인즉 혼잣속으로는, 그놈의 것 돈 17원 들여서 사 놓고 한 달에 1원씩 내면서 그 재미를 다 보니, 미상불 헐키는 헐타고 은근히 좋아하지 않는 것은 아닙니다.
>
> — 채만식, 『태평천하』

밑줄 친 부분에서는 라디오로 남도 소리 듣기를 좋아하는 윤직원이 방송 시간이 짧다고 불평하는 말을 서술자가 요약하고 있다. 서술자는 윤직원의 말을 그대로 옮기는 것이 아니라 "그래서 또 성활합니다"나 "물론 투정이요, 실상인즉 혼잣속으로는", "은근히 좋아하지 않는 것은 아닙니다"와 같은 구절을 통해 매사에 억지 부리기를 좋아하는 윤직원에 대한 조롱의 뉘앙스를 첨가하고 있다. 이처럼 서술자는 인물의 말을 요약하면서 자신의 감정이나 평가를 은밀히 실어 독자가 인물에 대해 자신과 유사한 반응을 하도록 유도한다.

서술자는 말과 사건을 옮기는 요약에 멈추지 않고 더 적극적으로 자신의 의견을 드러내는 '논평'을 가하기도 한다.

> 가령 두부를 오늘 저녁에는 세 모만 사들여 보낼 예정이라면, 사는 마당에서는 두 모 하고 반만 사고 싶습니다. 그러나 두부 반 모는 서울 장안을 온통 매고 다녀야 파는 데가 없으니까, 더 줄여서 두 모를 삽니다. 결국 2전 5리를 아끼려던 것이, 그 갑절 5전을 득했으니, 치부꾼으로 그런 규모가 어디 있겠습니까. 대복이라는 사람이 돈을 아끼는 그 솜씨가 무릇 이렇다는 일렙니다. 진실로 얼마나 충실한 사람입니까.
>
> — 채만식, 『태평천하』

여기서 서술자는 평소 돈을 철저히 아끼는 대복의 행동을 압축하여 전달하는 것에 그치지 않는다. 밑줄 친 부분은 서술자가 반어법을 활용하여 대복이라는 인물에 대한 부정적 논평을 가하고 있다. 서술자의 논평에는 이와 같은 도덕적 가치 판단 이외에도 이야기의 요점이나 적절성 및 비중을 설명하는 해석, 작품 바깥의 현실 세계를 작품 안의 허구적 세계로 끌어들여 비교하는 일반화, 자신의 서술 담론 자체에 대한 메타적 평가인 자의식적 서술 등이 있다(채트먼, 1991: 274면).

2) 보여 주기와 장면 제시

보여 주기와 장면 제시는 서술자의 의견이나 논평 등을 개입시키지 않은 채 연극처럼 인물의 행동이나 대화와 같은 장면을 그대로 제시하는 서술 방법이다. 서술자의 목소리는 최소화되며, 주로 대화나 물리적 행위를 중심으로 사건의 전개 과정을 직접 제시한다. 말하기와 요약하기에 비해 상대적으로 서술자가 개입하는 정도가 낮고, 독자는 인물의 성격이나 사건의 전개, 에피소드의 의미 등을 능동적으로 추론하는 독서를 해야 한다.

보여 주기와 장면 제시는 20세기 현대소설, 특히 영미의 단편 소설에서 현대소설의 특징처럼 강조되었다. 소설가들이 말하기와 요약하기를 최소화해야 한다는 주장은 '극화하라, 극화하라' 같은 구호를 낳기도 하였다. 진리를 전달할 수 있는 작가의 배타적 권위에 대한 비판과 서술자에 의존하여 인생에 대한 교훈을 전달하는 전 세대 소설에 대한 거부가 보여 주기와 장면 제시에 대한 강조로 나타난 것이다. 그러나 말하기와 요약하기에 비해 보여 주기와 장면 제시가 더 우월하거나 더 현대적인 서술 방법이라고 평가하는 것은 부당하다. 부스(W. C. Booth)의 말처럼 불필요하게 남용된 말하기를 말하기 일반과 동일시하여 폄하하는 것은 잘못이다. 도스토옙스키(F. M. Dostoevsky)의 『카라마조프가의 형제들』에 나타나는 권위적 서술자의 말하기는 작품의 품격을 높이는 데 기여한다. 작품의 주체나 구체적인 에피소드의 특징에 맞는 효과적인 서술 전략을 적재적소에 활용하는 것이 중요하다.

보여 주기와 장면 제시는 인물의 말이나 행동을 보여 줌으로써 등장인물의 성격을 간접적으로 제시하는 부분에서 찾아볼 수 있다.

> 덕기는 안마루에서 내일 가지고 갈 새 금침을 아범을 시켜서 꾸리게 하고 축대 위에 섰으려니까, 사랑에서 조부가 뒷짐을 지고 들어오며 덕기를 보고,
> "애, 누가 찾아왔나 보다. 그 누구냐? 대가리 꼴 하고…… 친구를 잘 사귀어야 하는 거야. 친구라고 찾아온다는 것이 왜 모두 그따위뿐이냐?"
> 하고 눈살을 찌푸리는 못마땅하다는 잔소리를 늘어놓다가, 아범이 꾸리는 이불로 시선을 돌리며 놀란 듯이,
> "애, 애, 그게 뭐냐? 그게 무슨 이불이냐?"
> 하며 가서 만져 보다가,
> "당치 않은! 삼동주 이불이 다 뭐냐? 주속(紬屬)이란 내 나쎄나 되어야 몸에 걸치는 거야. 가외(可畏) 저런 것을 공부하는 애가 외국으로 끌고 나가서 더럽혀 버릴 테란 말이냐? 사람이 지각머리가……."
> 하며 부엌 속에 쭉치고 섰는 손주며느리를 쏘아본다.
>
> — 염상섭, 『삼대』

여기서 서술자는 덕기와 손주며느리를 꾸짖는 조의관의 말과 행동을 제시할 뿐 그의 성격을 확정적으로 제시하는 진술은 하지 않는다. 독자는 이 장면

을 통해 집안 매사에 자신의 의견을 앞세우는 조의관의 권위적인 성격을 추론해야 한다.*

현대소설에서 등장인물의 내적 심리를 전달할 때 자주 나타나는 내적 독백이나 의식의 흐름 역시 보여 주기와 장면 제시에 속한다. 내적 독백은 '서술자의 간섭 없이 인물의 발화되지 않은 사고를 직접적이고 즉각적으로 제시'하는 서술 기법이다(숄즈·켈로그, 2001: 230면).

> 나는 숨을 죽이고 있었지만 다리 안쪽에 오스스 소름이 돋았다. 겨드랑이까지 드러난 맨살에 시멘트 바닥이 아프도록 차가워 등을 옴츠렸다. 그가 작업복 윗도리를 벗어 등에 받쳤다. 뚫린 하늘에서 크고 맑은 별들이 눈 위로 내려앉았다. 밤의 어둠 속에서는 늘 마른 꽃 냄새가 났다. 안드로메다, 오리온, 카시오페이아, 큰곰…… 너는 무슨 별자리니, 전갈좌. 당신은 벽이 두껍고 조그만 창문이 있는 주택을 갖게 되며 카섹스를 즐깁니다. 수줍고 내성적이나 항상 로맨틱한 사랑을 꿈꿉니다. 꽃이 안 어울려요. 그래 꽃을 꽂기에는 너무 늙었어. 미친 여자나 창부가 아니면 머리에 꽃을 꽂지 않지.
>
> — 오정희, 「저녁의 게임」

직접 화법에 의한 대화의 제시나 행동에 대한 객관적 묘사와 달리 인물의 심리를 전달하기 위해서는 서술자의 개입이 상대적으로 크게 느껴질 수밖에 없다. 그런데 밑줄 친 부분은 낯선 남자와 애정 없는 정사를 벌이기 직전 주인공의 머릿속에서 전개되는 생각의 연상을 서술자의 매개 없이 직접 보여 주는 듯한 느낌을 준다. 내적 독백은 심리나 의식의 전달에서조차 말하기의 흔적을 최소화해야 한다는 20세기 초반 현대소설의 믿음이 어디까지 나아가는지 보여 준다.

* 4장 「서술 담론과 시점」에서 설명한 것처럼 채트먼은 서술자의 개입을 찾아볼 수 없다는 점에서 대화, 일기, 편지 등의 인용은 '서술되지 않은 이야기'로 보아야 한다고 주장한다. 그에 따르면 인물의 생각과 행동의 순수한 재현 역시 서술되지 않은 이야기이다.

내적 독백과 유사한 맥락에서 논의되는 것이 '의식의 흐름'이다. 의식의 흐름은 '말로 표현된 사고, 즉 내적 독백뿐만 아니라 인물의 마음에 의해 생겨났으나 말로 형성되지 않은, 그러나 화자에 의한 분석의 산물은 아닌 감각 인상'을 뜻한다는 점에서 내적 독백보다 상위의 개념이라 할 수 있다. 등장인물의 머릿속에서 비문법적이고 비논리적으로 넘나들고 흘러가는 자유 연상을 강조한다는 점에서 문학보다는 심리학과 정신 분석학의 용어에 가깝다는 의견도 있다(숄즈·켈로그, 2001: 230~231면). 이 두 기법은 서술자의 매개 없이 등장인물의 의식이 직접 제시되는 듯한 환상을 독자에게 불러일으킨다는 점에서 차이보다는 공통점이 더 많다고 볼 수 있다.

3) 서술자의 신뢰성 문제

독자는 서술자의 이야기 제시나 논평이 허구적 진실에 대한 믿을 만한 설명이라고 전제하며 소설을 읽는다. 그런데 독자가 서술자의 말에 의구심을 품거나 신뢰하기 어렵다는 인상을 받게 되는 작품이 있다. 예를 들어 1930년대 중후반의 식민지 조선의 현실에 대한 지식을 갖춘 독자라면 채만식의 「치숙(痴叔)」에서 일인칭 서술자가 하는 말을 곧이곧대로 받아들이기 어렵다. 이처럼 독자가 화자의 이야기 제시나 논평에 의혹을 가질 이유가 있는 서술자를 '신빙성 없는 서술자'라고 부른다.

서술자의 신빙성을 판단하는 명백한 기준을 설정하기란 쉽지 않다. '신빙성 없는 서술자'로 판단할 수 있는 근거로 서술자의 제한된 지식, 문제성이 있는 가치 기준, 개인적 연루 관계를 들고 있는 리몬케넌(1985:149~150면)의 견해를 참조할 만하다. 「치숙」은 서술자가 명시적으로 드러내는 친일적 세계관으로 인해 독자는 서술의 신빙성을 의심하게 되는데, 결과적으로 서술자의 말은 풍자와 비판의 대상이 된다. 서술자의 나이가 어려 세상 물정을 잘 알지 못하는 경우에도 독자는 서술자의 진술을 곧이곧대로 믿기 어렵다. 여섯 살 난 여자아이 옥희가 서술자로 등장하는 주요섭의 「사랑손님과 어머니」가 대표적인 예이다. 이 연령대의 아이가 하숙생으로 들어온 아저씨와 엄마 사이에 나타나는 감정의 변화를 알아채기는 어렵다. 작가는 세상 물정 모르는 서술자 옥희를 효과적으로 활용하여 두 사람의 사랑을 안타까운 것으로 그려 내었다. 한편 서술자가 갈등이 진행되는 사건에서 이해 당사자인 경우에도 독자는 서술자의 말을 신뢰하기 어렵다.

핵심어

초점 주체, 내적 초점화, 외적 초점화, 말하기, 요약하기, 보여 주기, 장면 제시, 내적 독백, 의식의 흐름, 신빙성 없는 서술자

| 참고 문헌 |

김동인(1983),「소설 작법」,『김동인 문학 전집 11』, 대중서관.
리몬케넌(Rimmon-Kenan, S., 1985),『소설의 시학』, 최상규 역, 문학과지성사.
부스(Booth, W, C., 1987),『소설의 수사학』, 이경우·최재석 공역, 한신문화사.
숄즈·켈로그(Scholes, R. & Kellogg, R., 2001),『서사의 본질』, 임병권 역, 예림기획.
주네트(Genette, G., 1992),『서사 담론』, 권택영 역, 교보문고.
채트먼(Chatman, S., 1991),『이야기와 담론 — 영화와 소설의 서사 구조』, 한용환 역, 고려원.

| 더 읽을 거리 |

러벅(Lubbock, P., 1985),『소설 기술론』, 송욱 역, 일조각.
박진(2005),『서사학과 텍스트 이론 — 토도로프에서 데리다까지』, 랜덤하우스중앙.
우드(Wood, J., 2011),『소설은 어떻게 작동하는가』, 설준규·설연지 공역, 창비.

문체[1]

° 김혜영

1——문체의 개념과 성격

소설은 언어를 매개로 한 예술로, 무엇을 말하느냐와 함께 어떻게 말하느냐가 소설 이해의 중요한 비중을 차지한다. 소설에서 어떻게 말하느냐의 형식적 측면은 주로 이야기 구성과 관련하여 서술자, 서술 방식, 문체적 특징을 포함한다. 하지만 소설 텍스트의 해석은 서술자, 서술 방식에 대한 논의에 집중되어 있는 반면, 문체에 대한 관심은 그리 높지 않은 편이다. 이는 문체를 파악하는 방식이 기본적으로 문장 구조의 분석에서 출발하고 있기 때문에 언어학에 가깝다고 생각하는 것도 이유가 될 수 있고, 문체를 분석하기 위한 체계적인 방법론이 정립되지 못한 것도 이유가 될 수 있다.

국어 교육에서 오랜 기간 문체 논의의 중심을 차지해 온 것은 이태준이 『문장 강화』에서 언급하고 있는 문체 분류이다. 문체를 강건체, 우유체, 간결체, 화려체, 만연체, 건조체 등 여섯 갈래로 분류한 것은 일반적으로 문체의 특성을 범주화한 것이어서 소설 텍스트의 섬세한 문체 특성을 포괄하기에는 구조

1 이 장은 김혜영(2007 ; 2010)을 토대로 재서술하였다.

가 성긴 측면이 있음에도 오랜 기간 소설 텍스트의 문체를 설명하는 방식으로 활용되어 왔다. 하지만 소설 텍스트의 문체가 만연체 혹은 우유체라는 사실을 아는 것이 소설 텍스트를 이해하고 감상하는 문제와 어떠한 연관이 있는지 제시하지 못한다면 문체 분석은 단지 지식을 확인하거나 적용하는 차원에서 벗어나지 못할 가능성이 높다. 또한 문체에 대한 분석이 기본적으로 어휘나 문장의 구성 요소, 문장 구조의 특성을 중심으로 한 언어학적 접근에서 출발한다고 하더라도 특정 문장 성분을 많이 사용하거나 문장 구조의 특징을 설명하는 차원의 접근만으로는 소설 텍스트의 문체를 이해하였다고 보기 어렵다. 소설 텍스트에 대한 문체적 접근의 의미는 언어학적인 분석 결과를 소설 내용과의 관계에서 유의미하게 해석하는 데에서 시작되기 때문이다.

문체에 대한 논의는 크게 규범에 대한 일탈 차원에서 수사법 중심으로 문체에 접근하는 경향과 개인의 개성적 언어 사용의 측면, 곧 파롤(parole) 수준에서의 언어 배치에 관심을 두는 경향으로 나눌 수 있다.

전자의 경우 리파테르(M. Riffaterre)는 텍스트의 문체 — 심지어 한 작품 또는 한 저자의 문제 — 를 예측할 수 없는 요소들에 의해 갑작스럽게 파괴되거나 생겨나는 언어 구조적 관계라는 시각에서 바라본다(이종오, 2006: 67면). 이처럼 문체를 낱말들의 문맥적 관계에서의 일탈이라는 수사적 맥락으로 보는 방식은 전달하고자 하는 내용을 표현하는 방식으로 문체를 이해하는 경향이 강하다. 소설 텍스트의 문체를 수사법과 연관된 표현상의 특징으로 제한할 때, 수사법의 효과가 텍스트 안에서 작용하는 양상이 두드러지지 않은 소설 장르에서 문체를 파악한다는 의미는 축소될 수밖에 없다.

후자의 경우 바이이(C. Bally)는 문체론을 통해 주어진 상황 속에 반영되는 정감적 상태와 언어의 역학 관계, 곧 언어학적 구조와 표현적 가치를 분석의 대상으로 삼는다(박성창, 1998: 141면). 바이이의 접근은 근본적으로 문체가 특정 정감의 강화와 관련된다는 점, 문체적 접근이 확정된 문체적 특징을 확인하는 과정이 아니라 '표현이 환기하는 정감에 근거하여 정감을 유발하는' 문장의 강도를 발견하는 데 있음을 보여 준다. 위도우슨(H. G. Widdowson, 1999: 125면)에 따르면 문학은 현실에 대한 자각을 소통하고자 하며, 본성상 불안정하고 불완전하고 만화경 같은 것이어서 기술될 수 없고 다만 표현될 수 있을 뿐이다. 문학 독자는 현실에 대한 작가의 지각을 형상화하는 언어 패턴이 변화하여 독자의 예상과 어긋날 때 문학의 속성을 체험하게 되는데, 이처럼 기술될 수는 없고 '표현'되는 언어 패턴에 대한 자각과 해석이 문체 읽기의 시작점이라고 하겠다.

2——문체 읽기를 위한 전제

문체란 텍스트를 통해 말하고자 하는 바가 표현 방식을 통해 드러나는 것을 말한다. 소설 텍스트에서 내용과 표현을 구분하기는 어렵지만, 같은 내용을 전달한다고 하더라도 표현 방식이 달라짐에 따라 의미의 차이가 빚어지는 양상을 통해 언어적 표현의 층위, 곧 문체 읽기의 단서를 발견할 수 있다.

① 철수가 유리창을 깨뜨렸다.
유리창이 철수에 의해 깨졌다.
유리창이 깨졌다.

② 철수는 실수로 유리창을 깨뜨렸다.
철수는 유리창을 실수로 깨뜨렸다.
실수로 철수는 유리창을 깨뜨렸다.
실수로 유리창을 철수는 깨뜨렸다.
유리창을 철수는 실수로 깨뜨렸다.
유리창을 실수로 철수는 깨뜨렸다.

①에서는 문장이 수동이냐 능동이냐, 주어가 사람이냐 사물이냐에 따라 의

미의 차이가 생긴다. 이와 달리 ②에서는 동일한 문장이라고 하더라도 문장 성분의 위치를 달리함에 따라 의미의 차이를 만들어 낸다. ①과 ②의 경우 모두 문장 차원에서 출발하지만 문장 성분의 위치가 변화하거나 배치가 달라짐으로써 의미상 차이를 보인다. 이처럼 문체의 정의에서 언급하는 표현의 범주는 문장 성분을 달리 배치함으로써 전달되는 의미 효과와 연관된다. 특히 ②의 경우에서 알 수 있듯이, 언어 층위에서 전달되는 의미는 '철수가 유리창을 깨뜨렸고, 그것은 실수였다'는 정보이다. 하지만 ②의 각 사례들은 문체상 특징에 주목할 때 동일한 내용을 표현한다고 말할 수 없는 미묘한 차이를 드러낸다. 이처럼 문체에 초점을 맞춘다는 것은 언어적 층위에서 전달하는 의미와는 달리 언어적인 것의 배치를 통해 전달되는 의미의 층위에 관심을 둔다는 것을 의미한다. 언어적인 것의 배치가 그 자체로 전달되는 의미의 차이를 만들어 내는 것은 아니지만, 유사한 배치의 반복이 만들어 내는 차이를 정도나 강도와 같은 질적인 차원에서 해석해 낼 때 문체가 지향하는 의미가 드러난다.

문장이나 문장 성분의 배치는 이질적인 것의 접속을 가능하게 하면서 다양한 의미의 변주를 보여 준다. 문체적 특징을 분석한다는 것은 특정 소설 텍스트의 경향성을 파악한다는 말이므로 문체적 특징이 드러나기 위해서는 적어도 특정한 문체적 경향이 해당 소설 텍스트 안에서 지속적으로 반복되어야 한다. 이처럼 배치와 반복은 정도나 강도와 같은 차이를 만들어 내는 장치로서 문장이 지닌 문체적 표지를 드러내는 역할을 하게 된다. 그런 점에서 문체 분석은 문장 단위를 중심으로 하되, 문장을 담론 차원으로 확대하면서 문체의 경향성을 파악하는 방식으로 진행될 필요가 있다.

기본적으로 문체에 대한 접근은 소설 텍스트의 서술자가 인물이나 사건의 전개를 통해 표면적으로 말하고 있는 것과는 다른 차원에서 서술자의 심리나 의도를 드러내어 텍스트의 의미를 다층적으로 보여 준다는 점에 의의가 있다. 이처럼 문체는 작가/서술자가 표면적 층위에서 말하고자 하는 내용을 보완하고 강화할 뿐만 아니라 작가/서술자가 언어적 층위에서는 말할 수 없는 부분을 파악할 수 있게 한다. 무엇을 표현한다는 것은 계열체적 선택을 통합체에서 연결하는 과정을 거친다. 그 과정에서 서로 다른 선택지 사이의 갈등과 서로 다른 연결체 사이의 갈등이 발생하게 되는데, 언어적인 층위에서는 소통을 목적으로 삼기 때문에 이러한 갈등을 포착하기 어렵다. 문체는 단어, 구, 절의 배치와 반복으로 만들어지는 정도와 강도의 차이를 통해 언어적 방식으로는 전달할 수 없는 의미를 전달한다. 여기서 문체 중심의 소설 읽기의 사례로 한국 현대소설사에서 가장 돋보이는 문체적 성과를 거둔 텍스트에 해당하는 김승옥의 「무진 기행」과 조세희의 「난장이가 쏘아 올린 작은 공」을 살펴보고자 한다.

3——문체 분석의 사례

1) 「무진 기행」의 문체

김승옥은 1960년대 문학의 서두를 연 작가로 '감수성의 혁명'이라는 평가를 받는다. 유종호(1991)는 김승옥의 언어적 재능은 회화적 선명성이나 심리적 기미, 기지 있는 대화, 섬세한 분위기 포착력 등으로 구체화되며 일상적인 말에 심장한 밀도를 부여한다고 평가하였다. 그리고 이러한 언어적 재능이 작가의 도회적 감수성으로부터 나온다고 보고, 그 도회적 감수성을 형성하는 기반으로 자재로운 변화, 갑작스럽고 당돌한 전환, 첨예한 감성과 감각적 지각의 폭넓은 진폭, 항구적인 것에 대해 순간적인 것을 우위에 놓는 태도 등을 들었다. 유종호가 지적한 회화적 선명성, 심리적 기미, 기지 있는 대화, 섬세한 분위기 포착 등은 김승옥 소설의 문체적 특징과 연결되는 부분이다. 그렇다면 김승옥 소설의 문체에는 구체적으로 어떠한 특징이 있기에 '감수성의 혁명'이라는 평가를 받는 것일까.

> ① 버스가 산모퉁이를 돌아갈 때 나는 '무진 Mujin 10km'라는 이정비(里程碑)를 보았다. ② 그것은 옛날과 똑같은 모습으로 길가의 잡초 속에서 튀어나와 있었다. ③ 내 뒷좌석에 앉아 있는 사람들 사이에서 다시 시작된 대화를 나는 들었다.

"앞으로 십 킬로 남았군요." "예, 한 삼십 분 후에 도착할 겁니다." ④ 그들은 농사 관계의 시찰원인 듯했다. 아니 그렇지 않은지도 모른다. ⑤ 그러나 하여튼 그들은 색무늬 있는 반소매 셔츠를 입고 있었고 테토론직(織)의 바지를 입고 있었고 지나쳐 오는 마을과 들과 산에서 아마 농사 관계의 전문가들이 아니면 할 수 없는 관찰을 했고 그것을 전문적인 용어로 얘기하고 있었다. ⑥ 광주(光州)에서 기차를 내려서 버스로 갈아탄 이래, 나는 그들이 시골 사람들답지 않게 낮은 목소리로 점잔을 빼면서 얘기하는 것을 반수면(半睡眠) 상태 속에서 듣고 있었다. ⑦ 버스 안의 좌석들은 많이 비어 있었다. 그 시찰원들의 말에 의하면 농번기이기 때문에 사람들이 여행을 할 틈이 없어서라는 것이었다. "무진엔 명산물이…… 뭐 별로 없지요?" 그들은 대화를 계속하고 있었다. "별게 없지요. 그러면서도 그렇게 많은 사람들이 살고 있다는 건 좀 이상스럽거든요." "바다가 가까이 있으니 항구로 발전할 수도 있었을 텐데요?" ⑧ "가 보시면 아시겠지만 그럴 조건이 되어 있는 것도 아닙니다. 수심이 얕은 데다가 그런 얕은 바다를 몇백 리나 밖으로 나가야만 비로소 수평선이 보이는 진짜 바다다운 바다가 나오는 곳이니까요." "그럼 역시 농촌이군요." "그렇지만 이렇다 할 평야가 있는 것도 아닙니다." "그럼 그 오륙만이 되는 인구가 어떻게들 살아가나요?" "그러니까 그럭저럭이란 말이 있는 게 아닙니까!" 그들은 점잖게 소리 내어 웃었다. "원, 아무리 그렇지만 한 고장에 명산물 하나쯤은 있어야지." 웃음 끝에 한 사람이 말하고 있었다.

(1) 부사구(절)와 주절의 관계

「무진 기행」의 서두는 ①로부터 시작한다. 이 문장은 "버스가 산모퉁이를 돌아갈 때"가 앞부분에 제시됨으로써 '나'가 '무진 Mujin 10km'라는 이정비를 보았다는 사실보다는 그것을 본 시점이 "버스가 산모퉁이를 돌아갈 때"였다는 점이 강조된다. 곧 버스의 움직임으로 인해 '나'가 갑작스럽게 이정비를 보게 되는 상황, 우연적인 상황에 노출된 '나'의 수동적인 위치를 드러내는 효과를 거둔다. ⑥ 역시 시간적 정황을 나타내는 부사구를 사용하여 "버스로 갈아탄 이래" '나'가 그들의 이야기를 듣고 있는 모습, 즉 특정 시간 동안 계속되어 온 인물의 행동을 표현한다.「무진 기행」에는 부사구(절)가 주절을 한정하는 문장이 빈번히 사용되고 있다. 시공간적 정황을 나타내는 부사구(절)는 이 소설이 여행기라는 취지에 맞게 무진이라는 한정된 공간 안에서의 변화와 여행이라는 한정된 시간 안에서의 추이를 보여 준다. 이와 함께 시공간적 정황은 '나'의 사고나 행동을 동기화하는 역할을 하고 있음을 알 수 있다. 곧, 시공간적 조건이 '나'의 행동 조건이고 원인이며 근거로 작용함으로써 '나'는 시공간적 궤적 속에 수동적으로 제약되어 있는 모습으로 제시된다.

(2) 지시어와 접속어의 사용

②에서 주목할 부분은 '그것'의 사용이다. '그것'은 지시어에 해당한다. 지시어는 앞에서 말한 내용을 다시 한번 지시하여 말할 때 불필요한 반복을 피하기 위해 대신 사용하는 말이다. 인용 글에서도 '그들', '그것', '그럴', '그런', '그', '그들' 등의 지시어가 사용되고 있다. 이 소설에서는 지시어의 사용이 과도한데, 이는 일차적으로는 대상을 정확하게 지시하려는 의도와 관련되지만 대상을 지시어로 대체하여 익명성을 부여하는 효과를 낳기도 한다. 지시어와 함께 ⑧에서 보듯 접속어의 사용도 두드러진다. 접속어는 일반적으로 문장과 문장을 흐름에 맞게 이어 주는 역할을 한다. 접속어의 사용이 빈번하게 나타난다는 것은 그만큼 문장 간의 논리적인 관계를 고려하고 있음을 말해 준다.「무진 기행」에서는 다른 접속어에 비해 '그러나'가 자주 사용되는 경향이 있다. ④와 ⑤는 '농사 관계의 시찰원인 듯했다'는 자신의 추측과 그 판단의 오류 가능성을 제시한 다음, 이를 '그러나'로 연결하여 반박함으로써 그들이 실제로 시찰원인지는 정확하게 알 수 없지만 그들이 발산하는 기호를 해독하는 '나'의 지각은 확실함을 보여 준다. 그리고 '그러나', '거기', '그런', '그', '그것', '그만큼', '그리고' 등이 반복되면서 접속어와 지시어로서의 역할 외에 문단 안에서 두운을 형성하고 있다는 점도 주목할 부분이다. 곧, 접속어와 지시어의 반복으로 두운이 형성됨으로써 접속어와 지시어의 의미적 측면보다는 소리의 측면이 강조되는 경향을 보인다. 이 소설의 특징으로 지적하고 있는 서정

성은 지시어와 접속어를 밀도 있게 배치하여 시적 효과라고 할 만한 운율감을 조성함으로써 나타나는 효과로 볼 수 있다.

(3) 주어와 목적어의 도치

③은 주어와 목적어의 순서가 바뀌어 있다는 점이 특징적이다. 일반적으로 한국어의 문장은 주어 + 목적어 + 술어의 구조이다. ③은 목적어를 문두에 배치함으로써 주어가 목적어 뒤에 놓이는 문장 구조이다. 이러한 문장 구조에서 목적어는 주어의 통제에서 벗어나 독립적인 위치에 놓이고, 주어의 자리에 놓인 목적어가 서술어와 연결되면서 주어는 상대적으로 부차적인 역할을 하게 된다. 목적어를 문장 앞부분에 제시하는 문장에서는 '듣다', '느끼다', '실감하다', '보다' 등 감각과 연관된 서술어가 주로 사용된다. '나'와 감각적 경향의 서술어가 결합될 때 주체는 수용적이고 수동적인 위상을 갖게 된다. 이처럼 목적어가 문장의 앞부분에 배치됨으로써 목적어의 능동적 위상과 주체의 수동적 위치가 대비되는 효과가 있다.

(4) 부사어 '아니'

일반적으로 '아니'는 명사와 명사 사이에 쓰이거나 문장과 문장 사이에 쓰여 어떤 사실을 더 강조할 때 사용하는 말이다. ④에서 '아니'는 뒤에 앉은 사람들이 어떤 직업을 갖고 있는지 추측하는 과정에서 대상의 실체를 확정하지 못하는 '나'의 마음을 표현하고 있다. 곧, 대상을 추측하는 문장과 그러한 추측을 부정하는 문장을 '아니'로 연결하여 유동하는 마음의 존재 방식을 보여 준다. '아니'를 통해 마음은 대상의 실체를 확정하고 이를 논리적으로 판단하기보다 추측하고 그 추측을 부정하는 속에서 유동하는 경향을 지닌 것으로 표현된다. 서로 상반된 마음이 독립된 문장으로 제시되고, 이를 '아니'로 연결함으로써 앞의 문장을 부정하는 방식은 경계 없이 어떤 생각이라도 가능한 마음의 상태를 표현한 것이라 볼 수 있다. 논리적으로 판단하는 것이 아니라 추측이 중심이 되는 마음 상태, 추측이라고 하더라도 서로 상반된 방향의 추측이 가능한 마음 상태는 '나'가 무진에 도착한 후 자신의 마음이 작용하는 양상을 통제하지 않고 관망하는 태도와 관련된다. 이처럼 「무진 기행」에서는 무진에서 일어나는 마음의 변화에 주목함으로써 자연스러운 마음의 변화를 책임 회피와 연결 짓고 있다.

(5) 서술어의 반복

⑤에서는 농사 관계 전문가로 추정되는 '그들'이 색무늬 반소매 셔츠와 테토론직 바지를 입고, 전문가다운 관찰을 하면서 전문적인 용어로 이야기하는 모습을 '-고'라는 어미로 연결하여 동시적으로 포착하면서 묘사하고 있다. '-고 있었다'라는 서술어는 어떠한 행동이나 사건이 과거로부터 계속 지속되어 온 것을 나타낸다. 몇 년 만에 무진에 도착하여 처음 만나는 대상들은 '-고 있었다'라는 표현에 힘입어 과거로부터 계속되는 일상의 모습이 변화하지 않고 유지되고 있음을 보여 준다. 또한 같은 공간에서 동시적으로 발생하는 현상을 '-고 있었다'라는 서술어로 포착함으로써 서로 다른 대상들은 동시적 시공간 속에 포착되는 효과를 낳는다. '-고 있었다'는 통시적 시간 속에서 계속되는 일상을 표현하는 동시에 공시적 시간 속에서 각각의 사건들의 동시성에 주목하는 기능을 한다. 한 순간 속에 다양한 사건이 공존하는 모습을 과거로부터 지속되는 시간 속에서 포착함으로써 무진은 지루한 일상이 반복되는 장소가 된다.

(6) 사물 주어

⑦은 '버스 안에는 사람들이 별로 없었다' 정도로 기술될 내용이다. 김승옥 소설의 문체는 한편으로는 '감수성의 혁명'이라는 상찬을, 다른 한편으로는 '번역 투의 생경한 문장'이라는 비판을 받는데, 비판의 원인으로 작용하는 것이 바로 사물이 주어가 되는 문장이다. 이러한 사물 주어는 '나'에게 무엇인가를 압박하고, '나'의 위상을 변경시킨다. 주체인 '나'에게 끊임없이 어떤 작용을 가하는 존재로서의 사물 주어는 이 소설의 뒷부분에서는 전보로 대체되어

무진에서의 '나'의 상황을 추궁하는 양상으로 드러나기도 한다. 이러한 사물 주어는 무진이라는 공간 안에서 '나'의 수동성을 드러내는 한편 사물에 의해 동기화된 '나'의 모습을 희화화된 시선으로 포착할 수 있다.

2) 「난장이가 쏘아 올린 작은 공」의 문체

조세희의 「난장이가 쏘아 올린 작은 공」은 1970년대 현실의 모습을 짧은 문장으로 표현하여 어떤 작품보다 강력한 반향을 일으킨 작품이다. 「난장이가 쏘아 올린 작은 공」에서 서사를 이끌어가는 동력은 빈민촌에서 살아가는 노동자 계층과 권력 계층 사이의 극단적인 대립 구도이다. 그럼에도 이 소설에 대한 논의는 노동 소설로 바라보는 관점, 현실에 대한 추상적인 인식을 문제 삼는 관점, 형식이나 기법적 측면에 주목하는 관점 등 상반된 견해로 나누어진다. 이처럼 평가가 엇갈리는 이유는 이 소설의 다층적인 구조 때문이다. 김병익(1993)은 이 소설의 구조를 대립적 세계관과 미학적 방법론의 공존이라는 관점에서 파악한다. 곧, 소외 계층의 삶을 단문의 문체로 표현하여 사실주의적 내용과 반사실주의적 문체의 이분법을 극복하고 있으며, 나아가 참여와 순수, 내용과 형식, 언어와 현실의 무의미한 논쟁에서도 벗어나 있다고 본다. 이러한 논의에서 중요한 부분은 반사실주의적인 문체가 어떻게 사실주의적인 내용을 전달하고 있느냐에 있다. 「난장이가 쏘아 올린 작은 공」의 문체를 분석해 봄으로써 이에 대한 답을 찾아본다.

(1) 음성적 층위의 반복

「난장이가 쏘아 올린 작은 공」에는 동일한 단어를 반복하는 사례가 빈번히 나타난다. 소리를 반복하는 것은 운율감을 형성하여 리듬의 효과를 낳는다는 점에서 소설보다는 시적인 현상으로 알려져 있다. 곧, 소리가 반복되는 현상은 시적이고 서정적이라는 이 소설에 대한 평가와도 관련된다. 중요한 점은 소리의 반복이 리듬감을 형성하고 이러한 리듬감이 시적이고 서정적인 효과를 낳는다는 도식이 이 소설에 나타난 반복의 경향을 이해하는 데 합당한 방식이

냐라는 것이다. 먼저 소리의 반복 현상을 분석해 보고 이를 통해 이러한 반복이 구현하는 가치를 탐색해 보기로 한다. 이 소설에서 소리의 반복 현상은 크게 세 가지 양상으로 나타난다.

① 동일성의 증식과 반복

「난장이가 쏘아 올린 작은 공」에서는 동일한 단어, 어구, 문장으로 동일한 상황이나 인물의 행동을 반복하여 표현한다. 특히 거의 같은 표현을 의식적으로 반복하는 경향이 눈에 띄는데 이는 매우 의도적인 장치라고 생각한다.

> 영희는 온종일 팬지꽃 앞에 앉아 줄 끊어진 기타를 쳤다. '최후의 시장'에서 사온 기타였다. 내가 방송통신고교의 강의를 받기 위해 라디오를 사러 갈 때 영희가 따라왔었다. 쓸 만한 라디오가 있었다. 그런데, 영희가 먼지 속에 놓인 기타를 들어 퉁겨 보는 것이었다. 영희는 고개를 약간 숙이고 기타를 쳤다. 긴 머리에 반쯤 가려진 옆얼굴이 아주 예뻤다. 영희가 치는 기타 소리는 영희에게 아주 잘 어울렸다. 나는 먼저 골랐던 라디오를 살 수 없었다. 좀 더 싼 것으로 바꾸면서 영희가 든 기타를 가리켰다. 그 라디오가 고장이 나고 기타는 줄이 하나 끊어졌다. 줄 끊어진 기타를 영희는 쳤다.

위 글에서는 '영희가 기타를 쳤다'는 내용이 반복되어 서술된다. 행동의 반복은 그 사람이 어떤 사람인지 보여 주려는 의도를 나타낸다. 영희의 정체성이 영희의 다양한 행동과 생각에 의해 표현되는 것이 아니고, '영희가 기타를 쳤다'는 문장의 반복에 의해 상징적으로 각인되는 구조이다. 김윤식(1992: 449면)은 「난장이가 쏘아 올린 작은 공」에서 "콩밭에 잡초가 너무 많다."라는 문장이 세 번씩 되풀이되는 이유가 단지 사위의 조용함을 드러내는 데 있다는 점, 그리고 콩밭에 잡초가 많다는 것이 상징적 의미를 띠지 못하는 점을 지적하고 있다. 그리고 이러한 현상은 작가가 저 높은 곳에 교사로 군림하여 일방적으로 훈계하는 명령문체가 낳은 리듬의 허사 때문이라고 설명한다. 하지만 '콩밭에 잡초가 너무 많다' 역시 '영희가 기타를 쳤다'는 문장과 마찬가지로 특정한 의미, 곧 인물이 처한 어려움과 막막함을 상징적으로 표현한다고 볼 수 있다. 이러한 상징화 방식은 객관적 현실의 견고함과 인물의 나약함, 인물이 처한 상황의 절박함과 사소함을 대비시켜 서정성을 강화하는 효과를 낳는다.

② 대립을 결합하는 반복

소리를 반복하는 현상은 리듬감을 부여할 뿐만 아니라 반복되는 단어에 의해 반복되지 않는 단어의 계열이 통합하는 효과를 낳는다. 「난장이가 쏘아 올린 작은 공」의 서두 부분에서도 음성적 층위의 반복과 변이가 전형적으로 나타난다.

> 사람들은 아버지를 난장이라고 불렀다. 사람들은 옳게 보았다. 아버지는 난장이였다. 불행하게도 사람들은 아버지를 보는 것 하나만 옳았다. 그 밖의 것들은 하나도 옳지 않았다. 나는 아버지, 어머니, 영호, 영희, 그리고 나를 포함한 다섯 식구의 모든 것을 걸고 그들이 옳지 않다는 것을 언제나 말할 수 있다. 나의 '모든 것'이라는 표현에는 '다섯 식구의 목숨'이 포함되어 있다. 천국에 사는 사람들은 지옥을 생각할 필요가 없다. 그러나 우리 다섯 식구는 지옥에 살면서 천국을 생각했다. 단 하루라도 천국을 생각해 보지 않은 날이 없다. 하루하루의 생활이 지겨웠기 때문이다. 우리의 생활은 전쟁과 같았다. 우리는 그 전쟁에서 날마다 지기만 했다. 그런데도 어머니는 모든 것을 잘 참았다. 그러나 그날 아침 일만은 참기 어려웠던 것 같다.

'보는 것', '그 밖의 것', '모든 것', '옳지 않다는 것' 등은 '것'으로 연결되면서 의미를 변주한다. '보는' 것은 옳지만, '그 밖의' 것은 '옳지 않다는' 것을 '모든' 것을 걸고 맹세할 수 있다는 것으로 '것'이 반복된다. '것'의 매개항을 통해 여러 항목이 연결되면서 소리의 동일성이 의미의 연결을 가능하게 만들고 있다. '그 밖의 것'이라는 단어는 '보는 것'과 같이 구체적인 상태를 가리키는 것이 아님에도 '보는 것'을 부분적이고 사소한 것으로 만들며, '보는 것'과 결합하여 아버지를 설명하는 '모든 것', 전체를 만들어 낸다.

'것'의 반복이 나타내는 의미는 수식어의 계열체적 관계에서 찾을 수 있다. '보는 것'과 '그 밖의 것'이 대립적인 관계를 형성하고 있다면, '그 밖의 것'과 '옳지 않다는 것'은 등가이고, '그 밖의 것은 옳지 않다는 것'은 다섯 식구의 목숨이 포함되어 있는 '모든 것'과 등가이다. 다시 말해 '것'은 '보는 것'과 '그 밖의 것'이라는 대립적인 의미를 결합하는 작용을 할 뿐만 아니라, '보는 것'과 같이 부분적인 사태를 '그 밖의 것은 옳지 않다는 것'을 주장하는 다섯 식구의 목숨과 연결하여 다섯 식구의 힘겨운 삶을 드러내면서 다섯 식구가 살아가는 세계와의 대결이 힘의 불균형 상태에 있다는 사실을 부각한다. 이처럼 '것'은 대립적이고 불균형 상태의 현상들, 즉 차이와 모순을 통합하여 동일한 범주에 포함시키는 작용을 한다.

이와 함께 위 예문에서는 동사의 기본형이라고 할 수 있는 '생각하다', '옳다', '참다'가 변주되는 양상을 보여 준다. 동일한 단어를 대체하거나 다른 의미로 변환하여 사용하는 것이 보편적인 글쓰기 관습이라는 점에서 이러한 표현 양상은 의식적인 효과를 전제한 것이라고 볼 수 있다. 일차적으로는 단어의 반복을 통해 동일하게 언급되는 부분과 그렇지 않은 부분 사이의 변주에서 오는 효과를 고려할 수 있다. 이러한 변주를 통해 같은 단어가 다양하게 변형되어 나오는 리듬의 효과를 얻게 된다. 이와 함께 변주의 양상이 대립적인 지향을 띠고 있다는 점도 생각해야 한다. 다시 말해 '옳다'와 '옳지 않다'가 같은 기본형 안에서 변주됨으로써 대립적 인식이라는 것이 같은 기원에서 파생된 변주에 불과한 것임을 보여 준다.

③ 유대감을 강화하는 반복

「난장이가 쏘아 올린 작은 공」에서는 대상이나 행동의 반복을 통해 인물들이 서로 결속된 존재임을 보여 준다. 대상이나 행동의 반복은 같은 공간에 있는 존재들을 연결하여 이들이 공동의 지향성을 띠고 공존하는 존재라는 점을 표현한다.

(가) 나는 아버지 옆으로 가 아버지의 공구들이 들어 있는 부대를 둘러메었다. 영호가 다가오더니 나의 어깨에서 그 부대를 내려 옮겨 메었다. 나는 아주 자연스럽게 그것을 넘겨주면서 이쪽으로 걸어오는 영희를 보았다.

(나) 나는 어머니를 위해 철거 계고장을 천천히 읽었다. // 아버지는 철거 계고장을 마루 끝에 놓고 책을 읽었다. // 나는 아버지가 놓고 나간 책을 읽고 있었다. // 지섭은 아버지에게 빌려준 책을 읽었다.

(가)는 나, 아버지, 영호, 영희가 하나의 장면 속에 연속되면서 묶여 있음을 보여 준다. '나'가 아버지의 공구 부대를 받아 메고, 영호가 다시 그 부대를 옮겨 메며, 영호에게 공구 부대를 넘겨주는 '나'의 시야에 영희가 포착되는 지점까지 가족의 총체성이 연속된 상호 작용 속에 살아 있다. 「난장이가 쏘아 올린 작은 공」에서는 가족의 문제를 다루는 경우 가족이 언제나 전체의 장면 속에 포착되도록 하는 방법을 사용하고 있다. (가)에서도 '나'가 이쪽으로 걸어오는 영희의 모습을 바라보는 장면을 삽입함으로써 가족 전체의 모습이 하나의 프레임 안으로 들어온다. 이는 행동을 연속된 것으로 포착하여 하나의 프레임 안에 가족의 행동을 포함시키고, 이를 통해 가족의 유대감이나 존재감을 강조하는 방법이다.

(나)에서는 '읽다'라는 행위로 여러 사람의 행동을 연결하고 있다. 철거 계고장을 읽는 행위를 중심으로 나와 아버지가 연결되며, 책을 읽는 행위를 중심으로 나, 아버지, 지섭이 연결된다. '나'가 어머니를 위해 읽어 주었던 철거 계고장은 아버지에게로 연결되며, 지섭에게 빌린 책은 아버지, '나'를 거쳐 다시 지섭이 읽는 상황으로 연결된다. 철거 계고장이나 책을 통해 인물들 간의 연속성이 형성되며, 이러한 연속성이 공동 운명체임을 확인하는 조건이 된다. 이러한 연결의 핵심은 읽는다는 행위로, 이를 중심으로 읽는 주체 혹은 읽는 대

상의 계열이 형성된다. 읽는다는 행위를 중심으로 연결되는 조합에는 계열의 공통성이 강조되는 경향을 보인다. 다시 말해 무언가를 읽는 사람들, 곧 아버지, '나', 지섭은 현실과 이상 세계의 갈등을 겪고 있으며, 바람직한 현실의 방향을 모색하기 위해 고민하는 인물이라는 공통점이 있다. 그리고 주어가 술어를 주관하는 것이 아니라 술어 자체와 술어들 간의 효과로서 주어가 나온다(조성훈, 2001: 182면). 술어로 연결된 주어의 계열이 연속성을 형성하며, 이 연속성은 서로 다른 시공간에서 발생한 사건을 연결시켜 동일한 지향점을 가진 인물들 간의 유대감을 강화하는 역할을 한다.

(2) 의미적 층위의 반복: 전체–부분의 연관

「난장이가 쏘아 올린 작은 공」에서는 전체를 구성하는 부분을 하나하나 열거하는 방법을 통해 전체로 개념화하거나 전체라는 이름으로 추상화될 수 있는 부분의 가능성을 복원한다. 전체에 해당하는 부분들을 다시 언급하는 것은 반복에 해당하지만, 이러한 반복을 통해 부분의 정체성과 가치를 강조하게 된다.

(가) 나는 거기서 아버지와 두 동생을 만났다.
아버지는 도장포 앞에 앉아 있었다.
영호는 내가 방금 물러선 게시판 앞으로 갔다.
영희는 골목 입구에 세워 놓은 검정색 승용차 옆에 서 있었다.

(나) 아주머니네 집 초인종을 누르고 우리 동네를 보았다. 우리 집이, 이웃집들이, 온 동네의 집들이 보이지 않았다. 방죽도 없어지고, 벽돌 공장의 굴뚝도 없어지고, 언덕길도 없어졌다. 난장이와 난장이의 부인, 난장이의 두 아들, 그리고 난장이의 딸이 살아간 흔적은 거기에 없었다. 넓은 공터만 있었다.

(가)는 동사무소 앞에서 '나'가 가족을 만나는 장면을 서술한 부분이다. 이

부분에서 특징적인 것은 아버지와 두 동생의 모습을 각각의 인물이 처한 특정 상황과 관련지어 표현하고 있다는 점이다. 도장포 앞에 앉아 있는 아버지, 검정색 승용차 옆에 서 있는 영희가 정지된 어떤 정황 속에 포착된다면, 영호는 '나'가 방금 물러선 게시판으로 다가가는 동작을 취하고 있다. (가)에서 가족 구성원은 앉거나 서 있으며, 게시판에서 물러 나오고 다가가는 구도 안에서 포착된다. 가족 구성원 각각의 모습을 통해 가족이라는 추상적인 단위에 포함될 수 없는 부분들의 독자성을 반복하여 표현하는 것이다. (나)에서는 우리 동네에 포함되는 세부적인 요소들이 '없어지다'라는 술어에 반복되어 연결된다. 우리 동네를 구성하는 요소들을 하나하나 짚어 가며 서술하는 방식을 사용하여 주변적인 것들의 가치를 자리매김하고 있다. 전체와 부분은 동일한 차원의 것임에도 전체 차원의 것을 다시 부분적인 요소들로 반복하여 서술하는 현상은 전체의 관계 속에서 부분적인 것의 위상을 복원하려는 의도 때문이다. 이러한 방식은 전체라는 익명성 속에서 개별 주체들의 존재감을 복구하고 주변적인 존재들의 가치를 회복하는 계기가 된다.

4——문체의 효능

문체적 특징을 파악하기 위한 사례로 김승옥의 「무진 기행」과 조세희의 「난장이가 쏘아 올린 작은 공」을 살펴보았다. 문장 구조의 특성을 중심으로 문장의 배치를 점검하는 방식으로 문체에 접근하여 언어학적 분석에서 문체 분석에 이르는 과정을 고찰하였다.

「무진 기행」에서는 서술자인 '나'의 수동적인 모습이 나타나 있으며(부사구 + 주절의 구조, 주어와 목적어의 도치), 대상에 익명성을 부여하려는 시도(지시어)가 드러났다. 또한 마음의 움직임(부사어 '아니')이나 순간적인 것의 포착과 지속(서술어의 반복), 차이의 강조(부사어 '아니', 서술어의 반복)를 강화하는 경향과 기호 해독의 주체로서의 위상(접속어 '그러나')도 나타났다. 이는 무진에서의 '나'가 유동적으로 흔들리는 마음을 드러내고 순간과 기호와 차이에 주목하는 감성적 인간으로 존재하면서도 한편으로는 대상을 사물화하여 '나'의 우위를 유지하려는 경향이 있음을 보여 준다. '나'는 조금씩 다른 방식으로 살아가지만 결국 과거의 반복에 불과한 일상이 되는 지점을 지속과 동시성으로 포착해 낸다는 점에서도 이러한 측면을 찾아볼 수 있다. 다시 말해 「무진 기행」의 문체는 감성적인 것과 이성적인 것의 힘의 불균형, 즉 감성적인 존재에 대한 매혹의 상태를 나타낸다.

「난장이가 쏘아 올린 작은 공」에 나타난 문체는 동일성을 확장하고, 반복을 통해 대립되는 것을 결합하며, 부분들의 가치를 재구성할 뿐만 아니라 동질적인 것의 유대감을 강화하는 효과를 만들어 낸다. 이러한 결과를 통해 「난장이가 쏘아 올린 작은 공」에서 문체가 중심/주변, 선/악이라는 이분법적 세계 인식을 교란하는 작용을 하는 것은 아닌가 하는 생각을 해 보게 된다. 이 소설에서는 문체가 표층적 층위의 대립적 세계관과는 다른 차원의 전망과 연결되어 있음을 알 수 있다. 곧, 표층적 차원에서는 이분법적 대립이 중심이 되지만 문체의 차원에서는 뫼비우스의 띠나 클라인씨의 병과 유사한 세계 인식과 대립적인 것의 일치를 통한 동질적 세계에 대한 인식이 드러나 있다고 하겠다.

핵심어

문체, 문장 구조, 수동성, 차이, 감성적 인간, 동질성, 유대감 강화

| 참고 문헌 |

김병익(1993),「대립적 세계관과 미학」,『난장이가 쏘아 올린 작은 공』(제3판), 문학과지성사.
김윤식(1992),『한국 현대 문학 사상사론』, 일지사.
김혜영(2007),「장르 변환의 관점에서 본 소설의 문체 —「난장이가 쏘아 올린 작은 공」을 중심으로」,『현대 문학 이론 연구』제31집, 현대문학이론학회.
______(2010),「문체 중심 소설 읽기 교육의 방향 —「무진 기행」을 중심으로」,『독서 연구』제24호, 한국독서학회.
박성창(1998),「문채와 문체 사이: 인식론적 관점에서 살펴본 Ch. Bally의 문체론」,『불어 불문학 연구』제36집, 한국불어불문학회.
위도우슨(Widdowson, H. G., 1999),『문체학과 문학 교육』, 최상규 역, 예림기획.
유종호(1991),「감수성의 혁명」,『현실주의 상상력』, 나남.
이종오(2006),『문체론』, 살림.
조성훈(2001),「문학(예술)에서의 본질과 표현: 전체성의 새로운 모델」,『비평』제4호, 비평이론학회.

| 더 읽을 거리 |

머리(Murry, J. M., 1992),『문체론 강의』, 최창록 역, 현대문학.
밀스(Mills, S., 2001),『담론』, 김부용 역, 인간사랑.
조빈스키(Sowinski, B., 1999),『문체론』, 이덕호 역, 한신문화사.
토도로프(Todorov, T., 1992),『산문의 시학』, 신동욱 역, 문예출판사.
황도경(2002),『문체로 읽는 소설』, 소명출판.

주제

° 정진석

1——주제 교육의 필요성

기본적인 질문에서 시작해 보자. 주제를 중심으로 소설을 읽거나 가르칠 필요가 있는가? 일견 불필요하게 느껴지는 이 질문에 대해 부정적인 답이 제기되는 것이 사실이다. 일부 소설론에서는 주제의 정체가 모호하며, 실체가 있더라도 읽기의 핵심 대상이 될 수 없다고 주장한다. 주제는 소설을 하나의 구조물로 이해하는 데 도움이 되지 않을뿐더러 소설 읽기의 목적에도 부합하지 않으며, 다만 목적 소설과 같은 일부 소설에서만 유효하다는 것이다(한용환, 2002: 205면). 실제로 구조주의의 관점에서 쓰인 소설론을 살펴보면 주제를 독립된 장으로 상세하게 다루는 경우는 드물다. 소설 교육의 일각에서도 주제는 학습자의 능동적 작품 읽기를 저해하는 요인으로 지목되고 있다. 인물과 사건에 대한 생생한 체험이 중요한 소설 교육에서 주제는 작품을 간단한 문장으로 환원하는 것이자 학습자의 주체적인 감상을 획일적으로 재단하는 기준이라는 비판이다.

이러한 비판은 주제라는 개념 자체보다는 소설 읽기와 주제의 관계에 대한 관심의 부족과 주제 교육의 문제점을 겨냥한 것으로 볼 필요가 있다. 오랫동안 문학 교실에서는 교사용 지도서나 자습서에 제시된 작품의 주제를 교과서에 옮겨 적게 하고 이를 정답으로 암기하도록 하였다. '단 하나의 주제'를 학습자에게 '전수'하는 것은 주제를 추론하는 방법적 지식의 부재와 맞물려 작품을 다양하게 이해하는 가능성을 차단하였다. 또한 학습자의 감상과 그에 따른 주제 파악을 적절하지 못한 것이나 함량 미달의 것으로 간주하였다. 이러한 맥락에서 주제는 학습자의 자유로운 감상을 저해할 뿐만 아니라 해석 주체로서의 성장에 기여하지 못하는 교육 내용으로 인식된다(정진석, 2012).

우리는 한 편의 소설을 읽고 작품의 주제가 무엇인지 자문한다. 그런데 이러한 질문이 모든 읽기에서 제기되는 것은 아니라는 점에 주목할 필요가 있다. 주제는 소설을 특정한 목적에서 읽고자 할 때 중요해진다. 즉, 독자가 '허구 서사의 언어와 현실 세계 간의 지시적 유대 관계를 회복하고 허구 세계가 지향하는 교훈, 격언, 진실을 현실 세계에 적용하고자 할 때' 주제가 궁금해지는 것이다(브린커, 1996: 87~88면). 여기에는 일차적으로 소설을 통합적으로 이해하고자 하는 독자의 해석적 열망이 담겨 있다. 인물, 사건, 배경, 서술, 초점화 등 소설의 여러 요소를 특정한 방향으로 통합하는 핵심 의미를 파악하려는 것이다. 좀 더 근본적으로 따지면, 주제에 대한 질문에는 소설을 통해 삶에 대한 진지한 성찰을 구하려는 가치론적 기대가 담겨 있다. 주제를 추론한다는 것은 곧 인물의 성격과 사건, 화자의 말하기를 근거로 어떤 삶이 좋은 삶인가라는 질문과 전망을 모색하는 것과 같다.

소설 교육은 작품을 매개로 한 작가와 독자의 소통에 기반을 두면서 작품으로 형상화된 삶의 가치를 함께 체험하고 모색하는 것을 목표로 한다. 이러한 목표를 성취하는 중요한 경로 중 하나는 소설을 읽은 학습자가 주제를 추론한 후 이를 삶의 이해에 통합하게 하는 것이다. 그렇다면 소설의 주제에 대한 교육적 논의는 소설의 주제가 지닌 교육적 가능성을 높일 수 있는 방향으로 나아가야 한다.

2——주제의 개념과 진술 방식

소설 교육에서 주제를 가르치는 과정에서 겪는 어려움 중 하나는 주제 개념의 혼란이다. 주제는 흔히 쓰는 용어이지만 그에 대한 개념이나 진술 방식이 일정하지 않으며, 특정 소설의 주제는 종종 교사나 교과서마다 다르게 제시된다. 예를 들어 제4차 교육과정기부터 『국어』 교과서에 실린 주요섭의 「사랑손님과 어머니」의 경우 교사용 지도서에서 제시한 주제가 교육과정기별로 다르다. 제5차 교육과정에서는 "인간과 인간 사이에 오가는 미묘한 감정과 관심", 제6차 교육과정에서는 "봉건적 관념과 인간적 감정의 사이에서 갈등하는 어머니와 그를 연모하는 사랑손님의 사랑과 이별", 제7차 교육과정에서는 "어머니와 사랑손님의 미묘한 심리적 갈등", 2007 개정 교육과정에서는 "순수하고도 아름다우면서도, 이루지 못해 안타까운 사랑"이라고 진술되어 있다. 여기에서 주제는 제재 또는 핵심 갈등이나 모티프와 동일시되며, 가치 명제의 형식을 띠는 경우도 있다. 이러한 다양성은 주제 연구를 어렵게 하는 요인으로 소설론에서도 지적한 바 있다.

따라서 여기서 주제의 진정한 의미를 제시하거나 새로운 개념을 구안하는 것은 생산적이지 못하다. 그보다는 주제의 개념이 다양하다는 점을 전제하되 소설 교육에서 설정한 주제의 개념을 고찰하고 정교화할 필요가 있다. 먼저 주제에 대한 표준적 정의를 담고 있는 『표준 국어 대사전』을 찾아보자.

1. 대화나 연구 따위에서 중심이 되는 문제.
2. 예술 작품에서 지은이가 나타내고자 하는 기본적인 사상.
3. 주된 제목.
4. 하나의 악곡을 이루는 중심 악상.

이 중에서 소설의 주제에 대한 정의로 취할 수 있는 것은 "예술 작품에서 지은이가 나타내고자 하는 기본적인 사상"이다. 이는 예술 작품이 작가가 표현한 산물이라는 점, 창작의 목적은 어떤 가치나 세계관을 전하고자 하는 것임을 전제한다. 독자가 작품의 주제를 묻는 것은 작가가 작품을 통해 전하고자 하는 사상을 이해하려는 것이다.

이 정의는 소설 읽기의 일반적인 현상에 부합한다. 한 편의 소설을 읽은 독자는 책을 덮으면서 흔히 '이 소설의 주제는 무엇인가?'라고 자문한다. 난해한 작품일수록 질문은 더욱 깊어진다. 이는 소설 작품을 작가의 발화로 간주하면서 그 의미, 즉 소설을 통해 작가가 전하고자 하는 바를 알고자 하는 것이다. 이러한 정의는 그동안의 소설 교육에서 개념화한 방식과 일치한다는 점에서도 의미가 있다. 주제는 소설 교육에서 가장 오래된 교육 내용 중 하나이다. 제1차 교육과정기의 『국어』 교과서에서 주제를 "소설을 통해 작가가 나타내고자 하는 것"으로 기술한 이래, "소설에서 작가가 드러내고자 하는 중심 사상이나 핵심이 되는 의미", "작품을 통해 이야기하려는 것, 작품 속에 반영된 작가의 생각" 등 유사한 정의가 이후 교육과정에서도 지속되었다(정진석, 2012).

이러한 정의를 두고 문제 제기가 없는 것은 아니다. 우선은 주제를 '작가'와 연결하는 것에 대한 거부감이다. 그동안 주제 정의를 구성하는 '작가'는 '실제 작가'와 동일시되었다. 하지만 여기에는 두 가지 문제점이 있다. 하나는 주제 추론의 다양성을 설명할 수 없다는 점이다. 주제가 실제 작가에게 귀속된다면 해당 작품의 주제는 그의 의도에 부합하는 것이어야 한다. 따라서 작품의 주제가 독자마다 달리 추론되더라도 '실제 작가가 전하고자 한 것'에 부합하는 것만 적절한 주제로 인정될 수 있다. 「사랑손님과 어머니」에 대한 해석사에서는 이 작품의 주제를 '애정과 같은 개인의 본성에 대한 사회적 인습의 억압은 부당하다'로 보는 계열과 '부덕(婦德)을 지킨 어머니의 선택은 아름답다'로 보는 계열로 나뉜다. 그런데 주제를 실제 작가에게 귀속한다면 이 중 하나만이 작가 주요섭의 의도에 부합하는 '단 하나의 주제'로 인정된다.

또 하나는 텍스트를 경유하지 않고도 주제를 파악할 수 있다는 점이다. 주제 정의에서 실제 작가의 차원이 강조될수록 주제 추론에서는 소설 텍스트보다는 발문, 저자의 인터뷰 등 실제 작가의 의도가 직접적으로 드러나는 곁텍스트

(paratext)가 더 중요해질 수밖에 없다. 물론 독자는 작가의 이력이나 해당 소설에 대한 작가의 의견을 참고할 수 있다. 하지만 주제는 특정 작품의 주제라는 점에서 실제 작가의 발언이나 정보가 작품에 대한 독자의 경험보다 주제 추론에서 우위에 있을 수는 없다.

이러한 문제를 해결하기 위해서는 주제 정의에 '내포 작가(implied author)'라는 개념을 도입할 필요가 있다. 독자는 소설 텍스트가 어떤 가치를 전하는지 알고자 할 때 소통의 상대자로서 감수성을 지닌 한 사람을 찾는데, 이를 내포 작가라고 한다. 내포 작가는 서사적 소통의 발신자 중 하나이지만 서술자나 실제 작가와는 다르다. 내포 작가는 서술자를 포함한 소설 텍스트의 제반 요소를 선택하고 조직한 자라는 점에서 서술자와 다르다. 또한 독자가 개별 텍스트에 기반을 두고 구성해 가는 현상학적 작가라는 점에서 현실 세계에 존재하는 실제 작가와도 구별된다. 주목할 점은 내포 작가란 독자의 소설 읽기를 통해 얻게 되는 작가에 대한 관념이라는 것이다. '추론된 작가'라는 용어가 더 적절하다는 견해에서 알 수 있듯이 내포 작가는 소설 작품에 근거하여 독자가 추론한 대상이다(애벗, 2010: 167면).

내포 작가의 개념을 주제 정의에 수용할 경우 앞에서 제기한 두 가지 문제점을 해결할 수 있다. 첫째, 주제 추론의 다양성을 설명할 수 있다. 독자의 해석 능력이 강조되면서 해석의 다양성은 해석의 본질적인 현상이자 독자의 적극적인 해석을 독려하는 개념으로 강조되고 있다. 이러한 다양성이 주제 추론에서는 내포 작가를 전제할 때 논리적으로 가능해진다. 내포 작가는 독자의 기대지평과 해석 능력에 따라 다른 모습으로 출현하는 현상학적 작가이다. 독자가 주제를 추론하는 과정은 내포 작가를 추론하는 과정과 겹친다. 독자마다 달리 추론한 주제는 각각의 내포 작가에 귀속되는데 이는 자연스러운 해석 현상으로 볼 수 있다.

둘째, 주제가 독자의 작품 읽기와 분리될 수 없다는 점을 분명히 한다. 독자에게 내포 작가는 작품에 근거하여 면모를 추론한 작가이다. 내포 작가가 주제 정의의 한 요소에 포함된다는 것은 주제가 반드시 작품 읽기를 통해 추론되어야 함을 의미한다. 그렇다면 실제 작가가 작품을 읽지 않은 독자에게 직접 설명한 작품의 주제는 의미 있다고 보기 어렵다. 실제 작가의 설명을 비롯하여 교사와 문학 전문가 등 다른 독자가 제시한 주제는 개별 독자의 읽기를 바탕으로 주제를 추론하는 행위가 수행된 후에 참고하거나 비교하고 성찰할 대상이다.

"소설을 통해 작가가 나타내고자 하는 것"이라는 주제의 정의 중에서 '작가'와 함께 논란이 되는 것이 '나타내고자 하는 것'이다. 지금까지 소설 교육에서 '작가의 의도'를 의미하는 이 구절은 '하고자 하는 말', '드러내고자 하는 생각, 사상, 중심 의미' 등과 함께 지속적으로 주제 정의에 포함되었다. 일각에서는 그동안의 주제 교육이 드러낸 문제의 원인을 여기에서 찾았다. 즉, '나타내고자 하는 것'에 대한 이와 같은 규정은 소설의 구조 분석이나 미적 가치를 해명하는 데 별 도움이 되지 못할뿐더러 소설 텍스트를 특정 사상으로 대체하는 환원주의나 독자에게 특정한 가치를 주입하는 교훈주의의 문제점을 보인다는 것이다.

그럼에도 소설이 인간의 삶을 형상화한 것이며, 독자는 이러한 소설을 읽으면서 인간의 보편성을 이해하고자 한다는 점에서 소설과 삶, 소설과 윤리의 관계를 부정하기는 어렵다. 소설을 포함한 문학은 미적 가치를 지닌 예술이지만 형상화의 대상은 인간의 삶, 그중에서도 '가치 있는 경험'이다. 특히 소설은 '가치 있는 경험'을 갈등을 중심으로 다룬다는 점에 주목할 필요가 있다. 소설은 '어떻게 살아야 하는가'와 관련하여 개인 내적, 개인과 개인 또는 개인과 공동체 사이에서 촉발되는 갈등의 과정과 결과, 그에 대한 평가를 형상화한 것이다. 이러한 속성은 우리가 소설을 읽는 이유, 특히 '의미 있고 중요한 것'인 주제를 추론하려는 이유가 된다.

주제 정의에서 '나타내고자 하는 것'을 '인간은 어떻게 행동해야 하고 어떻게 살아야 하는가'에 대한 특정한 가치 평가로 보는 관점은 주제 진술에 대한 일련의 연구에서도 전제하는 것이다. 서혁(1996)은 문학에서 문제시되는 담화 수반적 주제를 구성하기 위해 독자가 '담화 화제 + 초점적 평언'을 발견해야 한다고 제안한다. 소설의 담화 화제가 주로 텍스트에서 형상화하는 삶의 문제라는 점에서 이러한 제안은 소설의 주제가 '어떻게 살아야 하는가'에 대한 평가의 형식을 취하게 됨을 시사한다. 이는 황혜진(2006)의 논의에서도 확인할 수 있다. 그는 서사 텍스트의 주제 진술 형태를 세 층위로 제안하는데, 가장 중요한 것이 '모티프 + 가치 판단'이다. 모티프가 특정 공동체의 문화적 자산으로서 삶의 '놀라운 사건'이란 점을 고려하면 이러한 진술 형태는 주제가 특정한 삶에 대한 가치 판단, 즉 윤리적 속성을 띠고 있음을 전제한 것이다.

소설의 주제는 '인간은 어떻게 살아야 하는가'에 대한 내포 작가의 질문이자 제안으로, 주제를 추론하고 명제로써 진술하는 것은 그에 대한 소통의 과정이며 응답의 결과이다. 추론된 주제는 곧 삶과 세계를 이해하는 매개물이자 다른 독자와 소통하는 자원이 된다.

3——주제 추론의 방법

주제의 특징은 암시성과 응집성이다. 주제의 암시성은 주제가 텍스트에 내포되어 있음을 의미한다. 즉, 주제는 서술자나 인물이 직접 진술하기보다는 작품 속의 인물이나 행위, 배경, 어조 등을 통해 암시적으로 나타나는 것이다. 주제의 응집성은 제재, 인물, 배경, 구성 등 소설 텍스트의 제반 요소가 하나의 주제를 중심으로 응집되어 있음을 의미한다. 이를 통해 소설 텍스트는 통일성과 유기성을 유지할 수 있다. 그러나 이와 같은 특징만으로 '이 소설의 주제는 무엇인가'라는 질문에 쉽게 답할 수 없다. 독자는 텍스트의 제반 요소에 의해 암시적으로 드러나는 주제를 추론해야 할 뿐만 아니라 이렇게 추론한 주제를 바탕으로 텍스트의 제반 요소를 응집성 있게 통합할 수 있어야 한다.

주제를 추론하기 위한 방법으로 '수사적 분석(rhetorical approaches to narrative)'에 주목할 필요가 있다. 수사적 분석이 상정하는 서사적 소통의 특성이 주제 추론의 구도와 잘 부합하기 때문이다. 수사적 분석은 소설을 텍스트 자체보다는 목적이 분명한 의사소통, 즉 "독자의 인지, 정서, 가치를 사로잡고 영향을 주려는 다층적인 사건"으로 간주하며 이에 참여하는 내포 작가, 텍스트, 독자의 순환적 관계를 분석 대상으로 삼는다(J. Phelan, 2007). 이러한 관점에서 소설의 모든 요소는 가치 설득을 위해 작가가 선택한 서사 기법으로 간주된다. 그리고 주제는 이러한 선택들에 전제된 작가의 의도, 특히 가치론적인 것으로 상정된다. 독자가 주제 추론을 위해 수사적 분석을 수행한다는 것은 자신의 읽기 체험을 근거로 스토리와 담론의 요소를 서사 기법으로 분석하고, 작가가 소설 텍스트를 통해 제안하는 가치를 확인하는 것이다. 물론 이러한 분석에는 주제의 추론뿐만 아니라 주제 형상화의 적절성에 대한 평가도 포함된다.

주제를 추론하려는 독자는 읽기를 통해 형성된 자신의 체험, 즉 허구 세계에 대한 인식과 정서에서 시작할 수 있다. 이는 작가가 텍스트를 통해 전하고자 하는 바와 무관하지 않기 때문이다. 「사랑손님과 어머니」를 읽는 독자는 서술자 '옥희'의 귀여운 말투와 순진한 판단에서 재미를 느끼는 한편 어머니의 처지를 동정하고 사랑손님을 떠나보낸 선택에 안도한다. 이러한 재미, 동정, 안도감은 텍스트에서 촉발된 것으로, 작가가 전하고자 하는 것을 분석할 수 있는 체험적 근거가 된다.

앞서 살핀 것처럼 주제는 모티프와 가치 판단이 결합된 형태로 진술된다. 따라서 체험을 객관화한 독자는 이러한 체험을 형성하게 한 소설의 핵심적 모티프를 탐색하고 이에 대한 가치 판단을 추론하는 단계로 나아가야 한다. 이때의 근거는 기본적으로는 텍스트의 모든 요소이며, 이에 대한 분석은 앞의 장(章)들에서 소개한 방법을 준용할 수 있다.

예를 들어 1장 「인물」에서 인물의 성격을 탐구하는 방법을 소개하였는데, 이는 「사랑손님과 어머니」의 주제를 추론하는 데 준용할 수 있다. 이 소설 전체에서 가장 중요한 '주체'는 어머니이다. 그리고 이 어머니가 추구하는 '객체'는 부덕(婦德)을 지닌 부녀자가 갖추어야 할 정렬(貞烈)이다. 이러한 정렬은 당시의 지배적 가치 체계인 유교적 가치관이 '발신자'로서 '수신자'인 어머니로 하여금 지향하게 한 것이다. 한편 모티프 파악에서 중요한 행위소는 어머니의 지향을 방해하는 '반대자'의 정체인데, 궁극적으로는 사랑손님을 향한 어머니의 애욕(愛慾)으로 볼 수 있다. 사건의 결말에서 이러한 대립은 어머니가 사랑손님을 떠나보내는 행위로 해소되는데, 이는 작가가 이 소설을 통해 전하고자 하는 바가 무엇인지를 구체적으로 드러낸다. 독자는 이 소설의 핵심 모티프를 '시험에 빠진 아녀자'로 파악하면서 주제를 '정렬을 실천한 아녀자의 부덕은 아름답다'로 진술할 수 있는 것이다.

이외에도 독자는 '과부'라는 신분, '집'이라는 배경, '풍금'·'꽃'·'달걀' 등의 소재, '화냥년'과 '과부 딸'이라는 호칭의 사용, "엄마는 옥희 하나문 그뿐"이라는 반복되는 구절, 어머니와 사랑손님의 만남·내외·이별 등의 사건 요소, 어머니의 직접 화법의 빈번함, 옥희라는 신빙성 없는 서술자 등의 담론에 대한 분석을 통해 이 소설의 주제를 추론하고 전달 효과의 적절성을 평가할 수 있다. 독자는 이러한 요소들을 선택적으로 분석하고 통합적으로 위계화하면서 이 작품이 어떠한 갈등을 문제 삼고 있으며 어떠한 가치 판단을 호소하는지 추론할 수 있는 것이다.

그런데 특정 작품에 대한 수사적 분석이 항상 동일한 주제로 귀결되지 않는다는 점에 주목해야 한다. 추론된 주제의 적절성을 위해 더 많은 텍스트 내적 요소를 분석 대상으로 삼고자 노력해야 하지만 기본적으로 독자는 자신의 기대 지평과 해석 능력에 따라 더 읽거나 덜 읽는다. 이에 따라 독자는 서로 다른 주제를 추론하며, 각각의 기법에 대한 평가도 달라질 수 있다. 예를 들어 어머니가 지향하는 객체를 '정렬'이 아니라 '애정'으로 볼 수 있고, 어머니의 지향을 방해하는 반대자로 '아버지가 새로 생기면 욕을 하는 세상', 더 나아가 '전근대적 가치관'으로 설정할 수 있다. 이 경우 모티프는 '여성의 금지된 사랑'이며, 주제는 '사랑 또는 자유와 같은 인간의 가치를 억압하는 남성 중심의 전근대적 가치관은 극복되어야 한다'로 추론할 수 있다.

이러한 주제 추론은 주제를 효과적으로 전하기 위해 선택한 서사 기법에 대한 평가에도 영향을 미친다. 「사랑손님과 어머니」에서 전경화된 서사 기법 중 하나는 '옥희'라는 신빙성 없는 서술자이다. 그런데 이 기법이 주제화에 기여하는 정도는 추론된 주제에 따라 달리 평가될 수 있다. 한편으로 이 기법은 어머니의 마지막 선택에 대한 독자의 긍정적인 판단을 효과적으로 강화한다는 점에서 미적 성취로 높이 평가될 수 있다. 하지만 이 기법이 어머니의 마지막 선택이 지닌 비극성을 가리어 전근대적 가치관에 대한 비판이라는 주제의 소통을 방해한다고 비판할 수도 있다.

이상에서 살펴본 것처럼 독자는 소설 작품에 대한 수사적 분석을 바탕으로 내포 작가가 호소하는 가치, 즉 주제를 추론할 수 있다. 독자는 소설 작품에서 전경화되고 있다고 판단되는 요소를 서사 기법으로 간주하며 그 의도와 효과를 분석한다. 이러한 분석은 소설 작품의 여러 요소를 주제를 중심으로 통일성 있게 조직하는 과정이다. 독자는 수사적 분석을 통해 주제를 추론하되, 추론한 주제를 근거로 소설 작품의 여러 요소를 통합적으로 이해하는 것이다.

4——주제 추론의 다양성과 적절성

독자마다 추론한 주제가 모두 타당하지는 않다. 주제 추론의 다양성이 추론된 주제의 타당성을 보장하는 것은 아니다. 한 편의 소설을 읽은 학습자가 더 적절하고 타당한 주제를 추론할 수 있도록 하는 것이 주제 교육의 과제이다. 이를 위해 주제를 논제로 진행하는 문학 토론이나 비평 논쟁을 주제 교육의 한 방법으로 활용할 수 있다.

다른 독자와의 의미 교섭은 주제 추론의 적절성을 심화하는 계기가 된다. 독자는 자신이 추론한 주제와 다른 주제를 접하게 될 때 자신의 추론이 적절한지 의심하게 된다. 그리고 자신의 주제가 다른 독자의 그것보다 적절한 것임을 확신하고 주장하기 위해 텍스트 내적 근거를 확보하고자 노력한다. 더욱이 상반된 주제 추론이 대립하여 설득을 위한 의미 교섭이 치열해질수록 주제 추론의 유효한 근거를 더 많이 요청받게 된다. 이 과정에서 독자는 수사적 분석을 심화하면서 주제의 적절성을 제고하거나 추론 자체를 수정하기도 한다.

주제 교육에서 '이 소설의 주제는 무엇인가'라는 질문은 '주제 추론의 근거와 과정을 성찰적으로 기술해 보자', '다른 독자가 추론한 주제와 비교하고 평가해 보자'라는 과제로 확장되어야 한다. 주제는 독자가 자유롭게 구성할 수 있는 것이 아니다. 주제를 추론하고 진술한다는 것은 소설 텍스트를 통해 제안하고자 하는 내포 작가의 가치를 대신 말하고자 하는 의지의 소산이다. 독자는 주제를 추론할 자격이 있지만 그에 대한 적절성을 확보하고 타당성을 입증할 책임도 져야 하는 것이다. 주제를 논제로 한 문학 토론과 비평 논쟁은 이러한 계기를 제공함으로써 학습자가 더욱 적절한 주제를 추론하고 그 타당성을 입증하는 교육 방법으로 활용될 수 있다.

핵심어

주제, 주제 추론, 내포 작가, 수사적 분석, 암시성, 응집성

| 참고 문헌 |

브린커(Brinker, M., 1996), 「주제와 해석」, 『문학 주제학이란 무엇인가』, 이재선 엮음, 민음사.
서혁(1996), 「주제 구성 능력의 실태와 교수·학습 방안」, 『국어 교육학 연구』 제6집, 국어교육학회.
애벗(Abbott, P. H., 2010), 『서사학 강의 — 이야기의 모든 것』, 우찬제 외 역, 문학과지성사.
정진석(2012), 「소설 주제 교육의 변천에 대한 비판적 고찰」, 『국어 교육』 제138호, 한국어교육학회.
한용환(2002), 「주제에 대하여」, 『서사 이론과 그 쟁점들』, 문예출판사.
황혜진(2006), 「서사 텍스트의 주제 진술 방식 연구」, 『독서 연구』 제15호, 한국독서학회.
Phelan, J.(2007), "Rhetoric/Ethics," Herman, D., Jahn, M. & Ryan, M.(eds.), *The Cambridge Companion to Narrative*, Cambridge University Press.

| 더 읽을 거리 |

서울대학교 국어교육연구소 엮음(1999), 「주제」, 『국어 교육학 사전』, 대교출판.
임경순(2003), 「주제 구성 교육의 방법」, 『국어 교육학과 서사 교육론』, 한국문화사.
Pyrhönen, H.(2005), "Thematic approaches to narrative," Herman, D., Jahn, M. & Ryan, M.(eds.), *Routledge Encyclopedia of Narrative Theory*, Routledge.
Russell, B.(1993), "Theme," Makaryk, I. R.,(ed.), *Encyclopedia of Contemporary Literary Theory*, University of Toronto Press.

4부

소설의 미학적 방법에 대한 이해

풍자

° 조현일

1——풍자의 정의

에이브럼스(M. H. Abrams, 1997: 261면)에 따르면 풍자란 어떤 대상을 '우스꽝스럽게 만들거나, 그것에 대해 재미, 경멸, 조소 혹은 분개를 자아내게 하여 격하시키는 문학적 기법'을 의미한다. 풍자(satire)는 어원상 '가득 찬'이라는 의미의 라틴어 사투라(satura)에서 유래하였으며, 문학에서 사투라는 로마 고유의 운문 풍자시를 가리켰다. 로마의 운문 풍자시 사투라는 "그리스의 설명적이면서 동시에 의사(擬似) 드라마적인 다양한 형식들로부터 유래한다. 그 형식들은 아리스토파네스의 희극 합창으로부터 철학자들의 설교적 장르들에까지 이른다."(J. R. Paulson, 1967: 42면) 호라티우스(Horatius)와 유베날리스(Juvenalis)의 풍자시로 대변되는 사투라는 여러 장르에서 유래하는 다양한 형식들로 이루어진 고유한 장르명이었던 것이다.

특정한 장르명이었던 용어가 이후 에이브럼스의 정의에서처럼 일반적인 문학적 기법 혹은 형식을 가리키는 용어로 사용된다. 통상 풍자는 웃음을 자아내면서 개인, 인간 유형, 제도, 국가, 인류의 우행과 악행, 불합리 등을 폭로하고 비판하는, 즉 공격하는 문학 형식으로 정의된다. 일반적인 문학 형식으로서의 풍자에는 두 가지 요소가 필수적이다. 하나는 "공상 또는 그로테스크한 느낌, 부조리한 느낌에 근거를 둔 기지나 유머"이고, 다른 하나는 '공격'이다(프라이, 1982: 314면). 이때 기지나 유머는 결국 웃음으로 수렴된다. 풍자에 대한 현대적 정의는 대체로 이 두 가지 요소, 즉 '기지나 유머'(웃음)와 '공격'이라는 두 요소의 결합으로써 이루어진다. 이는 대표적인 풍자 소설 스위프트(J. Swift)의 『걸리버 여행기』를 고려하면 쉽게 이해된다. 『걸리버 여행기』는 소인국, 거인국, 후이넘의 '공상적' 세계에 대한 여행을 통해 유머와 기지로써 웃음을 자아내면서 영국 사회 혹은 인류의 우행과 악행을 폭로하고 '공격'한다. 앞서 제시한, 대상을 우스꽝스럽게 만들면서 격하시킨다는 에이브럼스의 정의 역시 두 요소를 결합한 정의의 한 예라고 할 것이다.

이러한 풍자는 희극, 아이러니와 중첩되는 부분이 있어 구별이 필요하다. 구별의 근거는 '웃음'보다는 '공격'에 있다. 에이브럼스의 정의에서 드러나듯이 풍자는 대상을 우스꽝스럽게 만든다는 점에서 희극과 유사하다. 그러나 희극이 웃음 자체를 목적으로 한다면, 풍자는 어떤 대상을 공격하는 데 초점이 있다는 차이가 있다. 풍자의 웃음은 '조소'의 성격을 띠면서 공격을 위한 수단적 의미를 갖는 것이다.

한편 프라이(N. Frye, 1982: 312면)는 풍자와 아이러니를 서로 겹쳐지는 형식으로서, 혹은 연속적인 스펙트럼의 양 끝에 위치하는 것으로 보면서 "아이러니와 풍자의 주된 차이는 풍자가 공격적인 아이러니(militant irony)라는 점"이라고 주장한다. 공격적이기 위해서는 명료한 도덕적 규범이 필요하다. 그 도덕적 규범에 비추어 소인국, 거인국, 후이넘의 세계로 알레고리화한 영국 사회와 인류의 그로테스크, 불합리를 측정하고 비판할 수 있다. 풍자가 명료한 도덕적 규범에 입각해 있다면 아이러니는 그렇지 않다는 데 근본적 차이가 있다는 것이다. 이에 따라 욕설이나 독설과 같은 풍자는 아이러니가 부족한 풍자이고, 작가가 어떤 도덕적 규범을 취하고 있는지 독자가 확신하기 힘들 때 풍자의 요소가 부족한 아이러니에 이른다고 본다.

2——풍자의 기능

풍자는 크게 두 가지 기능을 수행한다. 첫째는 우행과 악행, 불합리를 모방하여 폭로하는 기능이다. 로마의 풍자 작가 루키아노스(Lucianos)는 '대화' 형식의 「저승 가는 길, 또는 참주」에서 독살당한 참주 메카펜테스에 대한 심판을 통해 이승에서 그가 어떠한 악행을 저질렀는지를 폭로한다. 「카론, 또는 구경꾼들」에서는 저승 뱃사공 카론이 산 위에서 인간 세상을 내려다보면서 인간사가 얼마나 덧없는지를 폭로한다. 구체적인 예로 카론이 엿보는, 리디아의 왕 크로이소스와 현자 솔론의 대화 장면을 들 수 있다. 크로이소스는 엄청난 부를 자랑하며 세상에서 누가 가장 행복한지를 묻지만 솔론은 크로이소스라고 대답하지 않는다.

> 크로이소스: 그러면 나는, 이 쓸모없는 자여, 그대가 보기에 행복하지 않단 말인가?
>
> 솔론: 저로서는, 그대가 삶의 종착점에 닿을 때까지는 결코 모르겠습니다, 크로이소스여. 왜냐하면 죽음이, 그리고 끝까지 행복하게 살아 냈는지가 그러한 일에 대한 정확한 판정 기준이니까요.
>
> — 루키아노스, 「카론, 또는 구경꾼들」

솔론은 페르시아 왕 키로스가 쳐들어올 것을 예상하면서 위와 같이 말한다. 반면에 크로이소스는 키로스에게 패배하여 죽임을 당하는 자신의 운명을 모른 채 자신이 가장 행복한 자임을 주장한다. 어떤 사람의 삶이 행복했는지는 그가 죽을 때까지 알 수 없다는 솔론의 말은 인간의 어리석음과 인간사의 덧없음을 폭로하며 풍자하고 있다.

풍자의 두 번째 기능은 우행과 악행을 교정하거나 처벌하는 것이다. 첫 번째 기능이 악행과 우행을 드러내는 모방적 혹은 표상적 기능이라면, 두 번째 기능은 독자로 하여금 우행과 악행을 범하지 않도록 설득하는 수사적 기능이라고 할 수 있다. 폴슨(J. R. Paulson, 1967: 27~31면)에 따르면 풍자가 아무리 모사나 재현과 관련되어 있다고 할지라도 궁극적인 목적은 수사에 있으며, 유베날리스의 풍자시는 주로 풍자의 첫 번째 기능을, 호라티우스의 풍자시는 두 번째 기능을 보여 준다. 즉, 유베날리스 식의 풍자에서 작가의 페르소나 혹은 화자는 우행과 악행으로부터 엄격히 분리되어 있지만, 호라티우스 식의 풍자에서 작가의 페르소나 혹은 화자는 도덕적으로 극적 장면의 일부분을 이룬다. 전자가 독자로 하여금 타자의 더러움을 체험하게 하고 악에 대해 반감을 느끼게 한다면, 후자는 자신의 더러움을 체험하게 하고 죄에 대한 공모를 느끼게 함으로써 자기 발견과 자기 계시에 이르게 한다는 것이다.

우리 문학에서는 대표적인 풍자 소설가로 채만식과 이호철을 들 수 있다. 채만식의 작품(『태평천하』, 「미스터 방」 등)이 주로 타인의 우행과 악행을 폭로한다면, 이호철의 작품(「부시장 부임지로 안 가다」)은 우리 자신의 어리석음을 체험하고 반성하게 한다.

> 또 한번은, 경회루를 구경하면서 무엇 하던 건물이냐고 물었다. 미스터 방은 서슴지 않고
>
> "킹 듀링크 와인 앤드 딴쓰 앤드 씽, 위드 땐써."
>
> 라고 대답하였다. 임금이 기생 데리고 술 마시고, 춤추고 노래 부르고 하던 집이란 뜻이었다.
>
> — 채만식, 「미스터 방」

신발 고치는 일을 하던 '미스터 방(방삼복)'은 해방이 되자 중국과 일본을 떠돌며 주워들은 영어로 미군 장교의 통역사가 되고 이를 기회로 이권을 챙기고 권세를 부린다. 인용문은 그의 지적·언어적 능력이 얼마나 엉터리인지를 폭로한다. 그런가 하면 친일파 백 주사는 미스터 방에게 자신을 내쫓은 마을 사람들의 "목을 썰어 죽이구, 다른 놈들일랑 뼉다구가 부러지두룩" 패 달라고 부탁한다. 미군의 힘으로 호가호위하는 친미파 미스터 방이 얼마나 엉터리 인

간이며, 백 주사로 상징되는 친일 세력이 얼마나 부도덕하고 잔인한지를 폭로하고 있다.

반면에 이호철의 「부시장 부임지로 안 가다」는 5·16 군사 쿠데타 세력이 도대체 무엇을 주장하는 것인지 알 수 없다고 폭로하는 것을 넘어선다.

(1) 도대체 무엇이 어떻게 됐다는 것인지. 무엇을 어쩐다는 것인지 전혀 요량할 수 없는 대로, 이 집 저 집 라디오에서는 "반공을 국시의 제일의로 삼고"가 여전히 터져나올 뿐이었고

(2) 열두 시 오정 사이렌이 요란한 통에 눈을 떴을 때는 여관방에 혼자 누워 있었다. 일어나 앉자 그는 쿨쩍쿨쩍 흡사 어린애 울듯이 조금 울고 있었다.

— 이호철, 「부시장 부임지로 안 가다」

「부시장 부임지로 안 가다」의 주인공은 퇴역 육군 중위로서 현재 교사로 근무하고 있다. 5·16 군사 쿠데타가 일어나고 바른 소리를 하던 교사들이 잡혀가자 주인공은 자신의 집에도 군인들이 잡으러 왔다는 아내의 말을 듣고 무작정 도망친다. 사실은 쿠데타의 주역이며 예전의 군 동료인 최 중령이 마산 부시장 자리를 마련하고 부하를 시켜 그를 데려오라고 한 것이었다. 소설은 일주일간의 도피 끝에 사실을 알게 된 주인공이 부임지로 가는 것을 거절하는 장면으로 끝이 난다. (1)과 유사한 내용이 여러 차례 반복되는 것에서 드러나듯이 이 작품은 5·16 군사 쿠데타가 도대체 무엇을 하자는 것인지 이해할 수 없다는 것을 폭로한다. 그러나 이 작품은 5·16 군사 쿠데타에 대한 비판에서 한 걸음 나아간다. 사실을 제대로 확인하지 않고 잡으러 왔다고 판단하는 아내나, 그 소리에 놀라 무작정 도망쳐 일주일간 술에 취해 지내면서, 두려움에 설사를 해 대고 어린애처럼 우는 주인공을 통해, 이러한 모습이야말로 5·16 군사 쿠데타가 일어났을 당시 작가 자신의 모습(이호철 자신이 일주일간 도망쳤었다고 한다)이자 독자들의 모습이었다는 점을 드러낸다. 지레 겁을 먹고 도망치

는 주인공을 통해 작가 자신을 포함하여 독자인 당시의 국민들 역시 이와 다르지 않았다는 깨달음에 이르게 하는 자기 풍자가 작품 전체의 중심을 이루는 것이다.

3——풍자의 수단들

풍자를 위해 사용되는 문학 형식은 매우 다양하다. 풍자를 위해 이용될 수 없는 문학 형식은 거의 없다고까지 말할 수 있다.

> 풍자는 독백, 대화, 서간, 연설, 서술, 풍속 묘사, 성격 묘사, 우화, 환상, 만화, 익살, 패러디 및 기타 어떠한 수단이라도, 단독으로 또는 혼합시켜 사용한다. 풍자는 위트, 조롱, 아이러니, 비꼼, 조소, 냉소, 조소, 욕설 즉 풍자의 스펙트럼 대에 있는 모든 어조를 사용함으로써, 그 표면의 다양한 색상으로 변화시킨다.(폴라드, 1978: 6면)

폴라드(A. Pollard)의 주장처럼 풍자는 독백에서 패러디에 이르는 다양한 수단과, 위트에서 욕설에 이르는 다양한 어조를 사용하여 이루어진다. 첫째는 아이러니를 통한 풍자를 들 수 있다. 폴라드는 아이러니를 어조에 포함시켰지만, 아이러니를 우화나 대화와 같은 문학 양식 혹은 수단의 하나로도 볼 수 있다. 예를 들면, 채만식의 「치숙(痴叔)」에서 신빙성 없는 서술자인 '나'는 작품 전체를 구조적 아이러니로 만든다. "우리 아저씨 말이지요? 아따 저 거시키, 한참 당년에 무엇이냐 그놈의 것, 사회주의라더냐 막덕이라더냐"와 같이 화자 '나'를 통해 발언되는 모든 말은 아이러니로 해석되면서 풍자의 대상이 된다.

> (1) 윤직원 영감은 큰대문을 열어 놓고 있노라면, 어쩐지 집안엣것이 형적 없이 자꾸만 대문으로 해서 빠져나가는 것만 같고, 그 대신 상서롭지 못한 것이 자꾸만 술술 들어오는 것만 같고 하여, 간혹 장작바리나 큰 짐이 들어올 때가 아니면 큰대

문은 결단코 열어 놓는 법이 없습니다. 이것은 아주 이 집의 엄한 가헌(?)입니다.

(2) "그랬으리라! 짝 찢을 년! ……."

윤직원 영감은 며느리더러 이렇게 욕을 하던 것입니다. 그는 며느리뿐만 아니라 딸이고 손주며느리고, 또 지금은 죽고 없지만 자기 부인이고, 전에 데리고 살던 첩이고, 누구한테든지 욕을 하려면 우선 그 '짝 찢을 년'이라는 서양 말의 관사(冠詞) 같은 것을 붙입니다. 남잘 것 같으면 '잡어 뽑을 놈'을 붙이고…….

— 채만식, 『태평천하』

『태평천하』의 화자는 해학적이며 풍자적인 판소리 이야기꾼의 모습을 이어받고 있다. 윤직원이 자주 사용하는 "짝 찢을 년!"과 같은 욕설을 그대로 보여줌으로써 윤직원의 비천함을 풍자한다. 그리고 작품 도처에서, 복이 달아날까 봐 작은 대문만 열어 놓는 것을 "엄한 가헌"이라고 표현하는가 하면 '짝 찢을 년'이라는 욕을 "서양말의 관사"와 같다고 표현한다. 아이러니한 어조가 작품 전체를 지배하는 가운데 이를 통해 웃음을 자아내면서 윤직원의 악행과 우행을 풍자한다.

둘째는 알레고리를 통한 풍자를 들 수 있다. 영국 사회와 인류를 소인국, 거인국, 후이넘 사회로 알레고리화한 스위프트의 『걸리버 여행기』, 소비에트 사회의 파시즘을 동물 농장으로, 기술 중심의 비인간적인 현대 사회를 미래 사회로 알레고리화하여 풍자한 오웰(G. Orwell)의 『동물 농장』, 헉슬리(A. L. Huxley)의 『놀라운 신세계』 등이 이에 속한다. 우리 문학에서는 서기원의 「마록 열전」 연작과 이호철의 「탈사육 회의」 등을 들 수 있다. 일본어 욕설 '빠가(馬鹿)'를 연상시키는 「마록 열전」 연작 다섯 편은 조선 시대, 일제 강점기, 한국 전쟁 등을 시대적 배경으로 다섯 명의 마씨들이 벌이는 우행과 불합리한 현실을 풍자하는데, 특히 조선 시대를 배경으로 하는 작품들은 1970년대 초반 한국 현실에 대한 우의적 풍자의 성격이 강하다고 할 수 있다. 또한 이호철의 「탈사육 회의」는 북한과 남한을 각각 멧돼지와 집돼지 집단으로 알레고리화하여 남한과 북한의 정치 현실을 풍자한다.

셋째는 성격 묘사를 통한 풍자를 들 수 있다. 등장인물에 대한 묘사를 통해 악행과 우행을 폭로하고 비판하는 작품들이다. 앞서 예로 들은 채만식의 『태평천하』, 「미스터 방」, 이호철의 「부시장 부임지로 안 가다」 외에 선글라스를 끼고 들어온 어떤 사내가 갑자기 정신 상태가 틀려먹었다고 호통치자 기관원인 줄로 착각하고 두려워하는 해프닝을 다룬 이호철의 「1965년, 어느 이발소에서」, 다양한 인물을 통해 1970년대 농촌 현실을 풍자하는 이문구의 『우리 동네』 등 우리 문학에서 많은 작품이 성격 묘사를 통해 풍자를 하고 있다.

넷째는 '대화'를 통한 풍자이다. '대화'는 메니푸스식 풍자에서 많이 쓰이는 풍자 형식이다. 고대 가다라의 철학자 메니푸스(Menippus)에서 유래하는 메니푸스식 풍자는 로마의 바로(Varro), 루키아노스를 거쳐 보에티우스(Boëthius)의 『철학의 위안』에서 완성된 것으로 평가된다. 앞서 예로 들었던 솔론과 크로이소스의 대화 장면이나 『철학의 위안』이 대화 형식을 취하고 있다.

다섯째는 유머나 농담을 통한 풍자를 들 수 있다. 성석제의 「황만근은 이렇게 말했다」에서 농가 부채 해결을 위한 전국 농민 총궐기 대회에 나가기 전 마을 사람들이 주고받는 유머 혹은 농담이 좋은 예이다.

> (1) "뺏아 봤자 저들한테도 남는 기 없을 낀데. 암만 빌빌하는 닭이라도 닭 모가지를 비틀만 인제는 계란 한 개도 없을 낀데. 전부 다 손해라."
>
> (2) "전부가 아이지. 가들은 계란도 수입해다 먹으마 된께 우리사 죽어서 죽이 되든가 말든가 가들은 까딱마이지."
>
> — 성석제, 「황만근은 이렇게 말했다」

(1)은 1979년 박정희 정권에 의해 국회 의원에서 제명되었을 때 김영삼이 한 명언 "닭의 모가지를 비틀어도 새벽은 온다."를 패러디한 것이다. "새벽은 온다" 대신에 "계란 한 개도 없을 낀데"라고 표현함으로써 원래 표현의 비장함을 전복하는 쾌감을 일으킨다. (2)는 음의 유사성을 이용해, 의미상 연합되

기 힘든 낱말을 결합하여, 즉 '죽음'과 '죽'을, '가들(그들)'과 '까딱마(움직이지 마)'를 결합하여 웃음을 자아낸다. 패러디와 농담을 통해 농민들의 '죽음'을 '죽'만큼도 여기지 않는 당대의 위정자를 공격하는 좋은 예이다(조현일, 2018: 351면).

4——풍자 소설의 의의

소설에서 풍자의 중요성을 좀 더 깊이 있게 이해하기 위해서는 바흐친(M. M. Bakhtin)과 루카치(G. Lukács)의 사상을 살펴볼 필요가 있다. 우선 바흐친은 소설(novel)이라는 장르가 근대에 발생한 것이 아니라 카니발적 전통에서 유래하는 고대의 메니푸스식 풍자에서 발생하였다고 본다. 메니푸스식 풍자는 대화, 노벨라, 편지, 심포지엄, 웅변 등 다양한 장르를 삽입하며, 소크라테스(Socrates)의 대화를 계승하되 그것과는 구별되게 웃음의 요소가 강하다. 서사적으로는 순수하게 사상적·철학적 탐구를 위해 하늘나라와 지옥 등 환상 세계를 넘나드는 환상적인 모험을 특징으로 한다. 바흐친(2003: 139~157면)은 고대의 메니푸스식 풍자가 라블레(F. Rabelais)의 『가르강튀아와 팡타그뤼엘』, 세르반테스(M. de Cervantes)의 『돈키호테』를 거쳐 도스토옙스키(F. M. Dostoevsky)에 이르러 절정에 이른다고 본다. 이와 같은 바흐친의 사상에 따르면 풍자는 소설이라는 장르의 근원을 이룬다고 볼 수 있을 것이다.

강조점은 다르지만 루카치 역시 소설에서 풍자가 핵심적인 의미를 갖는다고 본다. 루카치는 헤겔(G. W. F. Hegel)이 풍자를 로마 시대의 문학으로만 간주하고, 희극과 달리 예술 작품이 갖추어야 할 '화해'가 결여되어 있다는 점에서 부정적으로 평가하는 것을 비판한다. 그는 헤겔과 달리 근대 문학에서의 풍자 소설의 중요성을 강조한다. 루카치에 따르면 풍자는 헤겔의 생각과는 달리 로마 시대에만 국한된 장르가 아니라 모든 문학 장르에서 이루어지는 창작 방법이다. 개인주의적인 윤리적 분개를 표현하는 것을 넘어서서 상승하는 시민 계급만이 지닐 수 있는 혁명성과 통찰을 보여 주는 문학 형식이라는 것이다. 진정한 풍자는 "그로테스크한 '비개연적인' 개별 사실 속에서 동시에 전체의 심오한 진리가 직접적으로 표현"된다고 보며(루카치, 1990: 59면), 그 점에서 『돈키호테』, 『걸리버 여행기』, 볼테르(Voltaire)의 『캉디드』 등을 고평한다. 또 하나 주목할 것은 다음과 같은 주장이다.

> 진정한 풍자가 나오기 위해서는 이러한 비판은 특별한 뉘앙스, 즉 분노, 경멸이나 증오의 뉘앙스를 내포해야만 하는데, 그 증오는 열정과 깊이, 통찰력에 의해 투시력을 갖게 되며, 이로써 가장 사소한 징후 속에서, 즉 한 사회 체제의 단순한 가능성이나 우연성 속에서 그 사회 체제의 병폐와 치명적 결함을 꿰뚫어 보고 형상화한다.(루카치, 1990: 64면)

일반적으로 유머나 웃음을 중시하는 것과는 달리 루카치는 "신성한 증오"라 칭하며 증오, 경멸, 분노의 정념을 강조한다. 분노와 증오의 정념 속에서 사회의 본질을 꿰뚫어 보는 통찰력이 발생한다고 보는 것이다. 이는 풍자 소설이 갖추어야 할 매우 중요한 지점을 지적한 것이다.

이상에서 살펴본 풍자 소설이 성공적이기 위해서는 두 가지 조건이 필요하다. 첫째는 풍자가의 도덕적 규범이 일정한 보편성을 띠어야 한다는 점이다. 풍자의 공격이 개인적 증오나 가치, 명료하지 않은 도덕규범에 입각하여 이루어진다면 설득력을 얻기 힘들다. 한 예로 김주영의 풍자 소설 「마군 우화」 연작을 들 수 있다. 시골뜨기 마군은 회사에서 출세하기 위해 오 과장의 비리를 파고든다. 오 과장은 사장의 지시에 따라 사장의 애첩이 경영하는 상점에 회사 물건을 빼돌리고 있었다. 그러나 오 과장의 비리를 밝히는 순간 해고되는 것은 오히려 마군이다. 작가가 내세우는 도덕규범은 사회 비리 비판보다는 세상 물정 모르는 시골뜨기 비판과 더 관련이 있다. 「마군 우화」는 신랄한 사회 비판 작품이 될 수도 있었을 것이다. 그러나 멋모르고 함부로 나서서는 안 된다는 식의 처세적인 규범에 입각하여 작품 내내 시골뜨기를 조롱하는 데 초점을 맞추고 있다. 자연히 풍자의 효과가 떨어질 수밖에 없다. 풍자는 사회적으로 동의할 수 있는 명료하고 보편적인 도덕적 판단에 기초할 때 성공을 거둘 수 있다. 그런 의미에서 풍자는 매우 사회적인 문학 형식이다.

둘째는 환상적이고 그로테스크한 형상을 통해 우회적인 풍자를 한다고 할지라도 일정한 리얼리티를 담보해야 한다는 점이다. 『걸리버 여행기』나 『놀라운 신세계』 등의 풍자 소설은 현실에서 인식한 질서를 그것과는 별개의 환상적이고 그로테스크한 세계에 가탁(假託)하여 표현함으로써 현실의 질서를 인식하게 하는 것이라 볼 수 있다. 『걸리버 여행기』, 최인훈의 『서유기』의 환상적 모험이 풍자로서 설득력을 얻기 위해서는 간접적인 방식으로 리얼리티를 담보해야 하는 것이다. 김윤식(1968: 306면)이 풍자 문학을 리얼리즘의 정도(正道)라고 본 것은 이러한 이유 때문이다. 풍자 문학은 사회적 공격이 직접적으로 이루어지기 힘들 때, 즉 작가가 속한 집단의 정치 이데올로기가 이를 위반하는 표현을 허락하지 않을 때 참여 문학의 변형으로서 나타난다는 것이다. 우리 문학사에서 대표적인 풍자 문학이 일제 강점기인 1930년대 중후반과 유신의 억압으로 고통받던 1970년대에 발표되는 것은 이와 관련이 있다.

핵심어

웃음, 공격, 아이러니, 대화, 알레고리, 성격 묘사, 유머, 폭로의 기능, 수사적 기능, 메니푸스식 풍자, 희극

| 참고 문헌 |

김윤식(1968), 「풍자의 방법과 리얼리즘」, 『현대 문학』 1968년 10월호.
루카치(Lukács, G., 1990), 「풍자의 문제」, 『루카치 문학 이론』, 김혜원 편역, 세계.
루키아노스(Lucianos, 2013), 「카론, 또는 구경꾼들」, 『루키아노스의 진실한 이야기』, 강대진 역, 아모르문디.
바흐친(Bakhtin, M. M., 2003), 『도스토옙스키 창작론』, 김근식 역, 중앙대학교 출판부.
에이브럼스(Abrams, M. H., 1997), 『문학 용어 사전』, 최상규 역, 예림기획.
조현일(2018), 「웃음·유머 교육에 대한 문학 교육적 고찰」, 『국어 교육 연구』 제66집, 국어교육학회.
폴라드(Pollard, A., 1978), 『풍자』, 송낙헌 역, 서울대학교 출판부.
프라이(Frye, N., 1982), 『비평의 해부』, 임철규 역, 한길사.
Paulson, J. R.(1967), *Fictions of Satire*, The Johns Hopkins Press.

| 더 읽을 거리 |

김지하(2002), 「풍자냐 자살이냐」, 『김지하 전집 3』, 실천문학사.
정홍섭(2004), 『채만식 문학과 풍자의 정신』, 역락.
헤겔(Hegel, G. W. F., 1996), 『헤겔 미학 Ⅱ』, 두행숙 역, 나남출판.

아이러니

° 조현일

1——아이러니의 개념사

'반어(反語)'라는 표현이 맞을까, 아니면 '아이러니'라는 표현이 맞을까? 『표준 국어 대사전』은 '반어'를 "표현의 효과를 높이기 위하여 실제와 반대되는 뜻의 말을 하는 것. 못난 사람을 보고 '잘났어.'라고 하는 것 따위이다."라고 정의한다. 사람들이 통상적으로 이해하는 명확한 정의라 할 수 있다. 문제는 이런 정의가 아이러니라고 일컬어지는 여러 현상들 중 하나, 즉 언어적 아이러니(verbal irony)에 대해서만 서술하고 있다는 점이다. 그 때문에 『표준 국어 대사전』 또한 '아이러니'라는 표제어를 따로 두고, 이러한 '반어' 외에도 여러 뜻을 제시한다. 『표준 국어 대사전』이 일상적인 의미를 제시한다는 점, 문학은 이러한 일상적 언어 사용보다 훨씬 복잡한 양상을 보인다는 점을 고려할 때, '반어'보다는 비록 외래어이지만 다양한 의미를 포함하는 것으로 파악되는 '아이러니'라는 용어를 사용하는 것이 좋을 듯하다.

아이러니는 "매우 다양한 형태를 지닐 뿐 아니라 개념상으로도 계속 발전해 나가고" 있다(뮈케, 1980: 23면). 또한 학자마다 그 의미를 매우 다르게 파악하고 있기 때문에 조금만 깊게 들어가면 이해하기가 쉽지 않다. 그럼에도 아이러니를 이해하고자 할 때 일차적으로 따져 봐야 할 것은 어원이라고 할 수 있다. 아이러니(irony)는 '시치미 떼기'를 의미하는 고대 그리스어 아이로니아(eirōneia)에서 파생하였다. 아이로니아는 직접적인 거짓말을 의미하다가 점차 청중들이 인식할 수 있도록 의도된 거짓말, 가장(假裝)을 의미하게 되었다고 한다. 고대 그리스 희극에서 자신을 낮추어 실제보다 똑똑하지 못한 척하는 인물, 그리하여 기만적인 허풍선이(alazon)를 이겨 내는 인물을 에이론(eiron)이라고 부른 것에서 그 예를 찾을 수 있다.

부정적 의미이던 아이러니가 긍정적 의미 혹은 매우 문제적인 의미를 띠기 시작한 것은 소크라테스(Socrates)부터였다고 볼 수 있다. 플라톤(Platon)이 기술하고 있는 소크라테스는 자신의 무지나 상대방에 대한 존경을 가장하여 상대방과 대화하며 질문하고 답하는 과정에서 상대방의 무지를 폭로하고 진리를 드러내는 사람이다. 예를 들어 「에우티프론」에서 무지한 척하는 소크라테스는, 자신의 아버지를 살인죄로 기소한 것이 경건한 행위이기 때문이라고 주장하는 에우티프론에게 '경건함'의 의미와 관련하여 여러 질문을 던지고 답하게 한다. 이를 통해 경건함의 진정한 의미에 도달함으로써 에우티프론의 무지와 통상적인 생각의 부정확성을 짚어 내고 에우티프론이 아버지를 고소한 행위가 잘못되었음을 폭로한다.

이와 같은 소크라테스 고유의 대화 혹은 행위 양식은 '소크라테스의 아이러니'로 명명되는데, 크게 세 가지 차원에서 중요한 의미를 갖는다. 첫째, 단순히 말의 수사적 사용이라는 차원을 넘어서서, 아리스토텔레스(Aristoteles)가 『니코마코스 윤리학』에서 '적절하게 자기를 비하하는 사람들은 매력적이다'라고 표현하였듯이 윤리적인 것으로 간주되었다는 점이다. 둘째, 고대 그리스가 문화적으로 협소한 종족 공동체를 벗어나 개방적인 정치 공동체로 성장할 때 형성된 것이라는 점이다. 아이러니는 특정 맥락과 문화에서 당연한 것이 반드시 자명한 것이 아닐 수 있다는 점을 보여 주고, 경쟁하는 맥락과 관점들을 고려하게 한다. 셋째, 일상적 가치와 개념들을 영속적으로 의문시하는 철학·윤리·의식의 탄생을 의미하며, 텍스트가 진실로 의미하는 것이 무엇인지 질문하고 답하는 문학적 해석의 문제를 야기한다는 점이다(C. Colebrook, 2004: 6면).

그러나 키케로(Cicero)와 퀸틸리아누스(Quintilianus), 중세를 거치면서 아이러니는 칭찬을 통한 비난과 같이 상대방을 설득하는 효과적인 말하기 방법, 즉 수사법의 한 방식으로 의미가 축소되었다. 아이러니가 다시 중요한 의미를 갖게 된 것은 근대 이후의 일이다. 근대 낭만주의 이후 아이러니는 결정적인 변화를 겪게 되어 "문학상의 모더니티의 결정적 표식", "문학 자체와 거의 비등한 것"이 되기에 이른다(벨러, 2005: 87면). 리처즈(I. A. Richards)는 훌륭한 문학의 구조적 특성으로, 만(T. Mann), 루카치(G. Lukács) 등은 근대 소설의 본질적 특성으로까지 파악하였다.

모더니즘을 거쳐 포스트모더니즘에 이르면 아이러니 개념은 거의 종잡기 힘든 것으로 변화한다. 브룩스(C. Brooks)는 『아이러니의 수사학』에서 아이러니를 크게 안정적 아이러니와 불안정한 아이러니로 구별한다. 안정적 아이러니는 의도, 은폐, 안정성, 제한성을 표지로 하는 아이러니, 즉 저자가 '의도'적으로 속뜻을 '은폐'하며, 의미 재구성이 '안정'적이고 '제한'적으로 이루어지는 아이러니를 가리킨다. 불안정한 아이러니는 이로부터 벗어나 의미의 확정이 어렵거나 불가능한 아이러니를 가리키는데, 모더니즘 혹은 포스트모더니즘의 아이러니가 이에 해당한다.

2——아이러니의 여러 형태

앞서 설명하였듯이 아이러니는 의미가 매우 다양하다. 역사가 오랜 만큼 다양한 문학적 현상을 가리키는 말로 사용되었고, 그때마다 달리 이해되었기 때문이다. 우선 가장 많이 사용되는 개념으로 '말의 아이러니'와 '상황의 아이러니'가 있다.

말의 아이러니는 아이러니스트가 아이러니의 상태를 야기시키는 아이러니이며, 상황의 아이러니는 어떤 일의 상태 혹은 사건이 아이러닉한 것으로 보여지는 아이러니이다.(뮈케, 1980: 81면)

언어의 아이러니, 진술의 아이러니 등으로 불리기도 하는 말의 아이러니는 표면적인 말 혹은 진술과는 정반대의 의미를 표현하는 것을 가리킨다. 그리고 위의 인용문에 따르면 말의 아이러니는 또 다른 특성으로 그렇게 말하는 아이러니스트가 존재한다는 점을 들 수 있다. 반면에 상황의 아이러니는 아이러니한 상태를 야기하는 아이러니스트 없이 '상태'나 '사건'이 그 자체로 아이러니한 것을 가리킨다. 예를 들어 이태준의 「복덕방」의 다음 장면은 말의 아이러니를 잘 보여 준다.

"나 서 참윌세, 알겠나? 흥…… 자네 참 호살세 호사야…… 잘 죽었느니. 자네 살았으문 이만 호살 해 보겠나? 인전 안경다리 고칠 걱정두 없구…… 아무튼지……."

하는데 박희완 영감이 들어서더니,

"이 사람 취했네그려."

하며 서 참위를 밀어냈다.

— 이태준, 「복덕방」

인용문에서 안 초시가 사기를 당해 딸에게 구박당하다가 결국 자살하자, 서 참위는 술에 취한 채 장례식에 참석하여 "자네 참 호살세 호사야…… 잘 죽었느니."라고 말한다. "호사야"(죽어서야 안경다리를 고치게 된 것), "잘 죽었느니"는 서 참위가 아이러니스트가 되어 표면적 진술 혹은 말과는 정반대의 의미를 표현하는 것으로 말의 아이러니의 전형적인 예에 해당한다.

그런데 「복덕방」은 '사건의 아이러니'를 보여 주기도 한다. 몰락한 안 초시가 그대로 살아갔다면 자살에까지는 이르지 않았을 것이다. 그는 인생의 전환을 노리다가 거짓된 정보에 현혹되어 딸에게 그 정보를 알려 주고 거액을 투자

하게 하여 많은 재산을 잃게 한다. 그리고 그로 인한 박대와 실의로 인해 결국 자살하기에 이른다. 인물이 기대한 것과는 정반대의 상황이 일어나는 것을 사건의 아이러니라고 하는데, 현진건의 「운수 좋은 날」의 마지막 장면도 이를 잘 보여 준다.

> 문득 김 첨지는 미친 듯이 제 얼굴을 죽은 이의 얼굴에 한데 비비대며 중얼거렸다.
>
> "설렁탕을 사다 놓았는데 왜 먹지를 못하니, 왜 먹지를 못하니…… 괴상하게도 오늘은! 운수가, 좋드니만……."
>
> — 현진건, 「운수 좋은 날」

그 외에도 많이 언급되는 것으로 '극적 아이러니'와 '구조적 아이러니'를 들 수 있다. 극적 아이러니는 "등장인물이 자신의 행동에 관해 이해하는 것과 관객이 그것에 관해 알고 있는 것 혹은 그 극이 그것에 관해 최종적으로 드러내는 것 사이에 간극이 벌어져 있는 극중 상황을 일반적으로 가리킨다."(칠더즈·헨치, 1999: 247면) 소포클레스(Sophocles)의 「오이디푸스왕」에서 오이디푸스가 테베에 재앙을 가져온 사람이 바로 자신이라는 것을 모르는 채 행동하는 장면이나, 호메로스(Homeros)의 『오디세이』에서 오디세이가 돌아온 것을 모르고 오디세이의 아내 페넬로프에게 청혼하는 자들이 떠들어대는 장면 등이 좋은 예이다. 뮈케(D. C. Muecke)는 상황의 아이러니에 사건의 아이러니와 극적 아이러니를 포함시키지만, 이론가에 따라서는 사건의 아이러니를 상황의 아이러니라고 하기도 하고, 극적 아이러니를 상황의 아이러니라고 하기도 한다.

에이브럼스(M. H. Abrams, 1997: 184면)는 작가가 작품에 이따금 언어적 아이러니를 사용하는 것이 아니라 의미의 이중성을 지속하는 구조적 특성을 도입하는 경우가 있다면서 이러한 아이러니를 구조적 아이러니라고 칭한다. 가장 대표적인 수법은 천진한 주인공(naive hero) 또는 천진한 화자를 만들어 내는 것이다.

내가 머리가 터지도록 매를 얻어맞은 것이 이 때문이다. 그러나 여기가 또한 우리 장인님이 유달리 착한 곳이다. 어느 사람이면 사경을 주어서라도 당장 내쫓았지 터진 머리를 불솜으로 손수 지져 주고, 호주머니에 희연 한 봉을 넣어 주고 그리고

— 김유정, 「봄·봄」

우리 아저씨 말이지요? 아따 저 거시키, 한참 당년에 무엇이냐 그놈의 것, 사회주의라더냐 막덕이라더냐

— 채만식, 「치숙」

김유정의 「봄·봄」에서 '나'는 천진한 주인공이다. 장인이라는 사람은 점순이와 결혼시켜 주겠다는 것을 미끼로 최대한 '나'를 부려 먹으려고 하는 것인데 그 속셈을 전혀 눈치채지 못하고 오히려 "여기가 또한 우리 장인님이 유달리 착한 곳이다."라고 생각한다. 천진한 주인공이 화자로 설정됨으로써 작품 전체에 걸쳐 구조적으로 아이러니한 모습을 띠게 되는 것이다. 구조적 아이러니의 또 다른 예로 채만식의 「치숙(痴叔)」을 들 수 있다. 일본인 상점의 점원으로서 완전히 일본인처럼 살려고 하는 '나'가 화자로 설정되고 있다. 화자인 '나'는 사회주의 운동을 하다가 감옥살이를 한 아저씨를 바보 취급하며 자신의 삶을 오히려 자랑스러워하는데, 그의 모든 말과 행동은 작품 전체에 걸쳐 철저하게 아이러니한 모습을 띤다.

3——아이러니 읽기의 방법[1]

그런데 독자는 이처럼 다양한 형태의 아이러니를 도대체 어떻게 읽어 낼 수

1 이 절은 조현일(2017)을 토대로 재서술하였다.

있으며 어떻게 읽어 내야 하는 것일까? 브룩스에 따르면 그 중요성에 비해 아이러니를 읽어 내는 절차나 방법에 대한 해명은 매우 부족하다. 이를 고려하여 아이러니에 한 걸음 더 들어가기 위해 브룩스가 제시한 아이러니 읽기의 절차와 단서들에 대해 고찰할 필요가 있을 듯하다.

아이러니 읽기는 크게 네 단계를 거치면서 이루어진다. 첫째, 축자적 의미의 거절, 둘째, 대안적 해석과 설명의 시도, 셋째, 내포 저자의 신념·지식(의도)의 추론과 결정, 넷째, 의미 및 형상의 재구성이다(W. C. Booth, 1975: 10~14면).[2] 1단계와 3단계가 특히 결정적이다. 1단계에서 독자는 자의적으로 축자적 의미를 거절하는 것이 아니라 텍스트 내에서 어떤 단서를 발견하고 그에 입각하여 축자적 의미를 거절한다. 예를 들면, 앞서 제시한 「복덕방」에서 독자는 서 참위가 술 취해 있는 것, 박희완 영감이 서 참위를 만류하는 것, (인용문에는 나와 있지 않지만) 박희완 영감이 울음을 터뜨리는 것 등을 단서로 서 참위의 말을 아이러니로 파악하고 표면적 의미를 거절한다. 독자는 표면적·축자적 의미를 거절하면 당연히 여러 대안적 해석을 시도하게 된다. 그리고 실재의 저자가 아니라 작품을 창조하고 통어하는 제2의 자아인 내포 저자의 신념·지식(의도)을 추론하고 결정한다. 독자는 여러 내외적 단서에 입각하여 "일관되고 그럴듯하며 인간적으로 견지될 수 있는 입장"을 추론하고 4단계에서 그것과 일치하는 의미 혹은 형상을 재구성하게 된다.

> 부자가 가진 것을 우리 가난한 사람들하고 다 같이 고르게 노나 먹어야 경우가 옳다.
>
> (중략)
>
> 아니, 그러니 그게 생날불한당 놈의 짓이 아니구 무어요?
>
> — 채만식, 「치숙」

2 문영진(2006)은 아이러니 서사 읽기의 절차를 크게 여섯 단계로 나누어 설명한다.

예를 들어 「치숙」의 '나'가 사회주의에 대해 "그게 생날불한당 놈의 짓이 아니구 무어요?"라고 했을 때, 그 말은 1~3단계를 거치면서 진보주의자이면서 사회주의에 동조적이었던 채만식의 신념을 추론하는 데 이르고, 4단계에서 그것과 일치하는 의미로 재구성되는 것이다. 그리하여 '아저씨'는 「치숙」을 읽어 나가는 과정에서 '어리석은 혹은 병든 아저씨'가 아니라 '고민하고 헌신하는 지식인'의 형상으로 재구되기에 이른다.

독자는 단순히 내포 저자의 의도에 따라 아이러니를 읽어 나가는 것은 아니다. 여기에는 여러 판단이 적극적으로 수행된다. 앞서 서술한 것처럼 축자적 의미에 반대하는 판단, 저자가 서 있는 곳(신념과 지식 등)에 대한 판단을 내리는가 하면 재구한 형상과 의미들이나 저자가 구사한 아이러니한 기술에 대해 좀 더 능동적이고 주체적인 판단·평가를 내려야만 한다. 예를 들어 저자의 의도대로 작품을 아이러니로 읽어 「치숙」의 '아저씨'를 고민하고 헌신하는 지식인의 형상으로 재구해 내더라도 독자에 따라서는 그의 모습을 비판적으로 평가하기도 하고, 그러면서도 또 한편으로는 저자가 사용한 아이러니 장치들을 고평할 수도 있는 것이다.

부스(W. C. Booth, 1975: 49~75면)에 따르면 독자는 이와 같은 절차, 판단을 내릴 때 크게 다섯 가지 차원에서 단서들을 발견하고 그에 입각하여 아이러니 읽기의 여러 단계와 판단을 수행한다.

첫째, 작품 제목, 제사(題詞), 장(章)의 제목 등 저자 자신이 직접적으로 알려 주는 단서들을 들 수 있다. 현진건의 「운수 좋은 날」, 김유정의 「만무방」 등의 작품 제목과 채만식의 『태평천하』에서 '9장 절약의 도락 정신'과 같은 장의 제목 등과 같은 직접적 진술이 그 예이다.

둘째, 역사적 사실, 관습적·상식적 판단 등 사람들이 잘 알고 있는 것에 대한 잘못된 발언이다.

> "다를 게 무어요? 경제는 돈 모으는 것이고 그러니까 경제학이면 돈 모으는 학문이지요?"

(중략)

"공부를 잘못했다? 허허. 그랬을는지도 모르겠다. 옳다, 네 말이 옳아!"

이거 봐요 글쎄. 단박 꼼짝 못하잖아.

— 채만식, 「치숙」

독자는 인용문을 읽으면서 '경제학이 돈 모으는 학문'이라는 '나'의 비상식 진술을 단서로 아저씨의 "옳다, 네 말이 옳아!", '나'의 "이거 봐요 글쎄. 단박 꼼짝 못하잖아."를 반어로, '나'를 아이러니한 인물로 읽어 낸다.

셋째, 작품 내의 사실들(화자와 인물들의 말과 행동들, 사건들)이 충돌할 때 아이러니를 발견한다. 독자는 「운수 좋은 날」의 아이러니를 "운수 좋은 날이었다."라는 화자의 발언이나 운 좋게 걸려든 인력거 손님들 등 긍정적 사실들과, 김 첨지의 안 좋은 예감, 아내의 죽음이라는 사건 등 부정적 사실들의 충돌을 통해 파악한다. 또한 김유정의 「동백꽃」의 전반부에서 '나'를 비난하는 점순이의 "예이 더럽다! 더럽다!"라는 말과, 후반부에서 '나'의 허물을 덮어 주는 "닭 죽은 건 염려 마라. 내 안 이를 테니."라는 말의 충돌이 전반부의 점순이의 말들이 반어적이라는 것을 알려 준다.

넷째, 문체가 사물에 대해 말하는 표준적인 방식에서 벗어날 때 역시 아이러니를 의심할 수 있다.

이편은 살기가 사뭇 뚝뚝 떴는데, 저는 아무렇지도 않은 듯이 시침을 뚜욱 따고 서서 도무지 눈도 한 번 깜짝 않는 양이라니, 앙뚱하기 아닐 말로 까 죽이고 싶게 밉살머리스럽습니다.

— 채만식, 『태평천하』

아이러니한 패러디 문체, 「치숙」에서 사투리를 섞어 쓰는 '나'의 잘난 체하는 문체, 『태평천하』에서처럼 익살스러운 판소리 소리꾼의 문체 등은 모두 문체 차원에서 아이러니의 단서를 파악할 수 있는 경우이다.

다섯째, 신념의 충돌이다. 독자는 작품 내에서 화자나 인물들을 통해 "표현된 신념들과 우리가 견지하고, 저자 역시 견지할 것이라고 추측되는 신념들 사이에 틀림없는 충돌"(W. C. Booth, 1975: 73면)을 인식할 때 아이러니를 발견할 수 있다. 앞서 서술한 바 있듯이 「치숙」의 화자인 '나'의 사회주의에 대한 신념, "그게 생날불한당 놈의 짓이 아니구 무어요?"와 내외적 단서들을 통해 저자가 견지할 법한 것으로 추론한 신념(사회주의에 대한 저자의 공감)의 충돌을 인식할 때 독자는 화자의 말에서 아이러니를 발견하게 되는 것이다. 「봄·봄」에서 "여기가 또한 우리 장인님이 유달리 착한 곳이다."라고 하는 장인에 대한 '나'의 신념 역시 독자와 저자가 견지할 법한 신념, 즉 지주 혹은 마름은 수단과 방법을 가리지 않고 노동력을 착취하려 할 것이라는 신념과 충돌함으로써 독자로 하여금 아이러니를 읽어 낼 수 있게 만든다.

독자는 작가의 의도를 파악하여 아이러니를 읽어 낼 때 해독의 재미, 저자와의 협동의 재미, 비밀스러운 교감의 재미를 맛본다. 그러나 이러한 재미를 맛보기 위해서는 부단한 훈련이 필요하다. 그뿐만 아니라 언어, 문화, 문학적 차원의 공통 경험에 입각한 다양한 가치 판단과 사실 판단 등도 필요하다. 이와 관련된 '지식', '주의력', '정당한 견해'를 갖지 못할 때, 또는 무지, 부주의, 편견에 빠져 있을 때 적절한 읽기는 불가능하다. 그 때문에 아이러니를 읽어 내려면 고도의, 혹은 최고의 읽기 능력을 갖추어야 한다.

4——근대 소설과 아이러니

아이러니는 근대 소설의 본질적 특성으로 설명되곤 하는데, 이는 낭만주의에서부터 시작된 매우 중요한 이론적 전통이므로 좀 더 구체적으로 살펴볼 필요가 있을 듯하다. 뮈케에 따르면 독일 낭만주의에서 새로운 아이러니 개념이 발생한다. 슐레겔(F. Schlegel) 등은 " '아이러니'라는 용어를 예술가가 자신의 작품과의 관계에서 가지는 '객관성', '무관심', 자유스러운 태도를 말하는 데 사용"한다(뮈케, 1980: 37면). 벨러(E. Behler)에 따르면 슐레겔은 아이러니를 수사학의 차원에서 이해하는 것을 비판한다. 그리고 소크라테스의 아이러니를 문학과 시를 이해하는 모델로 삼아 시의 자기 성찰적 스타일, 문학상의 모더니티의 결정적인 표식으로 파악한다.

> 시만이 고립된 아이러니한 문장들에 수사학처럼 스스로를 국한시키지 않는다. 고대와 현대에는 아이러니의 신성한 숨결이 고루 스며들어 있고, 진실로 초월적인 익살로 충만한 시들이 있다. 내적으로, 모든 것을 조망하며, 모든 한계들 너머로 무한히 고양되는 분위기, 심지어는 자신의 예술성, 미덕, 천재성마저 벗어나 무한히 고양되는 분위기.(벨러, 2005: 88~89면)[3]

"아이러니의 신성한 숨결", "초월적인 익살"이란 이미 소크라테스의 아이러니에서 전범을 발견할 수 있는 것으로, 주관의 무한한 고양, 즉 모든 것을 조망하고 모든 한계를 넘어서 무한히 고양되는 분위기이다. 아이러니의 신성한 숨결로 충만한 시란 "자신의 예술성, 미덕, 천재성마저 벗어나 무한히 고양되는" 문학, "끊임없는 자기 창조와 자기 파괴"의 문학을 의미한다(F. Schlegel, 1971: 167면). 예술가는 그리고 현실이 "끊임없이 생성의 상태에 놓여 있으므로 진실된 묘사를 한다고 해도 그것은 그 작품 제작이 끝나자 즉시 허위가 되어버릴 것이기 때문에 그러한 의무를 다한다는 것은 불가능하다는 것을 알고 있다. 리얼한 예술가에게 열려 있는 유일한 가능성은 그 자신의 작품에서 초연한 자세를 취하는 동시에 그의 아이러니한 위치에 대한 의식을 작품 자체에 짜" 넣는 것이다(뮈케, 1980: 38면). 단적인 예를 호프만(E. T. A. Hoffmann)의 『브람빌라 공주』의 여러 장면에서 찾을 수 있다. 저자가 직접 나서서 "친애하는 독자는 작자가 이 이야기에서 그를 너무나 멀리 이리저리 끌고 다녀 피곤하게 한다고 불평할 수 없을 것이오."라고 하거나 작중 인물이 "작가가 나를 만들어 낼 때

3 인용문은 F. Schlegel(1971)을 참조하여 수정하였다.

는 아주 다른 생각이 있었던 것이오."라고 하는 등 『브람빌라 공주』가 허구적으로 만들어진 것이라는 것을 여러 차례 알려 준다. 철저하게 자의식적이고 자기 반영적인 문학을 창조하는 것이다. 철저한 자의식적 문학의 모습은 이상의 「종생기」에서도 나타난다.

> (1) 혹 지나치지나 않았나. 천하에 형안이 없지 않으니까 너무 금칠을 아니 했다가는 서툴리 들킬 염려가 있다. 허나—
>
> 그냥 어디 이대로 써(用) 보기로 하자.
>
> (2) 일모(日暮) 청산—
>
> 날은 저물었다. 아차! 아직 저물지 않은 것으로 하는 것이 좋을까 보다.
>
> 날은 아직 저물지 않았다.
>
> —이상, 「종생기」

(1)에서 작가는 자신의 '종생기'를 시작하며 지나치게 '금칠'을 하지 않았나라고 생각하였다가 그래도 이대로 사용하자고 말하는가 하면, (2)에서는 '정희'와 길을 걸으며 날이 저문 것으로 서술하였다가 저물지 않은 것으로 하자고 고쳐 서술한다. 두 장면은 서술하는 이야기가 작가의 허구적 상상의 소산임을 밝히고 창작 과정을 그대로 드러냄으로써 독자로 하여금 작품 세계에 거리를 두고 창작 과정을 성찰하게 만든다.

이상에서 설명한 낭만적 아이러니는 "예술가의 아이러니에 찬 처지를 아이로니컬하게 나타내는, 완전히 의식적인 예술가의 아이러니"라고 할 수 있다(뮈케, 1980: 38면). 한편 헤겔(G. W. F. Hegel)은 이러한 낭만적 아이러니를 매우 비판적으로 바라본다.

> 추상적 자아의 절대성에 그 근원을 두는 이 매우 공허한 형식에 머물게 되면, 그 어떤 것도 즉자대자적(an und fürsich)이고 스스로 가치 있는 것으로 고찰되지 못하

며 오직 자아의 주관성에 의해서만 그 존재가 드러난다.(헤겔, 1996: 114면)

헤겔에 따르면 슐레겔의 낭만적 아이러니는 "존재하는 모든 것은 오직 나를 통해서만 존재하며, 나는 나를 통해 있는 것을 다시 없앨 수도 있다"는 피히테(J. G. Fichte)의 철학 원리에서 출발한 것으로, 인용문에서 지적하는 것처럼 오직 자아의 주관성만을 주장할 뿐, 모든 존재들의 그 자체로서의 가치를 고찰하지 못하고 결국 부정하게 된다는 점에서 결정적인 한계가 있다. 그럼에도 슐레겔에서 비롯된 아이러니 개념은 더욱 발전하여 근대 문학, 특히 근대 소설의 내적 형식으로 이해되고, 강력한 미학적 전통을 형성한다.

우리는 아이러니를 미학 용어로 사용되는 아폴로적인 것의 예술 원리와 동일시할 수 있을 것입니다. 왜냐하면 아폴로는 먼 과녁을 맞히는 자, 거리와 냉정, 객관성의 신이기 때문입니다. 한마디로 아폴로는 아이러니의 신이자 서사적 예술 정신입니다. 객관성은 곧 아이러니입니다.(만, 2010: 69면)

반어는 이상이 되어 버린 이념의 잃어버린 유토피아적 고향을 보지만, 이와 동시에 그 이상이 주관적, 심리적으로 제약되어 있음—이것이 이상의 유일하게 가능한 현존 형식인데—을 파악한다. 끝까지 간 주관성의 자기 지양으로서의 반어는 신 없는 세계에 있을 수 있는 최고의 자유이다.(루카치, 2007: 108면)

우선 만(T. Mann)을 들 수 있는데, 그는 아이러니에 대해 낭만주의자들이 부여하였던 것보다 훨씬 큰 의미를 부여하고자 한다. 그에게 아이러니는 인용문에서 제시한 것처럼 "아폴로적인 것의 예술 원리"인 "거리와 냉정, 객관성"을 "서사적 예술 정신"으로 구현한 "최대의 자유"(「소설의 예술」)를 의미한다. 이러한 생각은 루카치에 의해 절정에 이르게 된다. 루카치는 아이러니를 소설을 지배하고 창조하는 "소설 형식의 형식 구성소", "창조적 주관성", "소설의 객관성"이라고 명명하면서도 낭만주의자들과는 달리 주관성의 한계를 명확히 한다. 그것은 인용문에서 지적하는 것처럼 신에게 버림받은 시대임에도 유토피아적 고향을 보지만, 또한 그 한계, 즉 유토피아적 고향이란 취약하여 현실적으로 견고하게 존재할 수 없고 주관적·심리적으로만 존재하거나 제한되어 있을 뿐이라는 것을 파악하는 정신성이다. 루카치는 이러한 정신성을 "현실 속에 의미가 결코 완전히 스며들 수는 없지만 의미가 없으면 현실은 아무런 본질도 없는 무로 붕괴하고 말리라는 것을 꿰뚫어 보는 남성적인 성숙한 통찰"(루카치, 2007: 102면)이라는 점에서 "신 없는 세계에 있을 수 있는 최고의 자유"라고 주장한다.

아이러니에 대한 이러한 파악은 포스트모더니스트 드 만(P. de Man)에 이르면 무한한 부정성으로 이해되기에 이른다. 「시간성의 수사학」에서 드 만(1983: 224면)은 아이러니를 "근대적 주체의 분열된 자아에 의해서 체험되는 고립된 순간", 즉 과거나 미래와 분리된 현재성을 드러내는, 그리하여 끊임없는 기표의 미끄러짐을 표현하는 수사학으로 파악한다. 포스트모더니즘에 이르면 아이러니는 어떤 의미에서 거의 종잡을 수 없는 개념, 끝없는 유희의 또 다른 이름으로 이해된다.

핵심어

언어적 아이러니, 상황의 아이러니, 극적 아이러니, 사건의 아이러니, 구조적 아이러니, 말의 아이러니, 축자적 의미, 신념의 충돌, 대안적 해석, 낭만적 아이러니, 소크라테스적 아이러니, 안정적 아이러니, 불안정한 아이러니

| 참고 문헌 |

루카치(Lukács, G., 2007),『소설의 이론』, 김경식 역, 문예출판사.
만(Mann, T., 2010),「유머와 아이러니에 대한 방송 토론」,『문학과 예술의 지평』, 원당희 역, 세창미디어.
문영진(2006),「아이러니와 아이러니 서사의 읽기 문제」,『국어 교육학 연구』제25집, 국어교육학회.
뮈케(Muecke, D. C., 1980),『아이러니』, 문상득 역, 서울대학교 출판부.
벨러(Behler, E., 2005),『아이러니와 모더니티 담론』, 이강훈·신주철 공역, 동문선.
에이브럼스(Abrams, M. H., 1997),『문학 용어 사전』, 최상규 역, 예림기획.
조현일(2017),「현대소설의 아이러니 읽기 교육」,『국어 문학』제66집, 국어문학회.
칠더즈·헨치(Childers, J. & Hentzi, G., 1999),『현대 문학·문화 비평 용어 사전』, 황종연 역, 문학동네.
헤겔(Hegel, G. W. F., 1996),『헤겔 미학 Ⅰ』, 두행숙 역, 나남출판.
Booth, W. C.(1975), *A Rhetoric of Irony*, The University of Chicago Press.
Colebrook, C.(2004), *Irony*, Routledge.
de Man, P.(1983), *Blindness and Insight*, University of Minnesota Press.
Schlegel, F.(1971), *Friedrich Schlegel's Lucinde and the Fragments*, trans. Firchow, P., University of Minnesota Press.

| 더 읽을 거리 |

부스(Booth, W. C., 1999),『소설의 수사학』, 최상규 역, 예림기획.
만(Mann, T., 2010),「소설의 예술」,『문학과 예술의 지평』, 원당희 역, 세창미디어.
로티(Rorty, R., 1996),『우연성, 아이러니, 연대성』, 김동식·이유선 공역, 민음사.

환상

° 한태구

1——소설과 환상

현실에 존재하지 않는 허구 세계를 그려 내는 문학인 소설 장르 자체가 환상의 문학이라고도 할 수 있을 만큼 환상의 의미 역은 광범위하며, 환상은 소설의 범주를 넘어서서 인간의 세계 인식과 사고의 방식 중 하나라고도 할 수 있다. 소설에 대한 연구와 논의 속에서 환상은 소설의 특정한 하위 장르로 분류되어 제한적으로 논의·평가되기도 하고, 문학적 발상의 근본과 연결된 세계 인식 및 표현의 방법 중 하나로 규정되기도 하였다.

특정한 문학 장르로서 언급되는 환상 소설은 문학사적으로 특수한 시대적 맥락을 바탕으로 나타나는 경우가 많았다. 중세 봉건 사회가 무너지고 근대 시민 사회로 이행하던 18세기 프랑스의 근대 환상 문학, 18세기부터 19세기 아동 환상 문학으로 이어진 영국의 고딕 소설, 가깝게는 1990년대 말에 대중적인 주목을 받았던 소위 '한국형 판타지 소설'까지, 환상 소설은 시대적 특수성의 맥락에서 기존의 사회·문화가 유지하던 지배적 가치가 무너지는 혼란기에 많이 나타났다. 기존의 가치와 세계관이 해체되고 새로운 시대적 상황을 담아내는 새로운 가치와 세계관이 구성되던 시기에는 그러한 과정에서 수많은 인식적 진통이 사회 전반에 드러나게 된다. 가치의 상실, 새로운 가치의 출현, 신구 가치의 혼종에 따라 혼란과 불안, 막연한 공포가 사회 전반에 나타나게 되며, 이러한 혼란 속에서 환상 소설은 시대적 불안과 공포를 드러내면서 그에 대한 극복을 지향해 왔다.

근대 이후 소설의 환상성은 동화나 고전 문학의 환상성과 구분될 필요가 있다. 동서양을 막론하고 동화나 고전 문학 작품에는 환상성이 짙게 나타나는 경우가 많다. 동화나 고전 문학 작품에 나타나는 환상과 근대 이후 소설에 나타나는 환상의 차별성은 그러한 환상성을 받아들이는 문학·문화 대중들이 현실에 대한 명징한 인식을 가지고 있느냐에서 찾을 수 있다.

동화의 향유층인 어린이는 특수한 인식적 양상을 보인다. 어린이는 애니머티즘적인 세계관을 가지고 있으며, 성인보다 의식과 개념이 미분화되고 체험의 장이 좁다. 따라서 어린이는 소박한 환상성을 바탕으로 세계를 인식하는 경향이 있다. 현실성을 명확하게 인식하기보다는 인간 세계와 자연 세계를 구별하지 않는 물활론적(物活論的) 사고를 바탕으로 환상을 통해 사고하는 것이다.

고전 문학의 환상성 역시 당시 대중들의 샤머니즘적, 애니미즘적 세계관을 반영한다. 물론 중세 유럽이나 개화기 이전의 한자 문화권에도 합리적인 세계 인식을 지향하는 경향이 있었으나, 작품의 주된 향유층인 대중들의 인식은 근대와 비교하자면 아직 현실과 환상의 이원화가 확립되지는 못했다 할 수 있다. 말하자면 동화나 고전 문학에서의 환상은 일정 부분 향유층의 현실성과 환상성에 대한 미분화된 인식에 기인한 것이라 말할 수 있다.

이에 비해 근대적 주체와 과학적 합리성을 바탕으로 세계에 대한 객관적인 인식을 추구하는 근대 이후의 대중들은 더는 환상의 존재를 전적으로 믿지 않는다. 그럼에도 여전히 근대 소설에는 환상적 요소들이 나타나는데, 이는 의도와 전략을 바탕으로 한 환상이다. 미분화된 인식이나 신경증을 바탕으로 나타나는 것이 아니라 명확한 현실 인식을 바탕으로 나타나는 이러한 환상성이 근대 및 현대소설에서 주목하는 환상성이다.

소설 장르로서 환상 소설은 소설과 사회·문화 간의 복잡다단한 관계망과 의미를 읽어 낼 수 있게 하지만, 독자층이나 시대성의 특수한 측면에 국한되어 다루어지거나 평가되는 경우가 많다. 물론 그러한 환상 소설은 그 나름의 의미를 지니지만, 특정 시기와 특정 문화에 기반한 환상 소설에 대한 논의에서 나아가 소설론 전반의 관점에서 환상이 어떻게 만들어지고 어떻게 기능하는지를 살펴보는 것도 소설과 환상의 관계에 대한 의미 있는 탐색이 될 것이다.

2——환상성의 개념

문학에 대한 논의에서 환상성이 본격적으로 주목을 받기 시작한 것은 그리 오래되지 않았다. 문학적 환상성에 대한 근대적 이론화의 시작으로 토도로프(T. Todorov, 1996)의 논의를 들 수 있는데, 그는 환상 문학의 핵심을 일상성 안으로 비일상성과 초자연적 사건이 개입하는 현상으로 보았고, 그로 인해 발생하는 독자의 '인식적 머뭇거림'을 환상성의 본질적이고 필수적인 특성으로 간주하였다.

문학 작품, 특히 소설 작품 속에는 하나의 허구적 세계가 텍스트를 통해 형상화된다. 작품 속의 허구 세계는 실제 존재하는 세계는 아니지만 독자들은 현실보다 더 현실 같은 핍진성을 소설 속의 세계를 통해 경험하게 된다. 이러한 체험이 가능한 것은 소설적 개연성과 문학 대중의 현실 감각이 서로 소통되는 소설의 특성 때문이다. 그렇게 만들어지는 작품 속 세계의 현실성 혹은 일상성 속으로 비일상성이 침투하면서 일상성에 균열을 만들어 내는 것이 문학적 환상의 본질이라 할 수 있다.

한편으로, 일상성에 대한 비일상성의 침투는 소설의 사건 전개에 필수적인 부분이라고 할 수 있을 만큼 일반적인 현상이다. 그러나 환상 소설에서 이야기하는 비일상성은 현실성을 넘어서는 초자연적인 현상까지를 의미한다. 그럼으로써 환상성은 독자가 작품의 전개를 따라가면서 작품 속의 허구 세계를 실제 세계처럼 느끼는 몰입을 멈추고 '이게 대체 뭐지?'라고 스스로 반문하면서 작품 속 세계에 대한 판단과 인식을 유보하게 한다. 이 현상이 토도로프가 규정한 독자의 '인식적 머뭇거림'이다.

사회적 차원에서 환상성을 부각하는 논의로 잭슨(R. Jackson, 2001)의 견해를 들 수 있다. 그의 관점에 따르면 환상은 현실의 범주에 바탕을 두되, 사회 안에서 억압되고 표현되지 못했던 것들을 환상적 기법을 통해 다룸으로써 문화의 은폐된 부분을 폭로하는 사회적 기능을 수행한다.

토도로프나 잭슨이 환상 소설이라는 소설의 하위 장르에 한정하여 환상에 대해 논의하였다면, 흄(K. Hume, 2000)은 장르 차원을 넘어 문학 전반에 적용되는 본질적 특성으로 환상을 조명하면서 문학을 창작하고 향유하는 근본적인 동인(動因) 곧 지향성을 모방과 환상으로 설명한다. 세계와 인간을 핍진하게 모방하고자 하는 충동이 문학을 창작하고 향유하게 하는 원동력의 한 축을 담당한다면, 현실을 초월하고자 하는 강한 욕망이 문학의 또 다른 축이 될 수 있다는 이야기이다.

흄은 이러한 전제를 바탕으로 환상의 범주를 문학 전반으로 넓히면서 환상을 '등치적 리얼리티로부터의 일탈'로 규정한다. 등치적 리얼리티는 주체의 현실성에 대한 인식을 이야기하는 개념으로, 현실 자체로서의 현실이 아니라 주체가 '현실이라고 믿는' 현실을 가리키는 개념이다. 환상은 주체가 현실이라고 믿는 현실성에서 의도적으로 일탈하는 행위를 통해 형성되는 인식과 사고의 총체이다.

흄은 또 환상을 특정한 하위 장르에서만 나타나는 특수한 표현 형식으로 보는 관점에서 벗어나, 대부분의 문학이 환상적 요소를 가지고 있다고 이야기한다. 다만 세 부류의 예외적 문학 작품의 양상을 덧붙였는데, 첫째는 종교적 서사를 포함한 신화적 서사이다. 이 서사 양식에서는 화자와 청자가 모두 환상적 현상에 대한 무조건적인 믿음을 전제하므로 환상성이 유발하는 인식적 현상이 일어나지 않는다. 둘째는 도피 문학이다. 평범한 여성이 부유하고 매혹적이며 자신에게 완전히 매료된 멋진 남성과 우연하게 사랑에 빠지는 이야기와 같이 작자의 욕망이 여과 없이 반영되는 소위 백일몽적 이야기들이 도피 문학의 양상이다. 이 비현실적 판타지는 비사실적이기는 하지만 물리학이나 생리학의 법칙에 위배되지는 않기에 환상성이라 하기 어렵다. 셋째는 소설의 근본적 허구성을 환상성과 동일시할 수는 없다는 점이다. 소설은 실제 일어나지 않은 일을 서술하지만, 그러한 허구성은 일반적으로 개연성을 바탕으로 등치적 리얼리티에서 벗어나지 않는다.

3——소설에서 환상성 형성의 단계

흄의 관점을 바탕으로 주체가 가진 리얼리티 개념에 대한 의도된 반현실로 문학적 환상을 규정한다면, 이러한 환상이 작품 속에 구현되는 과정은 소설 속 의미 주체(서술자 혹은 내포 작가)의 세계에 대한 인식 양상에 따라 세 단계로 설명할 수 있다.

1) 세계 인식의 균열

주체는 자신의 외부에 존재하는 세계의 모습을 인식하기 위해 일반적으로 두 단계를 거친다. 첫 번째 단계는 감각 기관을 통한 직접 경험이나 독서 등을 통한 2차 정보 수집을 통해 세계에 대한 정보를 수집하고 인식하는 단계이며, 두 번째 단계는 그렇게 수집된 정보가 이미 주체가 가지고 있던 주관적 세계관(가치관, 이념, 의지 등)과 상호 작용하는 단계이다. 전자는 외부 세계에 대한 새로운 정보를 통해 주체의 리얼리티 개념을 확장하는 단계이며, 후자는 새로이 확장된 리얼리티 개념에 대해 주체 나름의 가치 판단을 하는 단계이다. 이 두 단계는 인식적 차원에서 구분이 가능하지만, 명확한 선후 관계가 있다고 할 수 없을뿐더러 서로 긴밀한 상호 작용을 하므로 실제 인식 작용 과정에서 명확히 구분하기는 어렵다.

그러한 인식 과정에서 주체의 세계 인식 역시 두 번의 균열을 겪게 된다. 첫 번째는 리얼리티 개념을 확장하는 단계에서 현재까지 주체가 구성해 온 리얼리티와 새롭게 인식된 정보 사이에 나타나는 균열이다. 두 번째는 새롭게 구성된 리얼리티 개념이 주체의 세계관과 상호 작용하는 과정에서 발생하는 가치 판단 차원의 균열이다. 전자의 경우에 주체는 현재까지 자신이 가지고 있던 리얼리티 개념 안에서 인지적으로 판별이 불가능한 미지의 존재에 대한 불안, 공포, 두려움과 같은 인식적 공황 상태를 경험하게 되며, 후자의 경우에는 자신의 지향성과 어긋나는 리얼리티의 모습에 분노, 증오, 회의, 염세와 같은 인식적 저항 상태를 경험하게 된다.

주체와 세계 사이의 균열은 소설 일반에서 나타나는 현상이라고 할 수 있다. 그러나 환상 소설에서는 그러한 균열이 상대적으로 극명하게 나타나며, 그러한 균열을 극복하고 리얼리티 개념을 재구성하는 것이 거의 불가능할 정도로 절대적이며 불변성을 갖는 균열로 인식되는 경우가 많다. 첫 번째로 나타나는 인식적 균열의 불변성은 의미 구성의 불가능성으로 이어진다. 인식의 균열을 메울 수 없는 인식적 공황 상태 자체가 불변적 장애물로 주체의 인지 구성 욕망 앞을 막아서게 되며, 주체는 그러한 현실의 모호함 속에서 가치 혼란을 겪는다. 두 번째는 가치 판단적 균열의 불변성인데, 이는 주체가 가진 가치 요소들이 리얼리티 안에서 절대 용납될 수 없는 상황으로 나타난다. 전자의 경우 주체는 가치를 구성하기 위해 투쟁하고, 후자의 경우에는 가치를 증명하기 위해 투쟁하게 되는데, 이러한 주체의 인식적 투쟁은 환상 소설의 중심축이 된다. 따라서 환상 소설은 본질적으로 가치 투쟁의 문학이라고 할 수 있다.

2) 인식적 균열에 대한 회복 욕망

인식적 균열 상황은 주체가 안정적인 세계관을 구성하는 것을 불가능하게 하며, 주체는 명확한 세계관 부재에 따른 결핍을 느끼게 된다. 이러한 결핍은 주체에게 공포, 불안, 분노 등의 불안정한 정서를 불러일으키는 억압적 상황으로 작용하며, 결핍과 억압은 그것을 해소하려는 욕망을 일으키게 된다.

욕망은 인식적 혼란과 안정적 세계관의 결핍에 대한 해소를 지향한다. 이 욕망은 환상성을 생성하는 직접적인 에너지로 작용하며, 욕망에 대한 주체의 태도에 따라 환상성의 형태가 달라진다. 욕망은 결핍을 해소하기 위해 주체를 긍정하여 리얼리티 개념을 변형시킬 수도 있고, 리얼리티를 긍정하여 주체를 변형시킬 수도 있으며, 아무것도 하지 않고 결핍을 해소하는 것 자체를 체념할 수도 있다.

3) 환상을 통한 세계상 재구성

인식적 균열 상황에서 주체의 욕망은 다양한 방향으로 움직인다. 이러한 욕망은 주체의 현실 인식을 조정하여 균열을 해소하려는 인식적 전환을 목적으로 하며, 그 전환은 환상을 통해 이루어진다.

인식적 전환은 두 단계를 거치면서 이루어진다. 첫 번째는 환상을 통해 리얼리티 개념에 혼란을 유발하는 단계이며, 두 번째는 가치의 직접적 형상화를 통한 가치 투쟁과 이를 통한 세계 재구성의 단계이다. 이러한 붕괴와 재구성을 통해 환상은 이성과 합리성에 근거한 인식 체계가 놓치거나 은닉한 세계를 드러내는 한편 인식론적 새로움을 창출하며, 그에 대한 의미를 부여함으로써 주체의 인식적 어긋남을 해소하고 붕괴된 세계관을 재구성한다.

주체와 세계의 균열을 만들어 내는 공고한 현실의 불변성을 붕괴시키기 위한 수단이 되는 것이 환상이 유발하는 머뭇거림이다. 현실의 불변성과 공고함은 그것이 가진 자동화된 일상성에 기인한다. 이는 문제의 본질을 가리고 현실을 정당화하며, 문제의식을 둔화시켜 주체가 상황에 적응하게 한다. 이 일상성을 깨뜨리는 것은 환상이 유발하는 머뭇거림을 통해 가능하다. 일상성 안으로 침입하는 비현실성은 강렬한 인식적 충격을 통해 균열을 드러내며, 인식 세계 내의 공고한 현실 도식을 무화시킨다.

이러한 머뭇거림은 '등치적 리얼리티'에 대한 의도적 위반을 통해 만들어진다. 이는 문학의 본질 중 하나인 '낯설게 하기'와 같은 맥락에 있으나, 환상이 지향하는 현실의 붕괴는 좀 더 직접적이고 목적 지향적이며, 일상성의 재발견에서 한 걸음 더 나아가 일상성의 모순을 고발하고 인식적 균열을 해소하려는 직접적 욕망의 발로로 작용한다.

환상의 등장을 통해 일상성이 붕괴되면 공고한 리얼리티에 억압되어 있던 주체가 해방되며, 주체와 리얼리티가 서로 동등하게 상호 작용할 수 있는 장이 형성된다. 환상은 이러한 상호 작용 속에서 새로운 리얼리티를 구성하려는 주체의 문제의식과 연결점을 유지하면서 형상화된다. 다시 말해 주체의 문제의식이나 욕망이 작품 속 현실에서 직접적 형상을 얻어 실체화된다. 이렇게 직접적으로 실체화된 환상은 가치 대립과 문제의식을 좀 더 구체적이고 극명하게 표현한다. 이로써 환상은 합리적인 가치 투쟁의 장을 제공하고, 그 안에서 주체는 가치를 조율하고 붕괴된 세계관을 재구성하게 된다.

4——환상 소설의 유형

흄은 환상 소설을 환영 문학, 성찰 문학, 교정 문학, 탈환영 문학의 네 가지 유형으로 분류하였다.

1) 환영 문학

환영 문학은 리얼리티의 억압에서 벗어날 수 없다는 절망을 전제하며, 그러한 절망에서 오는 음울한 불쾌감을 벗어나 환영으로 도피하는 것을 목적으로 하는 문학으로, 대가 없는 즐거움을 제공하는 문학 양상이다. 환상을 통해 리얼리티 개념을 조정하고 인식적 균형을 해소하는 것이 아니라, 환상을 통한 현실 규칙의 위반에서 오는 쾌감에 초점을 맞추어 그러한 즐거움을 바탕으로 욕망에 대한 우회적 해소를 지향하는 문학이다. 다시 말해 환상의 즐거움을 통해 고통을 잊거나, 유토피아를 그리면서 현실의 고통을 감내함으로써 인식적 균열에서 발생하는 욕망을 대체 요소를 통해 해소하는 방식이다. 이는 균열에 대한 해소를 직접적으로 다루지 않고 현실에서 동떨어진 환상성에 탐닉하여 적극적인 현실 대응력을 상실하게 하고, 불가능한 꿈으로 도피하도록 부추김으로써 리얼리티에 독자를 적응시키는 타협 기제로 작용한다. 목가 소설, 모험

소설, 탐정 소설, 공포 소설, 포르노 소설 등의 통속 문학이 이러한 경향을 보인다.

2) 성찰 문학

성찰 문학은 환상적 일탈을 통해 자동화된 일상성을 깨고 리얼리티에 대한 새로운 해석을 경험하도록 유도하는 문학이다. 독자들의 일상성을 깨는 것에 일차적인 목적이 있으며, 작가는 세계에 대한 자신의 해석을 최대한 생생하고 강렬하게 제시한다. 성찰 문학은 독자들을 고정된 리얼리티 감각으로부터 분리하여 혼란스럽게 만들고자 하며, 현실에 대한 새로운 변형을 통해 독자의 정서를 움직이려 한다. 이러한 문학의 사례로 보니것(K. Vonnegut), 베케트(S. B. Beckett), 카프카(F. Kafka)의 작품을 들 수 있다.

3) 교정 문학

교정 문학은 성찰 문학에서 한 발 더 나아가 리얼리티의 수정과 미래 구성을 위한 계획을 전개하는 것을 지향하는 문학이다. 성찰 문학과 교정 문학은 서로 연속성이 있으며, 상호적 관계에 있다. 성찰 문학이 독자의 반응을 기대한다면, 교정 문학은 독자를 행동으로 밀어낸다.

교정 문학에서 환상은 독자의 동의와 행동을 유발하기 위한 강력한 장치로 작용한다. 교정 문학은 인간 삶의 도덕성에 초점을 맞추며, 적절한 행동 규범을 정한다. 이러한 규범은 메시아적 로망스, 유토피아, 디스토피아, 풍자와 폭로, 인간성의 본질을 규정하는 작품 등 다양한 형식을 통해 표현된다. 때로는 창조, 계시, 우주와 인간에 대한 신화적 서사 형식을 통해 표현되기도 한다.

성찰 문학이 일상적 인식을 깨뜨리며 독자의 인식적 혼란을 통한 성찰을 목적으로 한다면, 교정 문학은 독자에게 혼란을 주는 것이 아니라 질서와 규칙에서 비롯하는 편안함을 제공하는 것을 목적으로 한다. 교정 문학은 절대적인 것에 대한 정서적 즐거움을 독자에게 제공한다.

4) 탈환영 문학

탈환영 문학은 현실을 거부하고 불변성에 도전하지만, 그 불변성이 깨진 자리에 주체의 욕망을 대신 채워 넣으려고 하지 않는다. 확신을 질타하고, 신뢰감을 파괴하며, 정교하지 못함을 조롱하는 방식으로 일상성을 붕괴시키지만, 그 이상 어떤 것도 제안하지 않는다. 단지 일상성을 파괴하고 그로부터 독자들을 유리시키는 것이 탈환영 문학의 목적이다.

탈환영 문학은 인간이 삶을 통해 구성해 낸 리얼리티 개념 자체를 환영으로 보고, 그것에서 일탈하는 것만을 목표로 삼아 환상을 구현하는 문학이다. 주관적 세계관의 극단적인 형태로, 인식 자체가 환상이며 객관적 인식을 구성하는 것 자체가 불가능하다는 관점을 취하는 환상 문학이다. 로브그리예(A. Robbe-Grillet)의 실험적 소설이 이러한 경향을 띤다.

핵심어

환상, 환상성, 환상 소설, 인식적 머뭇거림, 등치적 리얼리티

| 참고 문헌 |

잭슨(Jackson, R., 2001), 『환상성 — 전복의 문학』, 서강여성문학연구회 역, 문학동네.
토도로프(Todorov, T., 1996), 『덧없는 행복 — 루소론: 환상 문학 서설』, 이기우 역, 한국문화사.
흄(Hume, K., 2000), 『환상과 미메시스 — 서구 문학에 잠재된 환상성의 재발견』, 한창엽 역, 푸른나무.

| 더 읽을 거리 |

김문희(2006), 『전기 소설의 서술 문체와 환상성』, 보고사.
김성진(2005), 「동화 교육에서 환상성의 역할에 대한 연구 — 초등학교 저학년 동화를 중심으로」, 『국어 교육』 제117호, 한국어교육학회.
김재국(2002), 「디지털 시대의 환상 문학에 관한 고찰」, 『한국 문학 이론과 비평』 제15집, 한국문학이론과비평학회.
나병철(2006), 「환상 소설의 전개와 성장 소설의 새로운 양상」, 『현대소설 연구』 제31호, 현대소설학회.
문흥술(2005), 「환상 문학의 발생론적 토대와 그 유형에 관한 연구」, 『어문 론총』 제42호, 한국문학언어학회.
박상재(1998), 『한국 창작 동화의 환상성 연구』, 집문당.
송진석(2006), 「환상 문학 — 시대적 불안의 표현과 극복」, 『불어 문화권 연구』 제16호, 서울대학교 불어문화권연구소.
심진경(2000), 「환상의 기원, 환상 문학의 논리」, 『실천 문학』 2000년 겨울호.
이현경(1997), 「리얼리즘적인 환상, 환상적인 리얼리즘 — 칼비노의 생애와 작품」, 『외국 문학』 1997년 가을호.
차미령(2006), 「환상은 어떻게 현실을 넘어서는가: 박민규와 조하형의 소설」, 『창작과 비평』 2006년 여름호.
최기숙(2003), 『환상』, 연세대학교 출판부.
한태구(2009), 「환상 소설의 이해 방법 교육 연구」, 서울대학교 석사 학위 논문.

모더니즘 소설

° 최인자

1——모더니즘의 역사적 배경

모더니즘은 19세기 후반과 20세기 초에 본격화된 예술 사조로, 전위적이고 실험적인 예술 운동을 지칭한다. 이 운동은 서구 근대 세계를 일구어 온 과학적 합리주의와 이성적 주체의 확실성에 도전하고, 기존의 문학적·예술적 전통에 저항하고 이를 쇄신하고자 하였으며, 그 결과 이전의 문학과는 뚜렷한 변화를 이끌었다.

모더니즘이 탄생한 역사적 배경은 제1차 세계 대전과 독점 자본주의의 발전이다. 제1차 세계 대전은 근대가 일구어 온 인류 문명을 잿더미로 만들었을 뿐 아니라 기성의 가치관과 도덕에 깊은 의문을 제기하는 계기가 되었다. 대량 살상 무기의 등장으로 사람들은 과학 문명의 야만성에 눈을 떴고, 전쟁 후의 혼란은 인간의 이성적 도덕과 질서의 아성을 무너뜨려 버렸다. 또한 독점 자본주의의 발전에 따라 근대 초 역사 주체의 열정을 보여 주었던 이성 역시 방향과 비전을 갖지 못한 채 도구화된 이성으로 전락하여 반복적 일상 속에서 획일적이고 억압적인 삶을 무반성적으로 살아가게 되었다. 한편으로는 진정한 인간관계가 상실되면서 개인들은 고독한 개인으로 남아 사회와의 깊은 단절을 경험하게 되었다.

아울러 19세기 이후 등장한 프로이트(S. Freud), 마르크스(K. H. Marx), 니체(F. W. Nietzsche) 등의 이른바 지적 회의주의의 철학도 모더니즘 문학의 등장에 영향을 주었다. 이들은 공통적으로 이성적 합리성과 도덕적 관습에 깊은 의문을 제기하였다. 프로이트가 이성 중심적 인간 이해에 도전장을 던졌다면, 마르크스는 인간의 의식은 물질을 생산하는 사회적 관계와 구조로 구성된다는 점을 밝혀 관념론을 비판하였고, 니체는 절대적 도덕의 존재에 회의적 시선을 던졌다.

모더니즘은 진보적 시간 의식과 이성적 주체에 대한 강력한 회의를 근간으로 출발하였다. 그리고 합리화된 세계가 가져온 주체의 소외와 위기에 대응하고자 하였다. 그들이 선택한 대응 방식은 미적 전통과 단절하고 새로운 문학 형식을 실험하는 미적 저항이었다. 소외된 주체가 겪는 낯선 경험은 전통적인 문학 형식, 곧 유기체적 조화와 재현의 방식으로는 표현하기 힘들었던 것이다. 그러나 이 미적 저항은 근대성에 대한 전면적인 거부만을 의미하지는 않는다. 한편으로는 사회·정치적 근대성이 가져온 억압과 소외를 부정·비판하고자 하였지만 다른 한편으로는 도시 문명의 현대적 감각을 추구하였다. 환멸과 동경, 긍정과 부정의 양가적 태도를 지니고 모더니스트들은 근대의 진정한 자유와 평등을 찾고자 하였던 것이다.

2——미적 주관성과 모더니즘 소설의 미학

그렇다면 모더니즘 작가들의 세계관과 그들이 추구한 미학의 전반적 특징은 무엇인가? 이러한 질문을 통해 우리는 모더니즘 소설의 형식적 특징에 담긴 철학을 깊게 성찰할 수 있을 것이다.

모더니즘 문학의 특징은 미학적 모더니즘을 추구한 예술 유파라는 것이다. 새로움과 독창성의 원리 속에서 전통과 단절하고 부단히 '새로움'을 얻고자 하였으며, 독창성과 새로움 자체를 목적으로 추구하였다. 새로운 기법의 혁신이라는 미적 현대성을 확인할 수 있어야 심미적 모더니즘이라고 할 수 있다. 우리가 흔히 모더니즘 문학을 난해하고 실험적인 형식의 문학으로 기억하는 것은 이 때문이다. 그러나 이러한 난해함이 예술적 실험에만 그치는 것은 아니다. 오히려 사회적 근대를 예술과 문학의 미적 세계에서 성찰하고, 대안적 문화를 추구하고자 하였던 삶의 방식이자 철학이었다는 점을 이해할 필요가 있다.

모더니즘 소설에는 '미적 주관성'이라는 대안적 주체상이 표현되어 있다. 소설에 등장하는 화자와 주인공은 예술가, 작가의 모습이 그것이다. 이들은 현실에서는 주변부적인 존재로 소외되어 있지만 예술 창작 활동으로 심미적 능력을 발휘하며 주관적 내면에 몰두한다. 또한 예술을 통해 주관적 내면을 표현하며 일상적 억압을 극복하고 해방을 추구하기도 한다.

이상의 「날개」의 주인공을 보자. 그는 생활 속에서는 비사회적이고 유아적 의식을 지니고 있으나, 글쓰기를 통해서는 생활 속의 자아를 대상화·희화화하는 인물이다. 김승옥의 「무진 기행」에도 출세를 뒤로한 채 자기만의 세계에 몰두하려는 인물을 만날 수 있다. 이들은 모두 예술의 세계를 통해, 사회적 근대가 일구어 놓은 습관이나 인식, 행위 규제, 즉 목적 합리성이나 통일된 자아상에서 벗어나 자신이 겪은 체험을 진정으로 표현하려 한다. 모더니즘으로 표출된 미적 주관성은 근대의 물신화된 사회에서 도구적 이성에 의해 억압받는 인간적인 것의 우위를 주장하는 것이며, 주체 자신만의 고유한 체험을 탈환하고, 세계와의 고립과 단절을 넘어서 소통을 지향하는 소망의 표현이다.

이러한 세계 인식은 '비동일성'이라는 말로 설명할 수 있다. 비동일성은 보편화된 것, 기성의 것과의 불일치와 모순의 계기를 강조하는 인식 방식이다. 현실이 이러저러하다는 인식의 결과를 명료하게 내놓으려 하기보다는 자신의 주관적·내면적 경험과 현실 세계가 맺는 날카로운 대립과 모순이라는 부정적 계기 자체를 더 중시하는 것이다. 반면에 근대적 주체의 확고한 합리성, 표준화된 생활 세계는 동일성의 논리로 설명할 수 있다. 이 동일성은 근대 초기만 해도 주체가 세계로부터 자유를 얻고 자기 자신을 세우던 창조의 원천이었다. 하지만 독점 자본주의 사회가 된 이후 동일성의 원리는 타자와의 소통을 단절시키고, 자기 자신의 내면 체험으로부터도 소외시켜 획일화·추상화된 삶을 강요하게 된다. 이에 모더니스트들은 이 동일성의 보편적 체계 속에 포함되지 않는, 파편화된 것, 단편적인 것, 가공되지 않은 것을 표현하고자 여러 혁신적인 소설 형식과 기법을 창조하였던 것이다. 이로써 대상에 대한 명료한 인식에 이르지는 않지만 기성 인식 틀의 권위를 깨고 그 부정성을 드러내 보임으로써 세계와 단절을 극복하고 화해하고자 하는 주체의 의지를 드러내 보이는 것이다.

여기서 모더니즘의 형식 창조(기법 혁신)가 갖는 성찰적 의미를 짚어 보자. 모더니즘 소설에서 형식 창조는 기법 실험이나 유희를 넘어서 현실 속에서의 소외와 단절 체험을 드러내고 성찰하기 위한 것이다. 이는 리얼리즘 소설이 현실을 드러내는 재현의 원리와 다소 다르기 때문에 독자들에게는 매우 낯설게 느껴진다. 리얼리즘 소설은 독자와 작가가 동일하게 경험하는 공준된 세계가 있다고 가정하기 때문에 소설에서도 외적 실재와 공적 경험을 재현·모방한다. 반면에 모더니즘 소설은 보편적 세계를 오히려 비동일성의 방식으로 부정하고자 하므로 작가 자신의 주관적 표현과 창조를 중시한다. 그래서 외적 경험보다는 내적 경험을 집단의식보다는 개인의식에 주안점을 두고자 하는 것이다. 모더니즘 소설의 형식은 외부의 현실을 '재현'하고 모방한다기보다는 소외된 존재의 내면 현실을 '표현'함으로써 자동화·일상화된 의미 연관을 깨고 변형하여 낯설게 인식하도록 한다. 그런 점에서 모더니즘 형식은 '낯설게 하기'라는 예술 고유의 탈자동화·탈습관화의 원리에 바탕을 둔다. 내용 전달을 훼방하여 지각을 지연시킴으로써 천천히, 의문을 갖고 비판적으로 성찰하도록 하는 것이다. 그 결과 근대적 일상이 감추고 있는 부조화와 단절을 인식하고 억압과 소외의 체험을 생생하게 자각할 수 있도록 한다.

3——모더니즘 소설의 형식적 특징

앞에서 모더니즘 소설은 사회적 근대의 경험에서 느낀 소외감과 고통의 체험을 표현하는 부정의 미학을 추구한다는 점을 설명하였다. 이제는 그 구체적인 소설 형식의 특징을 살펴보도록 하자.

1) 시간의 공간화

모더니즘 소설의 형식은 '무형식의 형식'이라고 할 정도로 단일한 어떤 서사 문법이 존재하는 것은 아니다. 전통적인 소설에서 찾아볼 수 있는 외적 통일성보다는 내적 통일성이 강하기 때문이다. 모더니즘 소설은 전통적 소설의 양식을 파괴하는 기법 혁신을 통해 자동화되어 버린 근대적 경험의 일상의 부정적 양상을 낯설게 함으로써 새롭게 자각할 수 있는 '방해'의 미학을 추구한다는 점에 공통점이 있다.

모더니즘 계열의 소설은 대부분 서사성이 약하다. 전통적으로 소설은 사건의 흐름을 시간적 계기성과 인과적 논리로 구성하는 시간 예술이다. 리얼리즘 소설은 인물과 환경의 상호 작용을 통한 행위와 사건의 흐름을 통시적으로 구성한다. 그러나 대부분의 모더니즘 소설은 사건의 일관된 흐름, 시간적 계기성, 인과적 논리를 찾기 어렵다. 파편적인 인상과 이질적인 과거 기억들이 들쑥날쑥 중첩되어 서술이 진행되기 때문이다. 서사의 통시적 흐름이 깨지고 파편의 병치와 이질적 시간들의 중첩으로 이루어진 시간 구성을 '시간의 공간화'라고 한다. 이는 모더니즘 소설에서 공통적으로 나타나는 특징이다.

이러한 시간 구성의 특징은 일차적으로 객관적 현실에서의 시간 논리가 해체된다는 점이다. 스토리 사건으로는 불과 하루의 일인데도 소설에 서술된 시간으로는 몇십 페이지인 경우가 많다. 중요한 것은 사회적 시간이 아니라 인물의 내면 속에서 경험된 심리적·주관적인 시간 경험이기 때문이다. 김승옥의 「무진 기행」을 보면, 주인공이 무진으로 가는 버스에서 혼자 상상하는 장면이 있다. 그는 정해진 역할로만 살던 서울에서의 삶에 놓여나자 홀가분하게 햇살에 의식을 맡기고 자연스럽게 오고 가는 자기 내면 속의 생각과 감정, 이미지와 감각들을 풀어놓는다. 여기에 특별한 논리나 의미 연관은 없다. 자기 내면이 시키는 대로의 주관적인 시간 흐름을 갖는 것이다. 그래서 이 시간은 일상적으로 몇 시부터 몇 시까지 하는 사회적·객관적인 시간으로 가늠하기 힘들다. 차창 밖의 풍경을 보고 난 뒤의 순간적인 반응을 현재형의 지속으로 서술할 따름이다. 이때 시간은 어떤 일관된 흐름 속에서 지속을 갖는 것이 아니라 현재화된 과거, 현재화된 미래, 현재적 순간만이 존재한다. 여기에서는 질적 변화를 가져오는 시간적 흐름이 존재하지 않는다는 점에서 '무시간성'의 경험이라고도 할 수 있다. 객관적 현실의 시간 논리 대신에 내면적·무시간적 논리에 의존하는 셈이다.

시간의 공간화 기법은 동시성, 병치라는 입체적 구성으로 이루어진다. 보통 시간의 연속성을 해체하고 행위의 앞뒤를 삭제하여 이질적인 시간들(과거, 현재, 미래 등)을 병치할 때 공간화된 시간이 실현된다. 과거와 현재, 현실과 환상, 의식과 욕망이 동시적으로 교차·중첩됨으로써 이질적 시간과 심리가 혼재·공존하는 상황을 묘사하는 것이다. 현재형만이 존재하는 의식에 과거, 현재, 미래가 동시적으로 공존하는 동시성은 바로 시간을 공간화한 입체적 구성이다. 자유 연상, 의식의 흐름, 내면 독백 등 모더니즘의 기법은 모두 시간의 공간화 방식에 속한다.

그렇다면 이러한 시간 구성의 의미는 무엇일까? 그것은 근대의 일상적 시간에서의 소외를 반추하고 나아가 소외되지 않은 또 다른 시간을 추구하려는 비동일성의 표현이다. 시간성을 갖는다는 것은 어떤 시간적 흐름을 인과적 논리로 설계하고 운영하는 것을 의미한다. 우리의 일상적 생활과 경험은 모두 시간성으로 이루어져 있고, 이는 객관적 현실(공간)과 단단한 연관성을 갖는다. 그런 점에서 모더니즘 소설의 등장인물이 무시간성 혹은 공간화된 시간 속에 있다는 것은 일상생활을 갖지 않는다는 것을 의미한다. 앞서 설명한 비동일성의 의식과 관련된다. 그들은 대부분 사회의 주변부적인 존재이며, 목적도 직업도 갖고 있지 않은 대신 현실과의 단절감 속에서 또 다른 화해를 추구한다는 점을 지적한 바 있다. 따라서 이 비동일성의 의식을 가진 그들의 내면적 시간은 우리의 일상을 움직이면서도 거의 자동화된 객관적 시간들을 멈추게 하거나 지연시킨다. 그리고 천천히 생활 속에서 망각하고 있던 우리 내면의 자연(욕망, 기억 등)을 일깨우며 근대적 일상의 객관화된 시간 외에 또 다른 조화의 시간에 대한 의지를 피력한다. 의식의 흐름 기법에서는 인물의 무질서하고 유동적인 의식 상태를 있는 그대로 충실히 재창조하기 위해 언어로 표현되기 이전의 단편적인 문장이나 비문법적인 문장을 사용하기도 한다. 결국 이러한 시간 구성은 모더니스트의 외적 현실과의 단절감을 표현하는 동시에 위기에 처한 주체가 통합적 자아를 구축하기 위한 성찰적 노력이다. 시간뿐 아니라 공간 역시 무시간적으로 병치된다. 모더니즘 소설에서 공간은 대부분 내면적이고 주관적이다. 이상의 「날개」에 등장하는 아랫방과 윗방, 그리고 공간 이동, 김승옥의 「무진 기행」에서 무진에서 서울로의 이동, 박태원의 「소설가 구보 씨의 일일」에서 경성 거리를 배회하는 과정 등은 인물의 의식의 변화와 정확히 연관된다.

2) 자기 반영성

모더니즘은 현실의 재현(representation)보다는 예술의 표현(expression)과 상상에 중점을 둔다. 재현의 원리가 현실의 모방을 지향하며 문학의 도덕적·사회적 기능에 충실하려는 데 반해, 표현과 상상의 원리는 예술가 개인의 미적 창조성과 인공성을 강조하며 문학 자체의 자기 목적성과 완결성에 중심을 두고자 한다. 모더니즘 소설에는 소설의 세계가 현실 그대로임을 자처하기보다는 만들어진 인공적 세계임을 시인하거나 창작 과정과 방법을 노출하고 성찰하는 미적 자의식이 기법적 차원에서 활용된다. 이것이 '자기 반영성(self-reflection)'이다.

자기 반영성 혹은 심미적 자의식은 작품과 실재 사이의 관계를 탐색하기 위한 장치이다. 허구적 세계에 존재하는 등장인물이 작품 외부 세계에 거주하는 작가를 언급하거나 작품이 구성·설계되는 과정을 스스로 드러냄으로써 자신의 인공적 성격에 주목하는 경우가 이에 해당한다. 「소설가 구보 씨의 일일」에서 고현학으로 창작 과정 자체에 주목한 것이나 「날개」의 에필로그에서 '남들이 모두 웃으라고 쓴다'라고 하여 위티시즘을 드러낸 것이 좋은 예이다. 이는 글쓰기에 대한 글쓰기이자 글쓰기와 언어에 대한 메타적 자의식이라고 할 수 있으며, 텍스트의 인공적 성격에 대해 주의를 환기하는 효과를 가져온다. 자기 자신을 반영한다는 점에서 재귀적이며, 이를 통해 주체를 객관화한다는 점에서 성찰적이다.

3) 복수적·유동적 시점

모더니즘 소설에는 전통적인 소설과 같이 삼인칭 전지적 시점보다는 일인칭 서술자, 복수의 인물 초점 화자에 의한 전개가 많다. 한 인물의 목소리라고 하더라도 두 개 이상의 목소리로 복수적 의식이 시시각각 변화하는 과정을 그린다. 이는 작중 인물의 내적 경험이나 심리적 실재를 표현하는 데 매우 효과적이다.

이러한 기법은 상대주의적 세계 인식에 따른 것이다. 또한 인간 의식에 대한 과학적·합리주의적 방법에서 벗어나 무의식의 세계를 발견한 것과도 연관된다. 인간 내면의 심층 심리에 대한 탐구를 위하여 전일적이고 고정된 시점 대신에 유동적인 시점을 활용하고 있다. 예를 들면, 「소설가 구보 씨의 일일」에서 서술자는 구보라는 인물 초점 화자를 빌려 그의 공간적·심리적 시점으로 표현하고 있으나 동시에 객관적 관찰자인 서술자의 시선을 삽입하고 있다. "구보는 <u>다행하게도</u> 중이 질환을 가진 듯싶었다. 어느 기회에 그는 의학사전을 뒤적거려 보고, 그리고 <u>별 까닭도 없이</u> 자기는 중이가답아(中耳加答兒)에 걸렸다고 혼자 생각하였다."라는 문장을 보면, 밑줄 친 부분은 서술자의 시점으로 구보를 평가한 내용이고, 다른 부분은 구보의 시점으로 외부 사실을 관찰한 내용이다. 서술자의 객관적 시선과 인물의 주관적 지각이 동시에 중첩되어 구보는 희화화된다.

4) 파편화된 부조화의 형상

모더니즘 소설은 '파편'이나 '부조화의 형상' 곧 '파편화된 부조화의 형상'을 통해 현대적 삶에서의 소외와 고통을 표현한다(나병철, 1999). 파편이란 전체와의 유기성을 갖지 못한 채 분절되고 단절된 조각들을 말한다. 김승옥의 「서울, 1964년 겨울」에 등장하는 인물들이 나누는 무의미한 대화들은 다른 행동이 사건과 유기적 연관성을 갖지 못한 채 각각의 조각으로 단절되어 있을 뿐이다. 이 '대화'들은 어떤 유기적 흐름 없이 삽입된 '파편'이다. 「날개」의 에필로그에 등장하는 서술자의 관념도 마찬가지이다.

부조화란 작품 전체의 흐름과 불연속적으로 단절된 경우를 말한다. 카프카(F. Kafka)의 「변신」에서 '벌레'가 된 주인공은 다른 가족과 함께 버젓이 살아가고 있다. '벌레' 형상은 그의 인간적 감정과 사유와 극단적으로 부조화한다. 그뿐만 아니라 버젓이 도시의 일상적 삶을 살아가는 가족들의 모습과도 극적으로 단절되어 있다. 파편과 부조화는 작가나 인물의 내면적이고 주관적인 세계의 표현이므로 매우 이해하기 어렵지만, 다른 한편으로는 그들이 경험하고 있는 현실적 소외와 고통, 단절감을 표현하기에 매우 적절하다. 사랑과 조화가 있는 인간다운 세계를 열망하지만 현실에서 이러한 소망은 불가능하다는 부정적 인식, 그들의 고통과 절망이 바로 부조화와 파편을 만들고 있는 것이다.

부조화의 미학적 장치로는 알레고리, 몽타주, 콜라주 기법 등이 있다. 알레고리는 상징과 동일하게 축자적 의미를 넘어선 이면의 의미를 갖는다. 하지만 상징과 다르게 작품의 전체적 세계에서 펼쳐지는 축자적 맥락과는 단절되며 불연속적이고, 부조화를 이룬다. 조세희의 「난장이가 쏘아 올린 작은 공」에 등장하는 '달나라', '종이비행기', '우주선' 등이 그 예이다. 이 단어들은 난장이들의 '희망'이라는 의미로 해석할 수 있다. 하지만 그 의미는 작품 세계에서 축자적 차원으로 펼쳐지는 인물들의 고난한 현실과는 부조화를 이룬다. 자신의 집에서 쫓겨나고 가족의 생계를 책임지기 위해 고투하는 일상생활의 맥락과는 전혀 이질적인 이 단어들은 난장이 아버지의 자살이 암시하듯, 죽어서야 도달할 수 있다는 점에서 부조화의 파편일 뿐이다.

몽타주는 연대적 시간의 흐름을 분쇄하고, 단편적이고 비연속적인 시간의 파편들의 연속성을 만들어 나가는 방법이다. 현대소설에서는 조이스(J. A. Joyce), 플로베르(G. Flaubert)에 의해 정착된 '의식의 흐름'이 대표적인 기법이다. 여기서는 현재의 의식과 과거의 섬광이 자유자재로 옮겨 다니면서 다차원적인 흐름을 만들어 낸다. 과거와 현재, 행위와 사고가 통합되지 않는 복수의 차원에서 동시적으로 진행되어 나가는 서술이다. 다음 소설을 보면, 순간적으로 떠오르는 기억의 파편들이 현재의 의식 속에 파고들어 불연속적으로 연결되어 있음을 알 수 있다.

> 조선은행 앞에서 구보는 전차를 내려, 장곡천정(長谷川町)으로 향한다. 생각에 피로한 그는 이제 마땅히 다방에 들러 한 잔의 홍차를 즐겨야 할 것이다.
>
> 몇 점이나 되었나. 구보는, 그러나, 시계를 갖지 않았다. 갖는다면, 그는 우아한 회중시계를 택할 게다. 팔뚝시계는—그것은 소녀 취미에나 맞을 게다. 구보는 그렇게도 팔뚝시계를 갈망하던 한 소녀를 생각하였다. 그는 동리에 전당(典當) 나온 십팔금 팔뚝시계를 탐내고 있었다. 그것은 사 원 팔십 전에 구할 수 있었다. 그리고, 그는, 그 시계 말고, 치마 하나를 해 입을 수 있을 때에, 자기는 행복의 절정에 이를 것같이 생각하고 있었다.
>
> 벰베르크 실로 짠 보일 치마. 삼 원 육십 전. 하여튼 팔 원 사십 전이 있으면, 그 소녀는 완전히 행복일 수 있었다. 그러나, 구보는, 그 결코 크지 못한 욕망이 이루어졌음을 듣지 못했다.
>
> 구보는, 자기는, 대체, 얼마를 가져야 행복일 수 있을까 생각해 본다.
>
> —박태원, 「소설가 구보 씨의 일일」

이처럼 몽타주 기법에 의해 과거의 행복했던 기억과 현재의 고독한 심경의 부조화가 잘 드러나면서 도시인 구보의 소외가 낯설게 인식되고 있다.

모더니즘 소설에는 현실의 소재들을 작품 속에 직접 오려 붙이는 콜라주 기법도 있다. 도시 속의 광고, 신문, 간판 등이 변형 없이 소설에 삽입되는 방식이다. 소설이라는 허구 세계의 앞뒤 맥락과 단절된 이질적인 기호의 파편은 도시의 일상을 구성하는 기호들을 생경하게 자각하도록 한다.

핵심어

심미적 근대, 비동일성, 낯설게 하기, 미적 저항, 시간의 공간화, 파편, 부조화, 알레고리, 몽타주, 콜라주, 자기 반영성

| 참고 문헌 |

강상희(1999), 『한국 모더니즘 소설론』, 문예출판사.
나병철(1999), 『모더니즘과 포스트모더니즘을 넘어서』, 소명출판.
아이스테인손(Eysteinsson, A., 1996), 『모더니즘 문학론』, 임옥희 역, 현대미학사.
최인자(1997), 「한국 현대소설 담론 생산 방법 연구: 반담론과 문학 교육의 연관성을 중심으로」, 서울대학교 박사 학위 논문.

| 더 읽을 거리 |

김영찬(2006), 『근대의 불안과 모더니즘』, 소명출판.
김혜영(2000), 「한국 모더니즘 소설의 글쓰기 방법 연구: 시간 구성 원리를 중심으로」, 서울대학교 박사 학위 논문.
최혜실(1991), 「1930년대 한국 모더니즘 소설 연구」, 서울대학교 박사 학위 논문.

5부

현대소설 교육의 확장

읽기의 확장: 미디어와 소설 교육

° 최인자

1——다매체 환경에서의 소설 교육

현대를 영상의 시대라고들 한다. 흰 종이와 검은 글자로 대변되던 문자 소통 체계는 청각, 시각, 촉각의 전 감각적인 멀티미디어의 소통 체계로 대체되고 있다. 이러한 매체 변화는 문학 교육의 변화와 확장을 요구하고 있다. 학습자들은 이미 대중 영상 매체로 훈련된 독특한 지각 구조와 감성 구조를 갖고 있으며, 생활 문화의 일환으로 다양한 영상 서사물을 접하고 있을 뿐 아니라 문자 문학을 영상 문학으로 대체하는 상황이기도 하다.

한편에서는 이러한 상황을 본격 문학 혹은 본격 소설 교육의 위기로 진단하는 시각이 있다. 영상 매체의 '단편적이고 감각적이며 즉물적'인 매체적 특징과 아울러 상업적인 속성을 지적하면서 문학 작품을 읽지 않는 세태를 우려하기도 한다. 그러나 영상 매체를 보지 않고 문자 서사(소설 문학)만 보는 보호주의적 교육 태도로는 문제를 해결할 수 없다. 기술 발전에 힘입어 더욱 다양화되는 매체는 문자 중심의 읽고 쓰는 문화에서 복합 문식성의 문화를 가져왔다. 이제 우리는 각각의 매체가 요구하는 고유의 감각과 지각 방식을 익히고 그 의미 작용의 방식과 언어를 이해하여 문화 비판과 창조 활동에 활용할 필요가 있다.

그런 점에서 영상 매체의 서사가 갖는 고유한 지각적 경험과 문화 체험은 문자 서사로는 겪어 보지 못했던 새로운 차원의 서사 체험으로의 확장이라고 할 수 있겠다. 매클루언(M. McLuhan, 1997: 340~341면)이 '매체적 혼교 현상'이라는 용어로 설명했던바, 이는 미디어와 미디어, 문화와 문화의 상호 대화 작용이라 할 수 있으며, 기존 미디어에 의해 무감각하게 마비된 것을 자유롭게 해방시킨다고 할 수 있다.

영상 매체 수용에서 가장 특기할 만한 점은 지각(perception) 방식의 확장이다. 즉, 인쇄 문화가 지닌 시각 위주의 지각에서 시각, 청각, 촉각의 전 감각적 지각으로의 확장이다. 특히 테크놀로지의 발달은 강력한 재현력을 활용하여 일상의 경험 이상으로 리얼하고 생생한 느낌을 제공한다. 시각으로 접수된 정보를 정신적 이미지로 치환해야 하는 문자 기반 독서 행위와는 달리 영화 보기는 시각, 청각, 촉각의 전 감각적인 이미지에 의한 직접적인 체험을 맛보게 한다. 그러나 영상 매체를 곧장 감각성, 수동성과 직결하는 인식은 적절하지 못하다. 영상 매체의 가벼움은 매체의 문제라기보다는 수용 방식의 문제이기 때문이다. 영상물을 '보기'가 아니라 능동적인 '읽기'의 방식으로 감상한다면 심상에 국한되었던 정신 활동을 현실의 다양한 이미지로 확대한다는 점에서 독서 체험의 심화와 확장이 될 수 있다.

영화 미학에 기대어 보면, 영상 서사물의 고유성은 실제적인 형식과 현상으로 '체험되는 시간'에 있다. 필름은 시간의 저장고이다. 영화는 우리가 겪었던 일상 체험의 형식으로 시간을 재생함으로써 우리를 특정한 시간 속으로 이끈다. 영상은 일회적이면서 구체적인 현실의 모습을 담고 있다. 따라서 우리는 언제나 필요할 때마다 타임머신이라는 영화 속으로 들어가 원하는 시간을 체험할 수 있다. 이러한 구체적이고 연속적인 시간 체험은 소설 읽기에서의 시간 체험과는 확연히 다르다. 소설 독서의 시간 체험은 문자를 이미지화하는 심상의 체험으로, 통일된 연속체라기보다는 독서 행위에 따라 단절되는 불연속적인 체험이다. 그러나 영화는 시간과 공간의 결합을 통해 관객이 '시간을 살아

보도록'한다. 하지만 영화의 경우도 감각의 수용성만이 극대화될 때 상상력을 억압하거나 단순화하여 찰나적 인상에 머무르게 할 수도 있다. 그러므로 영상 시대의 문식성 개념은 문자 중심의 읽고 쓰기 행위를 넘어서 초(超)매체적으로 접근할 필요가 있다. 문학과 영화가 공존하며 교섭하고 서로에게 영향을 미치는 양상을 읽는 상호 매체적 접근이 필요한 것이다.

2——소설과 영화의 상호 교류

소설과 영화의 상호 교류가 가능하게 된 근거는 서사성에 있다. 서사는 시각적·청각적·시청각적 매체를 통해 다양하게 재현된다. 소설과 영화도 시간의 계기성에 따라 의미를 실현해 나간다는 점에서 서사의 한 형태라고 볼 수 있다. 역사적으로 볼 때, 소설과 영화는 매우 우호적인 관계였다. 소설은 영화의 시나리오를 제공하였고, 영화는 소설을 대중화하였다. 지금은 시나리오가 구성 작가에 의해 독자적인 장르로 분화되고 있는 형편이지만 초기만 해도 극영화는 소재의 대부분을 소설에 의지하였다. 또한 소설은 영화화를 계기로 집단적이고 대중적인 소통 방식을 개척하였다.

이로써 소설과 영화는 각자의 서사 기법을 서로 주고받았다. 영화가 만들어진 초창기에는 주로 영화가 소설의 서사 기법을 받아들였다. 이 당시 영화는 전문 시나리오 작가도 없었고 아직 자신만의 표현력을 인식하지 못한 상태였기 때문에 플롯 전개의 대부분을 스토리텔링과 연대기적 시간 구성에 따르는 고전적 리얼리즘 소설의 서사 기법을 수용하였던 것이다. 우리가 대부분의 극영화에서 확인할 수 있는 이야기 전개 방식, 즉 사건의 인과적 흐름에 기반한 순차적 사건 전개 방식은 19세기 서구 리얼리즘에서 허구적 관습으로 발전시킨 서사 기법이다. 그러나 영화의 표현 기법이 다채롭게 개발됨에 따라 소설 역시 영화적 서사 기법을 본격적으로 수용하기에 이른다.

영화가 카메라와 편집이라는 자신만의 고유한 매체적 가능성을 인식함으로써 새로운 서사 기법을 발견하였던 과정을 살펴보자. 영화가 자신만의 독자적인 영역을 확인하게 된 것은 시간적인 것과 공간적인 것이 결합된 4차원적인 '시공간성'이라고 할 수 있다. 영화는 순간적인 영상들을 재구성하는 편집의 산물이다. 우리는 영화가 극장에서 보는 순서대로 촬영되는 것이 아니라는 사실을 잘 알고 있다. 영화는 우리의 현실 경험을 인위적으로 분절하여 재구성한 결과이다.

영화가 발견한 시간과 공간의 다양한 결합 방식은 모더니즘 소설의 기법 전환에 획기적인 영향을 미쳤다. 전통적인 소설은 화자가 등장하여 이야기를 일정한 시간적 순서에 따라 풀어 놓는 방식이었다. 그러나 모더니즘 소설은 영화의 기법을 이용하여 같은 공간 안에서 다양한 시간의 흐름이 동시에 끼어들거나 같은 시간에 일어났던 다른 공간에서의 일들을 동시에 보여 주는 이른바 체험의 '동시성'을 표현하기에 이른 것이다. 조이스(J. A. Joyce), 프루스트(M. Proust) 등의 모더니즘 소설에 등장하는 자동 기술법, 상대적인 시간 체험, 이미지의 몽타주적 배열 등은 모두 영화의 서술 기법을 이용하여 현대인의 복잡하고 소외된 체험 양상을 드러내려는 서술 전략이다. 이러한 방법으로 객관적 시공간에 포섭되지 않는 다양한 시공간의 체험과 현대인의 소외 양상을 적극적으로 표현하고자 하였던 것이다.

우리나라의 경우 매우 특이하고 흥미로운 사실이 있는데, 근대 소설과 영화가 거의 동시에 출발하였다는 점이다. 1917년 이광수의 『무정』이 발표되었고, 최초의 연쇄 활동 사진극인 김도산 감독의 「의리적 구투(仇鬪)」가 1919년에 개봉되었다. 이는 근대 소설과 영화가 서구 근대 문명화의 한 과정으로 수입된 것이었음을 보여 주며, 두 장르의 직접 교류 가능성도 암시한다. 이를 확인할 수 있는 것이 바로 1920년대 후반에 등장한 '영화 소설'이다. 영화 소설은 시나리오와 소설의 중간 형식이라고 할 수 있는 장면화 기법을 주로 사용하여 소설에 영화적 기법을 수용하였다. 영화 기법이 가장 무르익은 때는 1930년대이다. 이 당시 영화는 문인들 사이에 유행처럼 번져 영화론에 대한 지상 토론이 벌어졌는가 하면, 영화 기법을 소설에 적극 수용하려는 움직임이 활발하게 일어났다. 그리고 이는 근대 도시 문명의 인상을 표현하는 데 유용하게 쓰이게 된다. 박태원의 『천변 풍경』, 「소설가 구보 씨의 일일」, 허윤석의 「구관조」 등의 모더니즘 소설과 채플린(C. Chaplin)의 영화에 영향을 받은 김유정의 소설이 이에 해당한다.

소설과 영화의 서사 기법이 교섭하는 양상을 카메라 눈(camera eye), 시간 몽타주, 공간 몽타주를 중심으로 살펴보도록 하자. 카메라 눈은 카메라 렌즈의 냉철한 재현력을 활용하여 작가의 의도를 드러내지 않은 채 대상을 정확히 포착하여 보여 주는 방식이다. 카메라는 자유로운 공간 이동과 다채로운 앵글 조작으로 사물을 다양한 각도에서 포착할 수 있다. 이를 소설의 서술 기법으로 차용할 경우, 소설의 서술자도 마치 카메라 눈과 같이 자신의 의도를 표면에 드러내지 않고 대상의 느낌과 분위기를 직접 전달하는 효과를 거둘 수 있다. 전통적인 소설에서는 서술자가 사건의 인물을 평가하고 주석하고 설명하면서 소설 내에 깊숙이 개입하였다. 그러나 카메라 눈의 서술력을 수용하고부터는 '말하기(telling)'보다는 '보여 주기(showing)'의 방법을 통해 대상을 하나의 장면으로 압축하는 방법을 애호하게 된 것이다.

소설에서도 시각화 방법이 없었던 것은 아니다. 현대소설에서는 이야기를 아예 생략한 채 장면의 시각적 이미지만으로 서술하고 있는 것이다. 이러한 소설에서는 톨스토이(L. N. Tolstoy)나 도스토옙스키(F. M. Dostoevsky)의 소설을 읽으면서 접하게 되는 인생에 대한 심오한 철학적 사색이나 통찰 대신에 장면의 분위기와 이미지가 강화된다. 언어의 상징성 대신에 시각적 사유가 중심이 되는 셈이다. 현대소설에서는 거의 대부분 이 기법을 사용하고 있다.

1930년대에 처음으로 카메라 눈 기법을 사용하여 주목을 받았던 『천변 풍경』을 보면, 작가의 목소리는 거의 느낄 수 없고 청계천 변에 살았던 서민들의 생활상이 사진처럼 제시되어 있는 것 같은 느낌을 받는다. 특히 빨래터 장면에서는 서민들의 닳아 빠진 옷, 궁색한 표정들, 왁자지껄한 목소리 등 대상의 외면적 인상이 즉물적으로 묘사되고 있다. 이를 위해 작가는 클로즈업, 미디엄 숏 등이 연상될 정도로 다양한 카메라 기법을 사용하고 있다. 이는 작가의 느낌과 생각을 간접적으로 전달하는 한 방식이다.

몽타주는 가장 대표적으로 현대소설에 큰 영향을 끼친 영화의 수법이다. 여기에는 시간 몽타주와 공간 몽타주가 있다. 시간 몽타주 수법은 연대적 시간의 흐름을 분절하고, 단편적이고 비연속적인 시간의 파편들을 결합하여 시간의 연속성을 만들어 나간다. 현대소설에서는 조이스, 프루스트에 의해 정착된 '의식의 흐름'이 대표적인 예로, 현재의 의식과 과거의 섬광이 자유자재로 옮겨 다니면서 다차원적인 흐름을 만들어 낸다. 과거와 현재, 행위와 사고가 통합되지 않는 복수 레벨에서 동시적인 진행을 벌여 나가는 것으로, 현대소설은 이 몽타주 이론을 받아들임으로써 전통적인 시간과 공간의 장벽을 초월하거나 수정하게 되었다. 우리나라 소설에서는 「소설가 구보 씨의 일일」을 예로 들 수 있는데, 주인공 구보 씨는 경성 거리를 산책하듯 배회하지만 그의 의식은 현재의 시공간을 넘어 종횡무진으로 움직인다.

공간 몽타주는 다른 장소에서 일어나고 있는 일을 동시에 보여 주거나, 각기 다른 곳에 있는 인물들을 동시에 볼 수 있도록 하는 방식을 말한다. 공간적으로 인접되지 않은 둘 이상의 연속을 병치(juxtaposition)하여 공간을 왜곡하는 것이다. 공포 영화나 추리 영화에서 다른 장소에서 벌어지는 라이벌의 행동을 동시에 보여 주는 편집 기법이 바로 이 공간 몽타주이다. 그러나 소설에서는 서사성을 완전히 포기하기 전에는 이 기법을 엄격히 적용하기 힘들기 때문에 부분적으로만 사용하게 된다.

3——「우리들의 일그러진 영웅」의 상호 매체적 읽기

영상 매체는 시각적 요소를 중심으로 한 커뮤니케이션의 한 방식이다. 영화, 텔레비전, 사진이 매스 미디어의 총아가 되면서 영상 매체는 현대 문화를 대표하는 대중 매체로 인정받게 되었으나 사물의 자연적인 외형을 그대로 본떠 표현의 기본 단위로 삼기 때문에 시각 기능만 온전하면 쉽게 이해할 수 있다는 식으로 다루어졌다. 그러나 영상 매체는 경험을 조직하는 자체 논리를 갖고 있기 때문에 내러티브 영상물의 경우 언어적 서사와는 다른 방식으로 이야기를 구성하게 된다.

박종원 감독의 「우리들의 일그러진 영웅」은 이문열의 동명 소설을 영화화한 작품이다. 원작 소설은 1987년에 발표되었고, 영화는 1992년에 개봉하였다. 이 영화는 주인공 한병태와 엄석대, 담임 선생님을 축으로 오고 간 권력과 자유의 함수를 중심 줄거리로 하고, 인물의 기본 성격에 크게 변함이 없다는 점에서 원작의 많은 부분을 수용하고 있다. 그러나 소설에는 없는 장면(철로가에서의 힘겨루기 장면, 자유의 여신상이 그려져 있는 동전)과 인물(김영팔)을 첨가하기도 하고, 인물의 운명을 바꾸기도 하는 등 소설의 내용을 일부 재구성하였다. 특히 소설에서는 경찰에 잡혀가는 엄석대가 영화에서는 계속 권세를 유지하는 것으로 암시되어 있고, 4·19 정신의 팔팔한 개혁 의지를 보였던 담임 선생님이 국회 의원이 되어 구태의연한 정치인의 모습을 보여 주는 점 등은 영화의 개작 의도를 엿볼 수 있는 결정적인 장면들이다. 그러나 이것을 단순히 줄거리상의 차이로 이해한다면 소설의 영화화가 의미하는 본질적인 국면들을 놓치게 된다. 매체 표현의 차이는 곧장 메시지의 차이로 이어지기 때문이다.

소설의 경우, 권력과 자유의 함수는 어른이 된 한병태의 회상에 의해 이루어진다. 소설에서 일인칭 시점이 그러하듯이 회상하는 어린 시절의 사건들은 어른 병태의 가치 평가를 담고 있다. 즉, 객관적인 사건 자체를 전달하기보다 회상하는 주체의 자기 성찰 속에서 사건이 소개되는 것이다. 따라서 회상의 순간순간은 어른이 된 병태와 어린 시절의 병태가 마주 대하는 장면이며, 이를 통해 자신의 부끄러움과 내밀한 상처를 되돌아보는 반성이 중심이 된다. 그의 반성은 우연히 엄석대가 체포되는 장면을 목격하면서 시작된다. 어린 시절에는 우상이었던 엄석대가 사회의 암적 존재에 불과하였다는 인식, 우리 사회는 이런 존재를 처리할 힘이 있다는 낙관적 희망, 그럼에도 자신은 어린 시절 굴종의 단맛에 복종하고 말았다는 자의식 등이 교차하면서 더욱 성숙한 자기의식에 이르게 된 병태의 내면이 이 소설에서 다루고자 한 핵심이다. 따라서 소설의 주제는 범박하게 말해, 자유의 승리에 대한 낙관적 전망과 자신의 허무주의적 세계관이 얼마나 부끄러운 것인지에 대한 고백이라고 할 수 있다. 이러한 소설 내용은 자유와 권력이라는, 자칫 도식적인 구호로 빠질 수 있는 단선적 알레고리를 자아 성찰로 연결 지어 의미의 깊이를 더한다.

반면에 영화는 주인공의 내면적 성찰 대신에 객관적인 사건과 정황 위주로 서술을 진행한다. 이는 영상 매체의 특성에 기인한 것이기도 한데, 영상은 대상을 다양한 관점에서 편집하므로 특정 시점만을 고집하기 어려우며, 특히나 인물 내면의 목소리를 특정 장면과의 결합 없이 직접 전달하기는 거의 불가능하다. 이런 어려움 때문에 인물이 보이스오버(voice-over: 화면에 나타나지 않는 인물이 들려주는 해설)를 빌려 내부 목소리를 드러내기도 하지만, 대부분은 객관적인 장면화로 이야기를 풀어 나간다. 이런 까닭에 영화는 외면적인 줄거리는 비슷하더라도 핵심적인 내용에서는 상당한 차이가 있다.

영화에서 핵심적인 문제는 '권력'의 본질과 그에 대한 인간의 다양한 반응이다. 무엇보다 영화에서는 권력을 제도적 차원의 문제로 바라보는 점이 주목할 만한데, 이는 엄석대라는 인물의 형상화에서 명료하게 드러난다. 소설에서 엄석대는 같은 또래에 비해 힘이 세고 폭력적인 성격을 지닌 개인적 우월함이 강조되는데, 그의 권력은 이러한 개인적 특성에서 우러나온 것이다.

영화의 모든 사건은 권력의 본질에 대한 탐구와 관련을 맺는다. 즉, 권력을 도덕적 평가의 대상으로 삼았던 소설과 달리 영화에서는 권력의 본질과 작동 메커니즘이 문제가 되고 있는 것이다. 이것이 명료하게 드러나는 장면은 바로 어린 시절 병태가 굴복하게 되는 과정이다. 외면상으로는 동일한 줄거리로 요약될 수 있겠지만, 소설이 주로 병태의 내면 심리 변화에 초점을 맞추고 있다면 영화는 병태가 어떠한 과정을 거쳐 굴복하게 되는지를 밝혀 권력이 작동되는 메커니즘에 주목한다. 감독은 이를 탐구하기 위해 롱 숏(long shot)이나 심도 깊은 영상(deep focus), 커팅(cutting)이 절제된 느린 편집, 인과적 몽타주 등의 영상적 장치를 동원한다. 이러한 장치들은 모든 디테일을 균등하게 객관적으로 제시함으로써 감정적인 환기보다는 대상에 대한 냉정한 인식과 비판적 거리감을 획득하게 하는 영상 언어이다.

이러한 영상 장치를 통해 영화의 서술은 병태 개인의 반응보다는 그러한 반응을 유발하는 이면의 현실적 논리를 보여 준다. 감독은 또 극적 아이러니를 통해 병태 자신은 알지 못하는 권력의 작동 메커니즘을 드러내기도 한다. 감독과 관객이 은밀한 공모하에 주인공이 알지 못하는 사실들을 공유함으로써 권력의 시선에서 인물을 바라보도록 한다.

감독이 통찰하는 권력의 본질은 '편재성'과 '은폐성'이다. 병태를 제외한 모든 사람들, 심지어 선생님까지도 일사불란한 체계 속에서 석대의 권력 구조를 뒷받침하고 있었고, 이는 절대로 가시화되지 않는 이중 구조 속에서 움직이고 있었던 것이다. 병태가 본 석대의 모습은 절대 화를 내거나 강요하는 모습이 아니었다. 그는 보이지 않는 힘으로 군림하고 있었던 것이다. 권력의 본질이 이러하기에 자신만만했던 병태도 굴복하였던 것이고, 패기만만하던 담임 선생님도 굴종하고 만 것이다. 어느 누구도 엄석대를 꺾을 수 없는 것이다. 그는 제 모습을 드러내지 않고도 언제 어디서나 우리를 자신의 의지대로 주무를 수 있기 때문이다. 권력의 이러한 속성을 영상화한 이 작품의 백미는 엄석대의 명령으로 병태가 교실에 남아 유리창을 닦는 장면이다. 여기서 유리창 외부에서 촬영된 병태의 모습은 마치 유리창에 갇혀 있는 듯한 모습으로 편집된다. 유리창의 이미지는 투명하기 때문에 외부를 보게 하는 기능도 있지만 반면에 외부를 차단하기도 하는 역설적 매개물이다. 영화에서는 이러한 권력에 저항할 수 있는 인물로 바보스럽지만 자신의 일관성을 유지하는 '영팔'을 설정하고 있지만 그는 그저 소박할 따름이다.

권력에 대한 이러한 패배주의적 냉소는 어떤 사회적 의미를 갖는 것일까? 영화는 왜 허무주의적인 시각으로 권력을 그리고 있을까? 우리는 이 영화가 제작된 1992년의 현대사적 의미를 따져 봄으로써 추론할 수 있을 뿐이다. 1992년은 1987년부터 고양되었던 민주화 열기가 3당 합당과 총선에서의 여권 승리로 꺾여 나갔던 시기이다. 온 국민이 한목소리가 되어 새로운 역사를 만들었던 경험, 즉 직선제 개헌 쟁취라는 승리의 경험이 다시금 좌절의 경험이 되는 순간이었다. 이러한 좌절이 바로 담임 선생님의 전향과 석대의 승승장구로 표현된 것이라 볼 수 있다.

이처럼 현대 사회에서 소설과 영화는 기법적 측면에서 서로 영향을 주고받는다. 또 미적 경험 면에서는 문자 매체의 성찰성과 영상 매체의 감각성, 입체적 시간성을 서로 보완하며 공존한다. 특히 동일한 작품이 영화화, 소설화되는 경향은 각색되는 상황의 사회적·문화적 의미를 덧붙이며 이야기되는 서사 고유의 힘을 발휘함으로써 사회적 영향력을 강화한다. 이러한 역동적인 의미화 과정을 비판적·성찰적으로 이해하는 일은 '나'의 서사를 확충하고 재구성하는 일이기도 하다.

핵심어

시간과 공간의 결합, 상호 매체, 영화화, 스토리텔링, 동시성, 장면화

| 참고 문헌 |

매클루언(McLuhan, H. M., 1997), 『미디어의 이해 — 인간의 확장』, 박정규 역, 커뮤니케이션북스.

최인자(2001가), 「영상 서사물의 해석 방법 — 영화 「우리들의 일그러진 영웅」 읽기」, 『서사 문화와 문학 교육론』, 한국문화사.

______(2001나), 「문학과 영화」, 『문학과 영상 예술』, 교재편찬위원회 엮음, 삼영사.

| 더 읽을 거리 |

고현철 편저(2010), 『영화 읽기와 문학』, 탑북스.

보그스(Boggs, J. M., 1991), 『영화 보기와 영화 읽기』, 이용관 역, 제3문학사.

다문화 시대의 소설 교육[1]

° 임경순

1——다문화 사회와 교육

우리나라는 민족·인종·문화적으로 단일한 국가에서 다문화 국가로 진입하고 있다. 1990년대 이후 외국인 이주 노동자나 결혼 반려자 등이 급속도로 유입·증가함으로써 이들이 전체 인구에서 차지하는 비율이 높아졌기 때문이다. 이에 따라 이주 노동자의 자녀나 국제결혼 가정 자녀 등이 증가하면서 이들에 대한 교육적 처방이 중요 과제로 떠오르게 되었다. 2018년 현재 초·중·고등학교에 재학 중인 다문화 가정 자녀 수는 10만여 명에 이르고 그 가운데 한국인 아버지와 외국인 어머니 사이에서 태어난 학생이 절대다수를 차지한다. 또한 외국인 가정 자녀와 외국에서 태어나 중도 입국한 자녀, 그리고 탈북 학생 등도 매년 증가하고 있다. 이러한 변화를 고려하여 문학 교육과 (한)국어 교육 등 학문 및 교육 분야에서 다문화 교육이 강조되고 있다.

문학 및 예술 작품이 우리 사회의 이 같은 현상을 포착해 내는 것은 자연스러운 귀결이라 하겠다. 다문화 사회와 관련하여 김재영의 『코끼리』(2005), 공

1 이 장은 임경순(2011)을 토대로 재서술하였다.

선옥의 『유랑 가족』(2005), 박범신의 『나마스테』(2005), 황석영의 『바리데기』(2007), 정도상의 『찔레꽃』(2008), 서성란의 『파프리카』(2009) 등의 소설을 비롯하여 하종오의 『반대쪽 천국』(2004), 『아시아계 한국인들』(2007), 『베드타운』(2008) 등의 시와 김중미의 『블루시아의 가위바위보』(2004), 김려령의 『완득이』(2008) 등의 청소년 문학이 출간되었다. 그리고 박찬욱의 「여섯 개의 시선: 믿거나 말거나, 찬드라의 경우」(2003), 유진희의 「별별 이야기」(2005), 신동일의 「반두비」(2009) 등의 영화도 변화하는 우리 사회 모습을 그리면서 다문화 사회에서 발생하는 문제들을 숙고하는 계기를 마련하였다.

문학 연구자들은 이주, 소수자, 디아스포라, 이방인, 타자, 유목 등의 개념을 사용하여 사회 현상과 문학을 진단·해석하고 방향을 제시하고자 하였다. 특히 소설 연구에서는 한국 사회의 다양성과 소설적 전망을 모색해 보고, 단일 민족 이데올로기의 허구성과 서사의 유형, 전략 등을 논의하고 있다. 또한 소설 교육 연구에서는 다문화 시대의 소설 교육의 내용과 방법 등을 꾸준히 모색하고 있다.

한편 교육과정에서도 다문화 관련 내용을 명시함으로써 다문화 교육을 의무화하고 있다. 교육부가 고시한 2015 개정 초·중등학교 교육과정 총론 '학교급별 교육과정 편성·운영의 기준'에는 "범교과 학습 주제는 교과와 창의적 체험 활동 등 교육 활동 전반에 걸쳐 통합적으로 다루도록 하고, 지역 사회 및 가정과 연계하여 지도한다."라는 규정을 두고 있다. 범교과 학습 주제로 예시한 것은 '안전·건강 교육, 인성 교육, 진로 교육, 민주 시민 교육, 인권 교육, 다문화 교육, 통일 교육, 독도 교육, 경제·금융 교육, 환경·지속 가능 발전 교육' 등인데, 여기에 '다문화 교육'을 명시하고 있다.

또한 '학교 교육과정 편성·운영'에서 "모든 학생을 위한 교육 기회의 제공"을 원칙으로 삼음으로써 "학습 부진 학생, 장애를 가진 학생, 특정 분야에서 탁월한 재능을 보이는 학생, 귀국 학생, 다문화 가정 학생 등이 학교에서 충실한 학습 경험을 누릴 수 있도록 필요한 지원"을 하거나, "다문화 가정 학생을 위한 특별 학급을 설치·운영하는 경우, 다문화 가정 학생의 한국어 능력을 고려하여 이 교육과정을 조정하여 운영"하도록 규정하고 있다. 교육청 수준의 학교 교육과정 지원에서도 "귀국자 및 다문화 가정 학생의 교육 경험의 특성과 배경을 고려하여 이 교육과정을 이수하는 데 어려움이 없도록 지원한다."라고 명시하고 있다.

2015 개정 초·중등학교 국어과 교육과정에서는 다문화 교육과 관련한 내용을 직접적으로 명시하였다기보다는 내용과 방법 속에 녹아 들어가 있다 할 수 있다. 선택 중심 교육과정(일반 선택) 가운데 '문학' 과목을 보면, 역량 중심 교육과정의 특성에 따라 '비판적·창의적 사고 역량, 자료·정보 활용 역량, 의사소통 역량, 공동체·대인 관계 역량, 문화 향유 역량, 자기 성찰·계발 역량' 등을 '문학' 과목에서 추구하는 핵심 역량으로 제시하였다. 이러한 역량들은 모두 국어과 내의 다문화 관련 교육과 밀접하게 관련되어 있지만, '공동체·대인 관계 역량'은 "공동체의 가치와 공동체 구성원의 다양성을 존중하고 상호 협력하며 관계를 맺고 갈등을 조정하는 능력"으로 볼 때 특별히 관련성이 깊다 하겠다. 또한 "문학 작품의 수용·생산 활동을 통해 창의적인 문학 능력을 기르고, 문학의 본질과 양상에 대한 이해를 심화하며, 타인 및 세계와 소통하며 자아를 성찰하고 문학 문화의 발전에 기여한다."라는 목표를 제시하고 있는데, 여기에서 '타인 및 세계와의 소통'을 강조하고 있다는 점은 다문화 교육이 지향하는 바와 일맥상통한다 하겠다.

'문학' 과목에서의 다문화 관련 교육은 '문학의 본질, 문학의 수용과 생산, 한국 문학의 성격과 역사, 문학에 대한 태도' 등 문학 영역 전반과 관련되어 있으며, '인간과 세계에 대한 이해, 다양한 맥락에서의 문학 이해, 문학에 반영된 시대 상황, 자아 성찰, 타자 이해, 상호 소통, 인간다운 삶을 가꾸고 공동체의 문화 발전에 기여하는 태도' 등을 성취 기준으로 제시하고 있다.

2——다문화주의, 다문화 교육, 다문화 문학

다문화주의에 대한 논의는 "민족주의적 정서에 대한 도전, 세계화로 인한 변화에 대처하거나 세계화가 초래한 갈등을 해결할 수 있는 하나의 대안" 등으로 논의되어 왔다(최성환, 2009). 따라서 다문화는 이미 정치적·사회적인 문제가 되었음을 알 수 있다. 이는 문화적 차이를 갖는 집단의 존재로 인해 발생하는 사회적 현실이 정치와 정책에 반영되어야 한다는 주장과 관련된다.

다문화주의에 대해서는 보수적인 견해와 진보적인 견해 사이에 차이가 드러난다. 보수주의자는 표면적으로는 내부의 다양한 집단을 받아들인다는 점에서 다문화주의적이기는 하지만, 변화보다는 문화적·정치적으로 특권적인 전통을 고수할 뿐 아니라 근본적으로 집단 내의 다양성이나 차이를 거부한다. 반면에 진보주의자는 소수자 집단을 차별하거나 배제하기보다는 평등, 다양성, 권리를 옹호한다는 점에서 다문화주의를 지지한다.

이 같은 인식의 차이는 현실 정치 사회에서 주류 사회의 문화와 정치를 따를 것을 요구한다든지, 소수 집단이 분리 독립을 요구할 경우 갈등을 야기한다든지, 집단 간 경제적·정치적 차이가 발생할 경우 분쟁을 일으키기도 한다. 물론 집단 간에 발생하는 문제를 근본적으로 해결할 수 없다고 다소 비관적으로 생각할 수 있지만, 대립적인 견해 차이와 현실적인 문제들을 넘어서 다양성, 이질성, 평등성 등을 추구하는 다문화주의는 의미 있는 것으로 보인다.

이러한 점에서 보면 다문화 교육이 추구하는 일련의 교육적 지향은 그 나름의 의미를 지닌다고 할 수 있다. 뱅크스(J. A. Banks, 2011)에 따르면, 다문화 교육은 발상 혹은 개념 측면에서 "모든 학생이 성별이나 사회적 계층, 민족적·인종적·문화적 특성과 상관없이 학교에서 학습을 위한 동등한 기회를 가져야 한다는 생각을 구체화한 것"이며, 교육 개혁 측면에서는 "학교와 다른 교육 기관들을 변화시키고자 노력함으로써 모든 계층, 성별, 인종, 언어, 그리고 문화적 집단의 학생이 학습을 위한 동등한 기회를 누리도록 하는 교육 개혁 운동"이며, 과정 측면에서는 "다문화 교육 개혁 운동이 목표로 하고 있는 문제들을 해결하고자 우리가 당장 '실천하는' 그 무엇이 아니라 늘 진행되고 있는 일련의 과정"으로 개념화된다. 그렇다면 다문화 교육은 결국 학습 기회의 평등을 주장하는 것이며, 그와 관련해서 해결해야 할 문제들에 대한 '당장의 실천'보다는 '늘 진행되고 있는 과정'으로 보인다.

다문화 교육이 소수자들의 교육 기회를 확대함으로써 사회·정치·경제 차원의 향상을 도모하는 것은 의미 있는 일이다. 그러나 자본주의 국가는 주류 집단과 소수 집단 간의 갈등을 봉합하고, 다국적 자본에 기반한 제국을 전 세계에 실현하기 위해서는 다문화 교육이 필요하다는 주장도 제기된다. 이러한 견해에서는 이주민을 다룬 소설에서 인권, 인종, 국적 문제가 계급 문제를 도외시한 국민 국가 경계 안에 이루어졌으며, 이를 벗어나기 위해 국민 국가의 장벽과 전 지구적 자본의 지배를 동시에 고려하는 시각이 필요하다는 주장을 견지한다(박진, 2010).

그렇다면 다문화 문학이란 무엇인가. 다문화 문학이란 다문화를 기본 전제로 한 문학을 말한다. 다문화 문학은 다문화 사회를 다루는 문학이거나, 다른 문화권의 독자들을 염두에 두고 창작된 작품이라는 의미로도 쓰인다(M. Cai, 2002: 6면). 우리가 다문화 문학이라고 할 때에는 주로 전자의 의미로 쓰인다. 그런데 '다문화'라는 말은 관점에 따라 다양한 의미를 지닌다. 다문화를 계급·계층·인종·민족 등에 따른 한 사회에 공존하는 일정한 성향을 지닌 일체의 문화를 아우르는 개념으로 볼 수 있다. 하지만 한국의 다문화 문학에서의 다문화가 의미하는 것은 단일 민족으로서의 한국인과는 다른, 한국에 거주하는 소수 집단의 문화라는 개념으로 사용하는 경향이 있다. 이는 다문화 문학으로 불리는 작품들이 주로 외국인 근로자나 국제결혼 이주민, 그리고 그들의 자녀 등을 다루고 있다는 데에서 확인할 수 있다.

교육적 정의에서 다문화적이라는 말은 단일 작품의 다문화적인 성격을 나타내는 것이 아니라 주류 문화의 단일성을 깨기 위해 사용된 일련의 작품과 교육과정을 다원화하는 것을 나타낸다. 다문화 문학의 교육적 정의는 문학이 성취하도록 되어 있는 목표, 즉 다문화 교육과정의 창출과 다문화 교육을 강화하는 일련의 교육과정을 포함한다. 따라서 문학 자체의 본질보다는 교육에서의 문학의 역할에 관심을 두기 마련이다.

요컨대 다문화 문학에 대한 여러 견해들은 주로 지배하는 문화와 지배받는 문화를 구별하고, 인종적·문화적·언어적으로 구별되는 사람들의 집단에 대한 것이다. 그러나 다문화 문학을 지배 문화와 피지배 문화의 대립 구도 속에서 바라봄으로써 단순화하거나 인종·언어와 같은 단일한 요소에 초점을 두는 것은 협소한 생각일 수 있다. 이와 달리 지배 문화와 피지배 문화의 구별 없이 가능한 한 많은 문화를 포함해야 한다는 견해는 지나치게 광범하다. 모든 것을 포함한다는 것은 자칫 다문화 문학을 단순한 문학으로 축소할 수 있기 때문이다. 따라서 모든 문학은 다문화 문학이라는 견해가 다문화적 시각에서 문학을 이해하는 폭을 넓히는 장점이 있다 할 수 있지만, 사회적인 이슈를 다루는 문화나 문학을 집중적으로 탐구하기 위해서는 일정한 대상을 설정하는 것이 전략적으로 필요하다. 다문화 문학이란 주류 문화를 차지하는 정주민이 아닌 비주류 소수 이주자뿐 아니라 성, 계급 등에서 지배 집단의 문화와는 다른 비주류 집단의 문화를 형상화한 문학이라 할 수 있다. 한국의 다문화 문학은 시공간이 국내이냐 국외이냐를 떠나서 그와 같은 특성을 갖는 한국어로 된 문학을 일컫는다. 한국의 다문화 소설이란 그러한 문화를 형상화한 서사 문학이라 할 수 있다.

3——다문화 소설의 특성

소설은 인간의 삶과 세계의 모습을 심리적·사회적·정치적·윤리적 측면에서 심층적으로 파헤침으로써 우리가 사는 세계에 문제의식을 내보이는 일을 담당한다. 그 속에 형상화된 인간 세계의 모습이 갈등을 본질로 하면서 인종, 민족, 계급, 성 등이 다중적으로 얽혀 있는 것이라면, 이른바 다문화주의에 포섭되는 소수자들을 비롯한 사회 구성원들을 포착하기에 적절한 양식이라 할 수 있다.

국민 문학으로서의 한국 문학은 한국의 사회·문화적 상황 속에 등장하는 인물들을 풍부하게 형상화한다. 그렇지만 단일 민족 신화로 본 국민 문학에서 타민족이나 타 인종, 여성, 노동 계급 등은 주변인으로 취급되었다. 따라서 우리 소설에 나타난 이주 노동자, 결혼 이민자, 외국인 이주민 2세, 다문화 가정 등의 이야기는 대체로 수평적 관계가 아닌 시혜적 관계 속에서 공존의 부재를 드러낸다.

다문화 소설 범주에서 논의되는 한국 소설들에는 주로 한국에 거주하는 소수 인종(민족)이 등장한다. 대부분 외국인 근로자, 결혼 이민자, 다문화 가정의 2세들이다. 다문화 소설에서는 이들을 이주민 또는 소수자라는 이름으로 범박하게 같은 층위에서 다루고 있지만, 인물들은 다양한 존재론적 위상을 갖는다. 이를테면 한국 국적을 취득한 결혼 이민자와 단기 체류 노동자, 다문화 가정의 1.5세대와 2세대, 유학생과 탈북자는 서로 존재론적인 근거가 다르다. 같은 이주민이라 하더라도 한국말을 할 줄 아는 사람과 한국말을 할 줄 모르는 사람, 한국에서 어릴 때부터 자란 사람과 어린 시절에 한국에 온 사람은 처지가 다를 수밖에 없다.

예컨대 『완득이』에서 완득이가 이똥주 선생님에게 자신의 인권 유린을 말한다거나 「코끼리」에서 '나'의 어머니가 '언제나' 한국말로 네팔 출신의 이주 노동자 아버지에게 따지는 장면은 인물들이 처한 상황의 차이점을 드러낸다. 완득이는 베트남 출신 어머니와 난쟁이 아버지 사이에서 태어난 17세의 청소년이다. 어릴 적에 어머니가 집을 나가 버려 아버지 손에서 자랐다. 「코끼리」의 '나'는 네팔인 아버지와 조선족 어머니 사이에서 태어났다. 한국에서 태어났지만 호적도 없고 국적도 없다. 이렇듯 『완득이』의 완득이와 「코끼리」의 '나'는 부모의 출신과 가정 환경 그리고 국적 취득 여부 등에서 볼 때 존재론적 처지가 다르다.

또한 다문화 소설에 등장하는 인물들은 다중적인 존재이다. 「코끼리」에서 '나'의 어머니는 조선족이면서 중국 국적을 가진 이주 노동자이다. 『완득이』의 완득이는 다문화 가정 자녀이자 결손 가정의 청소년이다. 한편 『완득이』에는 베트남에서 온 어머니와 같은 소수 이주민뿐만 아니라 다문화 가정 자녀인 '나', 난쟁이인 아버지, 말더듬이인 삼촌 등과 같은 소수자들이 등장한다. 다문화 가정 자녀, 난쟁이, 말더듬이는 우리 사회의 또 다른 소수자이다. 다문화 소설은 이주민뿐만 아니라 이들과 같은 소수자들에게도 관심을 기울인다.

소설이 대화적 갈등을 피할 수 없다는 점과 인물뿐 아니라 서술자(내포 작가, 작가)와 피서술자(내포 독자, 독자)도 대화에 참여한다는 점을 고려해 볼 때, 다문화 소설의 경우 대개 인물들의 대화적 갈등이 잘 드러나지 않는다. 인물과 인물이 분리된 채 객체화된 말로 나타나며, 주체와 주체는 상호적인 타자로서 대화적 관계를 형성하지 못한다. 이러한 담론에 반응하는 주체의 담론도 주체들 간의 깊은 의사소통과는 거리가 멀다. 예컨대 『나마스테』에서 네팔인 노동자 쿤은 공장에서 손가락이 절단되는 사고를 당한다. 필용이 아저씨의 계몽적이고 위압적인 말에 당사자인 쿤은 시무룩한 표정을 짓고, 우즈베키스탄인 노동자 세르게니는 그저 볼멘소리로 대꾸할 뿐이다. 여기에서 인물들 간의 적극적인 대화를 찾아보기 어렵다. 이는 인물들의 권력관계가 작용하는 현실을 반영하기 때문에 나타나는 현상이라 볼 수 있다.

4——다문화 소설 교육 방법

소설(문학) 교육에서 지향하는 이념태(인간상, 목적)는 주체적 인간, 서사적 존재로서의 자아 확립, 비판적 주체성, 자기 정체성을 확립한 주체 등으로 제시되어 왔다. 이는 국민 국가 속의 근대적인 주체, 주류 문화 속의 단일 주체를 함의하는 것과 크게 다르지 않다. 따라서 다문화 소설 교육에서는 다문화 사회에 걸맞은 주체를 상정할 필요가 있다.

현재 우리 사회에서 진행되는 다문화적 상황에서 개인들은 새로운 사회·문화적 패러다임에 적합한 주체로 거듭나야 한다. 또한 자유 민주주의 이름하에 진행된 서구 중심의 세계화는 지역 간, 계층 간 불평등의 심화, 인권의 훼손 등과 같은 문제를 야기한다. 이러한 문제를 해결하기 위해 보편적 민주주의를 지향점으로 제시하고 다중 문화 정체성(multiple cultural identities)에서 주체상을 찾을 필요가 있다. 다중 문화 정체성은 주류 집단이나 지배 문화와 같은 특정 집단이나 문화에서 형성되는 것이 아니라 다양한 문화 속에서 형성되는 정체성이다. 이런 점에서 학습자들을 이념태 차원에서 다중 문화 정체성을 지닌 존재로 규정하는 것은 소수자들을 비롯한 타자들의 문학 세계에 들어가는 길을 제공한다.

다문화 소설 교육은 인종과 같은 특정 요소에만 집중할 것이 아니라 소수자들의 문화를 중심으로 하여 다양성, 평등성, 다층성, 복합성, 타자성, 대화성의 원리로 접근할 필요가 있다. 방법적 원리로서 우선 소수자인 주체와 그들의 문화가 다양성이라는 차원에서 확보되어야 한다. 물론 다양성이라는 것이 문화적으로 논의할 수 있는 규모를 지닐 때 온전히 구현할 수 있지만, 사회적으로 문제시될 만한 요소들을 빠짐없이 포착해 내는 일이 필요하다. 다양성은 평등성에 기반할 때 온당한 의미를 가진다. 특정한 관점이나 주류 집단의 시각에 의해 소수자 문화 집단이 왜곡된다면 또 다른 불평등을 낳을 수 있다. 여기에 주류 집단에 의한 배제와 동화 논리가 작용하는 것이다.

소수자들은 유형에 따라 존재론적 위상이 다르다. 그러므로 각각의 존재들은 그 위상에 따라 삶의 모습이 다르다는 점을 인식할 필요가 있다. 이를 다층성이라 한다면, 그들의 언어와 행위가 달라지는 지점의 미세한 차이들을 발견하고 형상화할 수 있어야 한다. 또한 인간은 사회적으로나 문화적으로나 단일한 존재라기보다 복합적인 존재라는 점에서 복합성을 논의할 수 있다.

인간을 타자와의 관계 속에서 살 수밖에 없는 존재로 볼 때, 그리고 그것이 자기와 타자를 이해하는 거의 유일한 관점이자 실천 전략이라 할 때, 타자와의 상호 주관성에 기반한 심도 있는 의사소통은 중요한 교육 원리가 될 수 있다. 이런 점에서 타자성은 결국 언어적 국면에서 대화성으로 연결된다. 삶이란 본질적으로 대화적이라 할 때, 교육의 방향은 권위적이고 단성적인 자족적 세계에서 구하기보다는 반권위주의적이고 다성적인 열린 세계에서 찾아야 한다. 교육이 인종, 민족, 계급, 성 등을 존재론적 근거로 삼는 주체들의 대화적 갈등을 전제로 하는 한 필연적으로 중심과 주변, 주류와 비주류, 국민과 비국민 등의 틀을 벗어남으로써 또 다른 세계를 창조하는 데까지 이를 수 있을 것으로 보인다. 이러한 방법적 원리는 소설 작품을 수용하거나 생산하는 원리로 이어진다. 대화적 원리는 독자와 작가를 문학 텍스트와의 대화에 참여하도록 한다.

문학을 수용하거나 생산하는 행위는 본질적으로 사회적인 것이며 문화의 지배를 받게 되어 있다. 그런데 문화라는 것을 의미의 생산, 유통, 수용이라는 관점에서 보면 문학 행위는 사회 집단의 이데올로기에서 자유로울 수 없다. 우리가 인종, 민족, 계급, 성 등에 대해 갖고 있는 의식은 텍스트를 해석하고 생산하는 활동을 매개하는 요인이기 때문이다.

한편 문학 텍스트를 수용하는 과정에서 같은 민족 집단에 속하지는 않더라도 인종, 계급 차원에서 서로 연결되는 공통점을 찾을 수 있다. 그러나 공통적인 면을 찾는 것에서 멈춘다면 인종(민족)주의에 의해 야기된 사회적 불평등과 불의를 읽는 데에는 실패하고 만다. 따라서 문화들 사이의 공통점을 찾는 것도 중요하지만, 차이점을 찾는 것은 더욱 중요하다. 이러한 과정을 통해 학습자는 인종, 계급, 성이 다른 타자들에 대한 차별과 편견 등을 알아차릴 수 있을 것이다.

핵심어

다문화, 다문화주의, 다문화 교육, 다문화 문학, 다문화 소설, 다문화 소설 교육, 다중 문화 정체성

| 참고 문헌 |

박진(2010), 「박범신 장편 소설 『나마스테』에 나타난 이주 노동자의 재현 이미지와 국민 국가의 문제」, 『현대 문학 이론 연구』 제40호, 현대문학이론학회.

뱅크스·맥기 뱅크스(Banks, J. A. & McGee Banks, C. A., 2011), 『다문화 교육: 현안과 전망』, 차윤경 외 역, 박학사.

임경순(2011), 「다문화 시대 소설(문학) 교육의 한 방향」, 『문학 교육학』 제36호, 한국문학교육학회.

_____(2015), 『외국어로서의 한국어 교육을 위한 한국 문화 교육론』, 역락.

최성환(2009), 「다문화주의의 개념과 전망: 문화 형식(이해)의 변동을 중심으로」, 『다문화의 이해 — 주체와 타자의 존재 방식과 재현 양상』, 문화콘텐츠기술연구원 다문화콘텐츠연구사업단 엮음, 도서출판경진.

Cai, M.(2002), *Multicultural Literature for Children and Youngadults*, Lightning Source Inc.

| 더 읽을 거리 |

니에토(Nieto, S., 2016), 『언어, 문화 그리고 비판적 다문화 교육』, 김영순 외 역, 북코리아.

송현호(2010), 「다문화 사회의 서사 유형과 서사 전략에 관한 연구」, 『현대소설 연구』 제44호, 한국현대소설학회.

우한용(2009), 「21세기 한국 사회의 다양성과 소설적 전망」, 『현대소설 연구』 제40호, 한국현대소설학회.

이인화(2011), 「한국 아동 청소년 문학에서 다문화의 수용 — 내부자의 타자 수용 방식을 중심으로」, 『국어 교육 연구』 제48집, 국어교육학회.

임성호(2000), 「다(多)문화적 정체성을 통한 '세계 시민 민주주의'의 모색 — 궁극적 목표로서의 '보편적 민주주의'를 위한 시론(試論)」, 『밝은 사회 연구』 제21집, 경희대학교 인류사회재건연구원 밝은사회연구소.

차윤경(2008), 「세계화 시대의 대안적 교육 모델로서의 다문화 교육」, 『다문화 교육 연구』 제1권 제1호, 한국다문화교육학회.

최남건(2019), 『경계를 넘은 이방인』, 희망사업단.

청소년 소설과 학습자 중심의 소설 교육

° 김성진

1——청소년 소설 장르의 성립 가능성

한국 문학사에서 청소년 소설의 역사는 그리 길지 않다. 조흔파의 『얄개전』처럼 '명랑 소설' 혹은 '청춘 소설'의 이름으로 10대의 사랑을 받은 작품이 없었던 것은 아니나 그저 '재미'로 읽는 주변부의 문학이었을 뿐이다. 한국의 청소년 소설은 여전히 태동기를 벗어나지 못하고 있다. 엔데(M. Ende)의 『모모』, 샐린저(J. D. Salinger)의 『호밀밭의 파수꾼』, 트웨인(M. Twain)의 『허클베리 핀의 모험』처럼 고전으로 불릴 만한 작품을 찾기 어려운 점이 이를 방증한다.

그러나 청소년 소설을 활용한 제재는 최근의 『국어』 교과서에서 눈에 띄게 늘어나고 있다. 작품 출간 역시 과거에 비해 늘어났고, 독자들의 호응도 높은 편이다. 그리고 이름 있는 소설가들이 제법 진지한 의도를 가지고 '청소년 소설'의 이름을 단 작품을 내놓기도 하였다. 동시에 급격한 양적 확장을 부정적으로 바라보는 시선 역시 늘어났다. 동시대 청소년의 하위 문화나 기성세대에 대한 반항을 중요하게 취급하는 것처럼 보이지만 결국은 가족주의나 역경 극복담으로 회귀하는 구조를 가진 작품이 반복되고 있다는 것이 비판의 골자이다. 이는 자연스럽게 청소년 소설의 확장은 상업적 성과 이외에 무엇을 남겼느냐는 의문과 더불어 독자적인 장르로서의 '청소년 소설'에 대한 회의로 이어진다. 청소년 소설을 '장르'로 구별하는 내적 속성은 무엇인가? 청소년 소설 장르라는 용어를 가능하게 하는 양식적 특징은 있는가?*

그러나 개별 작품으로서의 청소년 소설은 분명 우리 눈앞에 실체로서 존재한다. 영화로도 제작되어 큰 호응을 받았던 김려령의 『완득이』, 어느덧 '세계 명작' 대접을 받는 『호밀밭의 파수꾼』 등이 대표적인 예이다. 오랫동안 금서였던 코마이어(R. Cormier)의 『초콜릿 전쟁』 역시 우리가 생각하는 청소년 소설을 대표하는 작품이다.

그런데 장르의 일반적 특징에 의해 온전히 설명되지 않는 개별 작품의 출현은 '청소년 소설'뿐만 아니라 '소설' 일반의 특징이기도 하다. '소설' 장르는 언제나 '이런 것도 소설인가'라는 의문을 불러일으키는 작품의 탄생에 의해 장르의 특징을 다시 설명하려는 노력 속에서 발전해 왔다. 한마디로 소설은 자기 정체성을 가지고 있지 않다는 점이 바로 장르의 본질이다. 소설이 언제나 '반(反)소설'로서의 소설인 것처럼 청소년 소설 역시 '반(反)청소년 소설' 혹은 '탈(脫)청소년 소설'로 규정될 수밖에 없다. 따라서 '청소년 소설' 장르가 존재하는가, 그 장르적 특징은 무엇인가라는 물음을 되풀이하는 것은 무의미하다. 오히려 '청소년'이라는 수식어를 풀어 보는 우회로를 거치는 편이 생산적이다. 이를테면 '청소년의 삶을 다루는' 소설과 '청소년이 읽는' 소설로 나누어 보는 것이다. 전자는 소재, 후자는 독자에 초점을 맞춘 것이다. 여기에 더하여 아직은 가능성으로만 존재하는 '청소년이 쓰는' 소설 역시 고려의 대상이 될 수 있다.

* 서구 역시 사정은 크게 다르지 않다. 도서를 검색해 보면 young adult literature를 제목에 포함한 책을 쉽게 찾을 수 있지만 young adult novel 혹은 young adult narrative fiction이라는 제목의 책은 보이지 않는다. young adult literature라는 책을 읽어 보아도 역시 '청소년 소설'이라는 용어는 등장하지 않는다. 세부 장이나 절에서 리얼리즘, 오래된 낭만주의, 모험담 등의 용어가 등장할 뿐이다.

2——성장과 반(反)성장의 문제를 고민하는 청소년 소설

청소년 소설은 청소년의 삶을 다루는 소설이다. 그들의 독특한 경험과 현실을 이야기하자면 끝이 없을 것이지만 '성장의 과정'이 중요하다는 점 하나는 확실하다. 청소년기는 정체성에 대한 질문과 회의 그리고 불안을 본질적인 속성으로 하기 때문이다. 그런 이유로 청소년의 성장담은 종결이 있으나 종결이 없는 잠정성, 과정성을 특징으로 한다. 한편 우리 시대의 성장이 끊임없이 자신을 계발해야 하는 강박증에 시달리며 자신의 삶을 내주는 종결 없는 과정이 되어 버렸다는 점도 '성장'의 문제를 더 복잡하게 만든다. 이러한 상황에서 사회가 개인에게 강권하는 성장의 일반적 경로를 거부하는 반작용이 나타나는 것은 조금도 이상하지 않다. 1990년대 후반부터 문학계의 수면에 떠오르기 시작한 청소년 소설이 충격적 일탈을 특징으로 하는 '반(反)성장'을 강조하거나 청소년 소설에 대한 비평이 한때 청소년 소설과 성장 소설을 분리시키려 했던 이유를 여기에서 찾을 수 있다.

한국의 청소년 소설은 '자기 계발의 시대'를 배경으로 주목의 대상이 되었다. IMF 이후 세대의 아이들이 보여 주는 학교 폭력의 양태가 이전의 폭력과 다르다는 것을 자세히 이야기할 필요는 없다. '어쩔 수 없는 성장의 한 과정'이라고 도무지 받아들일 수 없는 기이한 형태의 폭력이 수면 위로 떠오른 시점에 '학교는 교육과 성장의 공간이 아니라 그것을 불가능하게 만드는 공간'이라는 선언이 나왔다. '안정된 플롯과 훈훈한 결말'을 벗어던지거나 '성장의 서사에 대한 거부'를 공공연하게 표방하는 작품들이 쏟아져 나온 현실적 맥락이 있는 것이다.

성장 소설은 이미 그 자체로 개인의 성장 과정과 더불어 사회가 요구하는 일반적인 '성장의 과정'에 대한 회의와 의심을 품고 있다. 성장 소설을 대표하는 서구의 작품들에는 주인공이 성숙한 인간에 도달하는 과정에서 당대의 지배적 관습과 도덕의 현실적 힘을 인정하는 '보수적인' 면이 발견된다. 그러나 그 보수성은 이성적이고 윤리적인 이상이 한 개인의 내면에 머무는 것이 아니라 실현되기 위해 인정해야 하는 '현실의 힘'과 관련해 지불해야 하는 '기회비용'이다. 발자크(H. de Balzac)의 『고리오 영감』을 예로 들어 보자. 파리로 올라온 젊은 대학생 라스티냐크의 성장 서사로 읽을 수 있는 이 작품은 19세기 파리의 추악한 내면을 속속들이 알게 된 주인공이 파리의 야경을 내려다보며 '이제는 너와 나의 대결이다'를 되뇌는 것으로 끝을 맺는다. '타락한 세상이라면 타락한 방식으로 출세하고야 말겠다'는 악마적 영웅주의를 드러내는 독백이다. 이 장면만 놓고 보면 주인공은 사회에 대한 '순응'의 길을 택하는 것으로 보인다. 그러나 자신을 위해 모든 것을 희생하였던 아버지의 마지막 순간을 지키지 않고 상류 사회로 진입하기 위해 무도회장으로 향하는 고리오 영감의 둘째 딸을 바라보며 주인공이 현기증을 느끼는 모습이 이에 앞서 그려진다. 라스티냐크의 독백은 확신에 찬 외침이 아니라 분열된 영혼의 발악에 가깝다. 이는 작품 전체 속에 통합되어 사교계에 대한 냉소의 뉘앙스를 띠게 된다. 비록 주인공이 '출세의 정통 코스'를 선택하는 것으로 작품이 마무리되더라도 이 소설을 읽는 독자는 '보편적 성장의 경로'에 대해 회의하고 성찰하게 된다. 성장 소설에서 반(反)성장은 성장의 안티테제가 아니라 작품의 중요한 내적 계기이다.

청소년 소설에서 성장과 반성장의 문제를 다루자면 '가족 서사'를 피해 갈 수 없다. 이송현의 『내 청춘, 시속 370km』는 아버지의 세계와 주인공의 '대결'을 다루고 있다. 아버지 혹은 부모가 원하는 것과 내가 원하는 것 사이의 갈등, 그리고 단순한 거부가 아니라 미워하면서도 어느 정도는 닮아 갈 수밖에 없는 부모에 대한 애증이야말로 청소년의 성장을 다룰 때 중요한 문제이다. 많은 청소년 소설이 이 과제를 건너뛰는 것과는 달리 이 작품은 정면 대결의 자세를 취한다. 그 결과 집안은 팽개친 채 매사냥꾼으로 살아가려는 아버지의 집요한 욕망과 그런 아버지에게서 매를 통해 인정받고 싶은 주인공의 욕망을 맞세워 두 사람의 접점을 포착한다. 비록 결말의 화해가 작위적이기는 하지만 적어도 어른이 되는 과정에서 맞닥뜨릴 수밖에 없는 사회적 관습의 힘을 정면으로 다룬 점은 높이 평가받을 만하다.

이현의 『오, 나의 남자들!』 역시 아버지의 부조리한 현실을 어떻게 받아들일 것인지 고민하는 주인공의 모습을 보여 준다. 아버지가 노래방을 하면서 도우미를 고용한다는 사실을 알게 되었을 때 열일곱 살 소녀는 이를 어떻게 받아들일 것인가? 아이들 말처럼 '찌질하면서도' 권위적이고 억압적인 아버지를 미워하거나 부정하고 싶은 것은 당연한 일이다. 그러나 그 미움조차도 '관계'의 표현 방식이라는 점을 작가는 고려하고 있다. '아버지처럼 살고 싶지 않아'를 외치면서도 한편으로는 어른들의 욕망과 소망을 완전히 무시할 수 없는 주인공의 이중적인 심리를 찬찬히 들여다보지 않고서는 성장의 과정을 제대로 형상화할 수 없다.

청소년의 성장 서사에서 학교라는 공간이 차지하는 비중을 고려한다면 동료와의 관계, 교사와의 관계를 다루는 '학교 서사'를 빼놓고 청소년 소설을 생각할 수 없다. 문제는 '교육의 불가능성'이라는 말이 나올 정도로 학교가 사막화되었다는 점이다. 이러한 상황에서 학교 이야기는 특히 '성장의 불가능성'을 강조하는 쪽으로 나아가기 쉽다. 실제로 지금 쏟아져 나오는 학교 이야기는 폭력과 자살의 이야기로 점철되어 있다.

은이정의 『괴물, 한쪽 눈을 뜨다』 역시 정글이 되어 버린 교실 풍경을 동물의 알레고리를 빌려 섬뜩하게 전달하고 있다. 피해자, 방관자, 교사라는 복수의 화자를 활용한 방법은 피해자에 대한 값싼 연민을 차단하고 참담한 상황을 보여 주는 데 효과적이다. 가해 학생을 겁주기 위해 "먹이 사슬의 정점에 있는 것이 나"라는 점을 잊지 말라고 호통을 치는 교사의 모습이나 "교실에서 가장 강한 존재는 시험"이라는 반장의 독백은 이 작품이 학교 구조의 문제를 형상화하고 있음을 보여 준다. 이 사막과 같은 학교의 모습을 넘어선 학교 성장담이 어떻게 가능할 것인가? 학교 문화의 변화가 앞서지 않는 한 이와 같은 이야기의 출현을 기대하기란 쉽지 않아 보인다.

이러한 맥락에서 주인공의 진정한 성장을 가능하게 만드는 대안적 공간을 형상화하는 이야기가 나타나는 것은 지극히 자연스럽다. 김혜진의 『오늘의 할 일 작업실』에 등장하는 미술 학원은 대안 성장 공간과도 같다. 사촌 오빠의 죽음에 간접적으로 책임이 있는 미술 학원은 주인공에게 욕망의 대상이면서 욕망의 실현을 방해하는 장애물이다. 작가는 고통스러운 미술과의 대면을 회피하지 않고 자신의 그림을 그려 가는 주인공의 모습을 보여 주기 위해 필요한 과정을 꼼꼼하게 포착해 낸다. 불현듯 찾아오는 깨달음이나 공허한 설득의 함정에 주인공을 빠뜨리지 않았다는 점에서 이 작품은 성장 서사에 필요한 기본 덕목을 잘 갖추고 있다. 그러나 모든 것을 학교 밖에서 찾을 수는 없다. 학교를 배경으로 한 더 좋은 성장 소설의 출현을 기다리는 이유가 있는 것이다.

지금까지 살펴본 성장 소설로서의 청소년 소설의 교육적 가치는 '삶을 위한 문학 교육'이라는 측면에서 중요하다. 학교나 가정에서 맞닥뜨리게 되는 갈등, 진학의 문제, 미래에 대한 불안은 설령 해결책을 찾을 수 있다고 해도 지극히 잠정적인 것일 수밖에 없다. 청소년 소설의 성장 서사 역시 현재 진행형의 서사, 미결정의 서사이다. 가족과 부모, 학교를 배경으로 하는 교우 집단, 교사와의 관계가 청소년의 정체성 형성에 미치는 영향은 매우 크다. 소설 교육의 역할이 청소년의 정체성 형성 과정에서 필연적으로 발생하는 갈등과 고민을 함께 생각하는 윤리 교육, 가치 교육(가치관 주입 교육이 아니다)임을 부정할 필요도 없다. 소설로서의 완성도를 따지는 것이 아니라 지금 그들이 맞닥뜨리고 있는 고민을 함께 이야기하는 소설 교육, 과거 역사 속의 거대한 사건보다는 현재 그들에게 영향을 미치는 작은 일상의 문제를 토론하는 소설 교육의 제재로서 청소년 소설은 가치가 있다.

3——소설 읽기의 재미로 인도하는 청소년 소설

청소년 독자들이 처음부터 이광수의 『무정』, 염상섭의 『삼대』, 도스토옙스키(F. M. Dostoevsky)의 『카라마조프가의 형제들』을 통해 소설 읽는 재미를 터득해 가는 것을 기대하기는 힘들다. 이 작품에 담긴 역사, 고민, 갈등은 현재 학생들의 경험과 기대에 비추어 볼 때 거리감이 있기 때문이다. 소설의 깊은 의미를 서서히 알아 가기까지에는 단계가 있을 법한데 청소년 소설의 한 흐름이

'가교' 역할을 담당할 수 있다. 청소년 소설의 중요한 역할 중 하나가 독자를 소설의 세계로 안내하는 것이라고 해서 이 장르의 문학적 가치를 폄하한다고 받아들일 이유가 있을까? 일반적으로 특정 작품군이 청소년 독자가 동화에서 소설로 이행하는 다리 역할을 맡아 왔다. 어느 순간 '세계 명작 전집' 중 하나를 뽑아 읽기 시작할 때까지의 공백을 메워 준 작품은 셜록 홈스나 에르퀼 푸아로가 등장하는 추리물이었다. 여학생들에게는 하이틴 로맨스물이 적지 않은 영향을 끼쳤다. 1990년대 이후 청소년 문학이 본격적으로 출간되기 전 청소년 독자들이 자발적으로 읽었던 작품은 바로 그러한 장르 문학이었다. 그런데 이 작품들이 정말 독자의 관심을 낮은 수준에 붙잡아 두는 '저열한 문학'에 불과한 것일까?

물론 여러 가지 난감한 물음을 피해 갈 수는 없다. 장르 문학(정확히는 장르 소설이라 불러야 할 것이지만)이라는 용어가 이미 일정한 패턴, 즉 유형화될 수 있는 줄거리인 '공식'을 전제하기 때문이다. 내용 역시 비도덕적인 것이 많다는 점도 골칫거리이다. 그러나 공식이나 관습에 의존한다고 해서 미학적으로 저열하다고 평가할 수는 없다. 리얼리즘으로 대표되는 근대 소설은 '현실'에 대한 재현을 갈망하지만, 장르 문학은 '공식과 관습'이 바로 그러한 '현실'을 대신한다. 다시 말하면, 근대 소설은 재현의 대상을 외부의 현실이나 개인의 내면으로 상정하는 것에서 출발한다. 반면에 장르 문학은 재현의 일차적인 대상이 외부의 현실이 아니라 장르의 내적 규칙이다. 뱀파이어 장르라면 흡혈, 심장에 박는 말뚝, 십자가 등이 선행하는 것이며, 개별 작가의 창조성이나 당대 현실에 대한 알레고리적 언급은 그 뒤를 따라오는 것에 불과하다. 그림을 예로 들어 이 문제를 짚어 보면 이해가 쉽다. 초상화가와 만화가는 신체를 묘사하는 방식이 아예 다르다. 만화에 흔히 등장하는 여성의 '기괴할 정도로 큰 눈'은 초상화에서는 화가의 무능함을 나타낸다든지 자의식의 표현을 뜻할 것이다. 그러나 만화는 이미 존재하는 패턴화된 기호를 조합하여 대상을 묘사한다. 화난 얼굴을 그릴 때의 관습, 여성의 얼굴을 그릴 때의 관습이 있는 것이다. 그렇다고 만화가 초상화에 비해 저열한 예술 장르라고 말하는 사람은 없다. 만화 장르 내에서도 예술적으로 빼어난 작품이 있다. 유사한 '밀실 트릭'에 의존하는 추리 소설에도 걸작이 있게 마련이다.

내용 역시 마찬가지이다. 장르 문학이라고 해도 얼마든지 진지한 이야기를 담아낼 수 있다. SF 장르에 담긴 미래에 대한 묵시록적 성찰을 아무도 무시하지 않는다. 하급 중의 하급인 고딕 공포 소설에서도 '철학'이 가능하다. 실제로 미야베 미유키(宮部みゆき)의 『화차』처럼 장르 문학에서도 사회적으로 문제가 되는 이슈를 새로운 시각에서 형상화할 수 있다. 톨킨(J. R. R. Tolkien)은 판타지 소설 『반지의 제왕』에 대한 어떠한 알레고리적 독해도 용인할 수 없다고 말했지만 이 작품에는 분명 문명사에 대한 통찰이 담겨 있다.

그렇다면 청소년을 더 넓은 소설의 바다로 안내하는 역할을 살리기 위해서 청소년 소설을 장르 문학의 일부로 받아들이는 것을 꺼릴 이유가 없다. 실제로 『완득이』는 오래된 청소년 소설의 '장르 문학' 즉 '학원 소설'의 현대적 변용이다. 등장인물의 성격화에서 이러한 경향이 잘 드러난다. 타고난 싸움꾼에 가끔은 '양아치' 같은 모습으로도 등장하지만, 따뜻하고 어떤 면에서는 귀엽기까지 한 완득이의 모습에서 '길들여지지 않는 반항아'라는 낯익은 캐릭터를 찾는 일은 어렵지 않다. 이는 과거의 '하이틴 로맨스', 현대의 '로맨스 서사물'의 남자 주인공이라면 마땅히 가져야 할 특징으로, 완득이는 그것의 서민 버전이라 할 수 있다. 욕을 입에 달고 살며 겉으로는 학생들의 인격 따위는 안중에도 없어 보이는 '조폭 스승' 똥주라는 인물도 빼놓을 수 없다. 그의 말과 행동은 상식을 파괴하는 엽기적인 어른 캐릭터 하나를 꼭 끼워 넣는 학원 만화의 관습을 충실히 따르고 있다. 여기에 예쁘장한 모범생 윤하, 말끝마다 '씨불놈'을 달고 사는 앞집 아저씨, 킥복싱 관장, 그리고 둘 다 일류 춤꾼인 난쟁이 아버지와 말을 더듬는 삼촌까지, 등장인물들은 모두 독자의 머릿속에 강렬한 이미지를 심어 주는 특징 하나씩을 가지고 이야기의 흐름과 연결되면서 자신의 역할을 수행한다. 이처럼 '캐릭터' 설정을 먼저 한 뒤 그것을 바탕으로 이야기를 전개하는 방식은 과거 '학원물'의 부활과도 같다.

그러므로 이 작품에 등장하는 인물들의 '비현실성'을 지적하는 것은 빗나간 비판이다. 예를 들어 연재만화의 캐릭터에 등장하는 인물들은 독특함을 매개로 양식화되는 특징을 보인다. 그들은 이야기 내에서 역할과 기능이 중요한 인물이다. 다시 말하면, 현실과의 손쉬운 비교를 허용하지 않는, 텍스트 내적으로 완결된 인물이다. 우리는 그들 사이에 벌어지는 해프닝 전체를 지켜보며 작품을 읽는다. 『완득이』는 이 캐릭터들을 달동네, 기상천외한 교회, 킥복싱 도장 같은 무대에 데려다 놓은 뒤 흥미로운 일화를 만들어 내는 방식으로 이야기를 전개하여 독특한 성취를 이루었다.

방미진의 작품집 『손톱이 자라날 때』는 학교, 가난, 정체성 혼란 등과 같은 10대 청소년의 고민을 공포물에 담아내었다. 특히 단편 「하얀 벽」은 누군가 한 사람을 희생양으로 삼아 학급 내에서 자신의 권력을 유지하는 10대의 집단 따돌림 문화를 섬뜩하게 그려 내었다. 장르 문학으로서의 청소년 소설의 가능성과 미래를 보여 주는 작품이다. 자신에게 몰래 협박하는 편지를 보낸 것이 짝 희진이었음을 알게 되지만 또래들에게 따돌림을 당하지 않기 위해 이를 모르는 척해야 하는 상황은 얼마나 섬뜩한가? 아이들에게 외면당하다가 결국 벽이 되어 버린 기주처럼 주인공 역시 벽과 하나가 되는 상황은 알레고리 이상의 현실적 공포를 전달하기에 충분하다. 이 소설 이전에 1990년대의 영화 「여고괴담」으로 대표되는 '학원 공포물'이 그 나름의 장르 규칙을 형성하고 있었다. 이를 참조하여 작가는 '복수와 신원(伸冤)'을 열망하는 원귀 대신에 생명체가 '사물'로 변해 가는 차가운 벽의 공포를 등장시켰다. 이처럼 한국의 학교 괴담은 반복과 변주 속에서 장르로서의 규칙을 만들어 가고 있다. 「하얀 벽」은 흥미로운 이야기와 작가의 문제의식을 효과적으로 결합한 문제작이다.

부스(W. C. Booth, 1987: 141~151면)는 소설을 읽으며 구하는 즐거움의 세 차원으로 진실을 발견하고자 하는 독자의 욕망, 소설 속에 등장하는 인물에 대한 인간적 관심, '어떤 패턴이 예상대로 전개되어 가는 과정을 지켜보고 싶은 욕망'을 설정한 바 있다. 장르 문학의 방식으로 나타나는 청소년 소설이 소설 교육에서 맡을 수 있는 역할은 부스의 설명에서 실마리를 찾을 수 있다. SF, 공포물, 추리물은 어떤 패턴을 가진 공식을 바탕으로 진행되는 사건의 변이를 관찰하고 싶은 독자의 욕망에 기반한다. 우리는 소설을 가르칠 때 소설을 읽는 가장 근본적인 이유를 잊곤 한다. 무엇보다도 소설은 재미있기 때문에 읽는 것이다. 다른 목적은 모두 이 '재미와 감동'을 바탕으로 한다. 청소년 독자들이 자발적으로 즐겁게 작품을 읽는 체험을 가질 수 있게 하려면 장르 문학의 가능성을 활용한 작품을 발굴하고 이를 적극적으로 수용해야 할 것이다.

4——창작 주체로서의 청소년에 대한 고려

활자로 인쇄되어 출판사나 비평계의 매개를 거치는 좁은 의미의 문학에서 시야를 넓힌다면 청소년의 자발적 참여가 가장 활발한 팬 픽션, 흔히 팬픽(Fanfic)이라 불리는 장르도 청소년 소설의 한 장르라 볼 수 있다. 팬픽은 텔레비전 드라마나 애니메이션이 종영된 뒤 이를 즐겼던 팬들이 인터넷 게시판을 활용하여 새로운 줄거리를 제안하거나 '외전(外傳)' 방식으로 등장인물 하나에 초점을 맞춘 새로운 에피소드를 만들어 내는 것에서 출발하였다. 그런데 한국에서는 드라마보다는 주로 자신이 좋아하는 아이돌 스타를 주인공으로 삼아 팬들이 직접 이야기를 만들어 공유하는 방식이 주도적이다. 이러한 한국형 팬픽은 특정 연예인에 대한 팬덤을 기반으로 탄생한 여학생들의 인터넷 글쓰기 문화라 볼 수 있다.

팬픽은 주로 남성 아이돌을 대상으로 쓰이는데, 줄거리는 대개 동성 간의 사랑 이야기이다. 대부분의 팬픽은 동성애를 소재로 하며, 동성애를 옹호하는 견해를 보인다. 또한 여성 청소년들이 자신이 좋아하고 따르는 '오빠'(연예인)를 경쟁 상대인 다른 여자에게 빼앗기기 싫은 심리를 그대로 반영한다. 이러한 이유로 질투를 유발하는 여자 주인공을 배제하고 자연스럽게 남자 주인공만을 등장시켜 남성 간 동성애를 중심으로 하는 내용을 다루는 것이 일반적이다.

팬픽은 성인문화를 무분별하게 모방하거나 청소년들의 일탈 충동을 부추기기도 하는 글쓰기라는 점에서 도덕적으로 수용하기 어려운 내용을 담고 있다. 그러나 작품의 수준이나 작품에 담긴 도덕적 결함에만 주목하는 태도로는 이 '상상의 공동체'가 왜 그러한 이야기를 계속해서 생산하며 공유하는지를 제대로 파악할 수 없다. 작품의 질이 아니라 텍스트를 생산하는 행위의 맥락을 들여다볼 필요가 있다. 팬픽은 근대 소설의 문법과는 완전히 구별되는 새로운 글쓰기 관습이 내포되어 있음을 알 수 있다.

우리의 팬픽과 유사한 출발을 보였던 일본의 '라이트 노벨' 장르를 참조해 보자. 이 역시 에반게리온이나 인기 애니메이션 시리즈에 대한 팬들의 외전 창작에서 비롯된 것이다. 일본의 한 평론가는 '라이트 노벨이야말로 진정한 의미의 포스트모던 문화'라는 독특한 진단을 내리고 있다. 리얼리즘은 말할 것도 없고 모더니즘 문학까지도 '재현'에 대한 의식 속에서 탄생한 '자연주의'에 가깝기 때문이라는 것이다. 재현해야 할 '나' 혹은 '현실'에서 출발하는 근대 문학과 달리 이 새로운 이야기 창작은 이미 창작된 허구적 캐릭터의 데이터베이스를 활용하여 새로운 이야기를 '조합'한다(아즈마 히로키, 2012: 41~44면). '캐릭터 소설'이라 불리기도 하는 이러한 이야기 생산 역시 우리의 팬픽과 마찬가지로 팬덤에서 출발한 것이라 할 수 있다. 드라마나 애니메이션의 종영에 따른 아쉬움을 달래기 위해 외전의 방식으로 탄생한 이야기를 공유하는 가운데 팬덤이 유지·발전될 수 있기 때문이다. 라이트 노벨은 이 속에서 탄생한 '아마추어적 전문성'의 결과물이다. 한국의 팬픽이 계속해서 저열한 팬덤의 글쓰기에 멈추어 있을 것이라 단정하기는 이르다.

이러한 글쓰기의 가능성을 적극적으로 평가한다면 '청소년이 생산한 소설'로서의 청소년 소설을 상정할 수 있다. 이 경우 창작 주체로서의 청소년이 자신이 공유하는 문화나 공동 체험을 형상화하는 것을 강조하게 된다. 실제로 동호회 차원에서 쏟아져 나오는 판타지 장르, 그리고 각종 팬픽이나 로맨스는 현재 인터넷에서 자생적으로 창작되어 상호 소통되는 가운데 생산과 소비의 경계가 뚜렷이 구별되지 않는 독특한 글쓰기 문화를 형성하고 있다. 다만 교육적 가치에 대해서는 회의적인 의견이 많다. 그러나 청소년이 문학 소비자에 국한되는 것이 아니라 생산의 주체로 자리매김하기 위해서라면 이와 같은 문제적 글쓰기를 어떻게 소설 교육의 장에 포함시킬 것인지를 고민해야 할 것이다.

핵심어

성장 소설, 반(反)성장, 가족 서사, 학교 서사, 장르 문학, 팬픽, 라이트 노벨

| 참고 문헌 |

김성진(2005), 「인터넷 로맨스 서사물 읽기의 맥락과 문학 교육」, 『현대소설 연구』 제26호, 한국현대소설학회.

_____(2013), 「청소년 소설의 장르론과 소설 교육」, 『근대, 삶 그리고 서사 교육』, 우한용 외, 한국문화사.

남미영(1991), 「한국 현대 성장 소설 연구」, 숙명여자대학교 박사 학위 논문.

부스(Booth, W. C., 1987), 『소설의 수사학』, 이경우·최재석 공역, 한신문화사.

아즈마 히로키(東浩紀, 2012), 『게임적 리얼리즘의 탄생 — 오타쿠·게임·라이트노벨』, 장이지 역, 현실문화연구.

| 더 읽을 거리 |

김경연(2008), 『우리들의 타화상 — 아동 청소년 문학의 세계』, 창비.

모레티(Moretti, F., 2005), 『세상의 이치 — 유럽 문화 속의 교양 소설』, 성은애 역, 문학동네.

오세란(2015), 『청소년 문학의 정체성을 묻다』, 창비.

정혜경(2008), 「이 시대의 아이콘 '청소년'(을 위한) 문학의 딜레마」, 『오늘의 문예 비평』 2008년 겨울호.

경험 서사와 소설 교육

° 정래필

1——소설과 서사의 관계

서사(敍事)는 이야기를 지닌 모든 것을 의미한다. 신화나 민담, 전설 등은 말할 것도 없고 기행문이나 일기, 편지 등도 모두 이야기를 지녔기에 서사에 해당한다. 또한 만화, 영화, 오페라, 뮤지컬 등도 서사이며, 심지어 우리가 꾸는 꿈, 친구들과 함께 하는 게임과 놀이 등도 서사이다. 어쩌면 우리가 사는 이 세계가 서사로 구성되어 있다고 해도 과언이 아니다. 우리는 서사로써 다른 사람과 관계를 맺으며 살아간다.

서사의 수많은 양식 중 대표적인 것이 소설이다. 근대를 지나는 동안 소설은 서사를 대표하는 양식으로 자리 잡았다. 서사 하면 소설, 소설 하면 서사를 떠올리는 것이 당연한 듯싶을 정도로 소설은 서사의 왕좌를 지켜 왔다. 1990년대 말부터 소설이 위기라고들 한다. 독자들은 '문제적 개인'의 처절한 '여행'보다는 우리 주변에서 언제든 일어날 수 있는 작은 이야기에 관심을 보였고, '성숙한 남성의 문학'보다는 누구나 쓰고 읽을 수 있는 소소한 이야기에 흥미를 느끼기 시작하였다. 굳건하던 소설의 아성에 금이 가기 시작한 것이다.

그런데 소설의 위기가 곧 서사의 위기를 의미하는 것은 아니다. 소설은 서사의 하위 양식 중 하나일 뿐이다. 매체가 발달하고, 근대의 주체와는 성격이 다른 새로운 주체들이 부상하는 이 시기에 서사는 위기는커녕 오히려 외연을 확장하고 있다. 여기저기서 '이야기꾼'들이 등장하여 새로운 매체를 통해 새로운 방식으로 이야기를 생산한다. 그 이야기를 보고 읽은 독자들은 곧바로 그에 대한 평가를 하고 자신의 이야기를 새로 만들어 낸다. 이제 모든 사람이 서사의 수용자이자 생산자가 된 셈이다.

어쩌면 소설이 서사 본연의 특성을 회복할 때 위기를 스스로 타개할 수 있을 것이다. 근대에 일인자로 군림하던 소설은 크고 무거운 스토리로 독자들을 열광시켰지만 이제는 작고 가볍지만 앎과 깨달음을 주는 일상 속의 서사가 독자의 눈길을 끌고 있다. 이를 반영하듯 최근 국어과 교육과정은 '일상생활을 소재로 한 간단하면서도 재미있는 이야기', '일상생활에서 접하는 교훈적이거나 감동적인 이야기', '직접 겪은 일을 표현한 이야기' 등으로 문학 능력을 기르는 방법을 제시한다. 문학과 비문학의 경계, 혹은 문학 주변부에서 겉돌기만 하였던 일상생활의 이야기인 '경험 서사'가 이제 문학의 새로운 주체로, 그리고 교육적 자생력과 생성력을 확보한 장르로 부상하고 있다.

2——경험 서사의 본질

서사는 실제 경험한 사건을 전달하는 경험 서사와 허구적으로 만들어 낸 허구 서사로 나뉜다.[1] 그런데 서사에서 실제와 허구, 혹은 경험과 허구를 구분할 수 있는가 하는 점이 의문으로 남는다. 다만 이야기를 서술하는 주체인 서술 주체와 사건을 경험한 경험 주체의 관계에 따라 서사는 경험 서사와 허구 서사로 구분된다.[2]

1 숄즈와 켈로그(2001: 26면)는 서사 문학의 유형을 경험적(empirical) 서사와 허구적(fictional) 서사로 나눈다.
2 우한용 외(2001: 139면)를 참조하였다.

관계 \ 성격	모두 실제 인물	한 명이 실제 인물	모두 허구적 인물
동일한 인물	자전적 서사	×	허구적 서사
동일하지 않은 인물	경험 전달적 서사	경험 전달적 서사	허구적 서사

서술 주체와 경험 주체가 모두 허구적 인물일 경우 허구적 서사에 해당한다. 두 주체가 모두 동일한 실제 인물인 경우에는 자전적 서사에 해당한다. 그리고 두 주체가 모두 실제 인물이지만 동일한 인물이 아닌 경우와 두 주체 중 한 명이 실제 인물인 경우에는 경험 전달적 서사로 규정할 수 있다. 자전적 서사는 실제 인물이 자신의 삶을 회고하며 쓰는 이야기인데, 이때 기억 속 자신의 경험을 전달하는 방식으로 서술된다. 경험 전달적 서사와 자전적 서사는 허구적 서사에 대응하는 경험 서사로 규정할 수 있다.

서사의 역사를 연구한 숄즈(R. Scholes)와 켈로그(R. Kellogg)에 따르면 허구 서사는 미와 선을 추구하며, 경험 서사는 진실을 추구한다. 이는 두 서사의 구분되는 지점을 비교하는 과정에서 언급된 것으로 짐작된다. 즉, 경험 서사가 허구 서사에 비해 선과 미를 추구하는 측면이 약하다는 것이지 전혀 그것들을 추구하지 않는다는 것은 아니다. 허구 서사와 마찬가지로 경험 서사 역시 예술성과 윤리성을 동시에 추구한다.

경험 서사는 자신이나 다른 사람의 생애에서 특별하고 의미 있는 경험을 전달하는 이야기로, 경험의 성격에 따라 다양한 하위 양식으로 구분된다. 실제 인물이 자신의 삶을 서술한 '자서전', 지나간 일을 회상하며 기록한 '회고록', 다른 사람의 생애를 서술한 '평전', 특정 사건을 취재 형식으로 서술한 '르포', 가족의 역사나 가족 관계를 서술한 '가족사 이야기' 등이 경험 서사에 해당한다. 물론 각 하위 양식들이 다른 양식에 비해 엄격하게 구분되는 것은 아니다. 예컨대 김원우의 「밤낮없이 일만 하는 나의 형님」에서 작가는 유년 시절 어머니와 누나, 형과 관련된 일을 기록하는데, 이는 '가족사'를 회고하는 '회고록'이면서 '자서전'의 성격을 띠는 이야기이다. 글쓴이가 어떤 목적으로 어떤 경

험을 서술하느냐에 따라 경험 서사의 성격은 달라질 수 있다.[3]

전통적으로 문학은 시, 소설, 희곡 중심으로 분류되어 연구되었다. 그래서 자서전, 회고록, 평전, 르포 등과 같은 경험 서사는 '문학'의 주류에 끼지 못하고 주변부에 머문 채 문학 연구에서 철저히 배제되어 왔다. 그러나 경험 서사는 근대 소설이 등장하기 이전부터 지금까지 폭넓은 작가층과 독자층을 확보하고 있다. 소설가와 같은 전문 작가가 아니더라도 문학을 좋아하고 즐기는 사람이라면 누구나 자기가 겪은 일을 언어로 표현하고 이해할 수 있다. 최근 SNS나 블로그에 목격담, 여행 기록문, 방문담, 치료담 등을 올리고 댓글을 통해 소통하는 사람들이 부쩍 늘고 있다. 소설 위기의 시대에 경험 서사는 오히려 부흥기를 맞고 있다고 해도 과언이 아니다. 이런 점에서 소설 교육은 문학의 변두리에 머물고 있는 경험 서사를 적극적으로 수용하여 외연을 넓힐 필요가 있다.

3——경험 서사의 구성 원리

1) 경험의 구성

경험 서사는 서술 주체인 '나'의 관점에서 과거 경험 주체인 '나'의 체험을 서술하는 장르이다. 물론 여기에는 서술 주체와 경험 주체 중 하나 이상은 실제 인물이라는 전제를 포함한다. 여기서 현재의 '나'(이야기하는 '나')는 서술 주체이며, 과거의 '나'(이야기되는 '나')는 경험 주체이다. 따라서 경험 서사는 서술 주체가 경험 주체가 겪은 사건을 재구성하여 이야기로 전달하는 특징을 지닌다. 글쓴이는 경험을 서술함으로써 특별한 의도를 드러내기도 하고, 그 과정에서 현재적 의미를 발견하기도 한다. 다음은 이희승이 자신의 청년 시

3 자서전과 회고록은 과거의 경험을 서술한다는 점에서 비슷하다. 하지만 자서전은 서술 주체인 '나'와 관련 있는 현실만이 서술 대상이 되지만, 회고록은 '나'와 관련 있는 현실만이 아니라 '나'가 관찰하고 들은 사실도 서술 대상이 된다는 점에서 차이를 보인다. 우한용 외(2001: 147면) 참조.

절을 회고하며 쓴 자서전이다.

> 상허는 월파와는 달리 술을 그리 즐기지 않았으며 얼굴 모습이 유난히 준수한 사람이었다. 그는 문장이 섬세하고 깨끗해서 특히 여성 독자들에게 대단한 인기를 끌던 당대의 작가였다.
>
> 골동품 수집에 탐닉했던 그는 진고개 골동품상에 자주 다녔는데, 그의 권유로 나와 월파도 한때 고미술품에 취미를 붙였다. 그는 좋은 물건을 발견하면 분수도 모르고 욕심을 냈고, 힘이 미치지 못하면 김활란 선생을 졸라 사들이곤 했다. 학교에 방 하나를 얻어 그렇게 사들인 물건들을 진열하곤 박물실이라 했는데, 이것이 오늘날 이화여대 박물관의 밑천이 된 것이다.
>
> — 이희승, 「월파와 상허」

인용문에서 서술 주체는 청년 시절을 회상하는 현재의 '나'이며, 경험 주체는 일제 강점기 당시의 '나'와 '상허'이다. 서술 주체 '나'는 과거에 실제로 존재하였던 월파(김상용)와 상허(이태준), 그리고 김활란 등과 관련된 경험을 서술한다. 특히 술을 즐기지 않고 준수하였으며, 고미술품을 모으는 취미가 있었다는 등 상허와 관련한 경험을 부각시킨다. 글쓴이는 서술 주체를 통해 과거의 경험을 서술함으로써 자신과 상허가 친분이 있었다는 사실을 알리기도 하고, 또 상허라는 인물에 대해 밝혀지지 않은 정보를 제시함으로써 독자들의 호기심을 유발하기도 한다. 이처럼 글쓴이는 과거의 경험을 제시하면서 어떤 특별한 의도를 드러낸다.

서술 주체는 이야기가 진행되는 과정에서 그 이야기의 결말을 명확하게 알고 있다. 하지만 경험 주체는 이야기 속의 행위자이기 때문에 사건이 진행되는 동안 그 결말을 알지 못한다. 서술 주체는 골동품상에 자주 다니던 상허의 일을 떠올리는데, 결국 그의 취미가 "오늘날 이화여대 박물관의 밑천"이 되었다고 말한다. 당연히 경험 주체인 상허는 자신의 취미로 인해 미래에 어떤 일이 발생할지 모른다. 그러나 서술 주체는 현재적 관점에서 과거의 일을 회상하기 때문에 과거의 경험이 현재에 미친 결과를 염두에 두고 서술한다. 이 과정에서 서술 주체는 경험 주체의 과거 행위에 현재적 의미를 부여한다.

이처럼 주체는 경험을 서술함으로써 특별한 의도를 드러내기도 하고, 독자들이 몰랐던 사실에 대한 정보를 제공하기도 한다. 이 과정에서 주체는 과거의 경험이 갖는 현재적 의미를 제시한다.

2) 대화적 관계 형성

경험 서사는 어떤 사건이나 경험을 고백하는 장르이기 때문에 근본적으로 독백적인 속성을 지닌다. 그러나 한편으로 경험 서사의 서술 주체는 경험 주체와 대화하면서 스토리를 진행하고, 독자와의 의미 공유를 염두에 두고 경험을 서술하는 등 다양한 주체들과 대화적 관계를 형성한다. 다음은 한국의 노동 운동을 상징하는 인물인 노동자 전태일의 삶을 기록한 평전이다.

> 때때로 그는 점심을 굶고 있는 시다들에게 버스값을 털어서 1원짜리 풀빵을 사주고 청계천 6가부터 도봉산까지 두세 시간을 걸어가기도 했다. 일이 늦게 끝나는 날은 주린 창자를 안고 온종일 시달린 몸으로 다리를 허청거리며 미아리까지 걸어가면 밤 12시 통금 시간이 되어 야경꾼에게 붙잡혀 파출소에서 밤을 새우고, 새벽에 다시 도봉산까지 걸어서 집에 당도하는 일도 있었다. (중략)
>
> 아침은 집에서 먹고 나가지만 밀가루빵 하나도 제대로 다 먹지 못하고 온종일 그 고된 일을 하고 견디려니까 태일이 자신은 배가 무척이나 고팠을 것이다.
>
> 몸이 고된 것 이상으로 그의 마음은 더욱 괴로웠다. 시다들의 사정을 속속들이 알게 될수록 그의 가슴은 비수에 찔리듯 아팠고 그의 울분은 치밀어올라 그의 생각은 깊어져 갔다.
>
> (중략)
>
> 다만 지금 우리가 이야기해 두어야 할 것은 그러한 그의 뒷날의 사상이 이때 시다들과의 매일매일의 접촉 속에서 싹트기 시작했다는 사실이다.
>
> — 조영래, 『전태일 평전』

평전은 다른 사람의 삶에 평론을 곁들여 서술하는 글이다. 따라서 평전은 서술 주체와 경험 주체가 동일한 인물이 아닌 경험 서사에 해당한다. 서술 주체는 경험 주체의 삶의 이력을 제시하고, 다양한 근거를 바탕으로 경험 주체의 생각과 느낌을 추론한다. 예컨대 서술 주체는 "온종일 그 고된 일을 하고"라는 사실을 바탕으로 "태일이 자신은 배가 무척이나 고팠을 것이다", "그의 울분은 치밀어 올라 그의 생각은 깊어져 갔다" 등과 같이 경험 주체의 생각과 느낌을 추론한다. 이는 서술 주체가 내적 대화 방식으로 경험 주체와 대화적 관계를 형성하는 것을 의미한다. 이 대화는 경험 주체의 사실적인 경험을 근거로 이루어지며, 그에 대한 해석과 평가의 방식으로 진행된다.

인물의 생애와 관련된 사실을 제시하고, "자신의 비평적 관점에 따라 인물에 대한 해석과 평가"를 수행하는 것은 평전이라는 경험 서사의 본질이라 할 수 있다(임경순, 2003가: 337면). '그'가 버스값을 털어 어린 여성 노동자들에게 풀빵을 사 준 일, 집까지 걸어가다가 통금 시간에 걸려 파출소에서 밤을 새우고 새벽에 다시 걸어서 집에 도착한 일 등은 가족이나 주변 사람들의 진술 등을 통해 확인한 객관적 사실들이다. 여기에 글쓴이의 '해석과 평가'가 더해진다. 그런데 이러한 글쓴이의 해석과 평가는 해석 공동체 내 구성원들의 이해와 공감을 고려하여 이루어진다. 이는 글쓴이가 공동체 구성원의 수용 가능성을 염두에 두고 독자 지향적인 태도로 경험 주체의 삶을 서술한다는 것을 뜻한다.

3) 사색을 통한 성찰 제시

서술 주체는 경험 주체의 경험뿐만 아니라 그것을 매개로 자신의 삶도 해석하고 평가한다. 초점화 방식으로 보자면 서술 대상이 과거의 경험 주체에서 현재의 서술 주체로 옮겨 가는 것이다. 이때 서술 주체는 경험 주체의 경험을 매개로 자신을 초점화하는 과정에서 자신의 삶을 반성하고 성찰한다. 이때 서술 주체가 제시한 경험은 현재의 서술 주체에 존재론적으로 작용하는 '시간 경험'의 성격을 지닌다. 서술 주체는 과거의 경험 주체와 대화적 관계를 유지하는 동안 존재론적 의미를 발견해 나간다. 따라서 경험 서사에는 경험에 대한 서술 주체의 사색과 성찰이 나타난다. 다음은 아버지의 삶을 서술한 가족사 이야기이다.

> 원산 대철수 때 며칠 동안 후퇴했다가 다시 온다는 상부의 말을 순진하게 믿었던 아버지는 처자를 쑥밭이 돼 버린 원산에 두고 온 뒤로 다른 실향민들의 운명이 그러했듯이 다시는 그들을 만나지 못했다.
>
> 이산가족 찾기 열풍이 한창이던 어느 땐가 내가 아버지에게 북쪽 생각이 나느냐고 은근히 물어보았더니 아버지는,
>
> "안 난다믄 거짓뿌렁이잖구. (북에 두고 온) 그 아이가 살아 있다믄야……내 아가 이름도 채 못 지어 주고 나온 거 니 아니? 기거이 참……."
>
> 하면서 뿌우연 눈빛을 띠었다. 순간 나는 아버지가 이남에서 삼십 년을 넘겨 살아왔지만 삶의 잔뿌리를 올올이 다 내리지 못한 게 아닌가 하는 생각을 하게 되었다.
>
> (중략)
>
> 나는 아버지 살아생전에 별로 효도라는 걸 해 보지 못했다. 효도는커녕 난 도무지 아버지라는 존재를 승복할 수가 없었다. 철없던 한때는 아버지의 무능력이라는 게 일종의 재앙으로까지 여겨졌다.
>
> (중략)
>
> 아버지는 무능력했지만 주변에서 법 없이도 살 만한 사람이라는 말을 몇 번쯤은 들은 기억이 난다. 내가 서른한 살의 삶이 무거워지고 고달파질 때마다 자꾸만 아버지의 이 표정을 떠올리는 이유가 바로 여기에 있다.
>
> — 김소진, 「나의 가족사」

이 가족사의 중심에는 아버지가 있고, 그를 바라보는 '나'의 태도 변화가 자리 잡고 있다. 이 글에서 서술 주체는 과거를 떠올리는 '나'이며, 경험 주체는 아버지와 과거의 '나'이다. 작가는 한국 전쟁 당시 북쪽에 가족을 두고 월남한 뒤 남쪽에서 새 가정을 꾸린 아버지의 삶을 기록한다. 유년 시절 '나'는 아버지가 남쪽과 북쪽에 모두 처자를 거느렸다는 사실을 알고 충격과 자격지심에

빠져든다. 심지어 무능력한 아버지의 모습을 보며 그 존재마저 인정하지 않았다. 그런데 지금의 '나'는 한때 "일종의 재앙"으로 여겼던 아버지의 삶을 이해하고 연민한다. 동일한 대상인 아버지에 대한 '나'의 태도가 달라지는데, 경험 주체인 아버지와 과거의 '나'에 대한 서술 주체의 사색과 성찰이 있었기 때문이다.

서술 주체는 경험 주체와 만나 소통하면서 자신을 성찰한다. 이 글에서 서술 주체는 '서른한 살'의 시간을 살아가는 존재이며, 그는 삶이 고달플 때마다 아버지가 떠오른다고 고백한다. 과거의 경험 주체가 현재의 서술 주체에게 영향을 주고 있는 장면이다. 이처럼 과거의 경험을 서사화하는 것은 통합된 시간 질서 속에 자신을 두는 작업인 동시에 자기 존재를 성찰하는 행위이다.

4——경험 서사와 소설 창작 교육

경험 서사의 소통에는 작가, 서술 주체로서의 '나', 경험 주체로서의 '나', 그리고 독자 등 다양한 주체들이 공존한다. 학습자는 소통의 과정에서 경험 서사를 수용하는 주체가 될 수도 있고, 자신이 직접 겪은 생활의 경험을 표현하는 주체도 될 수 있다. 여기서는 경험 서사의 '경험'을 소설 창작에서 이야기(story)의 질료(substance)로 활용할 수 있다는 점에 주목한다. 경험에는 개인적 기억이나 사건과 관련된 개인적 경험과 역사적 기억이나 사건과 관련된 역사적 경험이 있다. 경험 서사와 이를 바탕으로 창작된 소설을 비교해 봄으로써 창작 교육의 가능성을 살펴보기로 한다.

첫째, 경험 서사의 개인적 경험이 소설의 스토리로 구성되는 경우이다. 개인적 경험에는 글쓴이가 직접 체험한 것뿐만 아니라 다른 사람의 경험도 포함된다. 다음은 앞에서 '나의 가족사'라는 경험 서사를 썼던 김소진의 소설 「쥐잡기」의 일부분이다.

아버지는 잘 싸우는 축이 결코 못 되었다. 민홍이 보기에는 도무지 무력하기 짝이 없는 병사에 지나지 않았다. (중략)

아버지는 전쟁 포로로 나온 사람이었다. 아버지는 전쟁 포로라는 말 대신 피 떠블유라는 말을 즐겨 사용했는데 말끝마다 우리가 뭐 앞에 총이 뭔지나 알았겠니 하며 계면쩍은 미소를 짓곤 했다. 두 손을 바짝 쳐든 덕에 죽지 않고 포로가 되었다. 부산에서 조사를 받다가 상륙정에 실려 간 곳이 거제도란 데였다. 가 보니깐 허허벌판 논바닥에 엉성하게 천막을 쳐 놓고는 가마때기 몇 장을 깔아 논 곳이 포로수용소였다. 가시철망 너머로 불어오는 벌바람이 사람을 그지없이 스산하게 만들었다.

생각해 보라우. 기때 내 나이 스물하구두 야들이었어. 고향 산천 기리고 부모 처자식 모다 두고 이녘에 피 떠블유로 나왔으니 을매나 엉이없고 속이 뒤집어지갔는지를.

(중략)

짓물러진 눈자위를 손가락으로 지그시 누르고 있는 아버지의 어깨가 가늘게 떨렸다. 민홍은 배 속에서 울컥하는 감정 덩어리가 솟구침을 느꼈다. 비껴 앉은 아버지의 야윈 잔등을 보면서 민홍은 박물관에서 본 적이 있는 고생대의 한 화석을 떠올렸다. 그 화석에 대한 일차적 기억은 앙상함이었고 그리고 가슴 답답한 세월의 무게였다. 그 누구도 자유롭지 못한.

— 김소진, 「쥐잡기」

「나의 가족사」에 등장하였던 아버지의 삶과 성격, 이미지가 「쥐잡기」라는 소설에 고스란히 나타난다. 「쥐잡기」의 아버지 역시 「나의 가족사」의 아버지와 마찬가지로 한국 전쟁 때 가족과 헤어졌고, 남쪽에서 새로운 가정을 꾸린 존재이다. 이 소설에서 아버지는 자신의 운명을 뒤바꿔 버린 존재가 '쥐'라고 생각하고 쥐를 잡으려고 애쓰지만 번번이 실패한다. 쥐 한 마리도 제대로 잡지 못하는 아버지는 아내의 경제적 수입에만 의존하는 무능한 가장의 모습으로 그려진다. 그런데 이 소설은 「나의 가족사」라는 경험 서사의 서술 주체와 인물의 양상과는 달리 서술자를 '민홍'으로, 아버지를 한국 전쟁 당시의 '전쟁 포로'로 설정한다. 즉, 작가는 자신의 가족사 경험을 바탕으로 인물과 사건 등을 허구화하여 한 편의 소설로 완성한 것이다.

「나의 가족사」와 「쥐잡기」는 개인적 경험과 기억이 경험 서사, 또는 소설로 창작되는 과정을 보여 준다. 학습자는 가족, 친구, 선생님, 자기 자신 등 다양한 존재들과 관련된 경험을 떠올려 경험 서사로 구성하고, 여기에 허구적 상상력을 작동하여 소설로 창작할 수 있다. 「나의 가족사」와 「쥐잡기」를 통해 알 수 있듯이 경험 서사와 소설은 개인적인 경험을 스토리의 원재료로 한다는 점에서 유사하다. 하지만 경험 서사의 플롯은 '허구화'의 측면과 '서술자'나 '시점'과 같은 기법적인 측면을 덜 고려한다는 점에서 소설에 비해 비교적 단순하다. 그렇다고 경험 서사가 소설에 비해 예술성이나 문학적 완성도가 떨어지는 것은 아니다. 다만 허구화와 복잡한 구성 체계를 염두에 두는 소설 창작에 비해 경험 서사 쓰기는 비교적 수월한 활동이라는 점이다. 경험 서사 쓰기 역시 소설 창작에 준하는 경험의 발견과 탐색, 그리고 의미화 과정이 나타난다. 이는 경험 서사 쓰기 활동이 소설 창작을 위한 가교 역할을 할 수 있다는 점을 의미한다. 즉, 경험 서사 쓰기는 본격적인 소설 창작의 전 단계로서의 역할을 담당할 수 있다.

둘째, 경험 서사의 역사적 경험이나 기억이 소설의 스토리로 구성되는 경우이다. 역사적 경험은 민족이나 국가의 역사적 사건과 관련된 경험을 가리키기 때문에 공적인 성격, 다시 말하면 공동체 내에서 소통되는 공적 기억의 성격을 지닌다. 따라서 주체는 통시성과 공시성을 동시에 고려해야만 경험의 의미를 이해할 수 있다. 그런데 공적 기억은 특정 집단의 이념에 따라 조작되고 왜곡되기도 하며, 전승된 기억은 시간적·공간적으로 볼 때 현재와는 거리가 멀다. 따라서 역사적 사건에 대한 정확한 정보를 갖지 못한 학습자는 그 사건을 이해하고 공감하기가 어렵다.

학습자는 다양한 사료를 찾아 이를 근거로 사건의 역사적 맥락과 의미를 파악해야 한다. 개인적인 경험은 주체의 주관적인 기억에 의존하지만 공적인 기억은 공동체 구성원에 전승된 기억에 의존하는 경향이 강하다. 따라서 역사적 경험을 서사로 표현하려면 학습자는 가능한 한 객관적인 자료를 면밀히 검토해야 한다. 물론 자료라는 것이 누군가의 관점에 의해 기록된 것이므로 완벽하게 객관적이라 말할 수는 없다. 그렇다 하더라도 사건과 관련된 기사, 대화록, 다큐멘터리 등은 당시 상황을 비교적 객관적으로 보여 줄 수 있는 자료이기 때문에 이를 서사 표현에 참조할 수 있다. 다음은 광주 민주화 운동을 취재한 르포인데, 당시 진실을 알리기 위해 광주를 탈출하였던 김성룡 신부의 기록이 제시된다.

> 보다 큰 사명을 다해야 한다. 왜곡된 실상, 공수단의 만행과 계엄군의 무차별 사살을 세상에 폭로해야 한다. 진실은 진실이라고 말하는 예언자적 사명을 받은 신부가 아니냐. 그래야 비로소 80만 광주 시민의 피의 대가를 찾을 수가 있다. 무장폭도, 불순분자라는 오명을 씻고 자랑스러운 민주 시민임이 인정되어야 한다.
>
> 서울에 가자. 추기경에게 알려야 한다.
>
> 주님의 자비와 성모님의 도움, 그리고 형제들의 따뜻한 헌신적인 보호를 받으면서 다음 날(27일) 밤 10시경 무사히 명동에 도착했다. 9번이나 엄한 검문을 통과했으나 잘못하면 그들에게 화가 미칠까 봐 탈출 경과는 밝히지 못한다.
>
> — 윤재걸, 「광주, 그 비극의 10일간」

이 기록을 보관하고 있던 소설가 윤정모는 기록의 내용을 참조하여 소설 「밤길」을 창작한다. 그는 이 기록을 보관하게 된 경위와 기록을 근거로 소설을 창작한 사연을 다음과 같이 고백한다.

> 모든 자료를 비닐에 싸서 마당을 파고 시멘트를 발라서 보관한 거예요. 자료 보관(하는 사람), 문화 팀이 다 우리 집을 거쳐 간 거예요. 그 자료를 볼 수 있는데, 좋은 자료 하나 있다고 하는 거예요. (중략) 상무대에서 했던 이야기 등 신부님이 쓴 것을 내가 입수하게 된 거죠. 이게 바티칸에도 가고 다 간 거예요. 이거 한국 작가

가 이걸 제대로 얘기해야겠다. 신부님이 이야기하는 게 알리는 게 쉽잖아요. 이건 실화니까.[4]

작가는 실화에 근거하여 「밤길」의 이야기를 창작하였다고 말한다. 즉, 실제로 존재하였던 타자의 경험과 작가의 상상력이 결합되어 소설 「밤길」이 나온 것이다. 소설의 이야기 대부분은 기록의 내용과 일치하지만 등장인물을 새롭게 추가하거나 김성룡 신부의 심리 상태를 추론하여 제시하는 등 허구적인 요소가 다수 발견된다. 인용한 르포에는 광주를 탈출하는 김성룡 신부의 여로와 심회가 나타난다. '나'의 관점에서 서술하기 때문에 경험 주체의 의도나 심리 상태 등이 직접 제시된다. 이러한 김성룡 신부의 행적은 소설에서 어떻게 형상화되었을까? 다음은 르포의 동일한 상황을 소설로 바꾼 부분이다.

뒤이어 요섭이 들어왔다. 그 애는 이미 떠날 채비를 하고 왔다. 주님이여, 성모님이여, 부디 이곳을, 이 생명들을 지켜 주십시오. 신부는 그곳을 떠나오면서 출애굽인가, 정녕 그러한가, 자신에게 반문했다.

"신부님, 사실은 아까 깜박 졸았을 때 아버지를 본 게 아니었어요."

요섭이 천천히 고개를 들면서 말했다.

"동지들의 얼굴이었어요. 신부님, 동지들의 얼굴이요!"

그래, 요섭아. 나도 그 얼굴들을 보고 있단다.

"그들은 죽었어요. 모두가…… 그런데 난 비겁자가 되었잖아요. 족보에도 없는 비겁자……."

"우리에겐 아무도 비겁자가 없다. 요섭아, 그만 일어나자."

"아무 의미가 없어요. 나의 탈출은……."

"어서 일어나거라. 너의 임무는 아직도 끝나지 않았어."

신부는 요섭을 안아 일으켰다. 요섭은 한참 만에 무겁게 일어났다. 신부는 그의

4 「광주 항쟁을 처음으로 폭로한 소설 「밤길」」, 트위터 매거진 '새가 날아든다'(http://www.podbbang.com/ch/7290), 2015년 5월 20일.

어깨에 팔을 두르고 걷기 시작했다.

요섭아, 우리도 지금 안전한 곳으로 대피하고 있는 게 아니란다. 거기에도 장벽은 있다. 그 장벽을 깨뜨려 달라는 임무가 우리에게 주어진 거야. 우린 그걸 해내야 돼. 행여 이 밤길이 영원히 끝나지 않는다 해도 이젠 서둘러야 한다.

— 윤정모, 「밤길」

"신부님이 이야기하는 게 알리는 게 쉽잖아요."라는 고백에서 알 수 있듯이 작가는 소설에서 사건을 직접 경험한 '신부'의 관점에서 당시 상황을 제시한다. 이는 사건이나 경험 자체의 객관성을 확보할 수 있다는 장점을 지닌다. 한편 "주님이여, 성모님이여, 부디 이곳을, 이 생명들을 지켜 주십시오."와 같이 자유 간접 화법을 사용하는데, 이는 서술자와 인물의 내면 심리나 주관을 개입시키는 데 효과적인 방법이다. 그리고 작가는 경험 서사에 존재하지 않았던 '요섭'이라는 인물을 창조한다. 요섭은 작가의 상상에 의해 창조된 허구적 인물이지만, 바흐친(M. M. Bakhtin)식으로 보자면 신부의 타자화된 자기이다. 즉, 신부는 자신을 타자화하여 자신과 대화하는데, 이는 주체의 경험을 의미화하는 데 효과적이다.

이처럼 작가는 다양한 서술적 장치를 동원하고 허구적 상황을 제시하면서 경험 서사를 소설로 새롭게 구성한다. 이는 소설 창작 교육에 시사하는 바가 크다. 누구나 역사적인 사건과 관련된 자료를 찾을 수 있다. 최근에는 역사적 사건의 사진이나 저명 인물 소개, 혹은 특정 사건을 모아 '르포' 형식으로 제공하는 블로그의 수가 늘고 있다. 그만큼 정보를 접하기가 쉬워졌다. 학습자는 관심이 있는 역사적 사건을 조사하고, 그와 관련된 블로그를 방문하여 필요한 자료들을 수집할 수 있다. 그리고 이 자료들을 근거로 경험 서사로 표현하고, 여기에 소설 장치를 동원하고 허구적 상상력을 발휘하여 한 편의 소설로 형상화할 수 있다.

5——소설 교육의 가능성

지금까지 경험 서사의 본질과 구성 원리, 경험 서사와 소설의 관계 등을 살펴보았다. 경험 서사 쓰기는 과거의 경험을 현재적 시각으로 구성하면서 성찰의 기회를 제공한다는 점에서 그 자체로 교육적 의미를 지닌다. 소설 교육을 논하는 자리인 만큼 소설 교육에서 경험 서사의 의미와 가능성을 제시하고자 한다.

첫째, 경험 서사 쓰기는 소설 창작 교육의 위계화에서 한 부분을 담당한다. 학습자는 경험 서사 쓰기를 통해 본격적인 소설 창작에 앞서 스토리의 질료인 경험을 구체화하는 방법과 스토리를 구성하고 담론화하는 방식을 파악한다. 이 과정에서 학습자는 경험의 서사화 방식을 이해하고, 이를 바탕으로 본격적인 소설을 창작할 수 있다. 또한 초기에는 개인적 경험을 서사화하는 활동을 하고 차츰 사회적·역사적 의미를 지니는 경험을 서사화하는 활동을 할 수 있다. 이는 학습자에게 개인적인 성장의 문제에서 출발하여 사회적 내면화의 문제까지 다룰 수 있도록 한다. 요컨대 경험 서사는 '경험 서사 쓰기 → 소설 창작', '개인적 경험의 서사화 → 사회적 경험의 서사화' 등과 같이 소설 창작 교육을 위계화하는 역할을 담당한다.

둘째, 경험 서사 쓰기 능력은 소설 창작 능력을 기르는 데 도움이 된다. 경험 서사 쓰기와 소설 창작은 경험을 서사화한다는 점에서 유사한 활동이다. 학습자는 경험 서사 쓰기를 반복적으로 수행하는 동안 스토리 구성 능력을 계발할 수 있다. 이 능력은 소설 창작에서 인물을 설정하고, 사건과 사건을 연결하는 능력으로 확장된다. 물론 소설 창작에서 중요한 것 중 하나는 인물을 창조하거나 배경을 창의적으로 설정하는 것과 관련되는 '허구화'이다. 경험 서사 쓰기가 허구화 능력까지 기를 수 있는지는 좀 더 논의가 필요한 사항이지만, 경험과 사건을 언어화하는 그 자체도 '허구화'의 첫 단계이므로 경험 서사 쓰기에도 어느 정도의 '허구화'는 나타난다. 따라서 경험 서사 쓰기를 반복하고 심화한다면 경험 서사 쓰기 능력뿐만 아니라 소설 창작 능력까지도 기를 수 있을 것이다.

셋째, 경험 서사 쓰기는 소설 창작 교육과 매체 교육을 통합하는 데 기여한다. 최근 블로그를 통해 자기 경험담을 이야기하는 사람들이 늘고 있다. 이는 소설 교육의 한 방법으로 활용할 수 있는데, 블로그에 자기 경험을 서술하는 활동과 블로그에서 자료를 찾아 타자의 경험을 서술하는 활동 등이 가능하다. 자신이 쓴 경험 서사나 소설 등을 블로그에 게시하여 독자들의 반응을 얻고, 다른 사람이 쓴 글을 비평할 수도 있다.

이처럼 경험 서사 쓰기는 소설 창작의 전 단계로서의 역할을 담당할 수 있다. 또한 학습자는 경험 서사를 반복하여 표현하는 과정에서 서사 표현 능력을 기르며, 이는 자연스럽게 소설 창작 능력과 연계될 수 있다. 또한 블로그를 활용하여 자신의 경험을 표현하거나 다른 사람의 경험을 이해하는 활동을 수행하면서 서사 표현 능력과 소설 창작 능력을 동시에 기를 수 있다.

핵심어

경험 서사, 허구 서사, 경험 주체, 서술 주체, 소설 창작, 소설 창작 능력

| 참고 문헌 |

숄즈·켈로그(Scholes, R. & Kellogg, R., 2001), 『서사의 본질』, 임병권 역, 예림기획.
우한용 외(2001), 『서사 교육론』, 동아시아.
임경순(2003가), 『국어 교육학과 서사 교육론』, 한국문화사.

| 더 읽을 거리 |

문학과문학교육연구소(2001), 『창작 교육, 어떻게 할 것인가』, 푸른사상.
우한용(2009), 『창작 교육론 — 삶 읽기, 글 읽기, 글 쓰기』, 태학사.
임경순(2003나), 『서사 표현 교육론 연구 — 경험의 서사화 방법과 내용 설계에 대한 연구서』, 역락.

현대소설 재창작 및 창작 교육

° 김근호

1——소설 창작 교육의 필요성

오늘날 소설 연구와 관련하여 특기할 만한 현상이 소설 창작론의 활발한 출간이다. 소설 창작론에 관한 저술의 활발한 출간과 스토리텔링 관련 연구와 산업의 활성화는 인간에 대한 새로운 인식을 요구한다. 인간은 원래, 그리고 누구나 할 것 없이 이야기꾼이다. 이 말은 인간은 이야기를 수동적으로 소비하는 것이 아니라 이야기를 생산하는 주체이며, 독자이면서 잠재적 작가라는 뜻이다. 맥애덤스(D. P. McAdams, 2006: 3면)의 말처럼 "우리는 모두 이야기꾼이며, 이야기 그 자체이기도 하다." 이러한 상황에서 소설 창작론과 스토리텔링에 대한 인식의 활성화는 자연스러운 현상이다.

소설 창작론의 활기와 함께 새롭게 주목받는 개념이 스토리텔링이다. 소설뿐만 아니라 그 외의 다양한 이야기 형식의 메시지가 생산되고 소통되는 현상이 점차 증가하면서 서사의 경계는 느슨해지고, 오히려 서사 자체보다는 사람들의 서사적 수행이 주목받고 있다. 그래서 많은 사람들은 그것을 스토리텔링의 개념 속에 포섭시키려고 한다. 그렇게 되니 소설은 문자 서사의 한 종류가 되고, 그렇지 않은 구술 서사나 영상·사진 등 이미지를 활용하는 서사까지도

스토리텔링의 영역으로 포괄된다. 소설은 서사 문학의 지존 자리에서 내려와 스토리텔링의 서사 문화 속에서 활동하며 여타 서사 문화 콘텐츠와 관계를 맺는 것으로 재인식된 것이다. 사실 근대적 개념의 소설은 전문 작가가 창작하고 다수의 대중 독자가 소비하는 대상이었다. 그 사이를 전문 독자라 할 수 있는 비평가가 매개하는 형국이었다. 위에서 아래로의 수직적 관계와 작가의 계몽적인 태도는 지배적인 현상이었다. 그러나 이러한 구도가 다양한 매체의 발달과 사람들의 매체 활용 능력의 발달로 인해 점차 바뀌어 가고 있다. 스토리텔링의 시대를 맞이하고 있기 때문이다.

이러한 사회사적 맥락에 부응하여 문학 교육에서 창작 교육이 도입되고 강조되기에 이르렀다. 국어과 교육과정에서 창작 교육이 도입된 것은 1997년에 고시된 제7차 교육과정 때부터이다. 과거에는 창작 교육의 위상이 크게 위축되어 있었다. 아직도 창작 교육에 회의적인 연구자와 교사들이 더러 있다. 문제는 창작 교육에 대한 인식을 새롭게 하고 어떻게 실천할 것인지 공적 합의를 이루는 일이다. 창작 교육은 전문 작가 수준의 창작을 고려하되, 그것을 절대적인 기준으로 내세우는 것은 바람직하지 않다. 그렇게 되면 창작 교육을 실천하는 것을 특수한 기능적 목적에 한정하는 것이어서 보통 교육으로서의 문학 교육이 지향해야 하는 인문적 가치를 몰각하게 될 우려가 있기 때문이다. 중요한 것은 텍스트의 수준보다는 창작 주체의 태도와 창작의 수행 과정이다. 문학 창작은 삶에 대한 깊이 있는 관찰과 사유를 바탕으로 한다. 그런 점에서 창작 교육의 목적은 삶에 대한 성찰을 언어적으로 표현하는 방법을 익히고, 창작의 가치를 삶의 중요한 가치로 자기화(전유)하는 데 두어야 한다.

개인 노트나 문집, 심지어는 화장실의 낙서에 이르기까지 성장기에 놓여 있는 학습자들의 일상생활을 보면 그들은 자신의 실존에 대한 고민을 비롯하여 가족 문제, 진로 문제, 이성 문제 등에 관한 상념들을 표현하고자 하는 욕망에 시달리고 있음을 어렵지 않게 확인할 수 있다. 그러나 지금과 같은 교육 환경에서 그러한 표현 욕망을 해결할 수 있는 기회는 그다지 많지 않은 편이다. 교과별로 나누어져서 이루어지는 수업의 연쇄는 학습자들의 표현 욕망을 차단하여 그들의 삶이 온전한 전체로서의 유기적 조화를 이루도록 하는 데 기여하지 못한다. 성장 이데올로기에 갇힌 학습자들은 자신의 정체성을 탐색할 겨를조차 갖기 어렵다. 이러한 상황에서 창작 교육은 학습자들의 내면에 억눌린 고뇌와 고통, 그리고 그 반대편의 환희와 희열의 감정까지도 표현할 수 있는 감성 소통의 창구가 된다. 교육 현장에서 창작 교육이 당면 과제가 된 만큼 창작 교육에 대한 깊이 있는 고민이 필요할 때이다.

2——현대소설 재창작 활동의 방법

창작 교육에서 우선 강조되어야 할 것은 현대소설 재창작[1] 활동이다. 창작 경험이 전혀 없거나 부족한 학습자들에게 무턱대고 작품을 써 보라고 할 수는 없는 노릇이기 때문이다. 그에 앞서 기성 작가의 작품을 읽고 그에 대한 반응의 하나로서 모방하거나 패러디하거나 혹은 앞뒤의 이야기를 채워 보는 활동이 필요하다. 이러한 재창작 활동은 미적인 수준에서 완성형에 가까운 작품을 창작하기 위한 징검다리 역할을 할 수 있다. 의미 있는 창작 교육을 실천하기 위해서는 논리적 기반을 마련하는 것이 필수적이다. 그런데 현대소설 재창작 활동의 논리적 체계화는 사실 정해진 답도 없고 도식화하기도 매우 어렵다. 그럼에도 논리적이면서 실천 가능한 창작 교육 방법론을 모색해야 하는 것이 우리의 당면 과제이다.

1 2007 개정 국어과 교육과정에서부터 '창조적 재구성'이라는 용어를 써 왔다. 하지만 이 용어는 부적절해 보인다. 포스트모던 시대를 맞이하여 탈구조주의적 사고방식이 교육 담론에서 지배적 위치를 차지하면서 재구성이라는 용어가 선호된 것으로 보인다. 재구성이라는 말은 매우 제한적인 의미를 지닌다. 재구성이란 레고처럼 이미 만들어 놓은 것을 해체·분해하여 다시 만드는 것이므로, 재배치와 재구조화에 가까운 것이다. 창작의 재료를 다른 것에서 가져오거나 기존의 것을 과감히 버리는 것이 아니기 때문에 재구성이라는 용어는 생산을 위한 문학 교육의 본래 취지에 비추어 보아도 창의성이 약한 문학 활동에 제한된 느낌을 준다. 그런 점에서 '재창작'이라는 용어가 적합해 보인다. 재창작이라는 말은 이미 완성되거나 발표된 예술 작품을 새로운 해석을 더하거나 형식을 달리하여 다시 짓거나 표현한다는 뜻을 지닌 학술 용어로 널리 써 왔다. 따라서 앞으로는 재창작이라는 용어를 쓰는 것이 적합해 보인다. '창조적 재구성'보다는 '재창작'이라는 용어가 더욱 적합하다는 주장은 이미 정호웅(2012)이 제기한 바 있다.

이와 관련하여 정호웅(2012)이 체계화한 소설 재창작 활동의 방법론을 참고할 만하다. 그는 문학 교육 논의에서 창작 교육을 두고 종종 등장하곤 하는 전문성과 관련된 시비 및 창작 수행의 어려움을 극복하는 방안으로 재창작 활동에 주목하고, 재창작의 가치를 인정해야 한다고 주장하였다. 창작 입문자에 불과한 학습자들에게 수준 높은 창작을 요구할 수도 기대할 수도 없다면, 그들의 수준에 맞는 창작 활동과 그것의 이론적 체계화가 필요하다는 것이다. 그는 학습자들이 감당할 수 있는 수준의 재창작 활동 요목으로 '채워 넣기', '덧붙이기', '바꾸기', '새로 쓰기' 등을 제안하였다. 순차적으로 활동의 수준이 확장되는 구조인데, 논리적이면서 현실성도 있는 적절한 도식이라 생각한다.

다만 이 글에서 덧붙이고자 하는 것은 재창작 활동에 작용하는 소설의 장르성(텍스트성)과 매체의 문제이다. 즉, 소설의 서사 층위론에 따라 스토리, 담화를 기본으로 하되, 그것을 둘러싼 텍스트의 맥락인 매체와 장르를 부가적으로 고려해 볼 수 있다. 소설의 재창작 활동만이 갖는 특수성을 고려해야 한다는 것인데, 이 경우 소설의 서사성은 중요한 고려 사항이 된다. 소설의 서사성을 중시하는 시각은 비평 이론 중 특히 구조 이론에 기반한 것이다. 구조 이론은 소설 측면에서 서사 이론으로 발전해 오면서 소설뿐만 아니라 서사 텍스트 일반에 대한 이론적 논거를 마련하는 데 기여해 왔다.

서사 이론의 기초는 서사 층위론이다. 소설의 층위는 스토리와 담화로 나누는 것이 가장 보편적인 방식인데, 이는 교육적 적용력도 가장 높다. 흔히 말하는 문학의 내용과 형식으로 대별되기 때문이다. 서술(하기) 층위를 고려하기도 하지만, 현실적으로 교육 내용으로 삼기에는 어려움이 있다. 스토리 층위는 인물, 사건, 시공간(배경), 담화 층위는 플롯, 시점, 화자, 서술, 문체 등의 하위 요소로 구체화된다. 이 요소들은 서사 전체를 형성하는 데 작용하면서 소설의 주제를 구체화하고, 독자의 심미적 체험을 유도하며, 삶에 대한 윤리적 각성과 성찰을 매개한다. 따라서 어느 것 하나도 소홀히 할 수 없다. 다만 특정한 요소가 의미화의 중요한 요소로 작용하는 경우가 있을 것이다. 이는 작품별로 따져 보아야 할 사항이다.

스토리 층위에서는 인물, 사건, 배경의 채워 넣기, 덧붙이기, 바꾸기, 새로 쓰기 등 모든 활동이 가능하다. 하지만 담론 층위에서는 재창작 활동이 선택적으로 이루어진다. 소설의 미학적 특수성이 이 층위에서 결정되기 때문이다. 이를테면 채워 넣기와 덧붙이기는 소설 전체의 미학적 형상성을 깨뜨릴 우려가 있기 때문에 담론 층위의 재창작 활동으로서는 부적절해 보인다. 이 층위에서는 바꾸기와 새로 쓰기가 가능하다. 시점이나 플롯, 문체 등을 바꾸어 다시 쓰거나 아예 새로운 이야기를 창작해 보는 것은 충분히 실천 가능할 뿐만 아니라, 소설 형식의 수사학적 효과를 배우고 익히는 활동으로서 교육적 의의가 높다.

매체 변용 재창작 활동도 고려할 수 있다. 소설이 인쇄 매체에 담긴 문자 서사로 탄생하고 유통되면서 독자에게 향유되는 것은 소설의 근대성을 잘 말해준다. 소설은 매체 차원에서 특히 개인의 독서를 전제로 한 근대적 서사 양식이다. 따라서 소설 재창작 활동에서 매체의 문제를 고려하지 않을 수 없다. 문자 서사인 소설은 다른 매체와 상호 연관을 맺고 또 상호 작용을 하기도 하는 관계에 놓인다. 여러 사람이 한 장소에서 한 번에 향유할 수 있는 구어 서사로 변용될 수도 있고, 영화나 드라마 같은 영상 서사로 변용될 수도 있다. 물론 그 역도 가능하다. 소설이 구어 서사나 영상 서사로 변용될 때 그것은 소설이 아니라 소설의 콘텐츠를 빌린 또 다른 서사가 되는데, 이러한 재창작 역시 의미를 지닌다. 이 과정에서 원작의 내용을 그대로 따르기는 매우 어렵다. 매체 환경이 달라짐으로써 스토리의 형상 역시 가공이 불가피하기 때문이다. 이 경우 재창작 활동의 방향은 원전 준수형 재창작과 원전 개작형 재창작으로 설정할 수 있다. 무엇을 선택할지는 교육적 목적과 텍스트의 특성, 그리고 학습자의 흥미 또는 요구에 따라 융통성 있게 결정하면 된다.

장르를 바꾸는 재창작 활동도 가능하다. 장르 차원에서 소설을 재창작하는 경우에는 서사를 제외한 다른 인접 장르, 즉 서정과 극으로 변용하는 방식을 상정할 수 있다. 이 경우에도 스토리와 담화 전반에 걸쳐 전면적인 변용이 불가피한데, 매체 차원의 재창작보다 훨씬 어렵고 품이 많이 든다. 특히 소설을 시로 변용하는 것은 매우 어렵다. 시로 변용하는 작업이 여의치 않을 때에는 김유정의 소설 「동백꽃」이나 「봄·봄」을 연극 텍스트로 변용하는 재창작 활동을 해 볼 수 있다. 단편 소설이므로 이야기의 공간도 상대적으로 제한적이고 인물의 성격도 개성적이면서 일정하게 한정되어 있기 때문에 수월하게 재창작 활동을 수행할 수 있다. 모둠 학습으로 진행하면 작품 이해는 물론 창작 경험의 깊이와 폭이 심화될 것이다.

지금까지 설명한 내용을 정리하면 다음과 같다.

재창작 활동의 성격	층위	하위 요소	재창작 활동 요목
소설 기반 재창작 활동	스토리	인물, 사건, 배경	채워 넣기/덧붙이기/바꾸기/새로 쓰기
	담론	플롯, 시점, 서술, 문체	바꾸기/새로 쓰기
매체 및 장르 변용 지향의 소설 재창작 활동	매체	구어, 문어, 영상	소설을 구술 서사로 재창작하기 구술 서사를 소설로 재창작하기 소설을 영상 서사로 재창작하기 영상 서사를 소설로 재창작하기
	장르	서정, 서사, 극	소설을 시로 재창작하기 시를 소설로 재창작하기 소설을 희곡(연극)으로 재창작하기 연극을 소설로 재창작하기

현대소설 재창작 활동에서 모든 작품이 대상이 될 수는 없다. 그러므로 활동 요목에 부합하는 조건을 갖춘 작품을 선택해야 한다. 예를 들어 '채워 넣기' 활동을 위해서는 정보 제시가 불충분한, 달리 말하면 독자에게 다소 불친절한 작품이 적합하다. 제시된 정보가 부족하다는 것은 독자가 그 부분에 관련된 상상력을 발휘할 여지가 크다는 뜻이다. 예를 들면 김동인의 「배따라기」, 「감자」 등이 적절하다. '덧붙이기' 경우는 최일남의 「노새 두 마리」를 대상으로 결말 이어 쓰기 같은 활동을 해 볼 수 있다. '바꾸기'는 주제, 인물, 시점, 화자 등을 바꾸는 활동으로, 작품이 갖는 미적인 특징과 함께 내용적 구도에도 많은 변화를 일으키므로 고도의 사고가 요구된다. 주요섭의 「사랑손님과 어머니」의 시점을 바꾸거나 인물을 바꾸려고 해 보면 상당한 어려움이 있음을 느끼게 되는데, 의미 있는 변화이므로 시도해 볼 만하다.

염상섭의 『삼대』를 읽고 '우리 시대의 삼대'라는 제목으로 허구성을 갖춘 서사 한 편을 창작해 볼 수도 있다. 이는 '새로 쓰기'에 해당한다. 이러한 활동은 기존 소설의 유의미한 모티프나 소재, 형식적 특징 등을 두루 활용하면서 동시에 창작 주체의 자유롭고 창의적인 새로 쓰기를 지향하므로 활동의 범위가 넓다. 더 많은 서사적 상상력을 요구하는 활동이므로 창작 주체의 수고도 그만큼 더 크다. 학생들의 창작물도 매우 다양할 것이어서 평가하는 데에도 어려움이 있다. 그러나 이 경우 창작의 진정성과 창의성 등에 평가의 비중을 더 많이 부여한다면 의미 있는 활동을 유도할 수 있다. 한편으로는 재창작 활동의 보람과 즐거움이 더 클 수도 있으리라 예상되는데, 재창작 활동의 자율성이 높은 만큼 상대적으로 수월하면서 훨씬 재미있게 전개될 수도 있다. 창작 교육에 대한 교사의 명확한 의지와 재창작 활동에 대한 학습자들의 흥미가 조화를 이루도록 하는 것이 관건이 될 것이다.

이 글에서는 다른 장르를 소설로 재창작하는 활동, 예를 들어 곽재구의 시 「사평역에서」를 재창작한 임철우의 소설 「사평역」과 같은 경우는 다루지 않았다. 그렇게 되면 소설 교육인지 시 교육인지 경계가 애매해진다고 보았기 때문이다. 교육의 초점을 어디에 두느냐에 따라 활동의 성격이 달라지겠지만, 시를 원재료로 삼아 소설 창작을 수행할 경우 시 교육과 소설 교육의 통합이 가능하다. 하지만 어느 한 영역에 속한다고 단정하기가 어렵기 때문에 이 부분은 문학 교육이라는 큰 틀에서 고려해야 할 사항이라 생각한다. 소설을 연극 혹은 영화로, 연극을 소설로, 시를 연극 혹은 영화로 변용하는 것은(반대의 경우도 가능하다) 실제로 일어나는 문화 예술 현상이다. 그런 점에서 소설과 관련된 장르 변용의 문제 역시 소설 재창작 활동에서 다룰 만한 활동이다. 문학 교육의 장에서는 이를 항시 주목해야 한다.

3——완성형 소설 창작 활동의 방법

창작 교육의 장에서는 학습자의 창작물이더라도 허구성, 서사성, 삶에 대한 문제의식이 드러나 있다면 일단 소설로 간주해야 한다. 물론 학생들의 창작물을 엄밀한 의미에서 '소설'이라 하기는 어렵다. 하지만 교육적 차원에서 자기 나름의 문제의식을 갖고 썼다면 소설로 볼 수 있을 듯하다. 학생들의 창작물을 이를 만한 다른 용어도 마땅히 없지만, 기성 작가의 수준에 맞는 것만을 소설이라고 칭하는 것은 창작 교육 불가능이라는 엉뚱한 결론에 다다를 수도 있다. 학생들 수준에서 최대한의 노력을 통해 생산한 창작물로 인정하는 태도가 중요하다. 오늘날 "창작 교육에 관한 논의는 그 출발점에서 문학 교육이 전문적인 작가를 기르기 위한 것은 아니며, 창작 교육을 통해 산출한 결과물은 작가가 창작한 수준의 소설일 필요는 없다는 점을 합의"한 상황임이 분명하므로 이 점을 충분히 인식하고 창작 교육을 실천하는 일이 중요하다(김혜영, 2009: 389면).

이러한 인식을 전제로, 재창작 활동을 넘어 좀 더 완전하고 본격적인 소설 창작을 이 글에서는 '완성형 소설 창작'이라 부르고자 한다. 완성형이라는 말을 썼듯이, 이는 일정 수준의 소설적 성취를 추구한다. 즉, 소설답게 써야 한다는 것이다. 그런데 교육 현장에서 들려오는 교사들의 창작 교육 경험과 소설의 장르적 본질에 비추어볼 때, 완성형 소설 창작은 중등 교육과정에서 수행하기에는 힘겨운 교육 내용이라 판단된다. 중학생 수준에서는 어렵고, 고등학교와 대학교 교양 과정 이상의 학생들이 수행 가능한 활동일 듯싶다.[2] 중학교까지는 본격적인 소설 창작보다는 짧은 이야기 쓰기나 경험 서사 쓰기가 훨씬 실천 가능하면서 교육적으로도 많은 성과를 낳을 수 있다(김혜영, 2009: 392면). 하지만 고등학교 이상에서의 소설 창작 교육은 어느 정도 수준의 소설적 완성과 성취를 추구하되 결과물에만 집착하지 않고 창작의 과정과 체험을 중시하는 시각이 중요하다. 즉, 이론적 가치와 실천적 가능성을 조화시킬 수 있는 소설 창

2 이 점을 고려하여 고등학교와 대학교 이상의 소설 창작 교육을 구상한 논의로 김근호(2009)를 들 수 있다.

작 교육을 모색해야 한다(나소정, 2011: 153면).

완성형 소설 창작에서 중요한 것은 소설이라는 서사 장르이다. 학생들이 쓰는 소설 역시 그 나름대로 소설다운 모습을 갖추어야 하므로, 그러한 소설의 소설다움, 즉 소설의 장르적 특성에서 문제를 풀어 나가야 한다. 소설이 서사인 것은 부정할 수 없는 일이므로 소설이 형성되는 원리도 서사적 질서를 바탕으로 한다. 그런 점에서 소설 창작 교육의 장에서 이루어지는 소설 쓰기는 서사 층위에 따른다고 볼 수 있는바, 서사 층위에 따라 소설 창작의 수행을 논리화할 수 있다. 소설은 삶에 대한 문제적 인식에 따라 전체상을 그려 내는 데 목적이 있지만, 창작 교육의 장에서 소설 창작은 어떤 식으로든 공학적 설계를 바탕으로 할 수밖에 없다.

앞서 살폈듯이, 서사 층위는 스토리와 담화로 구성된다. 스토리와 담화는 개념적으로 구별될 뿐, 실질적으로는 하나이자 전체이다. 그러나 창작 활동을 수행하기 위해서는 구별해서 접근해 보는 것이 필요하다. 소설 창작에서는 스토리가 앞서고 담화가 뒤따른다고 보는 것이 현실성 있고 합리적이다. 스토리는 소설이 담고 있는 주제, 사상, 내용 등이므로 창작 동기가 우선한다. 창작 동기는 주제 찾기로 연결되는데, 여기에는 삶에 대한 문제의식이 필요하다. 문제의식이 창작 동기로 구체화되는 것이다. 이 과정에서 창작 노트 작성은 필수적이다. 창작 노트 작성은 곧장 작품 구상으로 연결되고, 이에 따라 인물을 설정하고 그 인물이 벌일 행동을 상상한다. 이것이 곧 사건을 구상하는 활동이다. 작은 사건이 모여 큰 사건이 되면서 갈등이 생겨난다. 사건이 작품에서 의미 있는 요소로 성립하려면 부딪쳐야 한다. 따라서 갈등은 필수적이다.

사건 구상이 끝나면 사건의 질서를 어떻게 배치할 것인지, 이른바 플롯에 관한 고려를 해야 한다. 이는 담화의 차원으로 들어서는 과정이다. 그런 다음 시점 및 서술자를 확정하고 그 효과를 예상해 본 뒤 이어서 문체를 어떻게 할 것인지 따져 보아야 한다. 문체의 결정은 작품의 개성을 확보하는 방법으로서 중요하다. 그다음은 창작 주체가 실제 쓰고 소통하며 성찰한다. 이른바 합평 활동이다. 기성 작가들의 창작과 비평 활동도 그러하지만, 교실에서 이루어지는 소설 창작 활동 역시 실제 집필과 소통이 중요하며, 그 과정에서 창작 주체가 자신의 창작 활동에 대한 전반적인 성찰을 수행하는 것 또한 매우 중요하다. 어찌 보면 창작 교육의 장에서 소통과 성찰 활동은 더욱 강조되어야 마땅하다. 다만 소통 활동은 두루 필요하지만, 성찰 활동은 상위 학년으로 갈수록 강조되는 것이 적합해 보인다.

스토리에 대한 발상에서 스토리의 구조 잡기를 거쳐 실제 집필로 나아가는 모든 활동은 준비 과정에서 결정되어야 한다. 이는 일반적인 글쓰기의 단계와도 관련된다. 그러나 창작이란 전·중·후의 기계적인 대응으로 이어지는 것이 아니라 상황과 여건에 따라 조정할 수 있음을 유념할 필요가 있다. 체계적이고 순차적이면서 중층적인 글쓰기가 창작이라는 점에서 소설 창작에는 많은 굴곡이 있다. 준비 과정, 실제 쓰는 과정, 검토 과정이 구별되는 단계이기도 하지만 그러한 활동이 서로 간에 영향을 미친다. 상황에 따라서는 그러한 활동들이 서로 뒤섞일 수도 있다. 쓰고 고치고 또 쓰는 창작의 과정을 거친 뒤 창작 결과물을 발표하고 공유하는 합평 활동은 창작의 과정을 성찰하고 가치를 공유하는 활동이라 할 수 있다. 이상의 설명을 창작 수행의 요목으로 정리하면 다음과 같다.

(1) 문제의식의 창작 동기화
(2) 창작 노트 작성과 구상
(3) 창작 수행과 자기 점검
(4) 창작의 성찰과 가치 공유

앞서 설명한 소설 재창작 활동도 마찬가지이지만 완성형 소설 창작 역시 개인의 창작과 협동에 기반한 공동 창작을 두루 시도해 볼 수 있다. 학생의 상황이나 소설의 주제 및 서사적 분량을 고려하여 적절히 선택하고 실천하면 될 것이다. 구체적인 수행 내용과 유념할 사항은 다음과 같다.

1) 문제의식의 창작 동기화

문제의식이 없는 소설은 소설이 되지 못한다. 항간에 떠도는 이야기를 소설이라고 불렀던 과거와는 달리 오늘날 소설이란 '지금 여기'의 삶에 대한 깊은 문제의식에 따라 만들어지는 사회 언어적 소통 양식이다. 소설 창작 교육에서 학생들이 하고 싶은 이야기를 자유롭게 쓰되 그것을 개인적인 취미 차원의 쓰기와 재미 정도로만 그치게 해서는 안 되는 이유이다. 자신의 이야기 욕망이 어디서 나왔고 왜 표현하고자 했는지를 조금이라도 스스로 따져 묻도록 유도해야 한다. 하지만 자신의 이야기 욕망에 대한 성찰과 자각을 지나치게 지향할 경우 창작 수업은 매우 무겁고 답답한 분위기로 빠져들 수 있다. 그러한 자각이 전제되지 않는 창작 수업 역시 교육적 방향성과 의의를 몰각하고 학생들의 흥미에 끌려다니다가 학생과 교사 모두 표류하는 활동이 될 수 있다. 따라서 상황과 목적을 조화롭게 고려하면서 둘 다 놓치지 않으려는 교사의 의지와 신념이 매우 중요하다. 그런 점에서 창작 교육을 위해 교사와 학생은 미리 교감하고 그 필요성을 공감하는 과정이 별도로 필요하다. 동기 부여 차원에서 고민할 필요가 있는 지점이다.

소설 쓰기의 문제의식은 주제로 구체화된다. '주제'란 소설 창작을 통해 말하고자 하는 바, 혹은 자신의 작품을 읽은 독자들에게 전달하고 싶은 메시지이다. 먼저 어떤 주제를 가지고 작품을 쓸 것인지 정하도록 한다. 이를 위해서는 삶에 대한 문제의식이 있어야 한다. 우리 시대 삶의 문제는 무엇인지 묻는 브레인스토밍 등을 통해 각자 자신만의 문제의식을 벼리도록 유도한다. 주제는 처음부터 정하고 시작할 수도 있고, 이야기를 구성해 나가면서 정리할 수도 있다. 하지만 주제가 명확히 설정된 상태에서 이야기를 구성해야 불필요한 이야기들이 가지 치지 않으면서 이야기가 일관되게 전개된다. 주제 정하기는 창작 동기를 구체화한 결과이다. 주제는 작품에 담고자 하는 의미와 의도이기도 하면서 독자에게 환기시킬 수 있는 작품의 의의와 가치이기도 하다. 따라서 창작 동기를 의미, 의도, 의의, 가치 차원에서 다각적으로 살펴 주제로 요약하는 것이 필요하다.

2) 창작 노트 작성과 구상

문제의식이 구체화되고 주제가 잡히면 본격적인 창작 노트를 작성한다. 수업 시간에 다룬 소설 창작 방법론을 참고하여 작품을 구상하는 창작 과정에서 자유롭게 브레인스토밍을 하고 노트에 그 내용을 기록한다. 창작 노트는 일정한 형식을 안내하거나 강요하지 않도록 한다. 머릿속에서 떠오르는 각종 구상을 자유롭게 펼치는 것이 중요하기 때문이다. 창작 노트는 개인적인 기록장이지만, 그것 역시 교사의 관심 속에 놓이도록 유념해야 한다. 창작 결과물만큼 귀한 자료이므로 소중하게 간직하여 다음 기회에도 적극 활용할 수 있도록 지도한다. 또한 창작 노트 작성 자체도 중요한 활동인 만큼 평가에 반드시 반영해야 한다. 경우에 따라서는 창작 노트 작성 자체가 창작 수업의 중심 활동이자 교육 목표가 될 수도 있다.

창작 노트 작성은 소설의 내용과 형식 모두가 대상이 된다. 인물, 사건, 배경 등의 내용 요소와 플롯, 시점, 문체 등의 형식 요소가 구상의 체계인데, 각각을 하나씩 구상할 수도 있고 묶어서 할 수도 있다. 여기서는 묶어서 구상하는 방법을 소개한다. 우선 각자 선정한 주제를 구현하기 위한 인물을 설정하고 각각의 캐릭터를 가능한 한 구체적으로 써 본다. 이때 주의할 점은 선과 악으로 양분하지 말아야 한다는 것이다. 어떤 인물도 완벽하게 선하지도 않고 완벽하게 악하지도 않다는 점을 상기하도록 한다. 그런 다음 사건의 순서를 정하고, 작품의 미적 효과를 위해 적절하게 사건을 배열한다. 이러한 플롯화를 수행하기 위해서는 기존 소설을 참고할 수 있다. 소설이 영화와 다른 점을 바탕으로 시점과 서술자의 문제를 이해한다. 서술자를 누구로 설정할 것인지, 시점을 어떻게 설정할 것인지에 따라 전혀 다른 소설이 될 수 있음을 확인한다. 주제도 완전히 달라질 수 있다는 점도 주지한다. 문체도 고려 대상이다. 소설에서 문체는 서술자의 말투이다. 따라서 자신이 전달하고자 하는 주제나 인물의 성격에 맞는 문체를 설정하는 것이 중요하다. 다른 경우에도 마찬가지이지만, 문체의 효과와 관련하여 기존의 작품을 예로 들어 주면 훨씬 효율적인 창작 교육이 진행될 수 있다. 채만식이나 김유정, 동시대의 작가 성석제 등을 예로 들어 문체의 효과를 이해하도록 안내한다.

3) 창작 수행과 자기 점검

준비된 창작 노트를 바탕으로 소설을 직접 쓰는 것이다. 쓰는 사람은 우선 자신이 마치 작중 인물인 것처럼 이야기 상황에 몰입해야 한다. 이 몰입 과정에서 인물의 삶에 공감해야 한다. 악역의 경우조차도 비판적인 시각을 앞세우기보다는 그의 시각에서 할 수 있는 생각과 행동과 말을 최대한 고려해야 한다. 그리고 소설 쓰기는 다면적인 인격의 체험이라는 점을 인식하면서 각 인물 간의 행동과 역할에 비판적 거리를 두어야 한다. 그렇지 않으면 이야기 전개를 통제할 수 없어 이야기가 뒤죽박죽이 될 수 있다. 결국 소설 창작의 본격적인 수행에서는 몰입과 거리 두기의 적절한 긴장이 필요함을 강조한다. 작품을 쓰는 공간과 시간은 상황과 여건에 따라 결정하되, 가급적 차분한 마음으로 충분한 시간을 확보한 상태에서 쓰도록 한다.

4) 창작의 성찰과 가치 공유

이른바 합평 활동이다. 창작 결과물을 수업 시간에 공유하고 소통하도록 한다. 교사의 도움을 통해 학습자들은 우수한 작품을 공유하고 구두로 비평해 본다. 물론 좋은 작품이 나왔을 경우, 진지한 고민의 시간을 갖도록 동료 학생의 작품에 대한 비평 쓰기를 시도할 수도 있다. 합평의 의의는 아무리 강조해도 지나치지 않다. 창작과 비평이 혼융되는 문화 창조의 과정이기 때문이다. 학생들은 창작 과정을 돌아보면서 작품 속의 인물에 대한 이해, 서술자의 역할에 대한 비평, 그리고 창작 과정에 대해 종합적으로 성찰한다. 이상의 활동은 '자기 평가'와 학습자 간 '상호 평가'의 한 방식으로 활용할 수 있다. 창작 교육의 평가는 결과보다는 과정에 대한 평가가 중심이 되도록 유념한다.

4——진정성의 창작 윤리를 위하여

중세 이전에 고급 문자를 읽고 쓸 수 있는 것은 특정 계층의 전유에 속했다. 귀족이 아니면 문자 생활을 누리기가 어려웠다. 특정 전문가의 교육을 통해 오랜 수련을 거쳐야 했으므로 생업에 종사해야 하는 보통 사람들은 수준 높은 문자 생활에서 소외될 수밖에 없었다. 귀족들은 문자를 독점함으로써 문자를 갖지 못한 하층민들을 효율적으로 지배할 수 있었다. 문자를 누릴 수 있고 없음은 돈이 많고 적음에 비할 바가 못 되는 것으로, 사회 계층의 발생과 관련된 사안이었다. 문자는 문화 자본의 역할을 해 왔던 것이다.

하지만 오늘날은 특정 계층이 문자를 독점하는 시대가 아니다. 민주주의는 언어로부터 시작된다. 민주주의는 바로 공동체의 문자를 누구나 누릴 수 있고, 그 문자로 자신의 느낌과 의견을 자유롭게 표현할 수 있는 데에서 제자리를 잡을 수 있다. 물론 자유에는 그 이상의 책임이 따르므로 민주 사회의 시민은 자신의 글에도 책임을 지려는 자세가 요구된다. 아무튼 창작은 만인의 것이다. 누구나 창작을 할 수 있고, 또 그렇게 되어야 한다. 오늘날 창작은 인간에게 큰 가치를 지닌다. 창작 능력은 개인의 능력뿐만 아니라 공동체 전체의 역량까지도 길러 준다.

이제 능동적인 시민 역량의 하나로서 창작 능력에 주목할 필요가 있다. 먼 미래의 모습이라고 생각할지 모르지만, 창작 능력은 작가의 고유한 전유물이 아니다. 글쓰기 등의 표현 활동을 습관으로 갖는 과정에서 수준 높은 창작 능력이 점차 갖추어진다. 창작 능력은 자주, 그리고 많이 쓰는 과정에서 조금씩 길러진다. 어느 정도 유용한 활동 방법은 있겠지만, 그렇다고 아주 효과적인 왕도가 따로 있다는 생각은 버려야 한다. 창작은 습관을 통해 하나의 인격 형성을 지향한다. 그러므로 지혜를 추구하는 속성이 있다. 창작을 효율적이고 기능적인 기술의 하나로 볼 것이 아니라, 삶의 가치 있는 능력과 지혜의 발현으로 보아야 하는 것이다. 이를 위해 우리가 명심해야 하는 것이 창작의 윤리이다. 인격의 추구이자 지혜의 발현이라는 점에서 창작은 글 쓰는 이의 인격과 직결된다.

그런 점에서 창작을 수행할 때 자칫 빠지기 쉬운 유혹인 '표절'을 하지 않도록 노력해야 한다. 원칙적으로 언어는 따로 주인이 없지만, 누군가의 언어로 자리 잡는 순간부터 그 언어는 책임의 윤리로부터 자유로울 수 없다. 그 언어에는 누군가의 인격과 개성과 독창적인 사고가 담기기 때문이다. 따라서 정직과 신뢰가 바탕이 되지 않으면 창작은 무의미한 일이 된다. 남의 글을 거리낌 없이 베끼고 또 전거를 밝히지 않는 행동은 범죄라는 것을 명심해야 한다. 인터넷 시대가 도래한 이후 무분별한 도용과 표절은 심각한 문제로 대두하고 있다. 스스로 치열한 고민을 거치지 않고 도용한 지식은 결코 자신의 것이 될 수 없다. 자신의 온 인격을 던져 발굴하고 당당하게 타인에게 제시할 수 있는 지식이야말로 가치 있는 지식이 될 수 있다. 지식은 인간의 얼굴을 갖고 있다. 삶에 대한 기존의 관습적 지식과 가치를 의문시하고 새로운 지식과 가치를 창출하는 창작 활동은 인간의 얼굴을 띤다. 그런 점에서 소설 창작 교육은 점점 훼손되어 가는 우리 시대의 인격 만들기 혹은 인격 세우기 과업이다.

요컨대 소설 창작 교육에서 결코 간과해서 안 되는 것이 창작 윤리이다. 창작의 고통과 수고로움으로 인해 창작 주체는 표절의 유혹에 빠지기 쉽다. 창작은 자유정신을 지향하지만 그 자유만큼의 책임 역시 뒤따른다는 사실을 명심해야 한다. 타인의 생각과 표현을 아무 죄의식 없이 도용하는 창작 활동은 기성 문단에서도 용납될 수 없지만, 문학 교실의 장에서는 더더욱 용인될 수 없는 일이다. 삶에 대한 성실함과 치열성, 그리고 자기 언어에 대한 정직함이 창작 윤리의 생명이다.

핵심어

소설 창작 교육, 완성형 창작, 재창작, 허구성, 서사성, 성찰, 가치 공유, 진정성, 창작 윤리

| 참고 문헌 |

교육부 교육과정정책과 엮음(2000), 『초·중·고등학교 국어과·한문과 교육과정 기준(1946~1997)』, 교육인적자원부.

김근호(2009), 「허구 서사 창작 교육 연구」, 서울대학교 박사 학위 논문.

김혜영(2009), 「소설 창작 교육의 방향」, 『문학 교육학』 제30호, 한국문학교육학회.

나소정(2011), 「문예 창작 교육론의 구조적 지형과 논점 — 소설 창작 교육론을 중심으로」, 『한국 문예 창작』 제23호, 한국문예창작학회.

정호웅(2012), 「소설 재창작 활동의 구상」, 『문학사 연구와 문학 교육』, 푸른사상.

McAdams, D. P., Josselson, R. & Lieblich, A.(eds.)(2006), *Identity and Story: Creating Self in Narrative*, American Psychological Association.

| 더 읽을 거리 |

김은형(2013), 『국어 시간에 소설 쓰기 1·2』, 휴머니스트.

모레티(Moretti, F., 2001), 『근대의 서사시 — 괴테의 『파우스트』에서 마르케스의 『백 년의 고독』까지 근대 문학 속의 세계 체제 읽기』, 조형준 역, 새물결.

우한용(2009), 『창작 교육론 — 삶 읽기, 글 읽기, 글 쓰기』, 태학사.

이미란(2015), 『소설 창작 강의』, 경진출판.

전상국(2003), 『소설 창작 강의』, 문학사상사.

제임슨(Jameson, F., 2015), 『정치적 무의식 — 사회적으로 상징적인 행위로서의 서사』, 이경덕·서강목 공역, 민음사.

토론식 소설 교육 수업의 실제

° 안재란

1——토론식 소설 교육 수업

토론은 어떤 논제에 대해 대립된 의견을 가진 사람들이 논증을 통해 자기주장을 펼치고 합리적으로 의사 결정을 하는 경쟁적이며 상호 교섭적인 의사소통 행위이다. 토론은 단순한 감정이나 주장의 표출이 아니라 근거를 통해 자신의 생각을 객관화하는 과정을 거친다는 점에서 고차원적인 담화이며, 상대방의 말하기에 유연하게 대처해야 한다는 점에서 의사소통적이고, 자신과 상대방의 주장에 대해 깊이 있는 분석이 이루어져야 한다는 점에서 비판적 사고력을 필요로 하는 담화 활동이라고 할 수 있다. 교수·학습의 패러다임이 '교수자 중심'에서 '학습자 중심'으로 변화하는 교육 현장에서 토론의 이러한 논리적이고 소통적이며 비판적인 특성들은 매우 유효한 교수·학습 방법으로 검증되고 있다. 이에 따라 교육과정에서도 토론을 기능적 측면에서 학습해야 할 중요한 능력으로 제시하고 있다.

소설 교육에서 토론이 교수·학습의 유용한 방안으로 고려되는 것은 이러한 토론의 속성이 언어 예술이자 그 자체로 사회적 소통 활동이라고 할 수 있는 소설 교육이 지향하는 측면과 많은 점에서 부합하기 때문이다. 소설 교육에서는 특히 공감적·비판적·창의적 수용의 과정과 이를 바탕으로 한 상호 소통이 중요하다. 독서 토론의 경우 대상 도서를 정독하는 과정이 필수적으로 요구되며, 자신이 이해한 내용을 상대방에게 검증을 받아야 하고, 자신의 이해와 감상이 비평의 대상이 됨으로써 주관적 독서에서 벗어날 수 있다는 점에서 소설의 이해와 소통에 도움을 주는 활동이라고 할 수 있다.

토론식 소설 교육은 화법 교육에서 다루는 교수·학습 내용으로서의 '토론에 대한 교육'과는 달리 토론을 소설 교수·학습의 방법으로 활용하는 '토론을 통한 교육'이다. 따라서 토론식 소설 교육에서는 토론 활동을 통해 학습자들이 소설의 의미를 어떻게 구성해 가고, 학습자의 주관적인 소설 체험과 이해가 소통 과정을 통해 어떻게 해석의 타당성을 획득해 가는지가 핵심적인 요소이다.

토론식 소설 교육은 자신의 관점에서 소설에 대한 학습자의 이해와 감상이 구체화된다는 점에서 비평적이고 창의적이며, 상대방과의 소통을 통해 자아와 타인의 이해를 조정한다는 점에서 소통적이다. 또한 토론의 과정을 통해 공동체의 가치와 자신의 가치를 조정한다는 점에서 공동체 문화의 형성에 기여할 수 있고, 이를 통해 궁극적으로 자신의 삶을 성찰하고 자아를 형성해 간다는 점에서 문학 능력을 기를 수 있는 유용하며 효과적인 수업 방안이라고 할 수 있다.

2——토론식 소설 교육 수업의 실제

1) 토론식 소설 교육 수업의 모형

교수·학습의 모형은 '무엇을' '어떻게' 가르칠 것인지에 대한 문제를 해결하기 위해 필요하다. 토론식 소설 교육은 소설 교육의 모형을 근간으로 토론 활동이 하나의 방법으로 활용되는 것이기 때문에 먼저 소설 교육의 일반적 모형을 살펴볼 필요가 있다.

소설 수업 절차 모형*

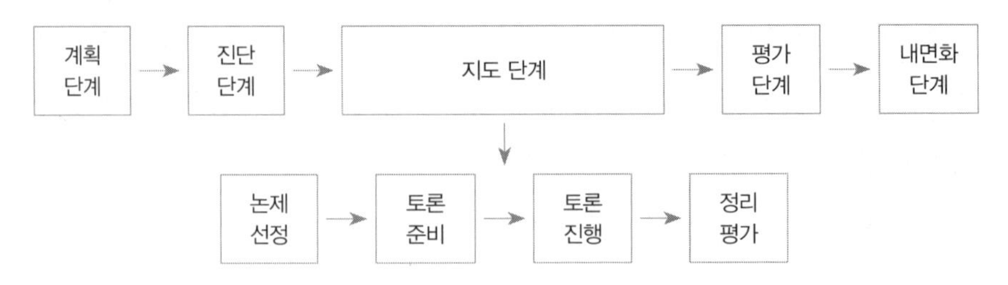

이 두 모형을 토대로 토론식 소설 교육을 위한 수업 모형을 제시하면 다음과 같다.

토론식 소설 교육을 위한 수업 모형

계획 단계	1. 작품 선정 및 읽기 2. 논제 정하기 3. 토론자 선정하기
진단 단계	1. 토론 방법에 대한 사전 지식의 진단 2. 소설 이해에 대한 학습자의 수준 진단
토론 단계	1. 토론 진행 방식 안내 (1) 토론의 형태 안내 (2) 토론의 규칙 안내 2. 토론의 진행 (1) 토론의 순서 안내 (2) 토론 진행 (3) 토론 과정 점검
평가 단계	1. 학습자 간 평가 2. 교사 평가
내면화 단계	1. 토론 내용의 요약·정리 2. 자신의 입장 작성

토론식 소설 교육을 위한 계획 단계에서 중요한 것은 토론을 위한 환경 조성이다. 소설 능력을 기르기 위한 토론 학습이라는 점을 고려하면 학습 목적에 부합하는 작품을 선정하고 이를 정독할 수 있는 충분한 시간을 제공해야 하며, 학습자가 자신이 이해한 내용과 이해하지 못한 내용을 구별하여 메모하거

* 구인환 외(2007: 252면)에 제시되어 있다.

나 자기 질문지를 작성하면서 작품을 읽는 방법 등을 안내할 수 있다. 토론식 소설 교육은 토론의 참여 인원을 고려하여 모둠식 수업이 효율적이다. 이를 위해 사전에 모둠을 구성하고, 논제를 정할 때에는 교수자의 일방적인 제시보다는 모둠원들이 서로 토의하여 논제를 제시하되 작품과의 관련성이 뚜렷하고 쟁점이 분명한 논제를 설정하는 것이 바람직하다.

진단 단계에서는 토론을 원활히 진행하기 위해 학습자들이 토론 방법에 대해 사전에 알고 있는 내용을 확인하고 이를 보충해 주어야 하며, 소설 작품의 이해 정도를 진단하여 이해가 부족한 경우에는 다시 읽거나 모둠원들이 좀 더 토의할 수 있는 시간을 제공하는 것이 좋다. 토론자들이 작품의 이해에서 현격하게 차이를 보이는 경우에는 토론의 진행이 어렵거나 의미 없는 토론이 될 수 있으므로 사전에 소설에 대한 이해도를 진단하는 과정이 필요하다.

토론 활동 단계에서는 토론의 형태와 규칙에 대한 안내가 필요하며, 토론의 형태에 따라 모둠원들이 토의를 통해 토론의 개요서를 작성할 수 있도록 하면 좀 더 효율적인 토론이 가능하다. 교사는 토론의 진행 과정을 관찰하고 분석하여 피드백을 해 준다. 다만 토론의 과정에 직접적으로 개입하는 것은 토론의 흐름에 방해가 될 뿐만 아니라 중립적인 태도를 유지하기 어려울 수도 있다는 점에서 바람직하지 않다. 특히 토론에 직접 참여하지 않는 학습자들의 태도가 토론의 진행과 평가에서 중요하다는 점을 강조하여 학습자들이 토론의 과정을 경청할 수 있도록 해야 한다.

평가 단계에서는 토론자를 제외한 학습자들이 사전에 배부된 평가지를 중심으로 평가하도록 하되, 토론의 내용뿐만 아니라 토론의 태도 등도 평가의 대상이 될 수 있도록 평가지를 작성하는 것이 중요하다. 이때 고려해야 할 내용으로는 첫째, 토론자의 토론 기여도, 둘째, 상대 토론자의 주장에 반응하여 판단하는 능력, 셋째, 자신의 주장에 대한 근거를 제시하는 능력, 넷째, 상대방의 말을 경청하는 태도, 다섯째, 감정적이지 않고 논리적으로 일관하는 태도 등을 들 수 있다. 교사의 피드백은 토론자와 토론자를 제외한 학습자의 토론 참여의 태도와 논제에 대한 다른 쟁점들을 제시하여 학습자 모두 소설에 대한 이해를 확장할 수 있도록 하는 것이 좋다.

마지막 내면화 단계에서는 토론의 논제를 중심으로 학습자 자신의 입장을 분명히 하여 완결된 한 편의 비평문을 작성하도록 하는 방법이 효과적이다.

2) 토론식 소설 교육 수업의 실제

김승옥의 소설 「서울, 1964년 겨울」은 구청 직원인 '나'와 대학원생인 '안(安)', 그리고 "가난뱅이 냄새가 나는" '사내'가 포장마차에서 우연히 만나 하룻밤을 같이 보내고 헤어지는 이야기이다. 이들은 현실에서 소외된 존재라는 공통점을 제외하고는 서로 무관한 인물이라고 할 수 있으며, 각각 개별적인 존재들로서 사회적 연대성을 확인하기 어렵다. 이 작품은 학습자들이 의미를 구성하는 데 어려움을 느끼고, 등장인물의 행위에 대해 윤리성이 쟁점화될 수 있다는 점에서 토론에 적합한 작품이다.

논제는 교수자의 목표에 따라 구성될 수도 있으나 학습자 간의 자유로운 토의를 통해 구성하는 것이 좀 더 적극적인 참여를 유도할 수 있다. 토론자도 논제 발표 이후 자발적으로 참여할 수 있도록 유도하는 것이 좋다.

논제 선정을 위한 토의 진행의 실제

사회자: 지난 시간에 소개한 「서울, 1964년 겨울」은 다 읽으셨죠? 오늘은 다음 시간의 토론을 위한 논제를 설정하기 위한 토의입니다. 책을 읽는 과정에서 느끼신 내용을 중심으로 내일 조별 토론을 하게 될 논제를 최종적으로 발표해 주시면 됩니다. 발언권이 모두에게 돌아갈 수 있도록 발언은 간단히 정리해서 발표해 주시면 좋겠습니다. 발언의 순서는 편하게 돌아가면서 하죠.

김○○: 구체적인 시간과 지명이 나오니 뭔가 있는 듯한 느낌이었어요. 그런데 생각보다 어려웠어요. 읽고 난 지금도 뭔가 정리되지 않은 느낌이에요.

이○○: 저도 좀 어렵다는 생각이 들었는데요. 그냥 있는 그대로 이해하려고 하니 나중엔 뭔가 이해되는 듯싶어요.

(중략)

사회자: 이 작품에 대한 좀 더 자세한 이야기를 좀 해 볼까요? 먼저 이 작품의 줄거리를 한번 정리해 볼까요?
이○○: 서울에 있는 한 포장마차에서 세 사람이 우연히 만나죠. 그리고 서울 시내를 함께 돌아다니다 여관에 들어가 하룻밤을 같이 보내게 되는데 그중 한 사람이 자살했다는 얘기죠.
안○○: 그 자살한 사람의 아내가 아이를 낳다가 죽었고, 그 시체를 병원에 판 돈을 그 사람들과 함께 쓰죠.
이○○: 시작 부분에 나머지 두 사람에 대한 간단한 소개가 있어요. 한 명은 대학원생이고, 다른 한 사람은 구청 병사계의 직원이죠.
사회자: 네, 전체적으로 줄거리를 정리해 보았는데요. 약간 모호한 부분이 좀 있는 이야기인데, 여러분이 읽으면서 친구들과 토론해 보면 좋겠다고 생각하는 내용들이 있으면 한 가지씩 말씀해 주시죠.
김○○: 저는 이 소설을 읽으면서 작품의 마지막에 자살하는 사람을 보여 주는데 그 사람을 두고 각자 자신의 갈 길을 가는 두 사람에 대해 생각해 봤는데요. 요즘에도 그런 문제 많이 있잖아요. 남의 일에 관심 갖기 싫어하는. 이런 윤리성에 대해 생각해 보면 좋겠어요.
이○○: 저는 이 소설의 제목의 의미와 '전주, 2017년 여름'을 생각해 보았는데요. 소설의 이야기가 단지 1964년 서울에서 일어난 이야기라고 생각할 수도 있지만 2017년에도 반복되는 속성이 있을 수 있다고 봐요. 그런 점에 대해 생각해 봐도 좋을 것 같아요.
안○○: 제가 이 소설에 대해 찾아보니 감수성의 혁명을 가져온 작품이라는 평이 있더라구요. 이 작품의 어떤 부분이 그런 평가를 받게 한 것인지 한번 살펴볼 필요가 있다고 봐요.
사회자: 네. 좋은 의견 감사합니다. 그러면 자신이 생각한 내용들을 논제로 작성하여 제출해 주시구요. 다수결에 의해 논제를 바로 선택하여 다음 시간에 토론하도록 하겠습니다. 제출한 논제를 무기명으로 적어 놓았습니다. 살펴보시고 자신이 선택한 것에 자신의 이름을 기록해 주세요. ……네, 결과를 발표하겠습니다. 여섯

명 중 세 명의 선택으로 '나와 안은 사내의 죽음에 대해 윤리적 책임이 있다'를 선정했습니다. 이상으로 「서울, 1964년 겨울」 논제 선정을 위한 토의를 마치겠습니다. 참석해 주신 분들 모두 감사드립니다.

구성된 논제를 바탕으로 토론이 이루어지기 위해서는 쟁점을 몇 가지로 정리할 필요가 있다. 수업 중 이루어지는 토론이라면 학습 목표과 관련하여 쟁점을 정하여 토론에 임하면 좀 더 효율적이고 논제에서 벗어나지 않는 토론을 할 수 있다.

소설 속의 인물들에 대한 이해는 소설이 가치 있는 체험이 될 수 있게 하는 전제 조건이다. 특히 인물은 주제 해석과 깊은 연관을 맺는데, 인물의 욕망이 무엇인지를 찾아보는 것은 주제 의식과 직접적으로 닿아 있다고 할 수 있다. 독자는 인물의 행동과 가치관에 공감하거나 비판하면서 소설에 적극적으로 개입하게 되며, 이를 통해 자아를 형성해 간다. 소설을 통한 새로운 경험이란 결국 새로운 작중 인물들과의 만남을 의미한다고 볼 수 있다.

「서울, 1964년 겨울」의 등장인물은 '나'와 '안' 그리고 '사내'이다. 이들은 우연히 만나 어울려 다니다가 하룻밤을 같이 보내게 되는데, 다음 날 아침 자살한 것이 분명한 사내를 두고 '나'와 '안'은 황급히 여관을 빠져나온다. 이 인물들이 보여 주는 태도는 작품 전체의 의미 구성에 중요한 요소로서, 이에 대한 학습자들의 이해와 이해에 대한 소통을 위해 토론의 형식을 사용할 수 있다.

이를 위해서는 조직화되고 기계화된 토론보다는 문학적 이해와 소통에 역점을 두어 좀 더 편안한 분위기 속에서 토론이 이루어지도록 하는 것이 좋다. '2 대 2 쟁점 토론'의 방식을 고려해 볼 만하다. 찬반 양립이 가능한 논제를 두고 각 두 명씩 참여하여 쟁점에 대해 질문과 답변의 방식으로 자신의 주장을 펼치는 것으로, 찬반과 승패를 떠나 작품에 대한 이해의 폭을 넓히고, 작품에 대한 소통을 원활하게 할 수 있는 장점이 있다. 또한 20~30분 단위로 운영되는 소규모 토론 방식이어서 교수 진행 과정에서 다양하게 운용할 수 있다.

사회자: 지난 시간의 논제 선정 토의에서 결정된 논제는 '나와 안은 사내의 죽음에 대해 윤리적 책임이 있다'였습니다. 이 시간에는 이 논제를 가지고 찬반 양측 2 대 2 토론 방식으로 자유롭게 토론을 진행하도록 하겠습니다. 배심원들께서는 잘 지켜봐 주시고, 찬반 양측의 입론과 반론이 끝나면 내용과 관련하여 질문하는 시간을 갖도록 하겠습니다. 그리고 최종적으로 평가지를 작성하여 제출해 주시면 됩니다. 찬반 양측을 대표하여 각 두 분씩 나와 계시는데요, 간단한 소개와 임하는 자세 등에 대해 들어보겠습니다.

찬성 1: 저는 세 명의 등장인물의 우연한 만남에 주목하고 이들이 나눈 대화를 주로 분석해 보았습니다. 이를 통해 이 작품이 드러내려고 하는 의미를 구성해 보고자 합니다.

반대 1: 저는 소설의 제목에 주목하여 '1964년'이라는 시대가 갖는 의미가 이 소설의 의미 구성에 중요하다고 보고 사회와의 관련성 속에서 살펴보았습니다.

찬성 2: 저는 '나'와 '안'의 '사내'에 대한 태도를 중심으로 등장인물들을 윤리적 측면에서 살펴보았습니다.

반대 2: 저는 '사내'가 '나'와 '안'에게 취하는 태도 등을 중점적으로 살펴보면서 개인의 윤리도 시대의 변화에 무관할 수 없다는 점을 입증하고자 합니다.

사회자: 네, 토론자들의 의욕이 넘치는 것 같습니다. 찬성 측 1번 학생부터 말씀해 주시죠.

찬성 1: 저는 먼저 소설의 등장인물 중 '나'와 '안'에 대해 살펴보았습니다. 등장인물 '나', '안'은 1964년 겨울 서울의 한 선술집에서 만납니다. 그렇고 그런 자기소개가 끝나고 먼저 만난 '나'와 '안'은 할 얘기가 없어 술만 마시던 중 '파리'와 '꿈틀거리는 것'에 대한 얘기를 합니다. 언뜻 생각하면 이 대화는 참 무의미한 것처럼 생각되기도 합니다. 그러나 나중에 등장하는 '사내'에 대한 태도와 관련해서 저는 매우 의미 있다고 보았습니다. 이 두 얘기는 공통적으로 자신만의 것에 대해 말하고 있습니다. 다른 사람과 공유하지 않는 것들, 자신만이 아는 것들, 의미가 없는 것들이라는 점에서 이 두 얘기는 같다고 생각합니다. 이 두 등장인물은 타인의 삶과 자신이 삶이 공유되기를 원하지 않습니다. 이러한 태도는 뒤에 '사내'와의 관계에서 잘 드러난다고 생각합니다.

반대 2: 찬성 1께서는 '나'와 '안'이라는 인물이 공통적인 성향을 가진 인물이라고 보십니까?

찬성 1: 네, 그렇습니다. 아까 살펴본 것처럼 두 등장인물 모두 관계 맺기를 원치 않는 개인주의적 인물이라는 점, 그리고 '서로 다른 길을 걸어서 같은 지점에 왔다'는 '안'의 말을 통해 이 두 인물은 공통적인 성향의 인물이라고 이해하고 있습니다.

반대 1: 저도 이 두 등장인물이 타인의 삶과 자신의 삶을 서로 공유하기를 원치 않는다는 말에는 동의합니다. 그러나 저는 조금 다른 관점에서 등장인물들의 이러한 태도가 당시의 사회적 상황과 관련이 있다고 생각합니다. 이 작품은 1965년 『사상계』에 발표되었습니다. 따라서 작품의 제목에서도 알 수 있는 것처럼 이 작품은 1960년대 초반을 배경으로 하고 있다는 것을 알 수 있습니다. 먼저 이 작품이 발표된 1960년대 초반의 역사적인 사건들을 잠깐 보시죠.(PPT 자료 제시) 1960년대는 4·19혁명으로 시작되어 독재 정치의 시작인 5·16 쿠데타, 한일 협정, 이에 대한 반대 시위 등에 따른 계엄령 선포 등 정치적으로 매우 혼란스러운 시대였습니다. 특히 한일 협정 반대 시위로 인한 계엄령 선포가 저는 이 작품에서 중요하다고 보는데요. 앞에서도 언급된 '꿈틀거림'에 관한 대화 중 '나'는 여자의 아랫배의 꿈틀거림을 좋아한다고 한 반면 '안'은 '그냥 꿈틀거리는 거. 예를 들어 데모도'라고 대답합니다. 찬성 1께서는 '나'와 '안'을 공통적인 성향의 인물로 보셨는데 저는 그 점에는 동의하지 않습니다. '안'은 '데모'와 같은 '꿈틀거림'을 사랑하는 사람인데 이것이 억제되는 당대의 모순을 알고 있는 인물이라고 생각하기 때문입니다.

찬성 2: '파리'에 관한 '나'와 '안'의 대화도 사회적 상황과 연관이 있다고 보십니까?

반대 1: 네. '파리'는 '나'에게 있어 날 수 있는 것으로서 내 손에 붙잡힐 수 있는 것입니다. 날 수 있다는 것은 자유롭다는 것을 의미한다고 볼 수 있는데, '나'가 느끼는 자유로움은 '파리' 정도인 것입니다. 자유가 억압되던 당시의 시대적 상황과 관련이 있다고 봅니다.

찬성 2: 선술집에서 '나'와 '안'이 술을 한잔하고 헤어지려는 순간 또 한 명의 인물이 등장합니다. 이 인물에 대한 정보를 작품에서 찾아보면 '가난뱅이라는 것만은 분명하여 그의 정체를 꼭 알고 싶다는 생각은 조금도 나지 않는 서른대여섯 살짜리 사내', 급성 뇌막염으로 아내가 죽었으며 그 시체를 병원에 팔아 4천 원을 받은 서적 외판원 등입니다. 병원에서 받은 돈을 빨리 써 버리고 싶은 이 사내는 '나'와 '안'에게 함께 시간을 보내기를 간청합니다. '나'와 '안'이 하는 앞부분의 대화에 이 '사내'는 참여하지 않았습니다. 이 '사내'는 가난하고, 아내를 잃은 절망적인 상황에 빠진 남자입니다. 다음으로 이 '사내'를 대하는 '나'와 '안'의 태도를 살펴보겠습니다. 이 두 사람이 '사내'를 보았을 때 유쾌한 예감이 들지 않았다고 말합니다. 그리고 사내의 행동에 불안해하기도 하고 또 사내와 식사를 하는 자리에서도 사내보다는 다른 것들에 더 주목합니다. 그리고 '돈이 다 없어질 때까지만 함께하기'로 하고 밤을 함께 보냅니다. 이때 '사내'는 아내의 죽음을 이겨 내지 못하는 절망적인 사람의 모습을 보입니다. 그러나 '나'와 '안'은 함께 자자는 '사내'의 부탁을 거절하고 각각 다른 방에서 잡니다. 그리고 다음 날 '사내'는 자살한 모습으로 발견됩니다. '사내'의 절망과 슬픔에 대해 이 두 사람이 공감할 수 있었다면 이 '사내'는 죽지 않았을 것이라고 생각합니다. 따라서 저는 '사내'의 죽음에 두 사람은 윤리적인 책임이 있다고 생각합니다. (이하 생략)

3——토론식 소설 교육 수업을 위한 제언

토론식 소설 교육 수업은 현실적으로 학습자의 독서 활동과 소통 활동에 대한 체계적인 준비와 학습자들의 적극적인 참여가 필요하기 때문에 교수·학습 현장에서 일상화되지 못하는 한계가 있다. 하지만 학습자 중심의 교수·학습 활동으로 패러다임이 전환되면서 그 가치와 다양한 방법론에 대한 논의가 지속적으로 진행되고 있다.

토론식 소설 교육 수업이 기존의 교사 중심의 소설 수업에서 탈피하기 위해서는 다음과 같은 점에 유의할 필요가 있다.

첫째, 소통의 다양성이 전제되어야 한다. 문학 교육의 소통은 해석적 적절성의 측면에서 주로 교사와 학습자 간의 소통이 주를 이루는 측면이 있다. 이 과정에서 문학 작품에 대해 전문적인 이해와 감상 능력을 가진 교사의 해석과 평가가 학습자들에게 일방적으로 주입될 수 있으며, 학습자들은 문학 작품에 대한 자신의 이해와 감상을 떠나 숨겨진 정답을 발견해 내고자 한다. 그러나 해석적 적절성이 해석적 다양성을 바탕으로 할 때 의미를 갖는다는 점에서 소설 교육에서 작품과 학습자의 소통, 학습자와 학습자 간의 소통은 매우 중요하다.

둘째, 문학의 의미가 고정된 채 존재하는 것이 아니라는 점에서 의미 구성의 주체로서의 학습자가 전제되어야 한다. 문학 교육이 목표로 하는 문학 능력은 학습자 스스로가 문학 작품을 이해하고 그 의미를 자신의 삶에서 유용한 가치로 만드는 데에 있다. 학습자가 하나의 작품을 읽는 것은 인지적, 정의적으로 학습자 자신의 삶을 구성하는 과정이기 때문에 학습자의 작품에 대한 이해의 과정에서 학습자는 의미 구성의 주체가 되어야 한다.

셋째, 개방적 분위기이다. 논제의 설정, 토론의 과정, 토론의 결과 등이 개방적이어야 한다. 토론의 성격이 경쟁적이라는 점은 문학 토론에서 토론의 가능성을 약화시키기도 한다. 해석적 다양성과 삶의 다양성이 만나 다양한 의미의 스펙트럼을 구성하는 문학 토론에서는 결론보다는 결론에 이르는 과정에서의 소통이 핵심이라고 볼 수 있으며, 이를 위해서는 학습자들의 자발적인 참여가 가능한 개방적 분위기를 조성하는 것이 필요하다. 논제의 설정이 독서 후의 학생들의 이해를 바탕으로 이루어지고, 토론의 과정이 지나치게 경쟁적이지 않으며, 그 결과 역시 승패를 떠나 의미의 다양성과 삶의 다양성을 보여 주는 과정이어야 한다.

토론식 소설 교육 수업에서는 찬반과 성패를 떠나 토론이 소설 해석 능력을 향상시킬 수 있는지, 해석적 다양성과 적절성에 기여할 수 있는지, 토론이 읽기 후 과정을 강조하여 읽기 중 활동을 위축시키는 문제는 없는지 등도 고려해야 한다.

핵심어

토론식 소설 교육, 토론식 소설 교육 모형, 2 대 2 쟁점 토론

| 참고 문헌 |

구인환 외(2007), 『문학 교육론』(제5판), 삼지원.

박인기·김슬옹·정성현(2014), 『토론 교육 무엇을 어떻게 가르칠 것인가 — 토론으로 바꾸는 우리들 세상』, 한우리북스.

| 더 읽을 거리 |

김상욱(2009), 「문학 능력 증진을 위한 문학 토론의 방법」, 『한국 초등 국어 교육』 제41집, 한국초등국어교육학회.

김재봉(2014), 「독서 토론 중심 수업에 관한 교사와 학생의 인식 연구」, 고려대학교 박사 학위 논문.

마이어(Meyer, H., 2011), 『좋은 수업이란 무엇인가』, 손승남·정창호 공역, 삼우반.

이인화(2013), 「문학 토론에서 소설 해석의 양상에 관한 연구」, 『새 국어 교육』 제94호, 한국국어교육학회.

정문성(2008), 『토의·토론 수업 방법 36』, 교육과학사.

작품 출처

찾아보기

지은이 소개

작품 출처

강신재, 「젊은 느티나무」, 『20세기 한국 소설 14』, 창비, 2005.

김동리, 「화랑의 후예」, 『역마』, 계간문예, 2013.

김동인, 「감자」, 『20세기 한국 소설 1』, 창비, 2005.

김소진, 「쥐잡기」, 『열린 사회와 그 적들』, 문학동네, 2002.

______, 「나의 가족사」, 『그리운 동방』, 문학동네, 2002.

김승옥, 「무진 기행」, 『20세기 한국 소설 19』, 창비, 2005.

김유정, 「만무방」, 『20세기 한국 소설 5』, 창비, 2005.

______, 「봄·봄」, 『20세기 한국 소설 5』, 창비, 2005.

루쉰, 「고향」, 『외침』, 공상철 옮김, 그린비, 2011.

루키아노스, 「카론 또는 구경꾼들」, 『루키아노스의 진실한 이야기』, 강대진 옮김, 아모르문디, 2013.

박태원, 「소설가 구보 씨의 일일」, 『20세기 한국 소설 6』, 창비, 2005.

성석제, 「황만근은 이렇게 말했다」, 『황만근은 이렇게 말했다』, 창작과비평사, 2002.

신경숙, 『엄마를 부탁해』, 창비, 2008.

염상섭, 『삼대』, 실천문학사, 2000.

오상원, 「모반」, 『20세기 한국 소설 15』, 창비, 2005.

오정희, 「저녁의 게임」, 『20세기 한국 소설 33』, 창비, 2005.

윤대녕, 「은어 낚시 통신」, 『은어 낚시 통신』, 문학동네, 1995.

______, 『피에로들의 집』, 문학동네, 2016.

윤재걸, 「광주, 그 비극의 10일간」, 『민중을 기록하라 — 작가들이 발로 쓴 한국 현대사: 전태일에서 세월호까지』, 박태순·황석영 외, 실천문학사, 2015.

윤정모, 「밤길」, 『20세기 한국 소설 38』, 창비, 2005.

윤흥길, 「장마」, 『20세기 한국 소설 28』, 창비, 2005.

이광수, 『무정』, 문학과지성사, 2005.

이남희, 「허생의 처」, 『지붕과 하늘』, 문예출판사, 1989.

이상, 「날개」, 『20세기 한국 소설 9』, 창비, 2005.

____, 「종생기」, 『20세기 한국 소설 9』, 창비, 2005.

이청준, 「눈길」, 『20세기 한국 소설 21』, 창비, 2005.

______, 「소리의 빛 — 남도 사람 2」, 『서편제』, 열림원, 1993.

이태준, 「복덕방」, 『20세기 한국 소설 6』, 창비, 2005.

______, 「패강랭」, 『20세기 한국 소설 6』, 창비, 2005.

______, 「달밤」, 『20세기 한국 소설 6』, 창비, 2005.

이호철, 「부시장 부임지로 안 가다」, 『20세기 한국 소설 17』, 창비, 2005.

이희승, 「상화와 월파」, 『딸깍발이 선비의 일생』, 창작과비평사, 1996.

조세희, 「난장이가 쏘아 올린 작은 공」, 『20세기 한국 소설 28』, 창비, 2005.

조영래, 『전태일 평전』(2차 개정판), 돌베개, 2001.

채만식, 『태평천하』, 창비, 2006.

______, 「치숙」, 『20세기 한국 소설 5』, 창비, 2005.

______, 「미스터 방」, 『레디메이드 인생』, 문학과지성사, 2004.

최인훈, 『회색인』, 문학과지성사, 2008.

현진건, 「운수 좋은 날」, 『20세기 한국 소설 3』, 창비, 2005.

황석영, 「객지」, 『20세기 한국 소설 25』, 창비, 2005.

황순원, 「소나기」, 『독 짓는 늙은이』, 문학과지성사, 2004.

찾아보기

| 인명 |

ㅁ

ㅂ

ㅅ

ㅇ

| 작품 |

| 주요 사항 |

ㅇ

지은이 소개

김근호(金勤浩) 전남대학교 국어교육과 교수
전남대학교 국어교육과 교수로 재직 중이다. 2015 개정 국어과 교육과정 개발에 참여하였다. 논문으로 「독자로서의 작가: 최인훈 『화두』의 문학 독서 현상학」, 「채만식 『탁류』에서의 집이라는 장소와 공간 주권의 정치학」 등이 있다.

김성진(金聖鎭) 대구대학교 국어교육과 교수
한국교육과정평가원 연구원을 거쳐 대구대학교 국어교육과 교수로 재직 중이다. 2009 개정 국어과 교육과정 개발, 2015 개정 교육과정에 따른 중학교 『국어』 교과서 검정 등의 일에 참여하였다. 저서로 『문학 교육론의 쟁점과 전망』, 『문학 비평과 소설 교육』, 『문학 교육 개론 1: 이론 편』(공저) 등이 있다.

김혜영(金惠英) 조선대학교 국어교육과 교수
조선대학교 국어교육과 교수로 재직 중이다. 2009 개정 교육과정에 따른 중학교 『국어』(신사고) 교과서와 고등학교 『국어』(비상) 교과서 집필에 참여하였다. 논문으로 「사범대학교 국어과의 교사 교육 체제와 지향점」, 「국어과 교육과정과 교과서에 제시된 통합 교육의 성격」, 「「종생기」에서 '종생'과 글쓰기의 관계」, 공저로 『서사 교육론』, 『정전』, 『문학 교육 개론 2: 실제 편』 등이 있다.

문영진(文榮珍) 전북대학교 국어교육과 교수
한국교육과정평가원 연구원을 거쳐 전북대학교 국어교육과 교수로 재직 중이다. 2007 개정 교육과정 개발 및 집필, 2007, 2009 개정 교육과정에 따른 고등학교 『국어』(창비) 교과서 집필에 참여하였다. 저서로 『한국 근대 산문의 읽기와 글쓰기』, 『동시대의 삶과 서사 교육』 등이 있다.

안재란(安載蘭) 전북 군산동고등학교 국어 교사
전북대학교 어문교육과 박사 과정을 수료하고 국어과 교사로 재직 중이다. 저서로 『인간과 잣대』(공저), 『다문화 의사소통론』(공저) 등이 있다.

우신영(禹臣映) 인천대학교 국어교육과 교수

명지대학교 교육대학원 교수를 거쳐 인천대학교 국어교육과 교수로 재직 중이다. 2007 개정 교육과정에 따른 고등학교 『문학』(동아출판) 교과서와 2009 개정 교육과정에 따른 중학교 『국어』(신사고) 교과서 개발, 고등학교 『문학 개론』(대구광역시교육청) 인정 도서 개발, 2018년 교과용 도서 검정 심의 등에 참여하였다. 저서로 『소설 해석 교육론』, 『근대, 삶 그리고 서사 교육』(공저) 등이 있다.

이인화(李仁化) 한국교육과정평가원 연구위원

한국교육과정평가원 연구위원으로 재직 중이다. '핵심 역량 신장을 위한 교과별 평가', '2015 개정 교육과정 실태 분석', '교과 교육과정 국제 비교 연구', '국제 학업 성취도 평가(PISA)' 등의 연구를 수행하였다. 저서로 『해석 소통, 문학 토론의 내용과 방법』, 『근대, 삶 그리고 서사 교육』(공저)이 있다.

임경순(林敬淳) 한국외국어대학교 교육대학원 교수

서울대학교 기초교육원 전임 대우 강사를 거쳐 한국외국어대학교 교육대학원 국어 교육 전공 및 독서 논술 교육 전공 주임 교수로 재직 중이다. 한국외국어대학교 교육대학원장을 역임하였다. 2009 개정 교육과정에 따른 중학교 『국어』(신사고) 교과서 집필에 참여하였다. 저서로 『국어 교육학과 서사 교육론』, 『서사, 연대성 그리고 문학 교육』 등이 있다.

정래필(鄭來必) 영남대학교 국어교육과 교수

서울대학교 국어교육연구소 선임연구원, 한국외국어대학교와 홍익대학교 강의 전담 교수를 거쳐 영남대학교 국어교육과 교수로 재직 중이다. 2007 개정 교육과정에 따른 중·고등학교 『국어』(두산동아) 교과서, 2009 개정 교육과정에 따른 중학교 『국어』(신사고) 교과서, 2015 개정 교육과정에 따른 『문학』(동아) 교과서 집필에 참여하였다. 저서로 『기억 읽기와 소설 교육』, 『독서 교육의 이론과 실제 I·II』(공저) 등이 있다.

정진석(鄭珍錫) 강원대학교 국어교육학과 교수

서울대학교 국어교육연구소 연구원, 한국교육과정평가원 연구위원을 거쳐 강원대학교 국어교육과 교수로 재직 중이다. 2015 개정 교육과정에 따른 중학교·고등학교 『국어』 교과서 검정, 2017·2018 창의교육 선도 교원양성사업 등에 참여하였다. 저서로 『소설의 윤리와 소설 교육』, 『김유정의 문학 산맥』(공저) 등이 있다.

조현일(趙顯一) 원광대학교 국어교육과 교수

원광대학교 국어교육과 교수로 재직 중이다. 2009 개정 교육과정에 따른 중학교 『국어』(미래엔) 교과서 집필에 참여하였다. 논문으로 「비상 사태기의 문학과 정치」, 「노동 소설과 정념, 그리고 민주주의」, 「미적 향유를 위한 소설 교육」, 「웃음·유머 교육에 대한 문학 교육적 고찰」, 저서로 『한국 문학의 근대성과 리얼리즘』, 『전후 소설과 허무주의적 미의식』 등이 있다.

최인자(崔仁子) 신라대학교 국어교육과 교수

서울대학교 국어교육연구소 전임 연구원과 신라대학교 국어교육과 교수를 거쳐 가톨릭대학교 교육대학원 교수로 재직 중이다. 2007 개정 교육과정에 따른 고등학교 『문학』(지학사) 교과서, 2009 개정 교육과정에 따른 중학교 『국어』(신사고) 교과서 집필에 참여하였다. 저서로 『국어 교육의 문화론적 지평』, 『서사문화와 문학 교육론』, 『서사 문화 교육의 전망과 실천』, 『국어 교육 연구의 문제와 방법들』, 『온전한 성장을 위한 독서 문화 교육 방법론』, 역서로 『내러티브, 인문 과학을 만나다』(공역) 등이 있다.

한태구(韓台求) 동덕여자대학교 국어국문학과 강사

서울대학교 국어교육연구소 연구원으로 근무하였으며, 동덕여자대학교, 명지대학교 등에 출강하고 있다. 2009 개정 교육과정에 따른 중학교 『국어』 교과서(신사고) 집필에 참여하였다. 논문으로 「신채호 소설의 환상성 연구」, 저서로 『국어과 창의 인성 교육』(공저), 『근대, 삶 그리고 서사 교육』(공저) 등이 있다.